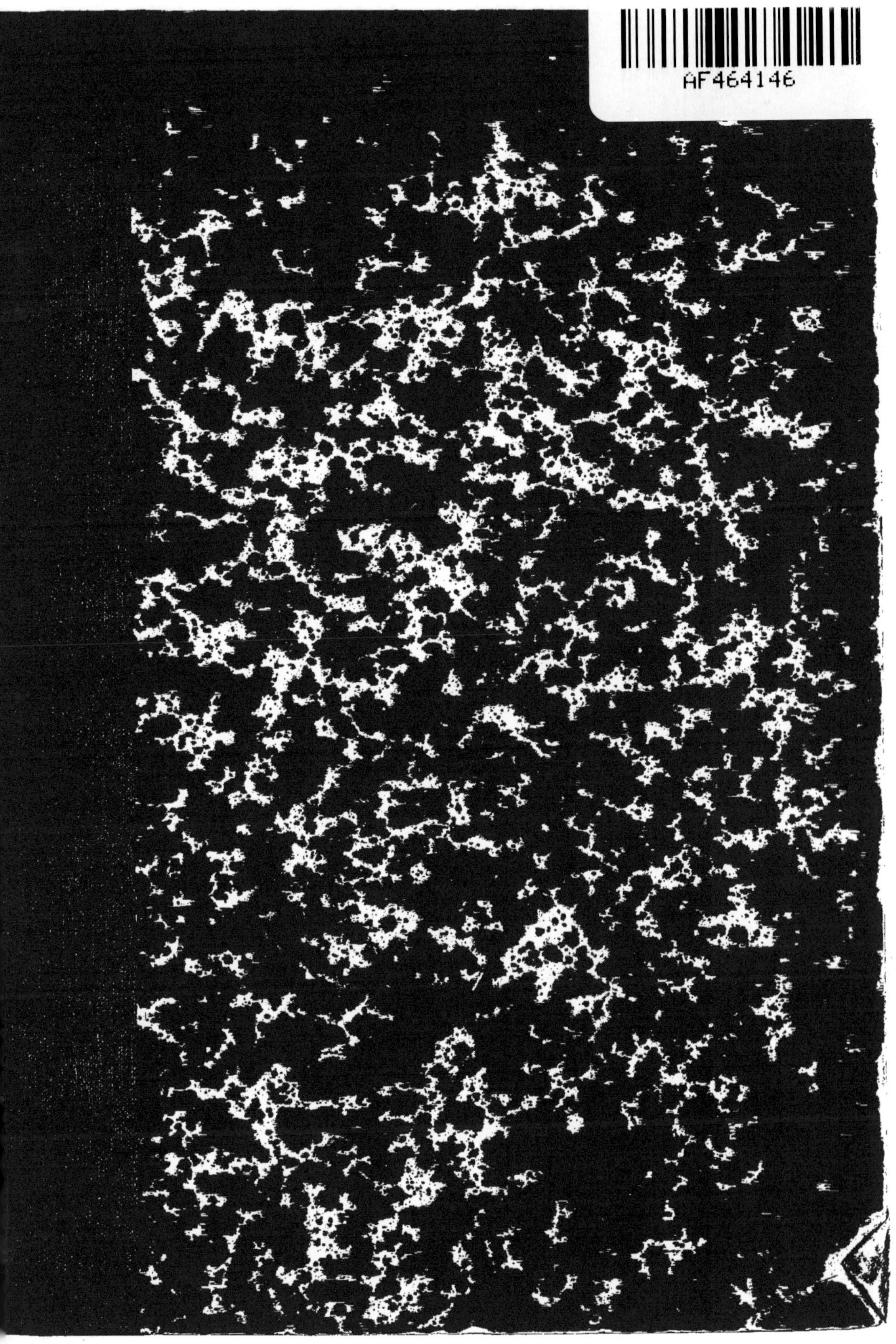

LA GRANDE GUERRE

1914-1915

PAR

ALPHONSE NICOT

TOURS

MAISON ALFRED MAME ET FILS

GRANDE GUERRE

DE

1914-1915

1re SÉRIE IN-4e

No 1134

Quarante-quatre ans après, 1914-1915. (Tableau de M. Jules Monge. — Cliché Vizzavona.

ALPHONSE NICOT

LA GRANDE GUERRE DE 1914-1915

TOURS

MAISON ALFRED MAME ET FILS

AVANT-PROPOS

Ce livre n'a pas la prétention d'être une « Histoire de la guerre ». Une véritable « Histoire » de cette lutte gigantesque, à laquelle participe tout l'ancien monde, ne pourra pas être écrite avant plusieurs années, et comprendra forcément un grand nombre de volumes.

Mais il nous a semblé qu'on pouvait déjà faire un récit suffisamment clair des premiers événements de cette grande rencontre de nations. Les documents que nous avons pu recueillir nous ont permis de raconter avec clarté les trois phases principales de la guerre actuelle jusqu'à la fin de 1914, en France et en Belgique, c'est-à-dire les grandes batailles de Charleroi, de la Marne et de l'Yser. Cela nous conduit à la fin de l'année de 1914, et constitue l'ensemble des événements qui ont arrêté la ruée allemande contre notre pays.

Dans ce récit, nous avons fait une large part au côté anecdotique, et l'héroïsme de nos glorieux « poilus » est mis en lumière comme il convient. Nous avons également souligné le rôle admirable joué par le clergé de France au milieu de nos troupes, et nous avons rappelé les généreuses initiatives par lesquelles la charité privée est venue en aide aux infortunes innombrables que la guerre avait fait naître. Nous avons ainsi une leçon d'héroïsme et de charité pour les individus.

Mais nous avons aussi, au récit de ces événements tragiques, une leçon pour la nation tout entière. Cette leçon ressort de la lecture des premiers chapitres du livre, où sont exposées les raisons qui ont amené cette guerre, les causes qui nous avaient affaiblis à l'intérieur, les motifs qui avaient augmenté les forces de nos ennemis. Et ce ne sera pas, croyons-nous, une lecture inutile, que celle de ces pages consacrées à la revue rapide des événements qui, depuis 1870, ont peu à peu amené la situation de l'Europe au point où elle était au mois d'août 1914, c'est-à-dire à une déclaration de guerre inévitable de la part de l'Allemagne.

Et c'est avec un sentiment de fierté que nous voyons la France, malgré ses fautes et ses erreurs passées, se redresser dans un geste héroïque, faire hardiment tête à une attaque brusquée contre ses frontières, et réaliser le miracle d'improviser en quarante jours la résistance contre un ennemi qui se préparait depuis quarante ans à l'attaque.

C'est toujours la même France que nous aimons, et que nos fils ont sauvée avec leur sang. C'est la France de Clovis, la France de saint Louis, la France de Jeanne d'Arc, celle de Henri IV et celle de Napoléon; c'est la France que ses sentiments généreux ont placée à la tête des nations civilisées de la terre; c'est la France qui a tiré sa glorieuse épée et qui ne la remettra au fourreau qu'après avoir, par un complet écrasement des barbares qui l'ont assaillie, assuré le triomphe définitif du droit, de la justice et de la liberté, en réalisant du même coup, avec le concours de ses courageux alliés, la libération de l'Europe, que le joug allemand tendait à asservir.

Alphonse Nicot.

GRANDE GUERRE

DE

1914-1915

CHAPITRE I

UNE PAGE D'HISTOIRE

Les conséquences de la guerre de 1870. — L'extension prodigieuse de l'Allemagne. — Son développement commercial, industriel, militaire. — Ses ambitions et ses convoitises. — Ses armements. — La Triple-Alliance. — L'Alliance franco-russe. — L'Entente cordiale. — Le rapprochement franco-italien.

Le 19 juillet 1870, à la suite de la falsification, faite par Bismarck, d'une dépêche adressée d'Ems par le roi de Prusse Guillaume Ier à l'empereur Napoléon III, la guerre éclata entre la Prusse et la France.

La France venait de traverser vingt ans de prospérité économique sans précédent dans son histoire. Elle avait fait deux guerres heureuses pour l'éclat de sa gloire militaire, sinon pour les conséquences politiques qu'elles devaient avoir : la guerre de Crimée et la guerre d'Italie. Elle se croyait invincible. Hélas! elle portait en elle-même le germe de sa défaite, et ce germe, c'était l'état des partis politiques qui s'agitaient à l'intérieur du pays.

Cependant, vers la fin du second Empire, des hommes éclairés voyaient les armements de la Prusse et suppliaient le pays de réorganiser ses forces militaires sur une base nouvelle, en créant une armée de seconde ligne digne de ce nom. Mais en vain le maréchal Niel demanda-t-il à la Chambre de voter les crédits nécessaires; la gauche de l'assemblée, qui formait une opposition systématique et irréductible au Gouvernement impérial, fit rejeter la demande du maréchal; et l'un des tribuns de cette opposition, dans une apostrophe véhémente au ministre de la

Guerre, lui jeta cette phrase célèbre : « Voulez-vous donc faire de la France une vaste caserne? »

A quoi le ministre répondit par cette phrase presque prophétique : « Prenez garde, alors, d'en faire un vaste cimetière. »

Ce fut malheureusement ce qui arriva. Ce que fut cette désastreuse guerre de 1870-71, nous n'avons pas à le redire ici. Des défaites successives : Frœschwiller, Sedan; la prise de Strasbourg et la capitulation de Metz; l'invasion du territoire, jusqu'à la Loire, par les hordes allemandes; le siège de Paris, furent autant de tristes épisodes de cette lutte inégale, dans laquelle l'héroïsme de nos soldats et le courage de nos populations ne purent rien contre le nombre et l'organisation matérielle de l'ennemi. En vain nos généraux et nos troupes firent des prodiges : ils ne purent lutter contre l'impossible.

Après un armistice signé le 28 janvier 1871, les Prussiens occupèrent les forts voisins de Paris, et un détachement de 30000 Allemands défila dans la capitale. Les préliminaires de paix furent conclus le 26 février. L'Allemagne nous enlevait la Lorraine et l'Alsace, à l'exception de Belfort, héroïquement défendu par le colonel Denfert-Rochereau. Elle exigeait, de plus, le paiement d'une indemnité de guerre de cinq milliards!

Le traité de paix ratifiant ces conditions fut signé à Francfort, le 10 mai 1871.

Mais, auparavant, le 15 janvier 1871, dans la salle des Glaces du palais de Versailles, occupé par les souverains des États confédérés de l'Allemagne, et sur la proposition du roi de Bavière, la reconstitution de l'empire d'Allemagne fut proclamée, et Guillaume Ier, roi de Prusse, nommé par acclamation *empereur d'Allemagne*.

Ainsi, non seulement la France se trouvait morcelée et appauvrie, mais encore, à côté d'elle, s'élevait, en un bloc formidable, une puissance nouvelle. Cette puissance, c'était le nouvel empire d'Allemagne.

*
* *

La guerre de 1870 fut certainement l'événement capital de l'histoire de l'Europe au cours du demi-siècle qui vient de s'écouler.

Elle a, en effet, changé du tout au tout la situation respective des différentes puissances de l'ancien continent.

La France, en particulier, en sortait diminuée et affaiblie. Elle avait pris, au début du règne de Napoléon III, dans les conseils de l'Europe, une influence prédominante. Cette influence se trouvait amoindrie, sinon détruite. Notre défaite avait changé les sentiments de nos voisins à notre égard. L'Italie s'était emparée de Rome, que les troupes françaises avaient défendue jusqu'à la fin de l'Empire; mais ces troupes furent retirées au début de la République, et l'occupation de Rome par les soldats de Victor-Emmanuel amena la fin du pouvoir temporel des Papes. Le Souverain Pontife Pie IX se réfugia au palais du Vatican, dans lequel, ainsi que tous ses successeurs, il s'est considéré comme prisonnier.

L'Italie, en même temps, se rapprochait des deux empires du centre, Allemagne et Autriche, auprès desquels elle cherchait un appui contre la restauration éventuelle du pouvoir temporel du Saint-Siège, restauration désirée par tous les catholiques.

Les conséquences de la guerre de 1870 furent lourdes pour la France. Celle-ci, craignant, à juste titre, un retour offensif de son implacable ennemi, qu'elle sentait désireux de l'achever, après l'avoir affaiblie une première fois, ne pouvant, d'ailleurs, se résigner de gaieté de cœur aux dures conditions que lui avait imposées l'Allemagne victorieuse, s'est organisée, pour se défendre en cas de besoin, contre une nouvelle agression de son formidable voisin, pour se venger aussi de sa défaite et reprendre, si possible, les provinces perdues.

Mais ces armements intenses, ces fortifications dont il fallut couvrir les frontières, ces vaisseaux cuirassés de plus en plus coûteux et si vite démodés, tout cela coûtait horriblement cher. De plus, en raison du paiement des milliards qu'il avait fallu donner à l'Allemagne comme indemnité de guerre, les charges fiscales se sont augmentées, et les impôts sont devenus de plus en plus lourds.

Les autres États, pour maintenir l'équilibre des forces militaires, ont également accru leurs armements dans des proportions absolument inconnues jusqu'alors. Sauf en Angleterre, le service militaire obligatoire, avec extension des obligations militaires jusqu'à l'âge de quarante-cinq ans et même davantage, est devenu général en Europe.

Et, craignant de se sentir isolées en cas d'attaque, les puissances européennes se sont groupées en « alliances » qui représentaient des forces énormes. Nous allons avoir l'occasion de parler de ces groupements de nations ; mais, auparavant, il nous faut jeter un coup d'œil sur la situation intérieure de l'empire d'Allemagne à la suite de la guerre de 1870.

* * *

Après sa victoire, dont elle fut, disons-le bien haut, la première étonnée, l'Allemagne se trouva brusquement dans la situation d'un pauvre ménage d'ouvriers ou d'employés auquel une fortune inespérée arrive tout à coup.

Telle fut la fortune subite de l'Allemagne après 1870, et nos voisins passèrent par les mêmes phases que traversent des travailleurs enrichis inopinément.

C'est d'abord la phase de la thésaurisation et celle de l'inquiétude pour la conservation de la richesse inattendue. Le nouvel enrichi commence par acheter un coffre-fort épais, un revolver pour se défendre contre les voleurs, qu'il redoute plus que jamais. Il monte la garde autour de son trésor, qui devient bien vite la plus astreignante des surveillances.

Puis vient la période des ambitions. A quoi me servirait, pense-t-il, cette richesse qui dort dans mon coffre si je n'en profitais pas? Alors commence la vie luxueuse, l'ère des dépenses. L'enrichi achète des propriétés et se fait bâtir des maisons à tourelles, avec des jets d'eau et des boules de verre argentées, pour « éblouir ses voisins ». C'est la phase de la jouissance et de l'orgueil.

Mais, en même temps, il voit fondre très vite son argent en dépenses de luxe et de plaisir. Alors vient la phase de la spéculation. Il faut faire travailler cet argent immobile ; il faut qu'il rapporte, qu'il se multiplie, qu'il se double, se triple, se décuple, se centuple.

Et l'on voit notre enrichi d'hier se lancer dans des spéculations hasardeuses. Il se met à fréquenter des « hommes d'affaires », auxquels il confie ses capitaux. Il passe par des alternatives de succès et de déboires. Sous l'éblouissement de ses premières réussites, il augmente son train de vie et accroît ses dépenses hors de toute proportion. Il lui faut donc élargir le cercle de ses entreprises, qui deviennent de plus en plus nombreuses, de plus en plus risquées, jusqu'au jour où, acculé au dilemme de « faire un grand coup » ou de disparaître, il se voit obligé de jouer la partie suprême et de risquer « le tout pour le tout ».

Ce tableau est exactement celui de l'Allemagne depuis 1870.

Comme notre homme brusquement enrichi, l'Allemagne est une nation « parvenue ». Du « parvenu », en effet, elle a toutes les qualités; mais elle a également tous les défauts.

Aussitôt après sa victoire, elle commença par chercher à s'assurer la conservation, la sauvegarde de ce qu'elle avait conquis. Elle augmenta, dans des proportions formidables, les fortifications et les défenses de ses frontières. L'Alsace et la Lorraine furent hérissées de forts puissants; qu'il était possible de les faire : Strasbourg et Metz devinrent des camps retranchés inexpugnables. En même temps, le long du Rhin, les forteresses se multipliaient ou s'augmentaient, et, dans tout l'empire, la construction d'un immense réseau de chemins de fer avait surtout pour but de pouvoir concentrer rapidement à la frontière des masses d'hommes de plus en plus considérables.

Ce n'est pas seulement sur la frontière qui la séparait de la France que l'Allemagne se fortifiait ainsi ; elle en faisait autant tout le long de sa frontière orientale, qui la sépare de l'empire russe.

Une puissante usine métallurgique, l'usine Krupp, établie en Westphalie, à Essen, occupait plusieurs dizaines de mille d'ouvriers, uniquement employés à la fabrication du matériel de guerre, des canons et des munitions : et des chantiers maritimes importants, comme les chantiers « Vulkan », lançaient des cuirassés de plus en plus puissants, qui devaient petit à petit donner aux Allemands une force maritime comparable à leur puissance militaire.

En même temps, ils asservissaient à l'accroissement de leur armée et de leur matériel de guerre toutes les conquêtes de la science. Une découverte scientifique nouvelle était-elle faite dans un autre pays ? aussitôt l'Allemagne s'en emparait, la modifiait, la perfectionnait, l'appliquait à ses armements. Ainsi, ce ne fut pas un Allemand qui résolut le problème de la navigation aérienne, mais un Français, le colonel Renard, qui, dès 1886, fit évoluer au-dessus de Paris le premier ballon dirigeable. Et cependant, au début de la guerre actuelle, les Allemands avaient une flotte de dirigeables plus nombreux, sinon meilleurs que les nôtres. C'est en France que l'aviation a fait tous les progrès ; ce sont les Allemands qui, au début des hostilités, avaient la supériorité du nombre des avions. Ce sont des Français, Goubet, Gustave Zédé, Laubeuf, qui ont créé les sous-marins ; ce sont les Allemands qui en possédaient le plus grand nombre. C'est au génie du professeur Branly, de l'Institut catholique de Paris et membre de l'Académie des sciences, que la télégraphie sans fil a dû d'être réalisée : ce sont les Allemands qui en avaient, au début de la guerre, le réseau le plus serré sur toutes les côtes du globe, pour pouvoir être en communication constante avec leurs navires ou plutôt avec leurs pirates.

Voilà comment les Allemands ont traversé la phase de la « défense du trésor », qui fut pour eux celle des armements.

*
* *

Mais alors arrive la période de la « folie des grandeurs ». A quoi bon ces richesses, si l'on n'en profite pas?

L'Allemagne chercha alors à « profiter » de ses conquêtes, à améliorer son bien-être. De même que le parvenu se fait construire un château pour éblouir ses voisins, de même elle chercha à réaliser tout ce qui pouvait être un signe extérieur, une manifestation de sa puissance et de sa prospérité.

La première forme de cette « manie des grandeurs » fut la construction de bâtiments et d'édifices immenses.

L'Allemagne a, en effet, acquis, à la suite de sa fortune inespérée, un goût subit pour tout ce qui est « colossal », *Kolossal,* comme on l'écrit là-bas.

C'est en conséquence de ce goût bizarre que tout ce pays a été couvert de gares de chemins de fer immenses, « colossales, » hideuses d'ailleurs, où le plus souvent cet « art nouveau », né en Bavière, s'alliait, pour réaliser le plus laid, à l'énormité des dimensions de l'édifice.

C'est ainsi que furent construits, à Strasbourg, à Metz, dans ces vieilles cités si pittoresques par leurs anciennes maisons à toits aigus, à cheminées couronnées de nids de cigognes, des quartiers neufs où tout le mauvais goût d'outre-Rhin éclate dans des bâtisses énormes, qui veulent être imposantes et qui ne sont que prétentieuses, et surtout qui ne sont que ridicules.

C'est ainsi que se sont élevés, dans beaucoup de villes d'Allemagne, des « monuments patriotiques » qui résument tout ce qu'il peut y avoir de laid et de hideux au monde. Tel ce « monument de Leipzig », édifié en commémoration de la « bataille des Nations »; telles ces innombrables « Germania », hissées sur des collines d'où elles dominent et écrasent de leurs formes massives des paysages souvent fort beaux; telles ces statues « kolossales » de Bismarck, comme celle de Hambourg, statues pour lesquelles l'artiste, n'ayant pas trouvé de monolithe suffisant, a sculpté la personne du chancelier de fer à même un bloc de moellons jointoyés, de sorte qu'on voit, au milieu de la figure, les lignes de ciment qui marquent l'assemblage des pierres superposées.

Cette manie du « kolossal » apparaît d'ailleurs partout dans l'Allemagne moderne.

Ainsi les Allemands bâtissent, dans toutes leurs villes, des hôtels des postes plus grands que ceux qu'on voit en d'autres pays. Une montagne domine-t-elle les autres au milieu d'une chaîne et son sommet constitue-t-il un point de vue naturellement pittoresque, vite on le déshonore en y construisant une « tour de point de vue » (*Aussichturn*), de vingt ou trente mètres de hauteur, qui dépare aussitôt la ligne harmonieuse de la montagne.

Quand l'essor des grandes compagnies transatlantiques a amené entre elles une concurrence de plus en plus aiguë, les Allemands ont voulu avoir « le plus grand bateau » du monde: ils ont construit et lancé le paquebot *l'Imperator,* de 45000 tonnes et de 80000 chevaux-vapeur.

Et ils poussent si loin leur amour du « kolossal », qu'ils arrivent aux excentricités les plus follement absurdes. C'est ainsi qu'à l'exposition américaine de Saint-Louis, il y a quelques années, une importante fabrique de chocolat d'Allemagne avait exposé, pour attirer l'attention du public, devinez quoi? je vous le donne en mille. Elle avait exposé *une statue de la* Vénus de Milo, *en chocolat, de seize mètres de hauteur!*

C'était vraiment « kolossal »!

Inutile de dire que la simple pensée de la Tour Eiffel, ce monument le plus élevé du monde, les empêche de dormir. Et un ingénieur s'est trouvé, qui a établi le projet d'une tour à cheval sur le Rhin, dont les deux rives lui serviraient ainsi de bases, et qui, dépassant la Tour Eiffel, aurait quatre cents mètres de hauteur !

C'est cet enthousiasme natif pour tout ce qui est colossal qui a fait le succès de ces engins aériens, irrationnels, coûteux et inefficaces, que sont les *Zeppelins*. Ils coûtaient cher, c'est vrai ; mais ils réalisaient le « monstre » aérien, l'aéronef plus grand que ceux des autres pays, plus « kolossal » en un mot. De là l'emballement de toute une nation pour

Zeppelin descendu à Lunéville, le 3 avril 1913.

un type de dirigeables dont de nombreuses catastrophes successives ont démontré les mauvaises qualités.

* * *

Mais après la phase des constructions énormes, après la période de la mégalomanie extérieure, arriva celle de la spéculation et du désir de l'enrichissement. Et c'est ici que commence l'ère du prodigieux développement commercial et industriel de l'Allemagne.

Tout d'abord l'Allemand est essentiellement, non seulement commerçant, mais « mercanti » dans le sens le plus complet du mot. Il a le génie du placement de sa marchandise. Les insuccès, les refus, les affronts mêmes ne le rebutent point ; toujours il revient à la charge pour placer sa camelote, et il est si obsédant, si obséquieux dans ses démarches, si insinuant, si persévérant, que l'on finit par lui acheter, ne fût-ce que pour se débarrasser de lui.

D'ailleurs, il est toujours à l'affût des « bonnes affaires » : il est prêt à tous les sacrifices pour réussir. Pour une première affaire, au besoin il se contentera d'un bénéfice minime et même nul, persuadé que cette première affaire lui en amènera d'autres plus lucratives. Il accepte de tout fournir, même s'il n'a pas la marchandise demandée immédiatement disponible.

Voici une anecdote authentique, qui caractérise cet état d'esprit.

C'était dans une gare de bifurcation du duché de Bade, il y a environ cinq ans. Un voyageur français, qui venait d'être invité à une partie de chasse dans l'intérieur du duché, dînait au buffet de la gare. Il avait fort admiré, au cours de la chasse, les belles races de chiens bassets dont se servaient les chasseurs allemands.

Survient, auprès de la table, un de ces mercantis lui offrant des boutons de manchette, des porte-allumettes avec le vieux château gravé sur le couvercle, etc... Notre voyageur, impatienté, envoie promener le placier. L'autre revient à la charge.

Tout à coup le voyageur a une idée :

« Tiens! dit-il, nous pourrons peut-être faire affaire ensemble. Peux-tu me procurer une belle paire de bassets?

— Mais oui, monseigneur, répond le mercanti. Mais combien Votre Excellence veut-elle mettre à une paire de bassets?

— Je mettrai bien quatre cents francs, répond le voyageur.

— Oh! fait l'autre, pour quatre cents francs je ne pourrai rien donner de bon à Votre Excellence ; qu'elle mette huit cents francs, et je pourrai lui fournir tout ce qu'il y a de mieux en fait de bassets.

— Eh bien, soit, fait le Français; j'irai jusqu'à huit cents francs, mais à condition que les bassets soient parfaits. Voici mon adresse à Paris. Faire l'envoi contre remboursement. »

Il donne alors sa carte au mercanti, qui se confond en remerciements, et le train part.

Aussitôt notre marchand s'en va chez un confrère nommé Otto Krafft et lui pose la question suivante :

« Dis-moi, Otto, qu'est-ce que c'est donc que des bassets? »

Cette histoire peint bien la mentalité du placier allemand. Il accepte d'abord l'affaire, il en tire le maximum, sauf à fournir ensuite; mais jamais il ne refuse une transaction sous prétexte qu'il manque de la marchandise demandée. Il est certain de la trouver toujours.

Voici un autre exemple de cette façon insinuante de placer la marchandise d'origine allemande.

Le fait, cette fois, se passait à Paris, en 1906. Un généreux bienfaiteur de la science venait de faire don à la France d'un magnifique institut destiné à l'étude et à l'enseignement d'une science nouvelle. Les plans avaient été dressés et adoptés, les professeurs désignés.

Or l'un d'eux, le professeur B..., reçut la visite d'un courtier allemand en instruments de précision, qui lui offrit des appareils à des conditions très avantageuses. Inutile de dire que le professeur l'éconduisit proprement.

Mais l'autre revint à la charge et fit alors l'offre fantastique, non seulement de fournir des instruments scientifiques, mais encore de faire les installations de plomberie, tuyauterie, porcelaines, cheminées, etc..., et cela à des conditions « inférieures aux conditions françaises, quelque réduites que fussent celles-ci » !

Tel est le caractère du courtier, du placier, du voyageur de commerce allemand.

* * *

Avec de pareils agents de vente, on conçoit que l'industriel, que le producteur, que le commerçant en gros ait sa tâche singulièrement facilitée. Aussi la production allemande augmenta-t-elle, au cours des quarante dernières années, dans des proportions véritablement inimaginables. Le pays se couvrit d'usines qui produisaient en quantités énormes ces articles « à bon marché » dont était inondé le marché européen et extra-européen. Le plupart du temps, les articles ainsi exportés étaient de l'affreuse camelote, mais de la camelote à bon marché, dont, en particulier, nos bazars de province étaient abondamment pourvus. Évidemment, dans un petit coin, au besoin au-dessous d'une étiquette française, on trouvait la marque D. R. P. (*Deutsches Reichs Patent*) ou D. R. M. G.; mais il fallait être initié pour la reconnaître, et l'article en question se vendait à qui mieux mieux.

Les fabricants allemands de ces articles d'exportation avaient d'ailleurs la devise cynique : *Shlecht und billig* (Mauvais et bon marché).

Ainsi se répandaient, chez tous les opticiens de Paris et de la province, de ces appareils photographiques fabriqués par centaines dans des usines d'outre-Rhin. Et, le snobisme aidant, on était arrivé à ne plus vouloir que des appareils pourvus d'objectifs d'une des célèbres « firmes » allemandes.

L'industrie électrique était devenue une sorte de monopole germanique. La plupart des petits moteurs, des dynamos, des magnétos d'automobile ou de motocylette provenaient des ateliers d'Allemagne.

Quant à l'industrie chimique, dans laquelle les Allemands pouvaient à merveille exercer leur esprit de patiente investigation, elle était devenue, pour ainsi dire, leur apanage exclusif. Il en était de même des produits pharmaceutiques, et maintes « spécialités », vendues sous une étiquette française ou anglaise, provenaient en droite ligne de laboratoires de Bavière, de Saxe ou de Prusse.

Mais il faut reconnaître qu'il y avait, dans l'industrie et la fabrication allemande, un esprit extraordinaire d'organisation. L'usine fait appel aux savants, dont elle utilise et exploite les découvertes. La fabrication, c'est-à-dire le côté industriel, se double d'une organisation commerciale de premier ordre, dont les voyageurs parcourent les cinq parties du monde; et ainsi la production allemande put rapidement devenir formidable.

Et elle a lieu dans toutes les branches de la production générale, y compris les produits du sol et l'agriculture.

Par exemple, le nombre des batteuses à vapeur, qui était de 76000, en 1882, dans tout l'empire d'Allemagne, atteignait, en 1912, le chiffre de 490000. Les faucheuses étaient au nombre de 19000 en 1882; en 1912, c'est-à-dire trente ans après, leur nombre atteignait 300000. Le sucre de betterave était produit, en 1894, à raison de 250000 tonnes; en 1912, dix-huit ans après, cette production atteignait le chiffre prodigieux de 2750000 tonnes, contre 900000 tonnes produites en France dans la même année.

En cinquante ans, la population des villes a augmenté dans des proportions incroyables. Ainsi, Leipzig a passé de 110000 à 625000 habitants; Berlin, de 700000 à 3 millions; Hambourg, de 500000 à 1200000. Toutes les autres villes de l'empire se sont accrues en proportion.

Quant au chiffre global d'affaires du commerce allemand, il s'élevait, en 1912, à environ 25 milliards de francs; et, si l'on considère le développement des chemins de fer comme un signe d'accroissement de la prospérité économique d'un pays, on ne peut s'empêcher de remarquer qu'en vingt-cinq ans, le réseau allemand des voies ferrées a passé de la longueur totale de 40000 kilomètres à celle de 70000.

Enfin, l'accroissement de la fortune nationale allemande est de 6 à 10 milliards par an. Quant au chiffre global de cette fortune nationale, les économistes l'évaluaient à 200 milliards en 1895, et à 320 milliards en 1913.

Ainsi le développement économique de l'Allemagne a subi, au cours des quarante dernières années, une progression continue et extrêmement rapide.

*
* *

Mais à côté de ce prodigieux développement de l'industrie et du commerce se place un autre développement, dont l'effet est aussi nuisible que l'autre est utile. Cette extension de l'industrialisme, cette centralisation de masses d'ouvriers dans les villes et dans les usines, a fait déserter les campagnes et a amené l'accroissement des vices inséparables des grandes agglomérations urbaines.

Ainsi, dans les grandes villes d'Allemagne, la natalité diminue, le sentiment religieux s'éteint graduellement ; en même temps la race s'affaiblit dans les villes, et le nombre des aliénés augmente hors de toute limite.

Ces maux, les dirigeants de l'Allemagne les connaissent certainement ; mais les grandes villes de l'empire, leur accroissement incroyable, leur extension continue, sont l'orgueil de la nation ; et ce sentiment d'orgueil prédomine chez le peuple allemand, qui, comme nous l'avons dit, est un peuple « parvenu ».

Et, comme à la phase de la construction succède celle de la spéculation, nous voyons, au cours de ces dernières années, celle-ci prendre, en Allemagne, un développement intensif. Le nombre des sociétés par actions augmenta dans des proportions inouïes, et, contre-partie fatale, le nombre des faillites s'accrut en conséquence. La hardiesse, on peut même dire la témérité des entreprises industrielles et commerciales rendit nécessaire une extension inaccoutumée du crédit ; et l'on peut dire que l'Allemagne ne vivait, économiquement, que sur du crédit à longue échéance.

Ce besoin de jouissance immédiate, dépassant la limite des ressources disponibles, s'est même étendu à la bourgeoisie et à la classe ouvrière, qui ont, elles aussi, pris l'habitude de vivre à crédit. En France, les maisons de vente à crédit se comptent et sont rares ; en Allemagne, non seulement il y en a de très importantes dans la capitale, mais encore on en trouve dans toutes les grandes villes, non seulement succursales des précédentes, mais même maisons autonomes.

Dans la petite bourgeoisie et dans le peuple allemand, on ne trouve donc pas cette qualité essentiellement française qui fait la force économique de notre pays : l'amour de l'épargne. Tandis que le Français tâche de s'assurer, en « mettant de l'argent de côté » et en remplissant son bas de laine, de l'aisance pour ses vieux jours, l'Allemand cherche dans l'emprunt et dans l'achat par abonnement les jouissances immédiates de la vie. Dans une famille d'employés allemands, les meubles journaliers ne sont pas la propriété du ménage ; ils sont payables au bout de douze, quinze, dix-huit, vingt-quatre et même trente-six mois.

Aussi les crises économiques sont-elles, en Allemagne, fréquentes autant que dures, et il en résulte un véritable malaise social, aggravé encore par la morgue insolente des « hobereaux » ou propriétaires terriens.

*
* *

Ce besoin d'amélioration matérielle devait se traduire naturellement dans l'orientation de la politique de l'empire d'Allemagne.

Il s'est manifesté, en premier lieu, par l'expansion coloniale.

Ce furent d'abord des conquêtes en Afrique : le Togoland, le Cameroun dans l'Afrique équatoriale, puis l'Ouest-Africain allemand et l'Est-Africain allemand. Ainsi se marquait nettement un désir de main-mise dans l'Afrique, et ce désir portait naturellement ombrage aux deux nations européennes entre qui se partage à peu près le territoire africain, la France et l'Angleterre.

Ce fut ensuite l'installation successive du pavillon allemand sur diverses îles de l'Océanie. Ce fut enfin cette prodigieuse extension de l'émigration allemande en Amérique, où les sujets de l'empire constituent aux États-Unis, où ils sont au nombre de près de dix millions, un véritable « État dans l'État ». Enfin, dans les provinces méridionales du Brésil, les émigrés allemands ont fondé des villes et des provinces entières ; et, malgré l'indépendance de la grande République sud-américaine, les atlas de géographie allemands ne se gênent pas pour faire figurer ces provinces sous leurs teintes nationales, en les accompagnant de la légende : *Deutsche Kolonien* (Colonies allemandes).

Cette émigration, cette implantation de l'Allemand en pays étranger, est, du reste, grandement aidée par une loi, toute d'hypocrisie, qui est la loi Delbrück.

En vertu de cette loi, un Allemand, émigré aux État-Unis par exemple, peut s'y faire naturaliser, devenir citoyen américain et jouir de tous les privilèges attachés à ce titre ; mais *il ne cesse pas pour cela d'être sujet allemand, et il conserve dans son pays sa nationalité d'origine*. On voit combien une pareille législation peut favoriser l'espionnage en pays étranger, et la trahison, en cas de guerre, contre le pays d'adoption.

Cette emprise des émigrés allemands dans tous les pays est, d'ailleurs, facilitée par une qualité dominante de la race, qualité poussée à l'excès, mais que l'on doit reconnaître. Cette qualité, c'est l'*esprit de discipline*.

L'Allemand est essentiellement « sujet ». Il est incapable de se conduire seul, il manque d'initiative personnelle ; mais, une fois groupés, tous les individus qui composent le groupement marchent comme un seul homme et obéissent aux ordres du chef.

Cet esprit de discipline ne se manifeste pas seulement dans l'armée, où il a pris une forme presque sauvage par la brutalité avec laquelle les officiers et surtout les sous-officiers exercent le commandement ; il se manifeste dans les moindres circonstances de la vie civile, et principalement par les associations.

Les associations, les *Verein,* pour employer le terme teuton, sont une puissance formidable de l'autre côté du Rhin. Il y a d'abord, pour maintenir l'esprit chauvin, l'esprit de conquête et de domination par la force des armes, une association toute-puissante dite des anciens militaires.

C'est le *Krieger Verein*, qui étend ses ramifications sur tout l'empire, et qui a une succursale dans le plus petit village.

Les associations mutuelles, sportives, musicales, témoignent au plus haut degré de cet esprit de discipline qui fait leur force. Les sportmen allemands sont supérieurs dans tous les concours où il s'agit de lutter « en corps »; ils ont alors une cohésion, une unité d'action qui les fait invincibles, tandis qu'ils perdent leur valeur dans les matchs individuels, où il ne s'agit plus de marcher en obéissant passivement aux ordres d'un chef, mais bien de lutter avec toutes les ressources d'une initiative personnelle qui leur fait le plus souvent défaut.

* * *

Les conquêtes coloniales, le besoin de défendre une industrie poussée à son paroxysme, et surtout l'ambition d'étendre le territoire allemand par de nouvelles conquêtes, tant sur le continent que dans les pays lointains, poussaient naturellement l'Allemagne à accroître sa puissance militaire et à augmenter ses armements.

Mais, en même temps, elle voyait « plus loin » encore. Elle pensait bien que, quelque jour, les nations voisines s'effrayeraient à juste titre de cette augmentation formidable de puissance, aussi bien dans l'ordre militaire que dans l'ordre économique; elle prévoyait une attaque générale et cherchait, dans le cas où cette attaque se produirait, à ne pas se trouver isolée.

Ainsi naquit la fameuse « Triple-Alliance ».

Annoncée au congrès de Berlin, en 1879, l'alliance de l'Allemagne et de l'Autriche-Hongrie devint définitive par le traité signé à Vienne, le 7 octobre de la même année. Cette alliance était un coup directement porté contre la France et contre la Russie. En unissant étroitement ces deux puissants empires du centre de l'Europe, l'Allemagne et l'Autriche, Bismarck réalisait son rêve le plus cher : il augmentait dans des proportions formidables les forces dont il disposait, et pouvait penser déjà à cette domination, à cette hégémonie de l'Allemagne sur le monde, idée traduite par le chant populaire allemand : *Deutschland über alles,* « l'Allemagne doit être au-dessus de tout. »

Mais bientôt cette double alliance devait devenir la « Triple-Alliance » par l'adhésion, à son traité, du royaume d'Italie.

Malgré l'affinité de race qui la rapprochait de la France, malgré le souvenir de la guerre de 1859 par laquelle les armées françaises avaient créé et assuré son unité, l'Italie en voulait à notre pays. La France, en effet, sous le règne de Napoléon III, s'était faite le défenseur de la Papauté. Tant que dura le second Empire, un corps d'occupation français défendit

Rome et le pouvoir temporel des Papes contre toute attaque. L'Italie ne pouvait pas pardonner à la France d'avoir ainsi défendu les intérêts du Souverain Pontife.

D'autre part, les Italiens avaient des vues sur la Tunisie et la Tripolitaine. Or nous avions, en 1881, établi le protectorat français à Tunis, et ce fut, pour nos voisins de l'autre côté des Alpes, un vif désappointement.

Aussi Bismarck trouva-t-il un terrain favorable, en Italie, pour le rapprochement de ce pays et des deux empires du centre. Et, en 1882, fut signé le traité qui transformait l'alliance austro-allemande en « Triple-Alliance » par l'adhésion de l'Italie.

Ce traité, qui comportait entre les trois puissances contractantes une alliance purement « défensive », fut signé pour cinq ans; il fut renouvelé en 1887, en 1891, en 1898, en 1904 et en 1909, et enfin, pour la dernière fois, au mois de mai de l'année 1913. L'Italie toutefois y faisait toutes ses réserves, et cette sorte de prescience des événements l'autorisa à conserver sa neutralité au début de la guerre actuelle.

*
* *

La Triple-Alliance constituait, pour la paix de l'Europe, un véritable et permanent danger. Si les puissances signataires du traité s'étaient bornées à l'appliquer à la lettre, c'est-à-dire au point de vue purement défensif, l'alliance n'eût pas été dangereuse, aucune des autres grandes nations européennes ne songeant à faire la guerre.

Mais, aux mains de l'Allemagne, dont les ambitions démesurées se manifestaient de jour en jour, une pareille coalition devenait une menace grave pour la paix du monde. Les Allemands, d'ailleurs, ne manquaient pas de s'en prévaloir en toute circonstance, et l'empereur Guillaume II, toujours « cabotin », toujours « en représentation », affectait de tenir de temps en temps des discours belliqueux, au cours desquels il recommandait à ses sujets de tenir « leur poudre sèche et leur épée aiguisée ».

Il était donc naturel que, vis-à-vis de cette coalition menaçante, un autre groupement de résistance se fît parmi les États de l'Europe.

Le premier de ces groupements fut l'*alliance franco-russe*.

En 1890, M. Carnot était président de la République. Une visite faite en France par le grand-duc Nicolas, chef des armées russes, jeta les bases d'une entente militaire entre les deux nations. Et, à son retour à Saint-Pétersbourg, il fit savoir à l'ambassade de France qu'il verrait avec plaisir la visite d'une escadre française à la capitale russe.

Ce fut l'origine d'une première manifestation.

En 1891, en effet, l'amiral Gervais, à la tête de l'escadre française, se rendit à Cronstadt, et nos marins reçurent de l'empereur Alexandre III un accueil qui demeure et demeurera historique. Et au retour de ce voyage, où avaient été jetées les bases de l'alliance des deux nations, l'escadre française se rendit à Portsmouth, pour souligner nos sympathies à l'égard des Anglais.

En 1893, une escadre russe, sous les ordres de l'amiral Avellan, rendit à la France la visite que ses marins avaient faite à la Russie, et Paris

Revue de Bétheny (septembre 1901).
Le tsar et son état-major sur le terrain de manœuvres de Fresnes.

fit aux marins russes un accueil d'un enthousiasme frénétique, dont tous les témoins ont gardé le souvenir.

De ce jour, l'alliance était effectivement conclue. Elle fut annoncée au public, à la tribune des Chambres, par M. Hanotaux, ministre des Affaires étrangères, le 31 mai 1895; elle fut, de plus, solennellement affirmée par le voyage des souverains russes en France et par celui du président Félix Faure en Russie.

Dans ce dernier voyage, au cours d'un dîner à bord du vaisseau-amiral *le Pothuau*, l'empereur de Russie, levant son verre, but aux deux nations « amies et alliées ». C'était, cette fois, l'annonce solennelle de l'alliance, non plus au Parlement de l'une des deux nations, mais bien à l'Europe tout entière.

*
* *

L'alliance franco-russe ne devait pas tarder à se fortifier encore par l'adjonction d'une troisième puissance : nous voulons parler de l'Angleterre.

Celle-ci, en effet, nation essentiellement industrielle, commerçante et maritime, voyait s'accroître à ses côtés, dans une proportion menaçante pour sa propre prospérité, la puissance maritime, la puissance commerciale, la puissance industrielle de l'Allemagne.

De plus, l'Angleterre est le pays qui possède les plus vastes et les plus nombreuses colonies. Or l'Allemagne ne déguisait pas ses convoitises coloniales. En quelques années elle avait conquis la colonie allemande de l'Est-Africain, celle de l'Ouest-Africain, le Togoland, le Cameroun en Afrique; en Océanie, l'archipel des îles Samoa, une partie de la Nouvelle-Guinée, les îles Marshall, les Mariannes et les Carolines; en Asie, elle avait pris possession du territoire de Kiaou-Tchou et le Tsing-tao, en Chine. Mais tout cela était considéré par elle comme des miettes du festin colonial universel; c'étaient des « bas morceaux », si l'on peut ainsi dire, qui étaient loin de satisfaire ses appétits gloutons.

Pendant ce temps-là, la France avait édifié, au cours de quarante années, un empire colonial qui venait au premier rang après celui de l'Angleterre. Outre notre admirable colonie de l'Algérie, le joyau de la Méditerranée, nous avions occupé la Tunisie, où notre protectorat avait été installé. Savorgnan de Brazza nous avait conquis le Congo. Le Soudan et la Mauritanie constituaient une chaîne ininterrompue qui reliait le Congo français au Sénégal et au Sahara algérien. Nous nous installions à Djibouti; nous menions à bien la conquête de l'île, si convoitée, de Madagascar, plus grande à elle seule que la France entière. Enfin, indépendamment de nos anciennes possessions aux Indes, aux Antilles et en Océanie, nous achevions la conquête de la Cochinchine, de l'Annam et du Tonkin, créant ainsi en Asie une véritable « France de l'Extrême-Orient ».

Évidemment, à côté de ce vaste domaine de la France au delà des mers, les quelques possessions allemandes faisaient mesquine figure. Et combien plus petit paraissait encore le domaine colonial de nos ennemis à côté de l'immense empire colonial des Anglais!

Ceux-ci comprenaient fort bien les convoitises des Allemands. Aussi pensèrent-ils à s'assurer contre elles en se rapprochant de la France, et, par conséquent, de son alliée la Russie.

Ce rapprochement fut l'œuvre politique d'un grand souverain, Édouard VII, roi d'Angleterre et empereur des Indes, qui réalisa l'*Entente cordiale* avec la France et la *Triple-Entente* entre la France, la Russie et l'Angleterre.

Dans les premières années qui s'écoulèrent après les événements de 1870, la politique anglaise avait évolué dans le sens d'un rapprochement avec l'Allemagne. L'Angleterre et la France étaient alors en concurrence sur bien des points des questions coloniales, notamment en Égypte. La

Grande-Bretagne voyait d'un œil soupçonneux l'extension du domaine français en Méditerranée, par la conquête de la Tunisie. Aussi, pendant cette période qui suivit la guerre, poussa-t-elle l'Allemagne et l'Italie à

Édouard VII, roi d'Angleterre.

s'installer en Afrique, afin d'y contre-balancer notre influence, qui allait en s'y accroissant de jour en jour.

Les choses allèrent ainsi jusqu'en 1899.

Mais alors se produisit un grand événement : la guerre que les Anglais eurent à soutenir dans l'Afrique du Sud, au Transvaal. L'empereur Guillaume, par un de ces « éclats » retentissants, adressa au président du Transvaal, Krüger, un télégramme célèbre où il l'assurait de toute sa sympathie. La diplomatie allemande proposa même à la France d'intervenir en faveur des Boërs. De là un premier « refroidissement » des relations anglo-allemandes.

Ce refroidissement s'accentua lorsque, à la mort de la reine Victoria, le prince de Galles, Édouard VII, monta, en janvier 1901, sur le trône d'Angleterre.

Sous le règne de ce souverain, les difficultés qui avaient surgi entre la France et l'Angleterre, au cours des années précédentes, s'atténuèrent peu à peu jusqu'à disparaître entièrement. En 1902, le roi d'Angleterre venait rendre officiellement visite à la France, sous la présidence de M. Loubet. En avril 1904 fut signée une convention qui réglait définitivement toutes les questions coloniales encore pendantes entre nos deux pays : Terre-Neuve, l'Égypte et le Maroc.

L'Entente cordiale était créée.

Petit à petit, cette *entente,* surgie grâce aux efforts persévérants de M. Delcassé, s'orienta de plus en plus dans le sens d'une coopération étroite des deux pays voisins, et elle allait se compléter bientôt par l'adhésion de la Russie.

*
* *

L'Angleterre, en se rapprochant de la France, devait forcément se rapprocher de la Russie, son alliée. Les vues de cette dernière puissance sur l'Asie se trouvaient bien atténuées depuis la guerre russo-japonaise, et les ambitions russes étaient, au fond, bien moins faites pour porter ombrage à l'Angleterre que les ambitions allemandes, qui se manifestaient en Extrême-Orient par la prise de Kiaou-Tchou, et en Asie Mineure par la mainmise sur le chemin de fer de Bagdad, lui assurant ainsi le monopole des communications avec la Perse, le golfe Persique et la mer des Indes.

Cette politique de conquête de l'Asie Mineure était, d'ailleurs, visiblement préparée par la façon dont les Allemands prenaient peu à peu, dans l'administration intérieure de la Turquie, une influence prépondérante.

Aussi le rapprochement anglo-russe se fit-il naturellement, sans effort, grâce en partie à l'intervention amicale de la France. Les questions en suspens, relativement au golfe Persique, au Tibet, à l'Afghanistan, furent amicalement réglées. En juin 1908, le roi Édouard VII eut une entrevue solennelle avec l'empereur Nicolas II à Revel, et désormais le rapprochement était chose faite : l'alliance franco-russe devenait la *Triple-Entente.*

Ce qu'il y a de très remarquable dans cette Triple-Entente, ce qui lui donne une haute portée, non seulement politique, mais morale, ce qui fait sa grande valeur devant l'histoire, c'est son caractère absolument « pacifique ».

Pas un seul moment il n'était entré dans l'esprit des trois États contractants de se réunir pour faire la guerre à l'Allemagne. L'entente entre la France, la Russie et l'Angleterre avait, au contraire, pour but unique, le maintien de la paix en Europe. Les trois nations ne s'étaient groupées en un bloc compact que pour montrer aux Allemands qu'ils étaient, *en cas de besoin*, décidés à unir leurs forces pour se défendre, mais jamais dans le but d'une agression quelconque contre les empires du centre.

Et, afin de bien montrer que la Triple-Entente n'était pas un instru-

Le tsar Nicolas II.

ment d'hostilité systématique contre l'Allemagne et l'Autriche, les souverains d'Angleterre et de Russie eurent à plusieurs reprises, entre 1908 et 1914, des entrevues soit avec l'empereur d'Allemagne Guillaume II, soit avec l'empereur d'Autriche François-Joseph. Ceux-ci faisaient, d'ailleurs, tous leurs efforts pour essayer de rompre la Triple-Entente ; mais ces efforts restèrent inutiles, l'union de la France, de la Russie et de l'Angleterre étant basée sur des sympathies profondes autant que sur des intérêts puissants.

La Triple-Entente était née ; elle avait grandi, elle était devenue assez forte pour pouvoir résister victorieusement à tous les assauts, à toutes les tentatives effectuées dans le but de la défaire.

CHAPITRE II

LES PRÉLUDES DE LA GUERRE

Les incidents. — Tanger. — Agadir. — Les concessions de la France en vue du maintien de la paix. — Les incidents des Balkans.

Nous avons vu l'immense besoin d'expansion coloniale que manifesaient les Allemands. Ce besoin avait un objet bien précis : il visait nos possessions de l'Afrique du Nord et plus particulièrement le Maroc, sur lequel nous n'avions pas encore établi notre protectorat, mais que la proximité de l'Algérie désignait d'avance pour devenir, dans le nord de l'Afrique, une nouvelle « terre française ».

Pour réaliser cette expansion par des annexions et des emprises dans le monde musulman, l'empereur Guillaume II commença d'abord à flatter la Turquie, puis à y insinuer peu à peu l'influence allemande, qui y devint bien vite prépondérante.

Mais il voyait encore plus loin ; il préparait la pénétration allemande en Asie Mineure et avait fait, en 1898, un voyage retentissant à Jérusalem, où, revêtu d'un costume d'opéra-comique, il avait fait, jaloux sans doute du souvenir de Godefroy de Bouillon et des Croisés, une entrée pompeuse plutôt que triomphale.

Désireuses de conserver la paix à tout prix, ni la France, ni l'Angleterre, ni la Russie, ne s'opposèrent aux tentatives allemandes. Aussi l'empire du centre, encouragé par cette sorte de consentement passif de la Triple-Entente, augmenta-t-il ses prétentions d'une façon inattendue. Les affaires du Maroc allaient lui en fournir le prétexte.

Nous avons dit que, petit à petit, toutes difficultés pendantes entre la France et l'Angleterre s'étaient aplanies, principalement grâce aux patriotiques efforts du roi Édouard VII. Les deux dernières questions tranchées furent celles de l'Égypte et du Maroc. En vertu de l'accord qui intervint sur ce double point, la France abandonnait ses droits sur l'Égypte, tandis que l'Angleterre reconnaissait les nôtres au Maroc.

Cette concorde entre ces deux puissances porta ombrage aussitôt aux Allemands, dont elle contrariait les visées ambitieuses et l'appétit de conquête.

Le Maroc, surtout, était l'objet des convoitises de l'empire d'Allemagne. Sa double situation en bordure de la Méditerranée d'une part, de l'Atlantique de l'autre; la fertilité d'une grande partie de son sol, et enfin les richesses minérales qu'il était soupçonné contenir, en faisaient une proie toute désignée pour la rapacité teutonne.

C'est au printemps de 1905 que l' « affaire du Maroc » commença à devenir une des plus grandes questions politiques des temps modernes.

A ce moment. nous avions dû engager plusieurs opérations militaires pour garantir, d'une part, la tranquillité de nos frontières algériennes; d'autre part, pour protéger la vie de nos nationaux dans plusieurs villes marocaines.

L'empereur Guillaume vint attiser le feu qui couvait en faisant un voyage à Tanger. Au cours de ce voyage, il affecta de dire qu'il venait rendre visite au sultan, *souverain indépendant*, et il insista à plusieurs reprises sur ce dernier point. C'était donner suffisamment à entendre qu'il s'opposerait à toute tentative d'annexion ou de protectorat de la part de la France.

Cependant, la diplomatie française, forte de son bon droit, passa outre. Une conférence fut réunie à Algésiras en 1906, et dans cette conférence furent reconnus et précisés les droits de la France au Maroc. L'Allemagne signa même avec nous, en 1909, un accord dans lequel la France accordait à l'Allemagne des concessions immenses, en lui reconnaissant « l'égalité économique » et en s'engageant à une « collaboration commerciale et financière » pour l'exploitation future du territoire marocain.

*
* *

Mais les ambitions allemandes ne pouvaient se contenter de ces concessions, quelque grandes qu'elles fussent; elles exigeaient davantage.

Le manque de sécurité pour nos nationaux, dans certaines villes de l'intérieur du Maroc, notamment à Fez et à Marakech, nous avait amenés à y réunir un corps expéditionnaire, chargé de veiller sur la vie des résidents français.

Les choses en étaient là, quand un coup de théâtre se produisit brusquement.

L'Allemagne venait d'envoyer, devant la ville d'Agadir, un croiseur cuirassé, le *Panther,* pour affirmer d'une façon « armée » les droits qu'elle prétendait avoir à une zone d'influence plus étendue sur le territoire marocain. Cela se passait en juillet 1911.

Et, en même temps, sa diplomatie annonçait qu'à défaut de cette zone d'influence agrandie, elle *exigerait des compensations*. en retour des droits reconnus à la France.

C'était une véritable menace de guerre que l'Allemagne faisait retentir. Désireuse de maintenir la paix coûte que coûte, la France, au prix d'un grand sacrifice d'amour-propre, s'inclina devant les exigences d'outre-Rhin et céda à l'Allemagne, en matière de compensation, une partie importante de la colonie du Congo français.

Mais on sentait bien que, malgré ces concessions, une tension croissante allait désormais régner entre les deux nations, et que la menace allemande ne ferait que grandir avec le temps.

Les concessions faites par la France, d'ailleurs bien loin d'apaiser les gourmandises allemandes, n'avaient fait, pour ainsi dire, que les surexciter. « L'appétit vient en mangeant, » dit un vieux proverbe. Ce fut le cas pour l'opinion publique allemande, qui se montra de plus en plus affamée de conquête. On répandait à profusion, dans le public d'outre-Rhin, des brochures sur le Maroc, dans lesquelles l'empire chérifien était représenté comme devant constituer, dans un avenir très prochain, une belle colonie germanique.

Et, parallèlement, grâce aux intrigues sans nombre menées par les diplomates, les commerçants, les agents d'affaires allemands à Constantinople, l'Allemagne s'imposait de plus en plus en Turquie et se faisait donner la concession du chemin de fer de Bagdad.

*
* *

Pendant que s'accomplissaient ces événements si importants, d'autres événements, d'une importance au moins égale, se passaient dans la péninsule des Balkans.

La Bosnie et l'Herzégovine sont habitées, en grande partie, par des populations de race serbe. Un régime assez compliqué, sorte de « cote mal taillée », en régissait l'administration, sur laquelle l'Autriche avait un certain droit de contrôle.

Mais les ambitions autrichiennes poussaient parallèlement aux ambitions allemandes. Aussi l'émotion en Europe fut grande quand, pendant l'été de l'année 1908, le gouvernement autrichien annonça qu'il *annexait* la Bosnie et l'Herzégovine à son territoire.

On commençait à apercevoir alors le double plan combiné de concert entre les Allemands et les Autrichiens : s'avancer jusqu'à Constantinople, d'une part; de là, grâce à la concession du chemin de fer de Bagdad, avoir un débouché sur l'océan Indien, et tenir ainsi une des clefs du grand commerce maritime international, en même temps que se fonderait un port de guerre allemand sur le golfe Persique.

L'esprit pacifique de la Triple-Entente se manifesta là aussi. L'empereur de Russie ne fit pas d'opposition au projet de chemin de fer de Bagdad, et, pour maintenir la paix du monde, laissa de ce côté le champ libre à l'expansion allemande.

Mais l'annexion de la Bosnie et de l'Herzégovine par l'Autriche allait malheureusement produire des effets désastreux.

Cette annexion, en effet, était une première atteinte à cette intégrité de l'empire ottoman que l'Europe garantit sans cesse et à laquelle elle porte, à chaque événement, une atteinte nouvelle. Et, cette série de restrictions du domaine turc en Europe excitant les appétits, l'Italie se rattrapa sur la Tripolitaine de la conquête de la Tunisie que nous avions faite vingt ans auparavant.

Mais cette expédition des Italiens à Tripoli avait été l'occasion de pourparlers avec la France, et une sorte d'*entente* avait été conclue entre les deux nations latines, de façon qu'aucune d'elles ne fît obstacle à l'expansion de l'autre. C'était le commencement du rapprochement franco-italien qui, quelques années plus tard, devait devenir une alliance.

L'expédition italienne à Tripoli, l'occupation par les troupes romaines des îles turques de l'Archipel, constituaient une menace pour Constantinople, au sein de laquelle, d'ailleurs, une révolution intérieure avait éclaté, troublant le pays dans ses assises les plus profondes et y semant la guerre civile.

Jugeant le moment propice pour satisfaire de vieilles rancunes, aussi légitimes que séculaires, contre la Turquie, les États balkaniques : la Serbie, le Monténégro, la Bulgarie et la Grèce, firent un pacte d'alliance et déclarèrent la guerre à l'Empire ottoman, en 1912. Nulle cause, d'ailleurs, n'était plus juste que la leur. On oublie trop à la suite de quelles conquêtes féroces et sanguinaires les sultans s'étaient installés sur les rives européennes du Bosphore.

On peut dire, sans crainte d'exagération, que la présence *d'un seul Turc* à Constantinople est une honte permanente pour la civilisation chrétienne.

L'Allemagne croyait la victoire des Turcs certaine. Elle avait envoyé une mission d'officiers de son état-major pour « façonner » les troupes ottomanes; et, dans son orgueil épais, elle se figurait que ces troupes, dressées à la prussienne, devaient par conséquent être invincibles.

Mais la Grèce, plus avisée, avait fait appel à une mission militaire française pour mettre son armée au point. Cette mission, dirigée par le général Eydoux, avait fait de l'armée grecque un ensemble de premier ordre. Les Turcs ne tardèrent pas à s'en apercevoir.

De plus, les Serbes avaient commandé leur artillerie en France, au Creusot; leurs pièces de campagne étaient de ces admirables « canons de 75 » auxquels nous devons d'avoir pu résister victorieusement à la brutale agression de l'Allemagne.

Aussi la guerre des Balkaniques contre la Turquie ne traîna-t-elle pas en longueur. Quelques semaines après l'ouverture des hostilités, les États alliés avaient remporté les belles victoires de Kir-Kilissé et de Lulé-Burgas; ils avaient pris Andrinople et Salonique; ils menaçaient de près Constantinople même.

Alors les grandes puissances européennes jugèrent bon d'intervenir. Une conférence diplomatique se réunit à Londres. L'Allemagne et l'Autriche, dans le but de sauvegarder la Turquie, qu'elles considéraient comme « leur chose », firent tant, que les courageux États des Balkans furent à peu près frustrés de leurs principales conquêtes.

La Bulgarie fut, de tous ces États, celui qui ressentit le plus vivement cette véritable spoliation. Mais, au lieu de s'en prendre à l'auteur responsable, c'est-à-dire à la politique allemande, elle s'en prit à la Serbie et à la Grèce, à qui elle déclara la guerre. Voilà donc une seconde campagne balkanique engagée en 1913, un an après la première.

La Roumanie intervint alors et sortit de la prudente réserve dans laquelle elle s'était jusque-là maintenue, au milieu de la conflagration générale.

En deux semaines, l'armée roumaine franchit la frontière bulgare et marcha vers la capitale de la Bulgarie, Sofia. La résistance était impossible, et la Bulgarie signa le traité de Bucarest, qui la dépouillait de parties de ses provinces au profit de la Roumanie.

Néanmoins, la Turquie sortait du conflit fortement diminuée; elle perdait Salonique et de nombreux territoires, et cela contrecarrait les plans de la politique allemande et autrichienne, qui voyait se fermer peu à peu devant elle cette « porte ouverte sur l'Orient » que lui assurait leur prédominance à Constantinople.

Les Austro-Allemands rendirent la Serbie responsable de cet échec de leur politique, et à partir de ce moment ils résolurent d'écraser ce courageux et héroïque petit État sous la masse de leurs colossales armées.

On peut donc dire que c'est le succès des Serbes dans les guerres balkaniques de 1912 et de 1913 qui est la cause directrice de la guerre européenne de 1914-1915.

*
* *

Dès le printemps de 1913, l'Autriche était fermement décidée à attaquer la Serbie, à l'anéantir, à la faire disparaître de la carte d'Europe comme État indépendant.

Elle avait tâté ses deux associées de la Triple-Alliance, l'Allemagne et l'Italie, pour s'assurer leur concours ou tout au moins leur consentement éventuel. Poussant la duplicité à ses dernières limites et se rappelant que les clauses de la Triple-Alliance en faisaient une union purement *défensive*, elle alla jusqu'à représenter la guerre avec la Serbie comme une guerre *défensive* au point de vue autrichien.

Le Gouvernement italien agit alors avec une grande loyauté. Il annonça au Gouvernement autrichien que l'Italie *ne* considérerait pas, dans une lutte avec la Serbie, l'Autriche comme « attaquée », et qu'en conséquence, ce cas ne rentrait pas dans ceux prévus par le traité de la Triple-Alliance.

A partir de ce moment, l'Allemagne et l'Autriche sont résolues à la guerre et *commencent à prendre des mesures qui la préparent.*

Constantinople et le Bosphore. — Vue générale de Péra et de Galata, avec sa tour où loge le veilleur de nuit chargé du service de la ville.

Le général allemand Liman von Sanders est nommé commandant en chef de l'armée turque à Constantinople, où l'Allemagne envoie de formidables approvisionnements en armes et en munitions, ainsi qu'un très nombreux corps d'officiers instructeurs. Cette mainmise sur la puissance militaire turque était une menace directe dirigée contre la Russie.

Et, au printemps de 1913, l'empire d'Allemagne faisait adopter une loi qui augmentait dans des proportions considérables les effectifs de ses armées. Cette fois, la menace ne visait plus seulement la Russie : elle s'adressait à la France. En même temps l'accroissement inattendu de la flotte de guerre allemande constituait contre l'Angleterre un projet d'attaque non déguisé.

On peut donc dire que, dès le printemps de 1913, l'Allemagne et l'Autriche avaient décidé la guerre ; qu'elles la préparaient lentement, mais sûrement.

Ces deux « États de proie » n'attendaient qu'une occasion, qu'un prétexte, quelque vague qu'il fût, pour déchaîner l'orage sur l'Europe.

Ce prétexte leur fut fourni par un attentat commis à Serajevo, capitale de la Bosnie, sur la personne de l'archiduc François-Ferdinand, héritier présomptif du trône d'Autriche, qui y trouva la mort, ainsi que la duchesse de Hohenberg, sa femme.

Nous reviendrons sur ces événements dans un chapitre ultérieur.

CHAPITRE III

LA SITUATION INTÉRIEURE DE LA FRANCE

Les divisions politiques du pays. — La campagne antireligieuse et la campagne antimilitariste. — Les concessions aux exigences socialistes. — Les réductions des périodes d'instruction militaire. — Les armements allemands et le réveil national : la loi de trois ans.

Voici donc, au commencement de 1913, la menace d'une guerre générale. Cette guerre, qui sera déchaînée par l'Allemagne et par l'Autriche, sera faite évidemment tout d'abord contre la Russie et surtout contre la France, que l'Allemagne considère comme son ennemie séculaire : dans les écoles primaires d'outre-Rhin, on désigne les Français aux jeunes Allemands sous le nom de *Erbfeind* (l'ennemi héréditaire).

Quelle était, en présence de cette menace, la situation intérieure de notre pays? Nous allons voir qu'elle n'était pas faite pour décourager les ambitions germaniques.

La France était dévorée par le ver rongeur de la politique, et de la politique la plus dangereuse et la plus néfaste qui fût ; et cette politique s'exerçait depuis plus de vingt-cinq ans.

Le souci prédominant de la plupart des députés n'était pas le bien général, c'était leur réélection. La Chambre, élue au scrutin uninominal, au scrutin d'arrondissement, se trouvait donc composée, en majeure partie, d'éléments dont l'unique préoccupation était de flatter leurs électeurs et de satisfaire, par l'octroi de faveurs, leurs ambitions individuelles.

Les gens omnipotents dans le pays sont donc ceux qui peuvent agir, par leur situation, sur le plus grand nombre de votants, et en première ligne il faut placer les cabaretiers, les marchands de vin et les débitants de boissons.

C'est au cabaret, en effet, que se préparait l'élection. C'est là, dans ce milieu perverti par l'abus de l'alcool, de l'absinthe et des dangereux « apéritifs », que se chauffait la cuisine électorale, que s'organisaient les comités, que péroraient les orateurs destinés à mener la campagne pour le candidat de leur choix.

Et ce candidat était, malheureusement, presque toujours celui qui flattait les basses passions de la foule, celui qui promettait la reprise de la fortune au « capital » pour la distribuer aux « travailleurs ». Comme si le capital ne représentait pas le fruit de l'épargne longuement amassée, et n'était pas, suivant une heureuse expression, « du travail accumulé! »

⁂

Cette manière de préparer le recrutement des représentants élus du peuple avait amené peu à peu dans le pays un état d'oligarchie, une sorte d'omnipotence accordée à une caste de quelques agents électoraux influents.

Dans chaque commune, dans chaque village, était le groupe des « amis, du député », et malheur à ceux qui s'élevaient contre lui ou qui contrecarraient ses visées! Pour ceux-là, pas de faveurs, pas de sursis d'appel, souvent pas de permis de chasse. Pour les « amis », au contraire, toutes les faveurs dont dispose l'Administration : sursis d'appel, levée des condamnations pour les délits courants, les yeux fermés sur le braconnage et la maraude, et souvent (des exemples graves l'ont démontré) les yeux fermés aussi sur des fraudes considérables faites aux dépens des droits fiscaux et, par conséquent, du Trésor public.

En revanche, l'élu était le prisonnier de ses électeurs. Il leur devait sa situation; il la leur payait en faveurs et en votes à la Chambre.

Dans les districts ouvriers et industriels, les députés ainsi élus n'avaient qu'un souci : accorder satisfaction aux convoitises de leurs électeurs, sans se préoccuper de savoir si ces satisfactions n'allaient pas contre le bien général, contre le salut même de l'État.

Ainsi furent votées successivement les lois sur les syndicats ouvriers, qui donnaient à ceux-ci toute puissance de désorganiser le travail, d'organiser les grèves, de se réunir, de se grouper pour constituer un véritable « accaparement » de la main-d'œuvre. Mais en même temps ces lois se gardaient bien d'attribuer à ces syndicats la personnalité civile, de sorte qu'ils pouvaient commettre tous les excès sans qu'il fût possible de trouver un responsable.

Ainsi furent votées les lois néfastes qui assurèrent le privilège, si dangereux pour la santé nationale, des bouilleurs de cru : privilège qui est une des causes de l'extension de l'alcoolisme dans beaucoup de nos départements.

Mais toutes ces lois coûtaient cher. De plus, pour satisfaire les demandes des députés désireux de « payer » leurs électeurs influents, on créait un nombre de plus en plus grand de fonctionnaires. Ces fonctionnaires, il fallait leur donner des traitements, des retraites, et les dépenses de l'État augmentaient sans cesse.

Alors se dessina, dans l'orientation de la politique intérieure, la double campagne contre les congrégations religieuses, contre l'armée et contre le capital.

*
* *

Nous ne voulons pas, dans ce livre qui n'a d'autre but, en retraçant l'histoire de la guerre, que de remonter à ses causes, de faire de personnalités. Nous ne citerons donc pas de noms propres, nous ne nommerons pas les hommes politiques qui furent les auteurs ou les complices de ces différents projets. Nous nous contenterons de résumer brièvement les résultats déplorables de leurs agissements.

Pour couvrir les dépenses énormes nécessitées par l'accroissement incroyable du fonctionnarisme, on eut l'idée de proposer la confiscation des biens possédés par les congrégations religieuses. On évalua, — un peu hâtivement, comme les faits l'ont démontré, — la somme globale de ces biens à plus d'un milliard, et l'on fit miroiter aux yeux des électeurs la reprise du fameux « milliard des congrégations ».

En même temps, cette politique servait à merveille les tendances antireligieuses de la majorité de la Chambre. Celle-ci avait juré d'éteindre le sentiment religieux dans les masses. Déjà elle avait obtenu la suppression des aumôniers militaires et des aumôniers de la flotte ; déjà il était interdit de donner, dans l'intérieur des écoles, l'enseignement du catéchisme.

Les anticléricaux de la Chambre (ainsi s'intitulaient-ils) avaient compris quelle force l'Église puisait dans la collaboration des congrégations religieuses, dont la vie d'ascétisme et de discipline librement consentie assurait le recrutement d'un personnel d'élite, tant pour l'enseignement que pour les œuvres hospitalières.

Cette force, cet appui que les congrégations apportaient à l'Église, il fallait les supprimer. Aussi la « loi des congrégations » fut-elle votée par une majorité qu'aveuglait la passion antireligieuse.

En vertu de cette loi, tous les biens possédés par les congrégations étaient confisqués au profit de l'État. En dépit du principe de l'*égalité*, qui forme la base de nos institutions, il était interdit à toute personne appartenant ou ayant appartenu à une congrégation de faire œuvre d'enseignement sous quelque forme que ce fût.

L'expérience montra le maigre résultat de cette campagne. Le « milliard des congrégations » fondit, comme par hasard, entre les mains d'agents d'affaires peu scrupuleux et, finalement, tous comptes faits, se réduisit à quelques centaines de mille francs.

Ainsi, pour satisfaire des programmes électoraux, on avait créé un grave précédent de spoliation, et le profit tiré par le Trésor était pratiquement nul.

Mais la dissolution des congrégations religieuses ne suffisait pas à satisfaire les haines anticléricales de nos députés : ils allèrent plus loin et votèrent la loi de séparation de l'Église et de l'État.

En vertu de cette loi, l'État s'emparait de tous les biens des fabriques et des menses épiscopales, cessait de rétribuer les ministres du culte et rompait toute relation diplomatique avec le Saint-Siège. L'ambassadeur de France auprès du Vatican fut rappelé, et le nonce apostolique à Paris brutalement expulsé de France, après qu'on eut, en violation de l'immunité diplomatique, perquisitionné dans ses papiers et dans les archives particulières de la nonciature.

*
* *

Tels sont les points essentiels de la campagne antireligieuse. Mais celle-ci fut bientôt suivie d'une autre campagne, au moins aussi grave pour le salut du pays : je veux parler de la campagne antimilitariste.

Pour la majorité de la Chambre de cette époque, la religion constituait, en effet, avec l'armée, le frein susceptible de s'opposer à la manifestation extérieure des mauvaises passions de la foule : la religion, parce qu'elle moralisait les esprits, prêchait la concorde et la charité, enseignait la soumission à ses supérieurs ; l'armée, parce qu'elle représentait, par sa force matérielle, le respect de l'*ordre* et la résistance certaine aux fauteurs de trouble.

Au lieu de voir dans l'armée ce que les bons citoyens y trouvent, c'est-à-dire l'instrument sacré de la défense nationale, certains n'y voyaient que l'instrument éventuel d'un coup d'État possible, et qui leur aurait retiré cette suprématie tyrannique dont seul un régime purement civil leur assure la possession.

Aussi les deux campagnes contre la religion et contre l'armée furent-elles connexes. La campagne antimilitariste commença par les mesures destinées à diminuer le prestige des soldats et des officiers sur le reste de la population. On supprima les « retraites en musique » que les tambours et les clairons faisaient, le soir, dans les villes de garnison.

Ensuite, ce fut les décrets réglant l'ordre de préséance dans les cérémonies officielles ; puis ce furent les lois et les décrets successifs qui réduisirent petit à petit la durée du service militaire par des libérations anticipées, jusqu'à ce que le service de trois ans fût remplacé par celui de deux ans, réduit effectivement à dix-huit et même à quinze mois par des renvois prématurés de la classe dans ses foyers.

Puis, à la suite d'une retentissante « affaire » dans laquelle, sous prétexte de rectifier une erreur judiciaire, la majorité de la Chambre trouvait surtout une occasion unique d'attaquer notre état-major, la lutte contre l'armée fut poursuivie par tous les moyens : par la propagande parlée, par le livre, par les journaux, par les chansons qui tournaient en ridicule nos chefs militaires.

Et, comme couronnement à cette œuvre, les grèves antipatriotiques, faites par les ouvriers des arsenaux de l'État, encouragées à tel point que l'on put voir un jour, dans un de nos grands ports de guerre, un ministre de la Marine entrant dans l'arsenal précédé du drapeau rouge du syndicat des ouvriers et aux sons de l'*Internationale*, jouée par leur musique !

Les manifestations de l'autorité des généraux étaient contrariées par des interpellations de députés influents. Un capitaine avait-il infligé quatre jours de salle de police à un homme, malheur à lui si cet homme ou un de ses amis était un agent électoral puissant ! On interpellait à la Chambre, et le ministre promettait que des sanctions seraient prises contre... l'officier coupable d'avoir injustement puni un mauvais soldat, mais protégé par un député.

Et la campagne se continuait dans la presse majoritaire. Déjà l'on avait voté la réduction des périodes d'instruction des réservistes et des territoriaux. Les « vingt-huit jours » des premiers étaient devenus vingt et un jours; les « treize » jours des seconds avaient été réduits à neuf jours seulement, et l'on commençait à préparer la « grande réforme », celle qui devait nous conduire au service d'*un an*, en attendant la réforme, plus démocratique encore, de la suppression totale du service militaire, l'armée suspecte étant remplacée par une « garde nationale », formée de la « nation armée », toujours prête, par conséquent, à partir en guerre, non plus contre les ennemis du dehors, mais, à l'intérieur du pays, contre les autres citoyens français.

On poursuivait en même temps une formidable propagande socialiste et internationaliste. Des « pacifistes », les uns criminels, les autres de très bonne foi, prêchaient l'union des peuples, la suppression des armées permanentes, les nations se tendant les mains par-dessus les frontières; et, sans se douter qu'ils servaient ainsi la cause de l'internationalisme, nombreux furent les adeptes de cette fameuse langue universelle, l'*esperanto*, pour la diffusion de laquelle les efforts se faisaient parallèlement, et que l'on a justement appelée « le latin du prolétaire » !

*
* *

Tel était l'état intérieur de la France au début de l'année 1914. Notre pays était profondément divisé par les tendances antireligieuses, antimilitaires, et par la haine des classes sociales les unes contre les autres.

Et cependant le patriotisme, inné dans l'âme française, sommeillait peut-être, mais n'était pas détruit, malgré tous les efforts. Il suffisait d'un régiment passant dans la rue, d'une revue des troupes le 14 juillet ou à l'occasion de l'arrivée à Paris d'un souverain étranger, pour réveiller dans le cœur de tous le noble sentiment de l'amour de la Patrie, que ressuscite la seule vue du drapeau.

Pendant ce temps, que faisait l'Allemagne?

L'Allemagne se préparait, sans trêve aucune, à la guerre contre nous et contre nos alliés.

Il n'y a, pour s'en rendre compte, qu'à comparer les effectifs croissants des forces militaires de nos ennemis au cours des quarante dernières années.

En faisant cette comparaison, nous trouvons que l'empire d'Allemagne pouvait disposer, *pour l'armée active seulement* :

en 1874 { de 470 bataillons d'infanterie.
de 460 escadrons de cavalerie.
de 300 batteries d'artillerie.

Mais déjà, en 1890, ces chiffres furent considérablement augmentés. Les précédents formaient un total de 400000 hommes. En 1890, les effectifs furent portés à 490000 hommes, sans compter les officiers et les sous-officiers. Ces 490000 hommes se répartissaient entre :

en 1890 { 540 bataillons d'infanterie.
465 escadrons de cavalerie.
435 batteries d'artillerie.

En 1905, le ministre de la Guerre allemand décida un nouvel accroissement des effectifs de l'armée active, qui furent portés à 506000 hommes, répartis de la façon suivante :

en 1905 { 635 bataillons d'infanterie.
510 escadrons de cavalerie.
575 batteries d'artillerie.

Ce dernier chiffre de batteries était renforcé en 1911 et porté à 592 batteries.

Mais ce qu'il y eut de remarquable (et malheureusement de trop peu *remarqué* chez nous), ce fut, lors de cette augmentation de l'artillerie en 1911, la création de 115 *compagnies de mitrailleuses* et l'accroissement de l'*artillerie lourde*.

Les Allemands, en effet, avaient admirablement tiré parti des leçons de la guerre russo-japonaise. Ils s'étaient rendu compte du rôle important des tranchées dans la bataille de Moukden, qui avait duré près de trois semaines : ils avaient de suite compris que l'artillerie de campagne, excellente pour les batailles à découvert, devenait insuffisante pour les luttes de cette guerre « sous terre », dans laquelle il faut inonder l'ennemi de projectiles tombant de haut et produisant, par l'éclatement d'une masse considérable d'explosifs, des dégâts capables de démolir les travaux de tranchées de l'adversaire.

En 1912, nouvel accroissement des effectifs, accroissement qui portait l'armée active à 700000 hommes, répartis en 25 corps d'armée, avec

Guillaume II assistant au défilé d'un régiment.

tous les perfectionnements modernes représentés par des troupes techniques : aérostiers, aviateurs, télégraphistes, sapeurs du génie, électriciens, compagnies de chemin de fer, etc...

Mais cela ne suffisait pas encore aux visées germaniques. L'empereur avait, en effet, dès cette époque, comme nous l'avons déjà dit, décidé de faire la guerre, afin de s'assurer par des conquêtes, tant continentales que coloniales, les accroissements de territoire qu'il jugeait nécessaires à l'augmentation continue de la population de l'empire.

Aussi voulait-il une armée tellement forte, qu'elle pût *assommer* d'abord l'un de ses adversaires, pour pouvoir ensuite se retourner contre l'autre.

Ce résultat fut obtenu par la loi militaire de 1913.

Par une habile campagne de presse, les pouvoirs publics allemands préparèrent l'opinion à une loi qui décrétait un *impôt de guerre;* impôt non remboursable et prélevé, non pas sur le revenu, mais *en une seule fois, sur le capital possédé.*

Pour faire passer cet impôt. l'empereur agitait le spectre de la menace slave. Il disait, en somme, à ceux de ses sujets qui possédaient quelque fortune :

« Vous avez gagné un million par votre travail et votre économie. Ce million, cela vous ennuierait beaucoup de le perdre. c'est certain.

« Eh bien, ce million est menacé par les ambitions de la Russie, aidée de la France. Si vous voulez que je vous en garantisse la propriété, donnez-moi le moyen de le faire en me fournissant, par un sacrifice pécuniaire, les sommes nécessaires pour que je puisse augmenter efficacement les effectifs de l'armée, qui sont nos moyens de défense. »

Ce raisonnement « prit » en Allemagne. Il y eut bien quelques velléités de résistance; mais l'impôt fut accepté par la masse du peuple, surtout avec l'appui des socialistes, qui saluaient avec joie ce commencement de réalisation de la « reprise du capital ».

Une fois l'impôt acquis, l'augmentation de l'armée fut aussitôt réalisée, et, en 1913, l'armée active de l'Allemagne était, en temps de paix, portée au chiffre fantastique de 856000 hommes, répartis comme suit :

en 1913	660000	soldats.
	110000	sous-officiers.
	32000	officiers,
	14000	volontaires,
	40000	employés d'administration.
Total.	856000	hommes.

On voit que l'armée active allemande atteignait ainsi un total qui n'avait jamais été réalisé dans aucun pays.

*
* *

En même temps que les effectifs allemands s'accroissaient ainsi et constituaient par leur augmentation une menace non équivoque de guerre, l'état-major allemand s'attachait à perfectionner et à pousser au plus haut degré d'achèvement le matériel militaire et les services auxiliaires de l'armée.

Aux usines Krupp, à Essen, usines qui travaillent presque exclusivement à la fabrication du matériel d'artillerie, 90000 à 100000 ouvriers étaient employés en permanence à la réalisation des nouveaux engins de guerre. Non seulement les Allemands construisaient en nombre considérable des obusiers lourds du calibre voisin de 155 millimètres, mais encore ils créaient des mortiers de grande puissance allant jusqu'au calibre de 420 millimètres. Ces énormes pièces furent signalées chez nous.

dès leur apparition, par des officiers aussi patriotes que clairvoyants ; mais leurs avertissements se heurtèrent à l'inertie bureaucratique.

Les Allemands développaient en même temps tous les engins qui devaient venir en aide à cette artillerie nouvelle. Celle-ci est remarquable par la longue portée de ses pièces. Une pièce de 305, tirée sous grand angle, peut envoyer un obus à près de 40 kilomètres!

Il fallait donc améliorer ou créer les appareils destinés à guider le tir de l'artillerie à des distances où les servants des pièces ne pouvaient plus apercevoir le but.

Aussi nos ennemis poussèrent-ils très loin leurs recherches dans la voie des projecteurs électriques à grande puissance et dans celle de l'aéronautique et de l'aviation.

Et ici, c'est avec un douloureux sentiment que nous devons constater leurs progrès. L'aéronautique est une science entièrement française. Depuis Montgolfier, qui éleva dans les airs le premier ballon, il y a un siècle et demi, jusqu'au colonel Renard, qui réussit pour la première fois à diriger un aérostat dans l'air au moyen d'un moteur, on ne rencontre que des noms français. Et c'est en Allemagne, grâce à l'effort persévérant des pouvoirs publics, que l'aéronautique militaire a trouvé son plus grand développement.

Sous l'impulsion d'un inventeur, le comte Zeppelin, qui imagina d'immenses aérostats munis d'une carcasse rigide (type d'ailleurs assez défectueux), une véritable flotte aérienne fut créée en Allemagne. Les *zeppelins* des derniers types atteignent des dimensions colossales : 160 mètres de longueur, 15 mètres de diamètre, et sont propulsés par des moteurs à explosion de la force de 800 chevaux-vapeur. Leur déplacement est de plus de 30000 mètres cubes, et leur vitesse dépasse 75 kilomètres à l'heure. Ils enlèvent un équipage de 20 à 30 hommes et peuvent emporter 1200 à 1500 kilogrammes d'explosifs.

En même temps que les Allemands lançaient des dirigeables, ils organisaient leurs accessoires. Une quarantaine de hangars immenses furent édifiés aux points de concentration pour abriter ces monstres aériens, dont l'usine est à Friedrichshafen, sur le lac de Constance.

De plus, des usines furent construites pour fabriquer l'hydrogène nécessaire au gonflement de ces énormes aéronefs. Comprimé dans des tubes d'acier chargés d'avance sur les wagons de trains toujours formés, le gaz était tout prêt à être expédié en un point quelconque du territoire de l'empire.

L'effort qu'ils ont fait pour l'aéronautique, ils l'ont fait, plus grandement peut-être encore, pour l'aviation et la construction des aéroplanes.

L'aviation, elle aussi, est une science française. Ses débuts, ses progrès ont eu lieu en France, et ce sont des aviateurs français qui établirent tous les « records du monde ». Mais les pouvoirs publics, en vain sollicités par des esprits clairvoyants, ne donnèrent pas à la « cinquième arme », comme on appelait déjà l'aviation militaire, les crédits nécessaires à son développement et à son organisation.

De sorte que l'aviation, créée en France par le génie français, fut surtout utilisée par les Allemands au point de vue des applications à la guerre moderne.

Enfin, nos ennemis poussèrent à un degré de perfection inconnu jusqu'alors l'art des transports de troupes par les voies les plus rapides, d'un point à un autre de leur territoire.

Des lignes de chemins de fer, sans autre utilité que leur utilité militaire, furent construites en grand nombre, surtout au voisinage des frontières, où elles convergeaient. Sept grandes lignes parallèles traversent l'empire d'Allemagne de l'est à l'ouest, de façon à permettre le transfert simultané de nombreux corps d'armée de la frontière russe à la frontière française, et *vice versa*.

Les automobiles ne furent pas négligées. Les Allemands s'emparèrent aussi de cette invention essentiellement française, et l'organisation de leurs automobiles de guerre, de leurs « tracteurs » pour poids lourds, de leurs camions porteurs, constitue un modèle du genre.

On voit donc qu'en 1913 l'Allemagne était, de tous points, prête à entrer immédiatement en guerre contre la Triple-Entente.

* * *

Les chiffres des effectifs que nous avons donnés, relativement à l'armée allemande, ne concernent que l'armée *active*. Il faut ajouter, pour avoir le total des combattants, les effectifs des armées de réserve (*landwehr*) et de l'armée territoriale (*landsturm*).

Après une période de service actif qui varie de trois ans à un an, chaque Allemand passe dans la *landwehr* jusqu'à l'âge de trente-neuf ans. Ensuite, jusqu'à quarante-cinq ans, il fait partie du *landsturm*, divisé en deux catégories : la première comprenant tous les hommes de dix-sept à trente-cinq ans ne figurant pas dans les classes précédemment indiquées, la seconde comprenant les hommes sortant de la *landwehr*, de trente-neuf à quarante-cinq ans.

Ainsi, en Allemagne, toute la partie mâle de la nation, de dix-sept à quarante-cinq ans, est susceptible d'être appelée à servir dans l'armée. On admet, en général, que la proportion de population en état de servir représente 10 pour 100 de la population totale d'un État. Si l'on applique cette règle à la population de l'empire d'Allemagne, évaluée, d'après les recensements de 1912, à 64 millions d'habitants, on voit que le nombre des combattants que l'empire du centre peut mettre en ligne atteint *six millions de soldats*. Tous ne peuvent évidemment pas porter les armes ; mais cela représente un minimum de *quatre millions de combattants* que l'Allemagne est en mesure d'opposer à ses adversaires.

Quant à la marine de guerre allemande, elle est formidable. Après celle de l'Angleterre, c'est la plus puissante, et elle a dépassé de beaucoup la flotte de guerre française.

Le kronprinz à la tête de son fameux régiment de la Garde, qu'il fit écraser lamentablement sur notre front.

Sous l'impulsion personnelle de l'empereur Guillaume, qui a prononcé la parole célèbre : *Unsere Zukunft liegt auf dem Wasser*, « Notre avenir est sur l'eau, » la flotte a subi des accroissements continuels jusqu'en 1912, où une loi fut votée pour en régler la composition définitive.

Cette loi réglemente la construction de 60 grands cuirassés, de 40 croiseurs, de 72 sous-marins et de 140 contre-torpilleurs (ou torpilleurs de haute mer, ou *destroyers*).

Cette même loi prévoit la mise au rebut de tous ces navires après vingt ans de service à la mer. Elle prévoit aussi un roulement de construction comprenant, chaque année, la mise en chantier de 3 grands cuirassés (*dreadnoughts*), de 2 croiseurs et d'une flottille complète de contre-torpilleurs et de sous-marins.

On voit donc que, sur mer comme sur terre, l'Allemagne, en 1913, était prête à la guerre. Ajoutons à cet exposé de sa puissance maritime la création du *canal de Kiel*, creusé entre la mer Baltique et la mer du Nord, et qui permet à nos ennemis de faire passer leurs vaisseaux de guerre de l'une à l'autre de ces deux mers, sans courir le risque de rencontrer une escadre ennemie.

L'exposé de tous ces préparatifs démontre suffisamment que l'empire d'Allemagne fut, dans cette effroyable guerre de 1914-1915, l'agresseur conscient et patient.

*
* *

Quelle était, en face de ces armements formidables, la situation militaire de la France? C'est ce que nous allons résumer rapidement, en partant de la situation de notre armée en 1912.

A ce moment elle comprenait, en troupes du territoire français, 530000 hommes et 30000 officiers; en troupes du territoire colonial, 87000 hommes et 4200 officiers. C'était l'effectif total de l'armée *active*.

Si l'on prend la somme des combattants que la France pouvait mettre en ligne, en y comprenant les troupes de la réserve et de l'armée territoriale, on arrive à un chiffre global de plus de 4 millions d'hommes.

Notre infanterie de l'active comprenait 163 régiments à 3 bataillons de 4 compagnies chacun, 30 bataillons de chasseurs à 6 compagnies, 4 régiments de zouaves à 5 bataillons de 4 compagnies, 4 régiments de tirailleurs algériens, 2 régiments de la légion étrangère.

Notre cavalerie comprenait 91 régiments : 12 de cuirassiers, 32 de dragons, 23 de chasseurs à cheval, 14 de hussards, 6 de chasseurs d'Afrique et de spahis.

Notre artillerie comprenait 62 régiments de campagne, représentant 634 batteries de 4 pièces. Cette artillerie est armée du canon de 75 millimètres, dû à la collaboration de deux officiers de la plus haute valeur : les colonels Deport et Sainte-Claire-Deville. Il y avait en outre 16 batteries à cheval et 21 batteries lourdes (canon de 120 court et de 155 court). Il faut ajouter 2 régiments d'artillerie de montagne et 11 régiments d'artillerie à pied.

Huit régiments du génie (aérostiers, aviateurs, chemins de fer, téléphonistes) et 20 escadrons du train complètent cet état de l'armée active.

En période de guerre, les régiments de l'active se renforcent par l'adjonction des réservistes des classes les plus jeunes. Les réservistes plus âgés forment des *régiments de réserve*, auxquels s'ajoutent 145 régiments d'infanterie territoriale, 7 bataillons de chasseurs et 12 bataillons de zouaves territoriaux.

Quant aux troupes coloniales, elles comprenaient, en 1912, 16 régiments d'infanterie coloniale, 1 régiment de tirailleurs annamites, 4 de tonkinois, 4 de sénégalais à 8 bataillons chacun, 3 de malgaches, 2 escadrons de spahis sénégalais, 7 régiments d'artillerie coloniale.

Telle était l'armée de 600000 hommes que nous avions à opposer aux 800000 hommes de l'armée allemande.

* * *

L'annonce des armements allemands avait cependant secoué quelque peu la torpeur de nos gouvernants, et surtout de l'opinion publique.

Dans le peuple français, le patriotisme, avons-nous dit, sommeillait; mais il n'était pas mort.

Il se trouva, heureusement, un ministre de la Guerre qui comprit la grandeur patriotique de la tâche qu'il avait à remplir et qui s'y attela avec ardeur.

Ce ministre fut M. Millerand.

Tout d'abord il s'appliqua à réveiller, en quelques mois, le sentiment patriotique et militaire en France; il rétablit, dans les villes de garnison, les retraites en musique du samedi soir; il multiplia les occasions de contact entre l'armée et la nation. Il accomplissait ainsi une œuvre préparatoire hautement utile.

De plus, M. Millerand précisa, dès le temps de paix, les fonctions et les pouvoirs de celui qui aurait, en temps de guerre, la lourde responsabilité du commandement en chef de nos armées. Par un choix qui indiquait une véritable prescience de l'avenir, il désigna pour le poste de généralissime le général Joffre, à qui il confia ainsi l'autorité militaire la plus haute.

Une série de réformes heureuses relatives aux cadres de la cavalerie et de l'aéronautique militaire fut encore l'œuvre de ce ministre, qu'un ridicule incident de politique intérieure amena à abandonner son portefeuille. M. Millerand, n'ayant en vue que le bien de l'armée, avait réintégré dans un grade de la réserve un officier de valeur, le colonel du Paty de Clam, que des attaques violentes de la presse avaient obligé à quitter l'armée en pleine campagne antimilitariste. Cette réintégration offusquait la majorité de la Chambre, et M. Millerand dut se retirer, à la fin de l'année 1912.

Mais il avait bien commencé son œuvre patriotique. Il devait la reprendre avec éclat moins de trois ans après, au plus fort de la mêlée.

C'est sur ces entrefaites que l'on connut le nouveau programme des armements allemands, au commencement de l'année 1913.

Cette fois, la menace était plus directe. L'armée allemande allait avoir pour l'active seule, 850000 hommes, auxquels la France n'avait à opposer, comme nous l'avons vu, qu'un effectif de 600000 soldats, tout au plus.

La situation devenait grave; nous nous trouvions dans un état d'infériorité numérique, qui pouvait amener les résultats les plus terribles.

Une seule solution se présentait. Cette solution, le pays tout entier la comprit, et la comprit si bien que, sous la pression de l'opinion publique, il sut l'imposer à la majorité de la Chambre des députés elle-même.

Défilé d'infanterie française.

Cette solution, c'était le retour au service de *trois ans*, qui devait donner à l'active les 200000 hommes qui lui manquaient pour se trouver sur le pied d'égalité avec les formidables effectifs allemands.

Un projet dans ce sens fut déposé devant la Chambre par le ministre de la Guerre du cabinet Briand, M. Étienne, qui l'avait préparé dans l'esprit le plus patriotique. Le cabinet Briand tomba et fut remplacé par un ministère dont le chef fut M. Barthou. Celui-ci, d'ailleurs, appuya de toutes ses forces le projet de la « loi de trois ans ».

La loi fut, à la Chambre, l'objet de discussions très vives. Parmi les députés qui la combattirent le plus vivement, il faut citer MM. Augagneur, Thomas, Thalamas, le général Pédoya et d'autres. Jaurès, au nom des socialistes, présenta son projet de la « nation armée ».

Mais elle fut éloquemment défendue par MM. Le Hérissé, Joseph Reinach, de Montebello et d'autres députés patriotes. Dans le parti radical même, des hommes politiques comme MM. Clemenceau et Bourgeois s'étaient nettement prononcés en faveur de la loi de trois ans.

Malgré l'opposition des socialistes, la loi de trois ans fut votée, avec quelques amendements, le 19 juillet 1913, par 358 voix contre 204.

M. Caillaux crut devoir protester contre ce vote « au nom du parti radical-socialiste » !

Au Sénat, la loi fut votée, le 7 août 1913, par 240 voix contre 36.

Il était temps, on le voit, puisque, un an plus tard exactement, l'Allemagne nous déclarait la guerre !

Heureusement, l'application de la loi de trois ans augmentait de 220000 hommes les effectifs de notre armée active, qui allait être portée ainsi au chiffre de 800000 soldats, à peu près égal à celui de l'armée allemande.

Le vote de cette loi de salut provoqua en Allemagne du désappointement d'abord, de la fureur ensuite. Comment ! la France se permettait de se placer sur le pied d'égalité militaire avec la force allemande !

Et, en effet, l'égalité des effectifs était rétablie, et nous avions la supériorité incontestable de l'artillerie de campagne ; notre merveilleux canon de 75, à recul automatique, était bien supérieur au canon allemand de 77.

L'Allemagne gardait sa supériorité au point de vue de l'artillerie lourde, pour laquelle les Chambres n'avaient rien fait. Elle gardait surtout la supériorité au point de vue de l'« organisation », qui chez elle est admirable et longuement préparée. Aussi, en présence de l'adoption de la loi de trois ans, qu'elle considérait comme une menace, alors qu'elle n'était, de la part de la France, qu'un acte purement défensif, elle résolut de profiter de son avance et de nous attaquer brusquement.

Elle allait s'apercevoir que la France possédait sur elle une autre supériorité, qui, celle-là, lui est particulière : celle du patriotisme ardent de son peuple et de la valeur héroïque de ses soldats.

CHAPITRE IV

L'« AVANT-GUERRE »

L'organisation de l'espionnage allemand. — L'industrie hôtelière. — La mainmise sur le commerce. — Les manufactures. — Les installations. — Les postes clandestins de télégraphie sans fil. — Les entrepôts cachés.

Avant d'entrer dans l'histoire de la guerre proprement dite, il y a cependant encore un chapitre à écrire sur la façon dont les Allemands avaient, par de patients travaux poursuivis depuis de longues années, préparé d'avance, *sur notre propre territoire*, les installations capables de faciliter les manœuvres, les évolutions, la marche de leurs armées lorsque celles-ci auraient envahi notre chère et belle terre de France.

Un écrivain hautement patriote, Léon Daudet, a trouvé un mot pour qualifier l'ensemble de ces opérations préparatoires; il l'a appelé très justement l'*avant-guerre*.

Cette « avant-guerre » fut signalée par lui dans un livre véritablement prophétique, paru en 1913, un an avant la grande lutte mondiale. En le relisant, on ne peut s'empêcher d'être frappé par la justesse de ses vues, la précision de ses observations et le bien fondé de ses craintes.

Nous verrons, en racontant les préliminaires de l'agression allemande, que l'invasion par la Belgique avait été depuis longtemps prévue et préparée par le grand état-major allemand. Nos ennemis escomptaient donc une invasion d'abord, une occupation ensuite du territoire belge.

Aussi avaient-ils mené dans le royaume de Belgique une « avant-guerre » des plus soignées, afin d'y bien préparer l'arrivée et l'installation de leurs troupes.

L'avant-guerre avait également été organisée en Suisse et en Hollande. Dans un plan antérieur d'invasion du territoire français, les Allemands, comptant sur la collaboration de l'Italie, qui était alors leur alliée, avaient projeté d'envahir la France par une marche sur Lyon, en passant par la Suisse, dont ils auraient violé la neutralité.

Aussi l'infiltration allemande en Suisse fut-elle considérable, surtout au cours des vingt dernières années. Berne, Zürich et Bâle sont trois villes dont on a pu dire qu' « elles sont aussi allemandes que Berlin »!

A Bâle, la situation est plus grave encore, la gare centrale constituant le *terminus* des deux grandes lignes de chemin de fer qui bordent le Rhin, l'une en Alsace, l'autre dans le grand-duché de Bade. Là la pénétration des armées allemandes était toute préparée. Comme, de plus, de nombreuses banques et maisons de commerce avaient un personnel exclusivement germanique, connaissant toutes les ressources de la ville, possédant sur le bout du doigt la liste des fortunes individuelles des riches habitants et des grosses maisons de commerce, tout était prêt pour fournir à une armée d'invasion les renseignements les plus circonstanciés nécessaires à ses opérations de réquisitions et de rapines.

On peut dire que le tiers de la population de Bâle est allemand.

A Berne et à Zürich (le quart de la population de cette dernière ville est également allemand), l'avant-guerre était au moins aussi poussée qu'à Bâle. De plus, les capitalistes et les ingénieurs d'outre-Rhin se sont insinués dans toutes les grosses entreprises financières ou industrielles de la Suisse, en particulier dans l'exploitation, si importante au point de vue stratégique, du chemin de fer du Saint-Gothard, qui assurait, en cas de collaboration de l'Italie avec l'Allemagne, le passage des troupes allemandes à travers les Alpes.

Heureusement, du côté suisse, ces tendances pangermanistes ont trouvé, dans les cantons de langue française, une hostilité manifeste. A Genève, à Lausanne, on a compris le danger de cette infiltration germanique lente, continue, mais sûre, et de courageux citoyens, par la plume et par la parole, opposèrent une résistance acharnée à la conquête subreptice du pays par l'élément teuton.

Quant à la Hollande, l'influence allemande s'y est exercée avec d'autant plus de facilité, que le prince consort, l'époux de la reine régnante, est un prince allemand.

On a bien vu, d'ailleurs, dans cette guerre, l'effet de cette mainmise de l'influence germanique sur la Hollande. Malgré une neutralité « théorique », la Hollande fut la grande porte ouverte par laquelle l'Allemagne, qui serait à peu près séparée économiquement du reste du monde, put se ravitailler librement en céréales, en coton, en cuivre, en métaux et en pétrole pour ses dirigeables, ses avions et ses automobiles.

* * *

Mais c'est surtout la Belgique qui, en dehors de la France, a été le plus « travaillée » par les agents et les espions d'outre-Rhin.

La Belgique, étant donnée l'idée bien arrêtée des Allemands de violer son territoire pour envahir la France, avait pour nos ennemis une importance de premier ordre.

Liége, en effet, est situé à trente kilomètres à peine de leur frontière ; et ils ont concentré un réseau serré de chemins de fer qui, tous, convergent vers cette ville.

Surtout depuis que la France avait perdu l'Alsace-Lorraine, la partie de la Belgique appelée la Wallonie, dont Liége est en quelque sorte la métropole, a pris, au point de vue stratégique, une importance considérable. Liége commande la vallée de la Meuse. La grande ligne de chemin

Maison d'un espion allemand, détruite par nos troupes à la Panne (Belgique). Elle était construite en ciment armé, avec une plate-forme formant terrasse, permettant de recevoir un canon de gros calibre. Il ne fallut pas moins de cinq cartouches de dynamite pour faire sauter cette construction.

de fer de Paris à Berlin passe par Liége, et, comme nous l'avons dit, de nombreuses voies ferrées allemandes sont dirigées vers cette grande cité en un réseau convergent.

Il était donc de première urgence pour les Allemands d'avoir la mainmise sur Liége et la Wallonie tout entière.

Les Belges avaient, d'ailleurs, pressenti le danger. Un de leurs généraux, l'un des officiers qui ont transformé l'art de la fortification, le général Brialmont, avait dressé sur les hauteurs qui entourent la ville un cercle de forts en béton, armés de coupoles blindées.

Pour arriver à « posséder » la Wallonie industrielle, nos ennemis usèrent de leurs procédés ordinaires d'infiltration : ils y envoyèrent leurs ouvriers et leurs employés de commerce.

Dans chaque usine, des ouvriers allemands étaient embauchés. Ces ouvriers étudiaient tout, prenaient des notes sur tout et communiquaient leurs « observations » à Berlin, au service central des renseignements confidentiels.

La fameuse *fabrique d'armes*, en dépit de son titre, soigneusement mis en avant, de *nationale,* était presque entièrement la propriété d'actionnaires germaniques.

Dans de nombreuses usines, appartenant à des Allemands sous le couvert d'un prête-nom belge, et situées au voisinage de la frontière française, on avait établi d'avance des terrasses en béton armé pour recevoir des pièces d'artillerie lourde et de siège. Dans beaucoup de ces bâtiments, des stocks considérables de munitions et de matériel de guerre étaient cachés au fond des caves, où ils avaient été transportés. dès le temps de paix, sous l'étiquette trompeuse de pièces détachées de machines et de chaudières à vapeur.

Bruxelles était, naturellement, fortement envahie par l'élément tudesque. Des maisons de commerce n'avaient de belge que l'enseigne: en réalité, elles étaient allemandes. La plupart des brasseries, des restaurants, des cinématographes de la capitale belge étaient possédés ou exploités par un personnel allemand. Inutile de dire que l'élément d'outre-Rhin dominait dans la domesticité des hôtels et des restaurants.

Mais c'est à Anvers, surtout, que l'effort allemand a été porté au maximum.

Anvers, en effet, comme Liége pour le pays *wallon*, revendique le titre de métropole du pays *flamand.*

Or on sait que l'antagonisme a toujours existé en Belgique, entre l'élément flamand et l'élément wallon. Alors que ce dernier emploie exclusivement le français, le Flamand ne se sert que de la langue flamande, sorte de patois dérivé plus ou moins directement de la langue de nos ennemis.

Cette similitude de langage d'une part, l'antagonisme avec l'élément francophile d'autre part, constituaient un excellent terrain pour les menées allemandes. L'importance maritime du port d'Anvers, près de l'embouchure de l'Escaut, fournit le prétexte de l'installation d'innombrables « firmes » germaniques dans la capitale des Flandres.

Anvers est le port naturel d'exportation des produits de l'Allemagne du centre et du sud; aussi fut-elle vite envahie par les commerçants teutons. Les banques allemandes s'y distinguèrent par leur nombre et leur prospérité. Les grandes compagnies de navigation d'Allemagne y installèrent des docks et des entrepôts immenses; leur influence s'y affirma rapidement prépondérante, et les meilleurs emplacements le long des quais étaient réservés à leurs bateaux.

Le commerce des grains, si important à Anvers, était presque devenu un monopole allemand. Il en était de même de l'importation des engrais chimiques et du commerce des peaux.

Naturellement tous ces résidents ennemis travaillaient, dans l'ombre, en vue de la guerre prochaine et imminente. Ils installaient, à leur domicile, des postes clandestins de télégraphie sans fil. Ils accumulaient, dans leurs caves, des provisions abondantes pour alimenter les troupes allemandes à leur entrée dans la ville dont ils trahissaient ainsi la généreuse hospitalité. Mais qu'est-ce qu'une trahison de plus pour un Allemand, dont c'est l'action ordinaire?

Il n'est pas inutile de faire remarquer que, tout en séjournant dans des cités belges, les Teutons n'en restaient pas moins exclusivement *Allemands*.

Ils le demeuraient, non seulement de cœur, mais encore de fait; ils n'achetaient que des produits de leur pays, ne s'habillaient que de vêtements venant de chez eux, ne consommaient que des denrées d'origine germanique.

Nous croyons devoir citer, à ce sujet, un document curieux. C'est le « décalogue », en dix commandements, que la Ligue pangermaniste recommandait à ses membres installés dans un pays étranger :

« 1° Dans tes dépenses les plus faibles, aie toujours en vue les intérêts de tes compatriotes allemands et de ta grande patrie allemande.

« 2° N'oublie pas que lorsque tu achètes un produit d'un pays étranger, même pour un seul pfennig, tu diminues d'autant la fortune de la patrie allemande.

« 3° Ton argent ne doit profiter qu'à des marchés allemands et à des ouvriers allemands.

« 4° *Ne profane pas la terre allemande*, la maison allemande, l'atelier allemand, par la présence ou *par l'usage d'outils ou d'instruments étrangers*.

« 5° Ne laisse jamais servir sur ta table de la graisse ou de la viande étrangère; tu ferais tort ainsi à l'élevage allemand et tu compromettrais ta santé, car cette graisse et cette viande n'ont pas été visitées par les services hygiéniques allemands.

« 6° Écris sur du papier allemand, avec une plume allemande. Sèche ton encre allemande avec du papier buvard allemand.

« 7° Ne t'habille jamais qu'avec des étoffes allemandes, et ne te coiffe qu'avec des chapeaux allemands.

« 8° N'oublie pas que la farine allemande, les fruits allemands, la bière allemande, peuvent seuls donner la force allemande.

« 9° Si tu n'aimes pas le café de malt allemand, bois du café des colonies allemandes. Si tu préfères le chocolat, aie soin qu'il soit de provenance exclusivement allemande.

« 10° Que les paroles des étrangers ne te détournent jamais de la voie à suivre, et reste convaincu que les produits les meilleurs et les seuls dignes d'un fils de la grande Allemagne sont les produits allemands. »

Après la lecture d'un pareil document, on peut, comme l'on dit, « tirer l'échelle. »

*
* *

Voyons maintenant ce qu'a été l' « avant-guerre » en France.

Tout d'abord, le nombre des naturalisations s'est accru, au cours des dernières années, dans des proportions telles, que sa seule inspection aurait dû émouvoir les pouvoirs publics.

Ainsi ces naturalisations, dont le nombre était de 38000 en 1896, atteignaient, en 1901, le chiffre de 65000, celui de 90000 en 1906, et de *cent vingt mille* en 1911 !

En outre, de puissantes agences de renseignements, déguisées sous le couvert d'agences de « renseignements commerciaux », centralisaient et envoyaient à Berlin tous les documents relatifs à la situation commerciale, à la situation de fortune, au crédit des industriels, des commerçants, des fabricants, des banquiers. De sorte que, grâce aux fiches précises fournies par ces agences, les Allemands, en envahissant le territoire et en occupant une ville, devaient connaître exactement le montant des fortunes locales et l'importance de la contribution de guerre dont ils pouvaient ainsi frapper la cité envahie par eux.

Indépendamment de ces faits, d'autres beaucoup plus graves se produisaient, qui pouvaient compromettre gravement l'efficacité de notre défense nationale.

Ainsi, dans la plupart de nos forts de l'Est, les machines étaient alimentées par des charbons de provenance allemande. Fait d'autant plus regrettable, que nous avons précisément, dans la Lorraine française, d'importants gisements de houille encore inexploités.

De plus, par d'habiles manœuvres de substitutions de personnes, l'outillage technique de ces forts, en particulier les locomotives des voies ferrées qui les relient entre eux, proviennent de fabriques allemandes. Quand il fallut procéder à l'installation et aux essais de ces machines, on dut, naturellement, faire venir des ingénieurs et des ouvriers au courant de leur construction et de leur fonctionnement, c'est-à-dire des Allemands. Et ainsi des individus de la nationalité ennemie eurent toutes facilités pour entrer dans nos forts et en connaître, à leur aise, les dispositions!

Notre service de l'aéronautique militaire, dans lequel, par le génie de nos savants et l'audace de nos pilotes, nous avions pris la première place, était complètement à la merci de l'industrie allemande pour la fourniture de l'hydrogène nécessaire au gonflement des dirigeables.

Une usine allemande de produits chimiques, installée aux environs de Compiègne, *dans une position stratégique importante,* fournissait l'hydrogène aux dirigeables construits au parc aéronautique de la Motte-Breuil, situé dans son voisinage. Ainsi, sous le prétexte de pouvoir vérifier leurs

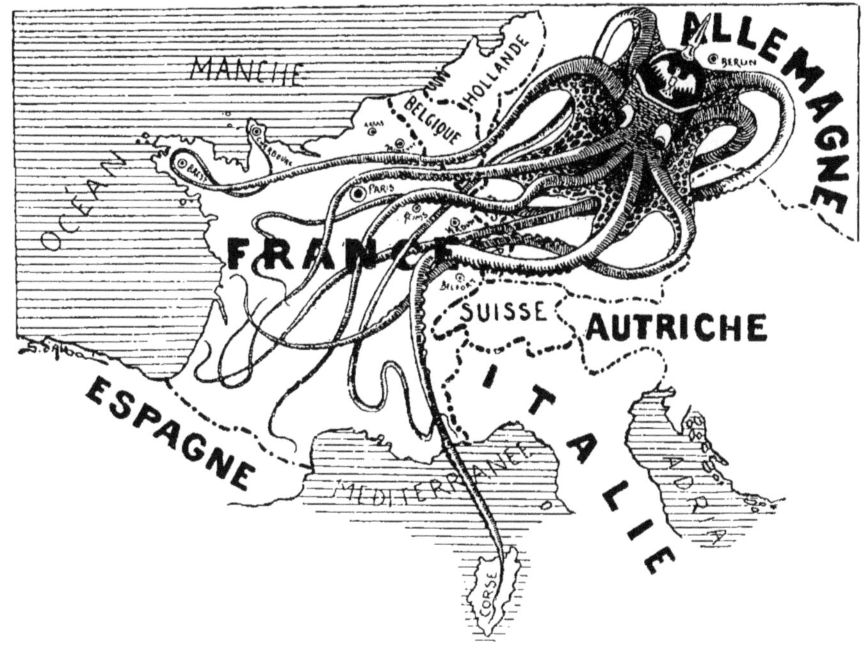

L'espionnage allemand en France.

fournitures, nos ennemis pénétraient à leur aise dans notre parc aérostatique et pouvaient en surprendre les secrets si jalousement gardés.

* * *

Mais où l'infiltration allemande s'est surtout manifestée, c'est dans l'industrie des hôtels et des restaurants.

Un hôtel, en effet, constitue un lieu tout désigné pour l'espionnage. Des voyageurs de tous pays y séjournent plus ou moins longtemps, laissant dans leurs chambres leurs papiers et les documents qu'ils transportent avec eux. Il est donc facile au propriétaire d'un hôtel, qui possède en double toutes les clefs, de faire dans les appartements occupés par ses pensionnaires de fructueuses perquisitions.

C'est surtout dans les grands hôtels, dans ces luxueux caravansérails modernes où un luxe, de mauvais goût d'ailleurs, comme tout ce qui est allemand, est en quelque sorte l'enseigne de la maison, que cet espionnage s'exerce sur une grande échelle.

En effet, c'est là que descendent les voyageurs de marque, les diplomates en mission, les officiers généraux en voyage. C'est donc là qu'il y a le plus de chance de glaner les bons « tuyaux ».

De plus, dans ces immenses maisons, se donnent, au restaurant, les dîners et les thés. A ces dîners et à ces thés les voyageurs importants donnent rendez-vous à leurs amis, à ceux à qui ils ont affaire. Souvent, afin d'éviter les oreilles indiscrètes des voisins, le dîner est commandé et servi dans un petit salon séparé, où les convives, se croyant parfaitement seuls et sans crainte d'indiscrétion, peuvent échanger librement leurs conversations intimes.

Ils sont, en effet, à l'abri des oreilles « des autres convives »; mais il y a d'autres oreilles aux écoutes, ce sont celles des maîtres d'hôtel et des garçons, Allemands pour la plupart. Tous sont polyglottes; pour être admis dans le personnel d'un de ces caravansérails, il faut connaître au moins le français, l'anglais et l'allemand. Un grand nombre de garçons, issus des provinces silésiennes et de la Posnanie, comprennent et parlent le russe. Beaucoup d'autres, qui sont Autrichiens, parlent l'italien.

Ces valets accomplissent, pendant le repas, un service remarquable par sa discrétion. Ils se gardent de faire du bruit en choquant les assiettes et les couverts : ce bruit leur ferait perdre les mots qu'ils doivent saisir au cours des conversations entre les convives. Ceux-ci, d'ailleurs, enchantés d'être servis par des domestiques aussi bien stylés, se laissent aller sans crainte à leurs confidences, dont pas une syllabe n'est perdue. Tout est recueilli par des oreilles attentives, tout est noté fidèlement sur des carnets, tout est ensuite transmis intégralement à Berlin, au service des renseignements.

Une autre « industrie d'espionnage » où les Allemands, — ou plutôt les Allemandes, — sont sans rivales, est celle des gouvernantes d'enfants et des institutrices.

Combien de familles de hauts fonctionnaires, de généraux même, ont commis inconsciemment l'imprudence d'introduire chez eux une institutrice allemande pour « apprendre la langue à leurs enfants »! Ces institutrices ont, d'ailleurs, toutes les qualités requises; elles sont instruites, assidues à leur travail, dociles et soumises dans leurs rapports avec les maîtres de la maison. Ce sont des auxiliaires modèles. Aussi *Fraulein* est-elle bientôt de la famille; elle dîne à table avec les enfants et leurs parents On ne se gêne plus devant elle; elle est si discrète et fait si peu de bruit!

Mais *Fraulein* n'a pas les oreilles fermées; elle recueille et note avec soin tout ce qu'elle entend, elle enregistre avec précision tous les renseignements qu'elle peut recueillir sur les personnes, sur les fonctionnaires qui fréquentent la maison où elle est placée. Tout cela est communiqué, soit à Berlin directement, soit à l'ambassade allemande de Paris, qui en fait son profit.

Cette corporation redoutable des institutrices-espionnes foisonnait dans le monde entier. En France, en Russie, en Italie, en Angleterre, dans l'Amérique du Nord et dans l'Amérique du Sud, des nuées de jeunes Allemandes étaient installées dans des familles riches ou dans celles des plus importants fonctionnaires. Et ainsi l'Allemagne disposait

Garçons de café, revendeurs, livreurs, chacun de ces industriels était doublé d'un espion.

d'une véritable armée d'espions, susceptibles de la renseigner sur les personnes et sur les faits les plus variés.

*
* *

Mais nous allons assister maintenant à une emprise allemande d'une importance beaucoup plus grave : je veux parler de la mainmise sur les ressources minérales du sol français, et en particulier sur les richissimes gisements ferrugineux découverts en Normandie.

On sait la prodigieuse extension qu'ont prise, chez nos ennemis, deux industries qu'ils ont portées au premier rang : l'industrie chimique et l'industrie métallurgique.

La première comporte, comme accessoire, l'industrie des produits pharmaceutiques. De ces produits ils ont inondé la France, si bien que les huit dixièmes des « spécialités » vantées à la quatrième page des journaux et vendues par nos pharmaciens, sous des étiquettes de forme française, étaient des produits de l'industrie allemande. Pour certaines de ces spécialités même, ils ne se gênaient plus et les livraient avec leurs étiquettes rédigées en allemand. Des dentifrices, des antinévralgiques fameux, sont dans ce cas. Quant à l'industrie des eaux minérales, tant des eaux de table que des eaux médicinales, elle était envahie par les « eaux » allemandes et autrichiennes, alors que nous possédons tant de sources, si variées et si excellentes, qui jaillissent du sol français!

La seconde des grandes industries de nos ennemis est l'industrie métallurgique.

Pour celle-ci, deux éléments, deux « matières premières », sont également nécessaires : la houille, qui est le combustible, et le minerai de fer, qui est l'origine du produit.

L'Allemagne est assurée, par ses mines de Westphalie, d'une quantité suffisante de charbon, et cela pour de longues années encore. Ses puits fournissent en abondance le précieux minéral. Mais il n'en est pas de même du minerai de fer, et des statisticiens, des ingénieurs compétents ont fait ce calcul que, dans un demi-siècle au plus, les gisements de minerai ferrugineux d'Allemagne seront complètement épuisés.

Or, que deviendrait l'Allemagne, cette nation dont la guerre est l' « industrie nationale », sans ses fabriques d'acier, de fusils et de canons?

Aussi les gouvernants d'outre-Rhin, qui savent prévoir les événements à longue échéance, ont-ils jeté leur dévolu sur les régions de l'Europe où existaient d'abondants minerais de fer. Parmi ces régions, se trouve une province française, la Normandie, où des géologues ont découvert récemment des gisements ferrugineux d'une exceptionnelle richesse.

De plus, en Lorraine française, tout le bassin de Briey est un immense champ de mines de fer; mais ces mines sont loin d'avoir la richesse des gisements nouvellement découverts dans les régions normandes.

Aussitôt que ces gisements furent signalés, les capitalistes allemands se ruèrent à l'assaut des concessions d'exploitation. A l'aide de sociétés à façade habilement « maquillée », ils s'emparèrent de ces richesses minérales.

De sorte que, sur onze mines de fer du bassin normand, neuf appartiennent ou sont concédées à des Allemands, une à un Hollandais. La onzième seule est la propriété de Français; encore ont-ils avec les Allemands un contrat pour plus de quinze ans.

Ainsi l'Allemagne s'est assuré la possession d'un bassin minéralifère d'une grande production, dont les minerais sont susceptibles d'alimenter pendant longtemps ses hauts fourneaux de Westphalie et de la région rhénane.

Mais ces produits minéraux, extraits du sol français, il faut les transporter aux fourneaux allemands, et le transport par les voies ferrées françaises a le double inconvénient, pour nos ennemis, d'être onéreux et de procurer des bénéfices à une entreprise française.

Aussi les Allemands ont-ils agi autrement. Ils ont créé de toutes pièces un *port maritime* sur la Manche, à proximité des gisements de fer. Ce port est voisin de Cherboûrg, ce qui facilite l'espionnage de notre grand arsenal maritime. Là, dans ce port de Diélette, les minerais sont chargés par des manouvriers allemands sur des bateaux allemands, qui les transportent directement au port allemand de Hambourg, d'où ils gagnent, par les chemins de fer allemands, les hauts fourneaux allemands qui les transformeront en acier allemand, en canons allemands, en obus allemands, en fusils allemands.

On comprend aisément la gravité d'un pareil état de choses. La guerre actuelle aura eu ce bon côté de le dévoiler et, espérons-le, d'en amener la cessation définitive.

Pareille campagne d'accaparement a été commencée également en Bretagne, dans le département de la Loire-Inférieure, où trois importants gisements de minerai sont concédés à des exploitants étrangers, associés de plus ou moins loin avec les usines Krupp.

Cette mainmise sur la Bretagne satisfait à la fois le besoin de minerai de nos ennemis et le désir qu'ils ont toujours eu de posséder un port sur l'Océan. Dès lors, comme Brest, avec sa rade incomparable et sûre; Brest, sentinelle avancée de l'Europe vers l'Amérique, aurait bien convenu aux compagnies de navigation allemandes, la *Hambürg Amerika* et le *Norddeutscher Lloyd!*

Les tentatives d'accaparement et d'installation des Allemands sur des points importants de nos côtes se sont, d'ailleurs, traduites par des achats considérables de terrains dans des îles du littoral breton, à Bréhat notamment, et, dans la Méditerranée, à Porquerolles, près de Toulon. Ces points, une fois acquis, pouvaient aisément devenir, soit des postes clandestins de ravitaillement pour des sous-marins, soit des postes de télégraphie sans fil.

* * *

Puisque nous sommes amené à parler de ces installations allemandes dans des ports du littoral, il importe de signaler cette forme de l'« avant-guerre », consistant en une préparation lointaine des opérations navales de la flotte germanique *sur toutes les mers du monde.*

Ainsi, depuis plusieurs années, la campagne sur mer était préparée par les Allemands. Aux États-Unis, de nombreuses stations de télégraphie sans fil étaient établies, les unes fonctionnant ouvertement, comme postes de sociétés allemandes; les autres (et celles-ci les plus nombreuses) clandestines, dissimulées dans de vastes propriétés voisines de la mer. A l'aide de ces stations, les émissaires teutons installés aux États-Unis pouvaient prévenir les croiseurs et les pirates allemands de l'Atlantique du départ des navires allant en Angleterre, leur en signaler la cargaison et l'itinéraire, leur en faire connaître la vitesse, c'est-à-dire leur fournir tous les renseignements nécessaires pour qu'ils pussent les couler à leur aise.

Dans les îles isolées des Antilles étaient installés d'importants dépôts de pétrole pour les sous-marins. Des dépôts analogues ont été découverts dans les rochers des îlots déserts qui abondent le long de la côte de Norvège.

Sur la Terre de Feu, dans l'Atlantique sud, se trouvaient dissimulés des postes de ravitaillement. De même, dans des îles de l'archipel Chilien, le long de la côte pacifique de l'Amérique du Sud, les navires allemands avaient établi une véritable « base navale », qui a permis à une de leurs escadres de croiseurs d'écumer la mer pendant plusieurs mois, en leur offrant un abri sûr contre les poursuites des navires de guerre anglais ou alliés. Tout cela avait été exécuté grâce à des expéditions, d'apparence scientifique, faites par des navires de guerre allemands, comme le *Planet*, par exemple. Sous le prétexte de recherches océanographiques, ce navire avait parcouru la mer dans tous les sens et avait pu choisir avec soin les stations les plus avantageuses pour les installations d'avant-guerre.

On le voit, nos ennemis avaient tout prévu, tout organisé longtemps à l'avance; et c'est cette longue préparation qui montre bien leur préméditation de déclarer la guerre.

* * *

Ainsi, sur tous les terrains, l'extension allemande était prête, tant pour la conquête par les armes que pour l'invasion dans le domaine industriel et commercial. Il nous reste cependant à signaler une dernière forme de l' « avant-guerre », l'invasion dans un domaine qui, semble-t-il, devait être complètement fermé aux lourds et grossiers citoyens de l'empire d'Allemagne.

Nous voulons parler du domaine de l'art et de la mode.

En matière d'art, par suite d'un snobisme excessif de la part des Français et surtout des Françaises, ils ont réussi, pendant les vingt dernières années, à imposer chez nous de véritables horreurs.

Ce furent d'abord les meubles et les objets d'art connus sous le nom générique de « modern style », style conçu, enfanté et développé à Münich sous le nom de style « sécession ».

De là sont nées ces productions, aussi hideuses que maladives, aux lignes lugubres et tombantes, supprimant toute allure élégante dans l'ameublement et la décoration ; de là ces meubles et ces cadres en bois verdâtre ou jaunâtre, avec des cuivres épais, masquant sous une prétendue originalité le néant de l'inspiration artistique.

C'est d'Allemagne également que nous est venue la nouvelle école musicale, déguisant sous le nom de « polyphonie » une véritable « cacophonie » ; école dans laquelle le compositeur, — si toutefois on peut lui donner ce nom, — se croit déshonoré de faire entendre un accord parfait ou de rester une mesure entière dans la tonalité du morceau, qui brille, d'ailleurs, par l'absence complète de rythme.

C'est d'Allemagne que nous sont venues certaines productions théâtrales, aussi ridicules que malsaines, qui ont empoisonné, pendant des années, les scènes de nos théâtres parisiens.

C'est d'Allemagne enfin que nous vient cette architecture qui, par les « maisons de rapport » qu'elle a construites, déshonore l'harmonie des plus beaux quartiers de la capitale de la France. L'architecture allemande est, à la façade, le digne pendant de la décoration intérieure. C'est lourd, disgracieux, plein de prétention.

C'est d'Allemagne que nous viennent ces images et ces objets, aussi grossiers que peu décents, que les camelots de nos boulevards offraient aux étrangers ; et ceux-ci ne manquaient pas d'accuser la légèreté des mœurs de la « Babylone moderne », alors que ces produits provenaient d'outre-Rhin. Toutes les cartes postales inconvenantes, toutes les chromolithographies grivoises, vendues par les colporteurs, toute cette pacotille est de fabrication exclusivement allemande et importée par des courtiers allemands qui opèrent de façon clandestine.

Voilà pour « l'art » allemand et son influence en France.

En ce qui concerne les modes, l'intrusion germanique est moins compréhensible encore, quoique tout aussi importante.

Les commerçants d'outre-Rhin ont vite senti quelle source de fortune constituait, à Paris, la *mode* avec ses innombrables ramifications. Ils ont donc cherché à s'en emparer.

Au cours des dernières années surtout, de nombreuses maisons du quartier de la rue de la Paix, de l'Opéra, de la place Vendôme, étaient, sinon entièrement allemandes, du moins commanditées en grande partie par des capitaux allemands. Plusieurs journaux de mode, édités à Paris, s'imprimaient à Berlin, à Munich, à Vienne.

Il ne faut pas s'étonner, dans ces conditions, que les modes des dernières années aient été hideuses : elles étaient le produit du goût allemand, ce qui est tout dire. Il y a cependant une chose caractéristique de ces modes, au sujet desquelles on a fait le jeu de mots : *mode in Germany.* Cette caractéristique, c'est leur indécence, indécence qui n'avait jamais été atteinte tant que la mode était restée une chose purement française, c'est-à-dire élégante et distinguée.

Et non seulement, à l'aide de leur infiltration lente et continue, ils avaient réussi à mettre la main sur les modes féminines, mais ils avaient contaminé le costume masculin, et ils avaient réussi à implanter chez nous ces horribles chapeaux fendus, en feutre vert, avec le nœud de ruban placé par derrière, rappelant les chapeaux tyroliens, pourvus d'une plume de coq de bruyère, dont aiment à se parer les massifs touristes allemands qui excursionnent dans les Alpes Bavaroises.

On le voit donc, l'Allemagne avait la mainmise sur tout. Elle avait, par son infiltration dans les branches les plus variées du commerce, préparé la conquête économique de l'Europe, pendant que ses espions en préparaient la conquête militaire.

* * *

Pour terminer ce chapitre consacré à l'avant-guerre, il nous reste à dire un mot de l'occupation, par des entreprises ou des propriétaires allemands, du territoire français aux endroits les plus importants au point de vue militaire et de la mobilisation.

Aux environs immédiats de Paris, à Puteaux, par exemple, qui possède un arsenal d'artillerie, une succursale d'une grande fabrique allemande de lampes électriques est venue s'installer juste en face des ateliers militaires.

Le long des voies ferrées stratégiques, au voisinage des ponts que franchissent les grandes lignes de chemin de fer devant être utilisées pour la mobilisation, on est toujours sûr de trouver une usine ou un entrepôt prussien.

Mais c'est surtout la vallée de l'Oise qui fourmille d'usines, de fabriques et d'entrepôts de marchandises et de produits d'outre-Rhin.

De tout temps, comme nous l'avons dit, les stratèges germains avaient conçu le projet, pour envahir la France, de violer la neutralité de la Belgique, de franchir la Meuse et de descendre sur Paris en suivant la vallée de l'Oise. Les événements du début de la guerre ont, d'ailleurs, démontré que ce rêve devenait une réalité.

Il fallait donc à tout prix s'assurer, dans la vallée de l'Oise, des installations préalables. Les Allemands n'ont eu garde d'y manquer.

C'est ainsi qu'à Creil, dans cette importante station de jonction de la ligne du Nord, plusieurs usines d'électricité, de produits chimiques, sont, sinon allemandes, du moins en partie allemandes ou comptent un grand nombre d'actionnaires allemands.

En Champagne, région qui fut toujours prévue comme l'un des

grands champs de bataille probables de la guerre, les Allemands se sont installés directement en marchands et en fabricants de vin de Champagne.

On sait l'attrait prestigieux qu'exerce, sur une cervelle de soldat ou d'officier allemand, la simple idée d'une bouteille de ce vin mousseux. Pour l'Allemand, habitué à se remplir l'estomac de sa lourde bière, le champagne représente le nectar, la liqueur divine que doivent boire les Walkyries et Freya, les divinités du Walhalla, l'Olympe germanique.

Touristes allemands pratiquant l'espionnage.

Ils ont bien essayé de faire, avec leurs vins du Rhin et de la Moselle, des contrefaçons de champagne, qu'ils ont vendues sous le nom de « Rhein mousseux », de « Mosel mousseux ». Mais ce n'étaient que des contrefaçons, et ils ont voulu s'attaquer au commerce du produit pur, du champagne authentique.

Aussi nombreuses sont, à Reims même, les maisons de champagne appartenant à des Allemands. On en a mis quelques-unes sous séquestre depuis la déclaration de guerre, et leurs propriétaires sont internés. Mais on frémit à l'idée que la plus grande partie du personnel de ces maisons comprenait des sous-officiers et des officiers de la landwehr allemande, qui connaissaient à merveille tous les coins de la malheureuse ville de Reims, et qui indiquaient aux artilleurs de Guillaume II les endroits précis où ils devaient diriger leurs obus.

En Lorraine, dans la région frontière des environs de Nancy et dans les Ardennes, l'intrusion germanique s'est particulièrement intensifiée.

Là, en plein milieu de nos installations militaires, de nos grands forts de couverture et de nos casernements, des fermes, des carrières, des fours à chaux ont été achetés, outillés ou mis en œuvre par nos ennemis.

A Charleville, notamment, des industriels allemands exploitent d'énormes étendues de forêts, à l'aide d'un personnel qui en connaît ainsi les moindres sentiers. Enfin, dans toute notre région de l'Est, en Champagne, en Lorraine, en Argonne, de véritables colonies d'Allemands cultivateurs se sont fondées. Ils ont loué des fermes, sous prétexte de les cultiver, en réalité pour pouvoir explorer à loisir la région de la frontière sur laquelle ils séjournent. En Woëvre, ces fermes allemandes sont nombreuses. On a vu, au cours des opérations qui se sont déroulées dans ce pays, l'importance qu'avait pour nos ennemis le fait de trouver des installations toutes prêtes, d'avoir sous la main des agents de renseignements parfaitement instruits sur les hommes et les choses du pays envahi.

C'était donc une longue et minutieuse préparation que celle de l'avant-guerre faite par l'Allemagne; elle s'y prenait à l'avance pour envahir le territoire français.

Heureusement l'héroïsme de la nation belge, la vaillance de nos soldats et celle de nos alliés ont fait échouer ces plans monstrueux, si laborieusement et si perfidement combinés.

CHAPITRE V

LES PRÉTEXTES DE LA GUERRE

L'attentat de Serajevo. — L'ultimatum autrichien à la Serbie. — La préméditation. — Les efforts de la France, de la Russie, de l'Angleterre en vue du maintien de la paix. — L'intervention de S. S. Pie X. — Berlin pousse à la guerre.

Nous avons vu, au cours des chapitres qui précèdent, que la politique autrichienne était basée sur l'anéantissement de la Serbie et la conquête de son territoire, conquête préparée déjà par l'annexion de la Bosnie et de l'Herzégovine à l'Autriche. Les succès serbes, lors de la dernière guerre des Balkans, en 1913, avaient déchaîné contre l'héroïque petite nation les fureurs de l'Autriche et de l'Allemagne, qui en avaient, dès lors, décidé la perte.

Les deux empires du centre, les deux « nations de proie », n'attendaient qu'une occasion pour provoquer l'incident d'où devait sortir la guerre.

Cette occasion fut l'attentat de Serajevo.

Le 28 juin 1914, Paris était en fête, et même c'était dans la capitale un « grand jour de fête », puisque c'était le jour du « Grand-Prix de Paris ». Toutes les élégances parisiennes se donnent, ce jour-là, rendez-vous autour du champ de courses de Longchamp, et un concours de population, que l'on peut évaluer à deux cent mille personnes, vient assister aux épreuves qui s'y donnent, en vue de conquérir le « Grand-Prix ».

Or, au moment du « retour du Bois », les camelots criaient une nouvelle sensationnelle, annoncée par les journaux du soir :

« Demandez l'assassinat du prince héritier d'Autriche ! »

La foule se jetait sur les journaux et apprenait alors la vérité, que les dépêches du lendemain matin confirmèrent en la complétant.

Au cours d'une visite dans la capitale de la Bosnie, à Serajevo, en compagnie de sa femme, la duchesse de Hohenberg, l'archiduc François-Ferdinand, prince héritier du trône d'Autriche et de Hongrie, avait été assassiné. Un premier attentat venait d'être accompli, une bombe avait éclaté après le passage de la voiture du prince, quand un individu du nom de Prinzip tira deux coups de *browning* sur le couple princier, qui fut mortellement frappé. L'archiduc et la duchesse rendirent le dernier soupir quelques instants après.

A l'annonce de ce meurtre, une véritable stupeur s'empara de l'Europe, et l'on comprit, sans trop savoir pourquoi, par une sorte de prescience des événements, que des conséquences graves allaient en résulter pour la paix générale.

***

Aussitôt l'attentat commis, la presse autrichienne commença son œuvre par une campagne tendancieuse. Elle rendait la Serbie tout entière responsable du crime commis par Prinzip. Or Prinzip, né en Bosnie, n'était pas Serbe. Il avait simplement étudié à Belgrade. Quant à l'auteur du lancement de la bombe, c'était un typographe, qui déclara avoir reçu l'engin d'un anarchiste serbe, dont il ne put dire le nom. Mais cet individu avait été signalé à la police autrichienne par le service de la sûreté du royaume de Serbie.

Cependant la campagne antiserbe n'en continuait pas moins dans les journaux autrichiens, qui ne cessaient d'exciter leurs lecteurs en leur dépeignant Belgrade, la capitale de la Serbie, comme un repaire de conspirateurs et d'assassins. Les mots : « A bas la Serbie ! » et : « Marchons sur Belgrade ! » terminaient toujours ces articles violents.

Comme première conséquence de cette campagne, il y eut une véritable persécution contre l'élément serbe en Bosnie et en Herzégovine. Les perquisitions, les visites domiciliaires, les arrestations des sujets serbes ou de personnages simplement soupçonnés de sympathies pour la Serbie, furent choses absolument courantes.

Le 7 juillet, au cours d'un conseil des ministres, on prit une résolution extrême. La Russie fut avertie que l'Autriche serait peut-être « obligée » de recourir, vis-à-vis de la Serbie, à « des mesures de répression ».

A partir de ce moment, commença l'ère de la tension diplomatique : tension d'abord faible, puis peu à peu croissante, et qui devait aller jusqu'à la rupture.

Les journaux autrichiens à la solde de l'Allemagne se montraient les plus excités. Ils faisaient observer que c'était le « moment d'agir », que la Russie n'était pas prête, et que la France n'était pas, non plus, en situation de prendre position dans un conflit européen.

En somme, la presse austro-allemande insinuait que la guerre à la Serbie serait ainsi limitée à la lutte inégale du puissant empire austro-hongrois contre le petit royaume serbe ; que cette lutte serait d'ailleurs courte et facile pour l'Autriche, étant donné l'état d'épuisement où deux guerres successives avaient jeté la Serbie.

La tension augmentait donc, et, le 20 juillet, on commençait à perdre un peu confiance dans une solution pacifique. L'optimisme faisait place au pessimisme.

C'est alors que le Gouvernement autrichien adressa une note au Gouvernement serbe au sujet de l'attentat de Serajevo.

François-Joseph Ier, empereur d'Autriche.

Dans cette note, il exposait qu'il considérait la Serbie comme responsable de l'attentat, à titre d'instigatrice, et comme entretenant un foyer de conspiration et d'action contre l'Autriche. La note se terminait par une formule, véritable « acte de soumission » que l'Autriche voulait imposer à la Serbie, et en vertu de laquelle le Gouvernement serbe devait s'engager, entre autres choses, « à supprimer de l'instruction publique tout ce qui pourrait servir à fomenter la haine contre l'Autriche ; à éloigner du service militaire tous les officiers coupables de propagande contre le Gouvernement autrichien, et *dont celui-ci se réservait de faire connaître la liste* ; à accepter la collaboration du Gouvernement autrichien dans la répression du mouvement subversif. »

Cette dernière clause n'était autre que l'intrusion du Gouvernement austro-hongrois dans les affaires intérieures de la Serbie, pour qui elle eût été un véritable commencement de domestication.

Mais, chose plus grave, la note se terminait par une clause qui donnait *quarante-huit heures* au Gouvernement serbe pour faire connaître son acceptation, faute de laquelle le Gouvernement autrichien rappellerait son ambassadeur à Belgrade.

C'était, on le voit, une véritable manœuvre de brigand qui met le couteau sous la gorge du voyageur qu'il veut détrousser. C'était un véritable *ultimatum*, avec la restriction que les délais d'acceptation rendaient précisément toute discussion impossible.

Dès lors la tension diplomatique s'accentua d'une façon dangereuse, et l'on commença à craindre une issue fatale à ces événements dramatiques.

*
* *

Pendant ce temps, le 15 juillet, M. Poincaré, président de la République française, avait quitté Paris pour se rendre à Dunkerque et s'y embarquer à bord du cuirassé *la France*, qui devait le conduire à Saint-Petersbourg, en compagnie de M. Viviani, président du Conseil des ministres, et sous l'escorte de l'amiral Le Bris.

Le président débarqua à Cronstadt, le 20 juillet. Au dîner qui eut lieu le soir de l'arrivée, et auquel assistaient, outre les souverains russes, le prince de Monténégro et le prince de Serbie, les toasts de l'empereur et du président furent très intentionnellement empreints des sentiments les plus pacifiques ; mais cependant ils affirmèrent, avec une chaleur particulière, le désir des deux nations de maintenir toujours leur union par une collaboration étroite. Une grande revue de l'armée russe, passée à Tsarkoïé-Sélo en présence de M. Poincaré, donnait d'ailleurs à l'affirmation nouvelle de cette union une sorte de consécration militaire.

Mais, pendant ce mois de juillet, tandis que l'Autriche, avec sa duplicité ordinaire, qui a fait naître dans les chancelleries le fameux dicton : « L'Autriche triche, » cherchait à la Serbie une « querelle d'Allemand », de graves événements de politique intérieure se déroulaient dans les États de la Triple-Entente

En France, le retentissant procès de Mme Caillaux, — elle avait tué, le 16 mars, de deux coups de revolver, le directeur du *Figaro*, Gaston Calmette, qui menait dans son journal une campagne française et patriotique contre l'ancien ministre des Finances, — avait réveillé les divisions politiques et la haine des partis.

De plus, au commencement de juillet, le sénateur Charles Humbert avait interpellé le Gouvernement sur l'insuffisance des armements de nos forts de l'Est, et sur le caractère incomplet de l'état de notre préparation militaire.

M. Clemenceau, appuyant énergiquement cette interpellation, insista sur la question posée au ministre de la Guerre. Le pays fut très ému par cet incident, soulevé précisément au moment où l'horizon diplomatique devenait sombre et où la paix commençait à paraître menacée.

En Angleterre, la situation politique intérieure était également fort agitée

Une loi avait été votée, qui établissait l'existence d'un Parlement irlandais. Or on annonçait que la province de l'Ulster, protestante en majeure partie, refuserait de reconnaître l'autorité de ce Parlement, et ce refus se traduisait par des préparatifs militaires qui pouvaient justement faire craindre une guerre civile.

D'autre part, les « suffragettes », propagandistes par le fait en faveur du vote des femmes, avaient entrepris dans le Royaume-Uni une violente campagne, qui se manifestait par le jet et l'explosion de bombes dans les églises et les monuments publics.

La situation intérieure de l'Angleterre se trouvait donc également des plus troublées lorsque éclata le conflit austro-serbe. Cependant le roi George II passa en revue, le 15 juillet, dans la rade de Spithead, la formidable flotte britannique. Ce fut une véritable mobilisation navale, au cours de laquelle le souverain put constater la présence et l'armement complet de quatre cent quatre-vingt-dix navires prêts à partir en guerre.

En Russie, l'horizon intérieur n'était guère plus éclairci.

Vers le milieu de juillet, une crise ouvrière très grave s'était produite à Saint-Pétersbourg. Plus de cent mille ouvriers grévistes parcouraient les rues de la capitale russe, entrant en conflit avec les forces de police, à un tel degré que cette manifestation, commencée avec des allures de grève, prenait peu à peu l'aspect d'une véritable révolution.

Ainsi, en France, division politique à l'intérieur; en Angleterre, menace d'une guerre civile en Irlande; en Russie, symptôme d'un mouvement insurrectionnel.

Les conditions paraissaient donc favorables à l'Allemagne et à l'Autriche pour poursuivre leur politique de conquête, à laquelle il semblait que les puissances de la Triple-Entente ne fussent pas en état de s'opposer efficacement.

*
* *

Malheureusement pour la diplomatie austro-allemande, celle de la Triple-Entente avait l'œil ouvert et l'attention éveillée.

La rencontre, à Saint-Pétersbourg, du tsar et de M. Poincaré, au moment précis où s'obscurcissait l'horizon de la politique européenne, avait permis aux deux chefs d'État d'échanger leurs vues et d'arrêter en commun les dispositions à prendre en cas de conflit. Cet accord fut affirmé dans les toasts qui clôturèrent le dîner qui eut lieu à bord de la *France*, le jour du départ du président.

Au cours de son voyage de retour, M. Poincaré devait s'arrêter pour rendre des visites au roi de Suède, à Stockholm; au roi de Danemark, à Copenhague, et au roi de Norvège, à Christiania.

Mais, en présence de la complication inattendue que prenaient les événements, le président décida de rentrer en France directement et dans le plus court délai. Des télégrammes furent adressés aux souverains scandinaves pour présenter les excuses du chef de l'État français, obligé de revenir à Paris sans tarder, « par suite de la gravité des événements. »

Pendant ce temps, le Gouvernement serbe avait répondu, dans les délais exigés, à l'ultimatum posé par l'Autriche.

Dans cette réponse, il repoussait énergiquement toute ingérence, à plus forte raison toute complicité dans l'attentat de Serajevo, à la répression duquel il se disait tout prêt à collaborer. Il annonçait la prochaine insertion, dans son *Journal officiel*, d'une note condamnant toute propagande hostile à l'Autriche.

Il s'engageait à réprimer toute tentative dans ce sens ; à éliminer de l'instruction publique tout ce qui pourrait paraître hostile à l'Autriche-Hongrie ; à éloigner de l'armée ceux qu'une enquête judiciaire aurait montrés coupables de manœuvres anti-autrichiennes ; à ouvrir une enquête contre ceux qui auraient été éventuellement mêlés au complot dont le résultat fut l'assassinat de Serajevo.

Mais, ces concessions faites, il déclarait ne pas comprendre la clause par laquelle le Gouvernement autrichien exigeait que la Serbie s'engageât à accepter, *sur son propre territoire*, la collaboration des organes du Gouvernement austro-hongrois.

La réponse serbe donnait satisfaction à toutes les demandes de l'Autriche, sauf à la clause, inacceptable pour lui, de l'intrusion d'un contrôle autrichien dans les affaires intérieures de la Serbie. Malgré le court délai accordé, la réponse était faite en temps voulu.

La Serbie avait donc montré toute sa bonne volonté en vue d'éviter un conflit grave entre les deux nations voisines.

Le Gouvernement russe avait fait en vain demander à Vienne une prolongation du délai accordé pour la réponse. L'Autriche répliqua que la question était *uniquement entre l'Autriche et la Serbie*, et que le conflit éventuel était destiné à être absolument *localisé*.

* * *

Cependant, malgré ces concessions, malgré cette bonne volonté évidente de la Serbie d'écarter tout motif de rupture, le Gouvernement autrichien passa outre.

Il prétendit ne pas pouvoir se montrer satisfait de la réponse serbe. En conséquence, l'ambassadeur d'Autriche à Belgrade déclara quitter la capitale serbe avec son personnel, rompre toutes relations diplomatiques avec la Serbie et confier les archives de sa légation à la protection du ministre d'Allemagne.

Ce fut alors que la diplomatie européenne intervint.

L'ambassadeur d'Allemagne à Paris, M. de Schœn, vint hypocritement s'entretenir avec M. Bienvenu-Martin, chargé de l'intérim de la présidence du Conseil, en l'absence de M. Viviani, qui accompagnait le président de la République en Russie. Dans cet entretien, il exprimait l'espoir que le conflit pourrait encore être localisé, et que « la conflagration guerrière ne s'étendrait pas à l'Europe, qui resterait en dehors du débat ».

Mais, pendant que le faux personnage faisait ainsi des protestations pacifiques, l'Allemagne commençait sa mobilisation et poussait ses armements. Le 25 juillet, elle avait déjà concentré plusieurs corps d'armée aux environs de Thionville et de Metz.

A Berlin, en outre, une propagande active était faite dans le peuple pour organiser des manifestations, non pas encore en faveur de la guerre, mais en forme de sympathie pour l'Autriche alliée. Un cortège de plus de cent mille personnes parcourut les avenues de la capitale allemande, en chantant le *Wacht am Rhein* (la garde au Rhin) et en poussant des cris hostiles contre la Russie.

Malgré ces symptômes belliqueux, les diplomates de la Triple-Entente s'employèrent énergiquement à lutter en faveur du maintien de la paix. Ces négociations occupèrent toute la journée et la nuit du 27 juillet 1914.

Les puissances de la Triple-Entente avaient l'impression très nette que l'action directrice de la politique autrichienne n'était pas à Vienne, mais bien à Berlin ; elles sentaient donc également que la seule influence qui pût arrêter un conflit armé serait celle de l'Allemagne.

Aussi l'Angleterre prit-elle l'initiative d'une action commune des puissances, en vue d'amener l'Autriche-Hongrie sur le terrain de la conciliation.

La Russie avait, dès le début de la crise, soutenu la politique de la Serbie, menacée par un adversaire dont la puissance était hors de proportion avec la sienne. L'Angleterre proposa à la France, à l'Italie et à l'Allemagne, d'exercer une action médiatrice entre la Russie et l'Autriche, et de s'entremettre en vue d'éviter la guerre, qui menaçait de plus en plus.

L'Italie et la France adhérèrent officiellement à la proposition anglaise.

Quant à l'Allemagne, elle réservait sa décision, et ses ambassadeurs à Londres, à Paris, à Saint-Pétersbourg, communiquaient aux chancelleries de ces pays des réponses dilatoires.

Pendant ce temps-là, l'empereur Guillaume II, en croisière à bord de son yacht, sur les côtes de Norvège, rentrait précipitamment à Kiel, où il débarquait le 27 juillet.

Aussitôt débarqué, bien que parfaitement instruit de tous ces incidents, dont il était, au fond, le principal instigateur, il simula la plus profonde surprise et télégraphia la dépêche suivante à son cousin l'empereur de Russie, Nicolas II :

« J'apprends avec une grande inquiétude l'impression que l'action austro-hongroise a produite dans ton empire.

« L'agitation sans scrupule qui s'exerce depuis des années en Serbie a provoqué l'assassinat de l'infortuné François-Ferdinand.

« Les Serbes sont encore dominés par l'esprit qui les a poussés naguère à l'assassinat de leur roi et de leur reine.

« Sans aucun doute, tu conviendras avec moi que tous deux, ainsi que les autres souverains, avons intérêt à ce que tous ceux qui portent la responsabilité de cet horrible attentat soient punis.

« D'autre part, je comprends très bien comment il est difficile, pour toi et pour ton gouvernement, de marcher à l'encontre de l'opinion publique.

« Grâce à l'amitié qui me lie étroitement à François-Joseph depuis de longues années, *je déploie toute mon influence sur l'Autriche-Hongrie pour la pousser à s'entendre ouvertement et pacifiquement avec la Russie*. J'espère ardemment que tu seconderas mes efforts en vue d'éloigner les difficultés actuellement pendantes.

« Ton dévoué cousin,

« GUILLAUME. »

Ainsi l'empereur allemand avait l'audace d'envoyer cette dépêche mensongère à l'empereur de Russie, à l'heure même où il commençait la mobilisation de ses armées, et où l'Autriche venait, le 28 juillet, de déclarer officiellement la guerre à la Serbie.

Le 29 juillet, dans la matinée, l'empereur de Russie répondit à Guillaume II par la dépêche suivante :

« Je me réjouis de te savoir rentré en Allemagne dans ces circonstances sérieuses, et je te prie vivement de me seconder.

« Une guerre honteuse a été déclarée à un pays faible. Je prévois que bientôt je ne pourrai plus résister aux pressions qui s'exercent autour de moi, et que je me verrai sans doute forcé de prendre des mesures qui provoqueront la guerre.

« Ce serait une guerre européenne et un grand malheur. Pour l'éviter, je te prie, au nom de notre ancienne amitié, de faire tout ton possible pour empêcher ton alliée d'aller trop loin.

« NICOLAS. »

La Russie avait, pendant ce temps, commencé à mobiliser ses troupes, mais nullement le long de la frontière allemande ; sa mobilisation n'avait eu lieu que sur la frontière autrichienne.

Le kronprinz. Le kaiser.

LES RESPONSABLES

Le kaiser et son état-major. — A ses pieds, son fils, le kronprinz Frédéric-Guillaume, la cigarette à la bouche.

L'empereur d'Allemagne prit prétexte de cette mobilisation pour rejeter sur la Russie la responsabilité de la guerre qui allait éclater, et, le 29 juillet, il télégraphiait la dépêche suivante à l'empereur Nicolas II :

« 29 juillet, 1 heure.

« Mon ambassadeur a été chargé de représenter à ton gouvernement les dangers et les graves conséquences d'une mobilisation de tes troupes.

« L'Autriche-Hongrie ne mobilisera contre la Serbie qu'une partie de son armée. Si maintenant, comme cela paraît certain, tu mobilises contre l'Autriche, la mission que tu m'as confiée est rendue difficile, sinon tout à fait impossible.

« La difficulté de la décision à prendre repose maintenant sur tes épaules. C'est toi qui as la responsabilité entière de la guerre ou de la paix.

« GUILLAUME. »

A cette dépêche, l'empereur de Russie répondit par le télégramme suivant :

« 30 juillet.

« Je te remercie cordialement pour ta médiation, qui me fait espérer que nous aurons encore une solution pacifique.

« Véritablement, il est impossible d'arrêter nos préparatifs militaires, rendus nécessaires par la mobilisation autrichienne. Nous ne désirons pas la guerre, et, tant que dureront les négociations avec l'Autriche, nos troupes ne prendront aucune attitude hostile. *Je t'en donne solennellement ma parole.*

« J'ai confiance en la grâce de Dieu, et j'espère dans le succès de ta médiation à Vienne, pour le bien de nos pays et pour la paix européenne.

« Cordialement et tout dévoué à toi,

« NICOLAS. »

Ainsi la Russie épuisait tous les moyens d'éviter le conflit et, sachant bien que c'était l'Allemagne qui poussait à la guerre, cherchait à agir directement sur elle.

Mais, pendant ces négociations, Guillaume II avait fort avancé les opérations de sa mobilisation. Ses régiments étaient massés tout contre la frontière française. Il pouvait donc, comme on dit, « démasquer ses batteries. » C'est ce qu'il fit par le télégramme suivant, qu'il adressa, le 30 juillet à minuit, à l'empereur Nicolas II :

« Pendant que ma médiation, selon ton désir, était en pleine action entre ton gouvernement et celui de l'Autriche, tes troupes ont été mobilisées contre mon alliée, ce qui rend mon action illusoire. Néanmoins je la continuerai.

« Or, je reçois des nouvelles certaines sur les préparatifs belliqueux à mes frontières.

« La responsabilité que j'ai de la sûreté de mon empire m'oblige à prendre des contre-mesures défensives.

« J'ai fait tous mes efforts en faveur de la paix, *et je ne porterai pas la responsabilité du malheur qui menace le monde civilisé* (!!!). En ce moment, tu as encore le moyen de le conjurer. Personne ne menace l'honneur et la force de la Russie, qui aurait pu attendre le résultat de mes efforts.

« L'amitié que, pour toi, pour ton pays, j'ai jurée au lit de mort de mon grand-père, m'a toujours été sacrée, et je suis demeuré fidèle à la Russie dans les moments les plus difficiles, dans la dernière guerre notamment. Aujourd'hui, la paix européenne ne peut être assurée que par toi-même, si la Russie se décide à suspendre les mesures militaires qui menacent l'Allemagne et l'Autriche-Hongrie.

« GUILLAUME. »

Or, pendant que le kaiser expédiait ce télégramme hypocrite, les armées allemandes étaient concentrées sur notre frontière et la menaçaient à un tel point, que le Gouvernement français, soucieux d'éviter tout incident, maintenait nos troupes à dix kilomètres en arrière de la ligne de séparation de la France et de l'Allemagne, afin d'éviter tout choc inopiné entre les troupes adverses; ce qui, dans l'état de tension du moment, aurait « mis le feu aux poudres ».

***

Pendant ce temps-là, que se passait-il à Paris?

Le 29 juillet, le président de la République, écourtant son voyage dans le Nord et supprimant les visites projetées aux souverains scandinaves, débarquait à Dunkerque et arrivait à Paris, le même jour, par un train spécial, à 13 heures et demie.

La population de la capitale avait tenu à manifester, par l'accueil qu'elle ferait au chef de l'État revenant de visiter le souverain allié, les sentiments de son ardent patriotisme. Une foule immense, que l'on peut évaluer à trois cent mille personnes, était massée sur les trottoirs, tout le long de l'itinéraire que suivit le président pour aller de la gare du Nord au palais de l'Élysée, et lui fit des ovations enthousiastes.

Dans la même journée, M. Viviani, président du Conseil, rentré de Russie avec le président Poincaré, reçut, au ministère des Affaires étrangères, la visite de M. de Schœn, ambassadeur d'Allemagne, avec qui il eut un long entretien. Il reçut ensuite l'ambassadeur de Russie, M. Isvolsky.

Puis les deux ambassadeurs de Russie et d'Allemagne eurent ensemble une longue conversation.

Au cours de cette journée de négociations et de pourparlers, les activités effectives s'étaient cependant donné libre cours.

Ainsi les Serbes avaient reçu la veille, le 28 juillet, la déclaration officielle de guerre de la part de l'Autriche-Hongrie.

Aussi, dans la nuit du 28 au 29, à 1 heure du matin, firent-ils sauter le pont qui relie Belgrade, leur capitale, à la ville de Semlin (Szimony), située vis-à-vis de la capitale serbe, sur la rive hongroise de la Save.

Pendant la même nuit, les Autrichiens ouvrirent les hostilités. Ils amenèrent au bord de la Save des pièces de gros calibre, en particulier des pièces de 305 millimètres, et commencèrent le bombardement de Belgrade. Avec une férocité que nulle raison militaire ne justifiait, ils s'attaquèrent surtout aux églises et aux hôpitaux, ainsi qu'à l'Université, qui fut une de leurs cibles privilégiées. Les documents du recteur, le professeur Stanoiéwitch, en font foi.

Mais en présence de cette lâche agression d'un puissant empire contre un petit pays, la Russie, champion du droit, avait donné l'ordre de mobilisation tout le long de la frontière autrichienne. Quatorze corps d'armée, soit environ 700 000 hommes, furent ainsi amenés et échelonnés sur la frontière de Galicie et de Bukowine.

L'Angleterre, de son côté, ne demeurait pas inactive. Sans mobiliser encore son armée de terre, elle mobilisait ses formidables flottes.

L'escadre anglaise de la Méditerranée reçut l'ordre de se concentrer au large de l'île de Malte, et la première escadre du Nord, celle dite des *Dreadnoughts,* composée de puissants cuirassés du type du navire portant ce nom, quitta Portland sous le commandement de l'amiral Galleghan.

En Belgique, l'activité n'était pas moindre. Le Gouvernement rappela sous les drapeaux les classes de 1912, 1911 et 1910. On contremanda les grandes manœuvres militaires qui avaient été prévues, et l'on hâta la mise en état de défense des forts de Liége et de Namur, ainsi que des fortifications de la place d'Anvers.

Les Belges, en effet, ne se faisaient aucune illusion sur les intentions des Allemands. Ils avaient pour eux, il est vrai, la garantie de leur neutralité, garantie assurée par un traité européen portant la signature des plénipotentiaires allemands. Mais qu'est-ce qu'un traité pour l'Allemagne? Son chancelier lui-même l'a dit : « un simple chiffon de papier! »

A Paris, pendant que se déroulaient ces événements avant-coureurs de la conflagration générale qui allait, de par la volonté du kaiser Guillaume II, mettre l'Europe à feu et à sang, la population restait calme et digne.

Pas de cris, pas de manifestations bruyantes, pas de fanfaronnades. Le peuple français donnait là un bel exemple de sang-froid et de possession de soi-même. La seule animation inaccoutumée se manifestait dans les banques et à la Caisse d'épargne.

Belgrade. — Confluent de la Save et du Danube.

A la Banque de France, une foule considérable, d'ailleurs parfaitement calme, faisait queue devant les guichets pour échanger les billets de banque contre de l'argent métallique. A la Caisse d'épargne, dans les établissements de crédit, il y avait également affluence de monde. On venait retirer l'argent déposé, afin de ne pas se trouver démuni en cas d'alerte. Mais tout cela, nous le répétons, se faisait avec ordre et dans le plus grand calme.

Du fait de ces retraits d'argent et de la thésaurisation instantanée qui s'exerça chez tous les particuliers du territoire français, l'argent, ainsi caché, devint rare; et il fut, en deux jours de temps, très difficile de se procurer de la monnaie divisionnaire.

Aussi la Banque de France, en présence de cette disparition spontanée de l'argent métallique, prit-elle la détermination de remettre en circulation le stock de billets de vingt et de cinq francs, qu'elle tenait en réserve dans ses caisses depuis de longues années.

Étant donnés les préparatifs militaires menaçants de l'Allemagne, d'importantes mesures étaient, de plus, prises chez nous pour veiller à la sûreté des ponts de chemins de fer, des points stratégiques importants, et des voies de communication, si nécessaires pour le rassemblement des armées.

* * *

Le jeudi 30 juillet fut la dernière journée des négociations diplomatiques.

L'Allemagne, ce jour-là, demanda à la Russie des explications au sujet de la mobilisation générale de ses troupes.

Dans la note envoyée de Berlin à Saint-Pétersbourg, le Gouvernement allemand demandait au Gouvernement russe :

1° Quel était le but de cette mobilisation ;

2° Si cette mobilisation était dirigée contre l'Autriche ;

3° Si la Russie était disposée à donner les ordres nécessaires pour cesser cette mobilisation.

C'était, on le voit, un véritable *ultimatum,* auquel nos alliés ne pouvaient évidemment souscrire. Pendant ce temps-là, d'ailleurs, les troupes autrichiennes étaient entrées dans Belgrade, ville non défendue, et que les Serbes avaient évacuée après le bombardement. C'était la guerre affirmée par la première invasion d'un territoire étranger.

Le vendredi 31 juillet, les mesures militaires s'étendirent aux divers États de l'Europe. L'Allemagne déclara la situation de « menace militaire » sur tout son territoire, ce qui correspond à l'état de siège en France. En vertu de cet « état », tous les services des chemins de fer, des postes et des télégraphes de l'empire passaient sous la direction du ministère de la guerre.

De plus, bien qu'aucune déclaration de guerre n'eût encore eu lieu, bien qu'aucun acte hostile n'eût été accompli par le Gouvernement français, des mesures agressives furent prises par l'Allemagne contre nous. Les fils télégraphiques et téléphoniques furent coupés à la frontière; les routes furent barrées; de nombreux automobilistes virent leurs voitures confisquées par les autorités allemandes, et les voies ferrées de transit international furent détruites sur le territoire allemand à proximité de la frontière française, tandis que des mitrailleuses étaient placées en travers de ces voies.

Enfin, un véritable attentat avait été tenté contre un tunnel de la ligne de l'Est, à Lagny. Une automobile, contenant plusieurs individus et chargée d'explosifs, s'était approchée du tunnel, où ses voyageurs se disposaient à décharger leurs caisses de poudre. Ils ne s'enfuirent que lorsque les sentinelles eurent fait feu sur eux.

On le voit, la tension augmentait de plus en plus, et les chances du

Sa Sainteté Pie X.

maintien de la paix s'évanouissaient en présence de l'attitude nettement agressive de l'Allemagne et de son alliée l'Autriche, qui résistaient à toutes les propositions en vue d'éviter le conflit. En vain, Sa Sainteté le Pape Pie X, dans une lettre admirable qu'il écrivit alors à l'empereur François-Joseph, adjurait-il le vieux souverain de ne pas « ensanglanter sa vieillesse ».

L'empereur d'Autriche, qui pourtant s'intitulait « Majesté Apostolique », resta sourd aux appels du chef de l'Église. Aussi quand, quelques jours après, il écrivit à Pie X en le priant de bénir ses armées, reçut-il du Saint-Père cette belle réponse : « Je bénis la paix. »

Le Gouvernement allemand avait, au cours de cette même journée du 31 juillet, transmis au gouvernement français la teneur de l'ultimatum qu'il venait d'adresser à la Russie, l'invitant à lui faire connaître l'attitude que garderait la France au cas où éclaterait le conflit germano-russe.

Ce même soir du 31 juillet, le chef du parti socialiste en France, le grand prêtre de l'antimilitarisme et de l'internationalisme, le rhéteur Jean Jaurès, l'excitateur des masses populaires contre le capital, qu'il attaquait incessamment dans son journal *l'Humanité*, était assassiné dans un restaurant de la rue Montmartre, par un « isolé » nommé Vilain. Malgré ce meurtre, qui en tout autre temps eût soulevé des passions violentes et, sans doute, provoqué de grands désordres dans la rue, Paris demeura calme.

C'est qu'en effet il ne s'agissait plus de divisions politiques ; il s'agissait d'être tous unis en face du danger qui devenait de plus en plus menaçant.

*
* *

Le *samedi 1er août* se produisit l'explosion finale : l'*Allemagne*, par la voie de son ambassadeur à Saint-Pétersbourg, *déclara la guerre à la Russie*.

Ce jour-là, M. de Schœn, ambassadeur d'Allemagne à Paris, rendit encore deux visites à M. Viviani, président du Conseil. Mais celui-ci lui signifia nettement qu'en présence des mesures militaires prises par l'Allemagne le long de nos frontières, le Gouvernement français se voyait dans la nécessité de décréter la mobilisation générale des forces de terre et de mer. Il lui fit observer que, tandis que les troupes allemandes étaient massées sur la frontière, les troupes françaises étaient maintenues à dix kilomètres en arrière de celle-ci et que, par conséquent, s'il surgissait des incidents, ceux-ci ne pourraient provenir que du fait des Allemands.

Et, en effet, ce jour-là, 1er août, à 5 heures du soir, le décret de mobilisation générale était affiché dans les bureaux de poste et dans toutes les mairies.

Nous reproduisons ici le texte même de ce décret, qui constitue le document historique du début de la grande guerre.

MINISTÈRE DE LA GUERRE

(ARMÉES DE TERRE ET DE MER)

ORDRE DE MOBILISATION GÉNÉRALE

« Par décret du président de la République, la mobilisation des armées de terre et de mer est ordonnée, ainsi que la réquisition des animaux, voitures et harnais, nécessaires au complément de ces armées.

« Le premier jour de la mobilisation est le dimanche 2 août 1914.

« Tout Français soumis aux obligations militaires doit, sous peine d'être puni avec toute la rigueur des lois, obéir aux prescriptions du fascicule de mobilisation (pages coloriées placées dans son livret).

« Sont visés par le présent ordre tous les hommes non présents sous les drapeaux et appartenant :

« 1° A l'armée de terre, y compris les troupes coloniales et les hommes des services auxiliaires :

« 2° A l'armée de mer, y compris les inscrits maritimes et les armuriers de la marine.

« Les autorités civiles et militaires sont responsables de l'exécution du présent décret.

« Signé : Le ministre de la Guerre,
Le ministre de la Marine. »

En même temps, le président de la République et les membres du Gouvernement rédigeaient la proclamation suivante, qu'ils adressaient au peuple français.

PROCLAMATION DU GOUVERNEMEMT
A LA NATION FRANÇAISE

« Depuis quelques jours, l'état de l'Europe s'est considérablement aggravé, en dépit des efforts de la diplomatie.

« L'horizon s'est assombri.

« A l'heure présente, la plupart des nations ont mobilisé leurs forces. Même des pays protégés par la neutralité ont cru devoir prendre cette mesure à titre de précaution.

« Des puissances dont la législation ne ressemble pas à la nôtre ont, sans avoir pris un décret de mobilisation, commencé et poursuivi des préparatifs qui équivalent, en réalité, à la mobilisation même, et qui n'en sont que l'exécution anticipée.

« La France, qui a toujours affirmé ses volontés pacifiques, qui a, dans des jours tragiques, donné à l'Europe des conseils de modération et un vivant exemple de sagesse, et a multiplié ses efforts pour maintenir la paix du monde, s'est elle-même préparée à toutes les éventualités et a pris, dès maintenant, les premières dispositions indispensables à la sauvegarde de son territoire.

« Mais notre législation ne permet pas de rendre ces préparatifs complets s'il n'intervient pas un décret de mobilisation.

« Soucieux de sa responsabilité, sentant qu'il manquerait à un devoir sacré s'il laissait les choses en l'état, le Gouvernement vient de prendre le décret qu'impose la situation.

« *La mobilisation n'est pas la guerre.* Dans les circonstances présentes, elle apparaît, au contraire, comme le meilleur moyen d'assurer la paix dans l'honneur.

« Fort de son ardent désir d'aboutir à une solution pacifique, le Gouvernement, à l'abri de ces précautions nécessaires, continuera ses efforts diplomatiques, et il espère encore réussir.

« Il compte sur le sang-froid de cette noble nation pour qu'elle ne se laisse pas aller à une émotion injustifiée.

« Il compte sur le patriotisme de tous les Français et sait qu'il n'en est pas un seul qui ne soit prêt à faire son devoir.

« A cette heure, il n'y a plus de partis. Il y a la France éternelle, la France pacifique et résolue ; il y a la patrie du droit et de la justice, tout entière unie dans le calme, la vigilance et la dignité.

« Le Président de la République.

RAYMOND POINCARÉ. »

« Par le Président de la République,
« Le Président du Conseil, Ministre des Affaires étrangères,

« René Viviani. »

Suivaient les signatures de MM. Bienvenu-Martin, ministre de la Justice ; Malvy, ministre de l'Intérieur ; Noulens, ministre des Finances ; Messimy, ministre de la Guerre ; Gauthier, ministre de la Marine : Augagneur, ministre de l'Instruction publique ; René Renoult, ministre des Travaux publics ; Thomson, ministre du Commerce ; Fernand David, ministre de l'Agriculture ; Raymond, ministre des Colonies ; Couyba, ministre du Travail ; Abel Ferry, sous-secrétaire d'État aux Affaires étrangères ; Lauraine, sous-secrétaire d'État à la Guerre ; JACQUIER, sous-secrétaire d'État à l'Intérieur ; DALIMIER, sous-secrétaire d'État aux Beaux-Arts ; AJAM, sous-secrétaire d'État à la Marine marchande.

Ainsi, même dans le texte du décret de mobilisation, le Gouvernement affirmait son espoir suprême dans une solution pacifique, et l'affirmait par la phrase : « La mobilisation n'est pas la guerre. »

*
* *

Le lendemain, le dimanche 2 août, en dépit de la modération dont la France faisait preuve, en contradiction avec les déclarations pacifiques que l'ambassadeur d'Allemagne à Paris avait faites au président du Conseil, au mépris du droit international, les troupes allemandes franchissaient notre frontière en trois points différents : à Longwy et à Bertrambois, à Petit-Croix, où des uhlans ouvrirent le feu sur le poste de douane français, et à Joncheray, où une patrouille allemande, ayant pénétré sur le sol français et ayant tué un soldat, fut faite prisonnière.

Malgré ces faits, M. de Schœn se rendit dans la journée auprès de M. Viviani et ne sollicita pas encore ses passeports.

Mais le Gouvernement français, en présence de ces actes d'hostilité manifestement préparés, ordonna à son ambassadeur à Berlin, M. Jules Cambon, de demander ses passeports au Gouvernement allemand.

En même temps qu'ils violaient notre frontière, les Allemands, brisant ainsi le traité de 1867, qui garantissait la neutralité du Luxembourg, violaient également le territoire de ce petit État, malgré les protestations de la grande-duchesse. Cela motiva une réclamation officielle du Gouvernement luxembourgeois auprès des diverses nations européennes.

A 7 heures du soir, le ministre d'Allemagne à Bruxelles remet au Gouvernement belge un ultimatum comminatoire.

Dans cet ultimatum, le Gouvernement allemand prétendait avoir appris que « des masses françaises importantes *se disposaient* à opérer vers Givet et Namur », et qu'il se considérait dans l'obligation de prendre des mesures défensives. Il priait, en conséquence, le Gouvernement belge de faire connaître *avant 7 heures du matin* si la Belgique était disposée *à lui faciliter l'accomplissement de ses opérations militaires.*

La réponse de la Belgique est une des plus belles pages de l'histoire du droit ; elle est de celles qui honorent un peuple et le placent, quelque petit qu'il soit, au premier rang des plus grandes nations.

Le roi Albert Ier répondit qu'il était très surpris de cette affirmation, ayant reçu des assurances formelles du Gouvernement français en ce qui concerne la neutralité de la Belgique.

Il ajoutait que *la Belgique avait trop le sentiment de sa dignité* et de ses intérêts *pour accéder à une pareille mise en demeure*. Par conséquent, la Belgique refusait nettement de « faciliter » les opérations militaires allemandes et protestait contre toute violation de son territoire.

Enfin le roi ajoutait que la nation belge était résolue, par tous les moyens en son pouvoir, à défendre énergiquement sa neutralité, *garantie* par les traités et *par le roi de Prusse lui-même*.

Aussitôt les Chambres belges furent convoquées pour le 3 août à 6 heures du matin, et l'armée belge, mobilisée à 250000 hommes, se préparait à résister énergiquement à l'invasion des barbares sur son territoire.

On ne rendra jamais assez justice à l'héroïsme du peuple belge.

En refusant de se prêter aux combinaisons allemandes, la Belgique savait qu'elle risquait la destruction et l'incendie de ses cités, la ruine de son industrie, l'invasion et l'occupation de son territoire par les hordes sanguinaires qui forment l'armée allemande.

Elle a placé, au-dessus de toutes ces considérations, son HONNEUR NATIONAL ; elle a marché au-devant des pires événements, le front haut et le cœur ferme, sous la conduite de son héroïque souverain, le roi Albert Ier.

Gloire à la noble nation belge ! Elle a mérité, dans l'histoire des peuples, d'occuper une place d'honneur.

CHAPITRE VI

LA DÉCLARATION DE GUERRE

La violation de la neutralité de la Belgique. — L'intervention de l'Angleterre. — La neutralité de l'Italie. — La mobilisation. — Les armées en présence. — La guerre et les princes français. — Les volontaires étrangers.

Le lundi 3 août, l'ambassadeur d'Allemagne à Paris, M. de Schœn, après avoir essayé de démontrer que les premiers actes d'hostilité avaient été accomplis par la France, ce qui était démenti par les faits, vint, à 17 heures trois quarts, rendre visite à M. Viviani pour lui demander ses passeports, afin de quitter la France.

En même temps, il remettait au président du Conseil une note du Gouvernement allemand par laquelle celui-ci déclarait qu'il se considérait désormais en état de guerre avec la France.

C'était la *déclaration de guerre.*

M. de Schœn quitta Paris le même soir, à 10 heures. Il est à noter que l'ambassadeur allemand fut, jusqu'à son départ, l'objet des plus grands égards : on le fit monter dans un train spécial, formé à la gare du Bois de Boulogne pour lui et tout le personnel de l'ambassade, et il y fut accompagné par le chef du protocole.

Le même jour, le Gouvernement allemand avait fait remettre, à 10 heures du soir, ses passeports à l'ambassadeur de France, M. Jules Cambon.

Mais ici éclate le caractère brutal et grossier de nos ennemis.

En effet, tandis que M. de Schœn était entouré d'égards jusqu'à la dernière minute de son séjour en France, tandis que dans les derniers jours qu'il passa à Paris il pouvait se montrer partout où il le désirait sans crainte d'être molesté, à Berlin les choses se passaient d'une façon toute différente vis-à-vis du représentant de la France.

Il avait été convenu que M. Cambon ne partirait que le lendemain 4 août, afin qu'il eût le temps de s'entendre avec l'ambassadeur d'Espagne, qui avait bien voulu accepter la garde des archives de notre ambassade.

Or M. Cambon fut averti de « ne plus avoir à prendre ses repas dans des restaurants berlinois »!!! Et il fallut une intervention ministérielle pour que, le 4 août, un hôtelier consentît à envoyer à l'ambassade de France les repas de M. Cambon et de ses attachés.

L'odyssée de notre ambassadeur ne faisait cependant que commencer.

M. Cambon avait exprimé le désir de rentrer en France par la Hollande ou la Belgique. Le Gouvernement allemand refusa d'accéder à cette demande et déclara qu'il ne lui « permettait » de passer que par la Suisse ou le Danemark. Encore, dans ce dernier cas, ne lui garantissait-on pas le libre passage de la mer.

M. Cambon se décida pour ce dernier itinéraire; mais il fut traité littéralement comme un prisonnier, ainsi que les vingt-sept personnes qui l'accompagnaient dans son retour en France.

Après vingt-quatre heures de voyage, le train qui emmenait l'ambassade arriva à Kiel. Il fut immédiatement occupé par des gendarmes prussiens qui, la carabine au poing, restèrent postés à toutes les portières tout le temps que dura l'arrêt du train dans cette gare.

On arriva enfin à la frontière danoise. Là, un nouvel incident se produisit, qui montre sous leur vrai jour les sentiments de rapacité des Allemands, chez qui le sentiment du pillage et du vol semble absolument inné.

A la dernière station qui précède la frontière danoise, l'officier allemand qui avait reçu la mission d'escorter M. Cambon jusqu'à la sortie du territoire de l'empire lui réclama la somme de trois mille six cents marks, condition absolue pour qu'il le laissât continuer son voyage et pénétrer en Danemark! C'était la première « réquisition » de la guerre.

M. Cambon s'étonna doublement, d'abord de se voir réclamer cette somme, ensuite du fait qu'on ne la lui eût pas demandée à Berlin. L'officier fut intraitable.

Notre ambassadeur offrit alors, en payement, un chèque sur une grande banque de Berlin; mais le grossier soudard allemand le refusa et exigea « de l'argent ».

M. Cambon dut alors faire, parmi ses compagnons de voyage, une collecte qui réunit les quatre mille francs exigés. Grâce au versement de cet argent, vraiment « extorqué » par la force, il fut enfin autorisé à franchir la frontière danoise et à monter dans un train spécial que le Gouvernement danois, plus courtois et plus hospitalier, avait fait préparer pour conduire jusqu'à Copenhague notre ambassadeur et son personnel.

*
* *

Pendant ce temps, l'Angleterre ne perdait pas son temps en vaines paroles.

Elle avait, dès la veille, annoncé que « la flotte anglaise garantirait la France contre la flotte allemande, et que la nation britannique se prononçait très fortement pour le maintien et la sauvegarde de la neutralité belge ».

Le 4 août, l'Angleterre adressait à l'Allemagne un ultimatum et lui accordait jusqu'à minuit « pour donner, en ce qui concerne la neutralité de la Belgique, les mêmes assurances que celles données par la France ».

L'Allemagne répondit à cet ultimatum par l'action odieuse et lâche de déclarer la guerre à la Belgique. Cette déclaration fut faite le même jour à 8 heures 30, et le territoire belge fut aussitôt envahi par les Allemands, d'Aix-la-Chapelle à Rech.

Cet acte inqualifiable ouvrait la période des hostilités; c'était le véritable commencement des opérations de guerre.

Le matin de ce jour, la Chambre belge avait été réunie, et le roi Albert Ier, au milieu d'un silence profond, prononça le discours suivant :

« Jamais, depuis 1830, une heure plus grave ne sonna pour la Belgique.

« La force de notre droit, la nécessité pour l'Europe de cette existence autonome, nous font encore espérer que des événements redoutés ne se produiront pas. Mais *s'il faut résister à l'invasion de notre sol, le devoir nous trouvera armés et décidés aux plus grands sacrifices.*

« Dès maintenant, la jeunesse est debout pour défendre la patrie en danger. Un seul devoir s'impose à nos volontés : une résistance opiniâtre, le courage et l'union.

« Notre bravoure est démontrée par notre irréprochable mobilisation et par la multitude des engagements volontaires. Le moment est aux actes.

« Je vous ai réunis pour permettre aux Chambres de s'associer à l'élan du pays. Vous saurez prendre d'urgence toutes les mesures. Vous êtes tous décidés à maintenir intact le patrimoine sacré de nos ancêtres. Personne ne faillira à son devoir.

« L'armée est à la hauteur de sa tâche. Le gouvernement et moi avons pleine confiance. Le gouvernement a conscience de ses responsabilités et les assurera jusqu'au bout pour sauvegarder le bien suprême du pays. Si l'étranger viole notre territoire, il trouvera tous les Belges groupés autour de leur souverain, qui ne trahira jamais son serment constitutionnel.

« J'ai foi dans nos destinées. *Un pays qui se défend s'impose au respect de tous et ne périt pas. Dieu sera avec nous.* »

Ces nobles paroles du roi des Belges furent acclamées par la Chambre, qui vota aussitôt un crédit de deux cents millions pour la défense nationale.

*
* *

C'est à 3 heures que, ce jour du mardi 4 août, le Gouvernement français annonça officiellement aux deux Chambres la déclaration de guerre faite par l'Allemagne.

Séance historique, digne de constituer une des belles pages de l'histoire de France.

A 3 heures, le président de la Chambre, M. Deschanel, fait son entrée entre deux haies de zouaves, qui rendent les honneurs militaires. La salle des Pas-Perdus, les couloirs, les tribunes sont bondés. Au dehors, devant le Palais-Bourbon, une foule compacte se presse, attendant la fin de cette séance solennelle.

Après quelques mots consacrés à la mémoire de Jaurès, qui vient d'être assassiné, M. Deschanel cède la parole à M. Viviani, président du Conseil des ministres, qui donne lecture du message du président de la République. Voici le texte exact de ce document :

« Messieurs les sénateurs,

« Messieurs les députés,

« La France vient d'être l'objet d'une agression brutale et préméditée, qui est un insolent défi au droit des gens.

« Avant qu'une déclaration de guerre nous eût encore été adressée, avant même que l'ambassadeur d'Allemagne eût demandé ses passeports, notre territoire a été violé. L'empire d'Allemagne n'a fait, hier soir, que donner tardivement le nom véritable à un état de fait qu'il avait déjà créé.

« Depuis plus de quarante ans, les Français, dans un sincère amour de la paix, ont refoulé au fond de leur cœur le désir des réparations légitimes.

« Ils ont donné au monde l'exemple d'une grande nation qui, relevée définitivement de la défaite par la volonté, la patience et le travail, n'a usé de sa force renouvelée et rajeunie que dans l'intérêt du progrès et pour le bien de l'humanité.

« Depuis que l'ultimatum de l'Autriche a ouvert une crise menaçante pour l'Europe entière, la France s'est attachée à suivre et à recommander partout une politique de prudence, de sagesse et de modération.

« On ne peut lui imputer aucun acte, aucun geste, aucun mot qui n'ait été pacifique et conciliant.

« A l'heure des premiers combats, elle a le droit de se rendre solennellement cette justice qu'elle a fait, jusqu'au dernier moment, des efforts suprêmes pour conjurer la guerre qui vient d'éclater et dont l'empire d'Allemagne supportera, devant l'histoire, l'écrasante responsabilité.

« Au lendemain même du jour où, nos alliés et nous, nous exprimions publiquement l'espérance de voir se poursuivre pacifiquement les négociations engagées sous les auspices du cabinet de Londres, l'Allemagne a déclaré subitement la guerre à la Russie ; elle a envahi le territoire du Luxembourg; elle a outrageusement insulté la noble nation belge, notre voisine et notre amie, et elle a essayé de nous surprendre traîtreusement, en pleine conversation diplomatique.

« Mais la France veillait. Aussi attentive que pacifique, elle s'était préparée, et nos ennemis vont rencontrer sur leur chemin nos vaillantes troupes de couverture qui sont à leurs postes de bataille et à l'abri desquelles s'achèvera méthodiquement la mobilisation de toutes nos forces nationales.

« Notre belle et courageuse armée, que la France accompagne aujourd'hui de sa pensée maternelle, s'est levée toute frémissante, pour défendre l'honneur du drapeau et le sol de la patrie.

« Le président de la République, interprète de l'unanimité du pays, exprime à nos troupes de terre et de mer l'admiration et la confiance de tous les Français.

« Étroitement unie en un même sentiment, la nation persévérera dans le sang-froid dont elle a donné, depuis l'ouverture de la crise, la preuve quotidienne. Elle saura, comme toujours, concilier les plus généreux élans et les ardeurs les plus enthousiastes avec cette maîtrise de soi qui est le signe des énergies durables et la meilleure garantie de la victoire.

« Dans la guerre qui s'engage, la France aura pour elle le droit, dont les peuples, non plus que les individus, ne sauraient impunément méconnaître l'éternelle puissance morale.

« Elle sera héroïquement défendue par tous ses fils, dont rien ne brisera, devant l'ennemi, L'UNION SACRÉE, et qui sont aujourd'hui fraternellement assemblés dans une même indignation contre l'agresseur et dans une même foi patriotique.

« Elle est fidèlement secondée par la Russie, son alliée; elle est soutenue par la loyale amitié de l'Angleterre.

« Et déjà, de tous les points du monde civilisé, viennent à elle les sympathies et les vœux. Car elle représente aujourd'hui, une fois de plus, devant l'univers, la liberté, la justice et la raison.

« Haut les cœurs et vive la France ! »

Tels sont les derniers mots du message présidentiel; ils sont salués par une longue et formidable acclamation de la Chambre tout entière.

*
* *

Cependant, M. Viviani reste à la tribune et ajoute :

« Messieurs, le Gouvernement doit au Parlement le récit véridique des événements qui, en moins de dix jours, ont déchaîné la guerre européenne et obligé la France, pacifique et forte, à défendre sa frontière contre une agression dont la soudaineté calculée souligne l'odieuse injustice. »

Et le président du Conseil résuma les faits que nous avons énumérés précédemment, démontrant la lâche agression contre la Serbie et contre la Belgique, la préméditation voulue de l'Allemagne.

Puis M. Deschanel prononça de patriotiques paroles. Et les députés, unis pour la première fois, sans réserve, dans l'amour commun de la Patrie, firent entendre de formidables acclamations : « Vive la France! Vive l'Alsace! »

Et voilà le spectacle admirable que le Parlement, image de la France, donnait devant l'ennemi. L'Allemagne avait escompté chez nous la division des partis, et même la guerre civile : elle trouvait la nation entière debout, dressée dans un seul et sublime élan contre l'ennemi barbare, l'ennemi détesté et couvert du mépris de l'Europe entière.

La Chambre adopte ensuite sans débats et à l'unanimité tout un ensemble de projets de lois déposés par M. Noulens, ministre des Finances, relativement à des mesures urgentes commandées par la situation actuelle : *moratorium* des loyers, prolongation des échéances, etc.

A 3 heures et demie, le Gouvernement se transporte au Sénat pour y faire approuver les lois votées par la Chambre. Le même ardent patriotisme accueillit, dans la haute assemblée, le message présidentiel et la déclaration du Gouvernement. Les projets de lois proposés furent votés aussitôt.

A 7 heures, la Chambre rentre en séance pour les votes définitifs, et M. Deschanel, avant de déclarer la session close, prononce les paroles suivantes :

« Les représentants de la nation, dont un grand nombre vont combattre sous nos drapeaux et repousser une agression monstrueuse, s'associent au Gouvernement et offrent à la France et à son armée, qui ne s'est jamais levée pour une plus juste cause, leur admiration, leur dévouement toujours prêt, et leur confiance dans son indomptable énergie.

« Que nos armées de terre et de mer soient fermes pour le salut de la civilisation et du droit.

« Vive la France, notre mère! Vive la France! Vive l'Alsace-Lorraine! »

Ces paroles furent accueillies par des applaudissements enthousiastes, non seulement des députés, mais encore du public des tribunes, qui s'associa à la manifestation par des ovations ardentes et prolongées.

Le même jour, Son Éminence le cardinal Amette, archevêque de Paris, décida que les prêtres du diocèse réciteraient chaque jour, en célébrant la sainte messe, une oraison spéciale, et cela jusqu'à la fin de la guerre. Elle arrêta, en outre, qu'une messe serait dite, chaque semaine, dans toutes les églises, à l'intention des combattants de nos armées de terre et de mer.

*
* *

L'attaque inqualifiable de la Belgique par l'Allemagne, la violation du territoire de cet État neutre au mépris de tous les traités, allait entraîner cependant une conséquence des plus graves et des plus heureuses au point de vue de la poursuite de la guerre.

L'Angleterre, comme nous l'avons dit, avait annoncé que sa flotte garantirait, en tout état de cause, les côtes françaises contre les attaques possibles de la flotte allemande. En même temps elle avait demandé à Berlin des assurances au sujet du respect de la neutralité belge.

On a vu que le Gouvernement allemand y avait répondu en déclarant la guerre à ce glorieux petit État.

Alors l'Angleterre, forte de son droit, loyalement fidèle à ses promesses, comprit l'étendue du devoir qui lui incombait. En présence de la lâche agression des soldats du kaiser contre la Belgique, le mercredi 5 août, à minuit précis, elle déclara la guerre à l'Allemagne.

Aussitôt, dans la capitale anglaise, la nouvelle se répandit comme une traînée de poudre, et l'enthousiasme fut immense. Une foule compacte se rendit devant le palais royal de Buckingham, où Leurs Majestés, le roi George et la reine Mary, furent obligées de paraître au balcon pour répondre aux acclamations chaleureuses de la foule, soulevée par un immense élan patriotique.

La même affluence se produisit à Whitehall, devant les ministères, et surtout devant les palais du War-Office (ministère de la Guerre) et de l'Amirauté. Partout des cris de « Vive l'Angleterre! » que dominaient, au-dessus de tous les cris répétés par cinq cent mille bouches : « A bas l'Allemagne! »

C'est qu'en effet, dans toute l'Europe civilisée, la guerre contre l'Allemagne était une véritable guerre sainte, qui n'a d'égale que celle qui se produisit au moment des croisades, lorsque l'Europe chrétienne se levait pour aller combattre le Turc infidèle et féroce.

L'Allemand n'est-il pas, dans tous les pays, l'être insinuant et rapace, odieux et détesté, le reptile sournois et perfide dont tout homme qui s'honore du titre d' « homme libre » a le droit et le devoir d'écraser la tête?

C'est ce sentiment-là qui éclatait dans l'attitude du peuple anglais.

George V, roi d'Angleterre.

Et, afin de souligner ces manifestations et de les appuyer par des faits, le nombre des engagements dans l'armée et dans la marine prit aussitôt d'énormes proportions.

On sait, en effet, que l'Angleterre n'est pas soumise à la conscription et que son armée est uniquement recrutée à l'aide d'engagements volontaires. C'est cette forme de service que l'empereur Guillaume prétendait stigmatiser en parlant de la « méprisable petite armée de mercenaires du maréchal French ».

Mais il ne devait pas tarder à s'apercevoir que, par le mouvement unanime qui poussa les hommes de toutes les classes de la société anglaise à s'enrôler pour servir sous le drapeau britannique, c'était la nation entière qui allait se trouver dressée contre lui.

Immédiatement, lord Kitchener, le glorieux vainqueur d'Égypte, fut

Service religieux célébré par l'évêque de Londres à l'extérieur de la cathédrale. Trois mille cinq cents soldats assistaient à l'office.

nommé ministre de la Guerre, le feld-maréchal sir John French reçut le commandement en chef de l'armée de terre qui devait débarquer sur le continent pour combattre à côté des troupes françaises et belges, et l'amiral sir John Jellicoe fut nommé commandant en chef de la flotte anglaise.

Le roi George adressa à l'amiral Jellicoe le message suivant :

« En ce grave moment de notre histoire nationale, je vous envoie à vous, et, par votre intermédiaire, aux officiers et aux équipages de la flotte dont vous avez pris le commandement, l'assurance de ma confiance que, sous votre direction, ils sauront faire revivre et renouveler les anciennes traditions glorieuses de la marine royale, et montrer une fois de plus qu'ils constituent le véritable bouclier de la Grande-Bretagne et de son Empire à l'heure de l'épreuve.

« *Signé :* GEORGE, R. I. »

Le même jour, la mobilisation de toute l'armée de terre était ordonnée, le décret signé et inséré aussitôt au *Journal officiel* du Royaume-Uni.

***

L'Allemagne et l'Autriche, cependant, ne s'attendaient pas à voir l'Europe se lever ainsi contre elles.

Voici qu'au début de la guerre, outre la Serbie et la Belgique lâchement attaquées, et dont l'héroïsme centuplait les forces, les trois puissances de la Triple-Entente, la France, la Russie et l'Angleterre se dressaient, étroitement unies, pour repousser les agresseurs.

Il restait aux empires de proie à faire appel à leur troisième alliée : l'Italie. Le kaiser et l'empereur François-Joseph escomptaient bien cette intervention, qui viendrait fort à propos pour retenir, le long de la frontière des Alpes, plusieurs corps d'armée français ; ce qui diminuerait d'autant les forces qu'ils allaient avoir à combattre.

Mais l'Italie ne se laissa pas prendre à ces tentatives. En vain l'Allemagne et l'Autriche firent appel au traité d'alliance qui la liait aux empires du centre ; notre « sœur latine » répondit que le traité de la Triple-Alliance était un traité *défensif*, et n'était valable qu'au cas où l'un des trois États contractants *serait attaqué*.

Or tel n'était pas le cas, ajoutait le Gouvernement italien. Non seulement l'Allemagne et l'Autriche n'ont pas été attaquées, mais elles sont les *agresseurs*. Dès lors le traité cesse de s'appliquer, et l'Italie entend garder sa neutralité complète.

L'Italie ajoutait qu'elle ne renoncerait pas à cette neutralité, non seulement parce que le traité de la Triple-Alliance ne lui commande pas, dans ces conditions, de participer à la guerre, mais encore et surtout *parce qu'il serait impossible d'aller à l'encontre de la volonté nationale, qui ne permettrait jamais l'ouverture d'hostilités contre deux nations amies* comme la France et l'Angleterre, dont les drapeaux sont acclamés dans toutes les villes italiennes.

Ainsi l'Autriche et l'Allemagne étaient abandonnées par leur ancienne alliée, qui allait bientôt devenir leur ennemie et se ranger aux côtés des puissances de la Triple-Entente.

Les gouvernements scandinaves, l'Espagne, les États-Unis, affirmèrent leur neutralité dans le conflit.

Dans la lettre que M. Wilson, président des États-Unis de l'Amérique du Nord, écrivait au kaiser pour lui annoncer que les États de l'Union resteraient neutres, il terminait par ces paroles, qui étaient un terrible avertissement :

« Je prie Dieu que la guerre soit bientôt finie. *Celui qui l'aura déchaînée en subira les conséquences, et la responsabilité retombera sur le coupable.* »

***

A côté des belles proclamations du Gouvernement français, du roi d'Angleterre, du roi des Belges, qui venait de prendre le commandement suprême de son armée afin de résister à l'envahisseur, il n'est pas sans intérêt de placer le texte des proclamations que l'empereur Guillaume II adressait au peuple allemand et à son armée.

Au peuple allemand il adressait le manifeste suivant :

« Je suis forcé de tirer l'épée pour repousser une attaque complètement injustifiée et, avec toute la force dont dispose l'Allemagne, de faire la guerre pour la défense de l'empire et de notre existence nationale (!!).

« J'ai fait tous mes efforts (!!) depuis le commencement de mon règne pour préserver la nation allemande de la guerre et pour conserver la paix.

« Même dans le cas actuel, j'ai jugé que c'était pour moi un devoir de conscience de faire tout mon possible pour éviter la guerre. *Mais mes efforts ont été vains* (!!!). J'ai la conscience pure et je suis convaincu de la justice de notre cause. De durs sacrifices d'hommes et d'argent seront demandés à la nation allemande pour la défense de la patrie que nous impose le défi de l'ennemi ; mais je sais que mon peuple me soutiendra loyalement, comme dans les jours sombres il a soutenu mon grand-père qui maintenant repose en Dieu.

« Ayant appris dès mon enfance à mettre ma confiance en Dieu le Père, je crois nécessaire, en ces jours solennels, de m'incliner devant lui et d'implorer sa grâce. Je fais appel à mon peuple pour s'unir à moi dans une commune prière, observer la journée du 5 août comme jour extraordinaire de prières générales, et se réunir dans toutes les églises de l'empire pour invoquer Dieu, afin qu'il soit avec nous et qu'il bénisse nos armes. Après le service divin, chacun pourra retourner à ses occupations.

« GUILLAUME. »

Dans ce document, on ne peut pas décider si le cynisme l'emporte sur l'hypocrisie. C'est un véritable blasphème que profère cet empereur, chef d'une armée de brigands et de soldats sacrilèges, quand il ose invoquer Dieu et implorer son aide.

Mais tout cela est encore dépassé dans le manifeste adressé à l'armée :

« Je lève l'épée qu'avec l'aide de Dieu j'ai gardée au fourreau pendant de longues années.

« J'ai tiré cette épée que, sans victoire et sans honneur, je ne puis remettre au fourreau. Il vous appartient à tous de veiller à ce qu'elle ne rentre au fourreau qu'avec honneur.

Les grands maîtres de la « kultur ».
Au centre, le kronprinz; à sa droite, son père, le kaiser; à sa gauche, un de ses frères, le prince Oscar.

« Nous combattons pour l'existence de l'Allemagne. Nos ennemis veulent tuer notre nation. Mais, si nous sommes vainqueurs, — et nous devons l'être, — un nouvel empire plus magnifique qu'aucun de ceux que le monde ait pu voir s'élèvera : *un nouvel empire romain-allemand qui gouvernera le monde, et le monde sera heureux !*

« Rappelez-vous que vous êtes le peuple élu.

« *L'Esprit du Seigneur est descendu sur moi*, parce que je suis l'empereur des Germains.

« *Je suis l'instrument du Très-Haut, je suis son glaive et son représentant* (!!).

« Malheur et mort à ceux qui résisteront à ma volonté ! Malheur et mort à ceux qui ne croient pas à ma mission ! Malheur et mort aux lâches !

« Qu'ils périssent, tous les ennemis du peuple allemand. Dieu exige

Départ pour la guerre. (Tableau de F.-C. Baude. — Cliché Vizzavona.)

leur destruction ; Dieu qui, par ma bouche, vous commande d'exécuter sa volonté. »

Ne croirait-on pas, en lisant de telles élucubrations, assister à la manifestation d'un être atteint d'aliénation mentale? N'est-ce pas là le message d'un déséquilibré, d'un homme atteint de la folie des grandeurs?

*
* *

Pendant que le souverain allemand se livrait à ses penchants oratoires, la France effectuait sa mobilisation, qui s'opérait dans le plus grand ordre et avec une régularité merveilleuse.

Grâce à un dévouement, à une abnégation à laquelle on ne saurait trop rendre justice, le personnel des chemins de fer, depuis les hauts fonctionnaires jusqu'au plus modeste homme d'équipe, par un labeur acharné de jour et de nuit poursuivi pendant près d'un mois, assura le transport à la frontière des énormes effectifs de nos troupes, tant de l'active que de la réserve et de la territoriale, et le transport, encore plus complexe, du matériel formidable de l'artillerie, du train des équipages, des approvisionnements de l'intendance, des hôpitaux et du service de santé.

Dès le premier jour de la mobilisation, les hommes touchés par la convocation se présentaient au bureau de recrutement le plus voisin de leur résidence, d'où on les envoyait à leur dépôt. Dans les gares, le service des étapes était assuré par des officiers et des hommes de la territoriale, et le long des voies ferrées, sentinelles vigilantes, les vétérans territoriaux, les gardes-voies de communication, les G. V. C., comme on les appelle familièrement par abréviation, surveillaient les abords des lignes, le fusil à la main et la baïonnette au canon, prêts à sauter sur le premier individu suspect qu'ils apercevraient au voisinage des rails ou des ouvrages d'art.

L'uniforme, ou tout au moins la coiffure de nos hommes, avait, dès le début, été modifié. Le rouge du képi étant trop voyant, cette coiffure avait été recouverte d'un manchon de toile bleue, de la même couleur que la capote. Les fourreaux de sabre des officiers étaient enveloppés de cuir ou d'étoffe. Les casques des dragons et des cuirassiers, dont l'éclat aurait révélé de loin la présence, avaient également reçu une coiffe de couleur neutre qui les rendait moins visibles.

Dans les campagnes, outre la mobilisation des hommes, avait lieu la réquisition des chevaux et des voitures. Là aussi tout se passa dans un ordre parfait. Des commissions, qui parcouraient les divers arrondissements, faisaient défiler devant elles animaux et véhicules. Un prix d'estimation était établi, et un bon de la somme correspondant délivré au propriétaire en échange du cheval, de la voiture, des harnais, qui passaient ainsi au service de la nation.

La réquisition des automobiles se fit, de même, avec une méthode remarquable. A Paris, en particulier, c'est sur l'esplanade des Invalides que les véhicules à moteur étaient convoqués.

Il y eut là des incidents amusants, d'autres touchants par leur patriotisme.

Un gentleman de trente-cinq ans se présente avec une magnifique quarante chevaux, en parfait état de neuf.

« Combien voulez-vous de votre voiture? demande le président de la commission.

« — *Un franc,* répond le propriétaire.

« — Un franc? dit le président, qui croit avoir mal entendu.

« — Oui, monsieur, un franc; mais à la condition que c'est moi qui en serai le chauffeur et que ce sera sur la ligne du front. »

Enfin, de leur côté, les initiatives privées, les œuvres de charité, d'assistance, de secours aux blessés, s'organisèrent avec une promptitude et un ensemble admirables; mais c'est là une partie importante de l'histoire de la guerre, et nous lui consacrerons un chapitre spécial.

*
* *

Dès le début des hostilités, le général Joffre, chef suprême de nos armées de terre, prit le commandement et la direction générale des opérations militaires.

Les escadres françaises et anglaises dans la Manche, dans la mer du Nord et dans l'Atlantique, étaient sous le commandement suprême de l'amiral anglais, chef de la flotte britannique, sir John Jellicoe.

Les escadres françaises et anglaises chargées d'opérer dans la Méditerranée et dans l'Adriatique étaient sous les ordres de l'amiral français Boué de Lapeyrère.

Notre force de terre opposée sur le front aux forces de l'envahisseur se composait de plusieurs armées. Chacune d'elles était formée au moins de deux corps d'armée. Chaque corps comprenait deux divisions d'infanterie, avec l'artillerie, la cavalerie, le génie, les services d'aviation et auxiliaires. Chaque division était formée de deux brigades, comprenant chacune deux régiments d'infanterie. On sait qu'en temps de paix nos troupes comptaient vingt et un corps d'armée.

Les troupes de premier choc furent donc réparties en cinq armées, dont les positions étaient choisies de la manière suivante :

La 1re armée, commandée par le général Dubail, prenait position le long de la chaîne des Vosges et s'étendait du Donon à la Suisse.

La 2e armée, sous le commandement du général de Castelnau, étendait ses lignes à la suite de la première et allait du Donon à la région de Metz.

La 3e armée, sous les ordres du général Ruffey, disposait ses effectifs en Woëvre, en face de la région fortifiée qui va de Metz à Thionville.

La 4e armée, avec le général de Langle de Cary à sa tête, et la 5e armée, sous les ordres du général Lanrezac, prenaient position le long de la frontière franco-belge.

Quant à l'armée britannique, commandée par le maréchal French, et qui, au début, ne comprenait que deux corps d'armée, elle était disposée de façon à prolonger, à l'extrême gauche, la ligne d'ensemble formée par ce dispositif général.

Les forces allemandes qui menaient l'agression comprenaient non seulement des troupes de l'armée active et de la réserve, mais encore des régiments de l'armée territoriale. Les Allemands, pour la première rencontre avec les troupes anglo-franco-belges, disposaient de plus de quarante-quatre corps d'armée, répartis en neuf armées distinctes.

La 9e de ces armées, commandée par le général Von Deimling, tristement célèbre par ses brutalités, en Alsace, vis-à-vis des populations annexées, devait demeurer sur la défensive, en arrière de la ligne des Vosges.

Les huit autres armées s'étalaient entre Aix-la-Chapelle et Strasbourg, afin de se concentrer sur notre frontière du Nord-Est, par un mouvement convergent.

Ces armées étaient commandées comme il suit :

La 1re armée, placée à l'extrême droite du front allemand et, par conséquent, directement opposée à l'extrême gauche du nôtre, avait pour chef le général Von Kluck.

La 2e armée allemande, placée à la suite de la précédente, était sous le commandement du général Von Bülow.

La 3e armée, concentrée aux environs de Malmédy, était sous les ordres directs du général Von Hausen.

La 4e armée, massée aux environs de Saint-With, à quelques kilomètres de la frontière belge, était placée sous le commandement du duc de Wurtemberg.

La 5e armée, concentrée à Trèves et ayant comme objectif premier l'occupation du Luxembourg, était sous les ordres du kronprinz de Prusse lui-même, de ce sinistre et grotesque personnage, chez qui l'odieux le dispute au ridicule.

La 6e armée, qui s'étendait de Metz à la Sarre, avait pour chef le kronprinz de Bavière.

La 7e armée, sous les ordres du général Von Heeringen, avait disposé ses effectifs sur une ligne allant de la Sarre à Strasbourg.

Enfin une 8e armée, armée d'avant-garde, « l'armée de la Meuse, » obéissant aux ordres du général Von Emmich, était massée en avant d'Aix-la-Chapelle, tout contre la frontière belge. C'est cette armée qui devait, par une ruée irrésistible, pénétrer sur le territoire belge, s'emparer, sans coup férir, de Liége et de Namur, et préparer ainsi la route de l'invasion à l'ensemble des armées allemandes arrivant derrière elle. Cette irruption dans le pays neutre devait avoir lieu à la minute précise où

Débarquement de cavalerie indienne.

expirait le délai accordé par le kaiser au roi Albert Ier pour répondre à son insolent ultimatum.

Telle était, avant le premier choc, la disposition générale des forces des puissances belligérantes. Quant à l'armée belge, elle occupait les forteresses de Liége, de Namur, d'Anvers. L'armée de Liége était sous les ordres du général Leman. Le roi Albert avait pris, dès le début des hostilités, le commandement en chef de ses forces militaires.

* * *

Nous avons vu combien les opérations de la mobilisation et celles des réquisitions accessoires avaient été, en France, conduites avec ordre et régularité. Il en avait été de même en Angleterre : et, dès le premier jour de la déclaration de guerre de la Grande-Bretagne à l'Allemagne, les contingents anglais, amenés par de véritables chapelets de bateaux à vapeur, débarquaient dans nos ports de la Manche et de la mer du Nord.

L'Angleterre allait, d'ailleurs, faire un effort gigantesque.

Lord Kitchener, ministre de la Guerre, avait annoncé, au Parlement, que l'Angleterre aurait bientôt un million d'hommes sous les armes, et, dans six mois, deux millions. Cet effort a été réalisé, grâce à l'ardent patriotisme de la nation anglaise, où les engagements volontaires furent en nombre suffisant pour suppléer à l'absence de la conscription.

Indiens entre deux batailles.

De toutes les colonies anglaises affluèrent des troupes. L'Inde mit en route ses meilleurs régiments indigènes, ses plus solides cavaliers. Le Canada, l'Australie, la Nouvelle-Zélande, levèrent immédiatement de nombreux régiments d'hommes endurcis aux fatigues et rompus à la grande vie en plein air. Et ce fut une belle manifestation du loyalisme de ces colonies vis-à-vis de la grande métropole anglaise.

Quant à nos colonies françaises, leur loyalisme ne fut pas moindre.

L'éloge de nos troupes d'Algérie n'est plus à faire. Maintes fois elles se sont couvertes de gloire : en Crimée, en Italie, au Mexique, en 1870. Elles furent, est-il besoin de le dire? au premier rang du danger, à la première place, par l'ardeur et l'enthousiasme. Zouaves, turcos, chasseurs d'Afrique, spahis, goumiers, rivalisaient d'entrain et de courage.

Mais ce qu'on ne saurait trop admirer, et ce qui est tout à l'honneur de nos moyens de colonisation, ce qui montre l'ascendant énorme pris par nos officiers sur les soldats indigènes, c'est le loyalisme qu'ont montré les « nouveaux venus » sous le drapeau français, ceux qui n'avaient jamais combattu pour la défense du territoire national : les Tunisiens, les Sénégalais, les tirailleurs marocains ; ces derniers, Français depuis quatre ans à peine. Les prodiges de valeur accomplis par toutes ces troupes formeront certainement l'une des plus belles pages de notre histoire militaire.

L'armée métropolitaine, d'ailleurs, partait à la frontière avec un

Tirailleurs marocains.

entrain remarquable. Non seulement les troupes de l'active, les jeunes soldats nouvellement appelés sous les drapeaux, se mettaient en route avec cette gaieté qui est une des caractéristiques de la nation française, toujours prête au sacrifice et toujours souriante dans sa grâce inlassable, mais encore les hommes mûrs de la réserve et de la territoriale, ceux qui faisaient à la patrie un sacrifice plus grand encore, puisqu'ils laissaient derrière eux leurs foyers, leurs femmes, leurs enfants, tous marchaient allègrement à l'ennemi.

C'est que, dans cette guerre, on avait le sentiment, vraiment profond, de la Défense nationale. C'était la Patrie qu'on allait préserver, c'était le sol français que l'on allait sauver de l'invasion. Ce n'était pas, comme dans beaucoup de guerres passées, un combat pour satisfaire des ambitions ou des convoitises; c'était vraiment la lutte pour la vie de la France.

Les soldats anglais, d'ailleurs, faisaient preuve du même esprit et de la même bonne humeur. Quand on voyait passer ces fantassins admirablement équipés, vêtus de kaki, ces *Tommies*, comme on les désigne familièrement en Angleterre, on était frappé de leur entrain et de leur jovialité souriante. Ils chantaient leur chanson de route : *It's a long, long way to Tipperary*, et ils se rendaient allègrement au front de bataille.

Quant à nos hommes qui se battaient à la frontière, le langage popu-

Patrouille de spahis.

laire eut vite fait de leur trouver une appellation qui fit fortune, et qui marquait que leur héroïsme quotidien ne leur laisserait peut-être pas le temps de songer tous les jours à une toilette méticuleuse.

On les nomma des Poilus !

*
* *

Il y eut cependant, au milieu de la mobilisation générale, et malgré cette « égalité » qui est l'un des termes de la devise inscrite sur nos monuments, quelques Français, bien Français pourtant, qui ne partirent pas pour le front. Disons tout de suite que ce ne fut pas faute d'avoir sollicité cet honneur, qui leur fut refusé.

Aussitôt la déclaration de guerre, le duc d'Orléans, le prince Louis Napoléon, le duc de Vendôme, écrivirent au président du Conseil.

Le 2 août, le prince Louis Napoléon adressait au président de la République la lettre suivante :

« Monsieur le Président,

« Après avoir, il y a trente ans, rempli mon devoir militaire en France, je fus, par une loi d'exception, privé de mes droits de citoyen et rayé du contrôle de l'armée.

« Aujourd'hui, l'ordre de mobilisation appelle aux armes *tous les Français*.

« Je me permets, Monsieur le Président, d'avoir recours au premier magistrat de la République pour obtenir de concourir à la défense de mon pays.

« Je serais heureux de remplir, quel qu'il soit, l'emploi dont il voudrait bien me charger.

« Veuillez agréer, Monsieur le Président, l'hommage de mon profond respect :

« LOUIS NAPOLÉON.

« Ancien général de division de l'armée impériale russe. »

Le duc d'Orléans, qui était en voyage, se hâta de rentrer à Bruxelles et envoya la lettre qui suit au ministre de la Guerre :

« Monsieur le Ministre,

« Devant les événements actuels, *toutes les lois d'exception*, tous les dissentiments politiques *doivent tomber;* tous les Français ont le devoir et le *droit* de reprendre leur place sous les drapeaux.

« Ce droit et cet honneur, je viens vous les demander pour la durée des hostilités, certain que vous saurez comprendre à quel sentiment j'obéis.

« J'attends donc avec confiance votre réponse télégraphique et vos instructions pour partir.

« PHILIPPE, DUC D'ORLÉANS. »

Le duc de Vendôme, fils du duc d'Alençon, écrivit une lettre analogue, ainsi que le prince Roland Bonaparte, ancien sous-lieutenant de l'armée française.

Voici la réponse que M. Viviani, président du Conseil, fit à l'une de ces nobles et patriotiques requêtes :

« Le président du Conseil des ministres à Philippe, duc d'Orléans, *hôtel Métropole*, Bruxelles.

« Paris, le 29 août 1914.

« L'état de la législation française ne permettant pas votre enrôlement dans l'armée française, tout en rendant hommage à votre initiative, je ne puis que vous faire la réponse déjà faite à d'autres demandes pareilles à la vôtre, et vous engager à vous enrôler dans les armées amies ou alliées qui combattent à nos côtés. »

Il y eut donc des Français à qui fut refusé l'honneur de défendre la terre de la patrie.

A la suite de cette réponse, le prince Louis Napoléon s'adressa à S. M. l'empereur de Russie, qui, faisant droit à la demande de son ancien général, lui accorda un commandement dans l'armée active. Quant aux princes Louis et Antoine d'Orléans et Bragance, ils ont obtenu du roi George V l'autorisation de servir dans l'armée anglaise, où ils sont partis rejoindre l'état-major du général French.

Pendant ce temps, la sympathie des nations pour la cause de la France et de ses alliés, c'est-à-dire la haine générale et universelle de l'Allemagne, se traduisait par le nombre extraordinaire des étrangers demandant à contracter des engagements volontaires et à servir sous les plis du drapeau français.

Des milliers de sujets des divers États, massés sur l'esplanade des Invalides, attendaient, sous les couleurs de leurs drapeaux respectifs, le moment d'être examinés, à l'hôtel des Invalides, par les médecins-majors, et de revêtir le glorieux uniforme de nos soldats.

C'étaient des Italiens, des Luxembourgeois, des Américains, des Polonais, des Tchèques, des Grecs, des Roumains, toute une phalange enthousiaste et résolue, vibrante de la foi qui anime l'Europe coalisée contre l'ennemi commun. En Italie, le fils de Garibaldi, Ricciotti Garibaldi, leva une « légion » qui vint combattre sous le drapeau français, et dans laquelle ses fils servirent comme officiers.

La foule de ces volontaires n'allait pas cesser de grossir. Le chiffre des enrôlements volontaires ainsi contractés paraît devoir dépasser le chiffre de *quarante mille*.

Décidément, la France a des sympathies dans le monde.

A Paris, le régime de l'état de siège s'est installé sans difficulté, sans la moindre récrimination de la part de la population, pourtant touchée dans ses plus chères habitudes.

Ainsi, tous les théâtres, tous les concerts sont fermés.

Les cafés et les débits de vin sont clos à 8 heures du soir. Les restaurants doivent de même être fermés à 9 heures et demie. Sur les boulevards, dans tous les quartiers, la plupart des magasins et des boutiques sont fermés. Sur la devanture close s'étale une affiche tricolore : « Maison française, » pour la protéger contre la violence de la foule qui, dans son indignation, avait, aux premières heures de la déclaration de guerre, saccagé quelques magasins allemands.

Au-dessous, sur une affiche manuscrite, généralement on lisait ces mots : « Fermé pour cause de mobilisation. Le patron est au n^e territorial. Les employés sont mobilisés. »

Au bois de Boulogne, naguère le centre des élégances, aujourd'hui désert, des ouvriers plantent des piquets et entourent certaines pelouses d'un réseau de toiles métalliques. Au milieu de tout cela se répand une bonne odeur de foin coupé.

C'est le « parc » qu'on prépare ainsi, le parc destiné à recevoir les dizaines de milliers de bestiaux que l'on va y réunir pour assurer éventuellement le ravitaillement de Paris.

On le voit, la mobilisation était complète à tous les points de vue.

CHAPITRE VII

LA GUERRE AU XXe SIÈCLE

Le caractère « scientifique » de la guerre. — Les nouveaux fusils et les nouveaux canons. — Les mitrailleuses. — Le 75. — Dirigeables et aéroplanes. — Les sous-marins et les torpilles. — La T. S. F. — L'automobile. — Les nouvelles poudres. — Les gaz asphyxiants.

Voilà donc déclarée cette terrible, cette effroyable guerre qui mettra aux prises plusieurs millions d'hommes, qui allumera son fléau dans toute l'Europe, en Asie, en Afrique et jusqu'en Océanie, où se poursuivront des combats pour la conquête des possessions coloniales des diverses nations belligérantes.

Que va être cette « guerre des nations », en ce XXe siècle, où la science est arrivée à un tel degré de découvertes et de progrès incroyables ?

On peut caractériser la guerre actuelle par deux mots :

Du côté des Allemands, c'est une guerre de *barbares*.

Par l'étendue des moyens mis en œuvre par tous les combattants, c'est une guerre *scientifique*.

Dans des pages spéciales, qui seront consacrées au récit des atrocités commises par les Allemands au cours de cette campagne, tant en Belgique que dans le nord de la France, nous justifierons le premier de ces qualificatifs. Dans le présent chapitre, nous allons essayer de justifier le second et de faire ressortir le caractère essentiellement « scientifique » de la guerre actuelle.

Le XIXe siècle a été, on peut le dire, le siècle des grandes découvertes en même temps que celui de leurs immenses applications.

A son début, la vapeur et l'électricité dynamique faisaient timidement leur apparition ; les premiers engins de navigation aérienne, lancés par Montgolfier et Charles, étaient encore le jouet des vents ; la chimie, retardée de plusieurs lustres par l'exécution de Lavoisier, son créateur, mort sur l'échafaud, victime des brutes sanguinaires de 1793, commençait à s'épanouir avec Berthollet et Gay-Lussac, qui indiquaient les lois des combinaisons de la matière ; la science de l'énergie voyait ses principes posés par Carnot et Joule.

8

Mais ce ne fut guère qu'à partir de 1850 que les progrès de la science commencèrent à devenir rapides. En quelques années, l'hélice, appliquée aux bateaux, leur communique des vitesses inespérées; les chemins de fer se multiplient; le télégraphe électrique, après avoir couvert tous les continents du réseau de ses fils, traverse les océans à l'aide de câbles isolés, immergés au plus profond des mers; la chimie invente des explosifs, et les artilleurs créent des armes à tir rapide se chargeant par la culasse.

C'est le commencement de l'ère des grandes découvertes.

A cette époque, vers 1870, les fusils et les canons se chargeaient à l'aide de poudre noire, qui dégageait une fumée abondante et n'imprimait aux projectiles que des vitesses initiales relativement faibles. Un regard en arrière nous permettra de juger des progrès accomplis dans cette voie.

En 1830, à l'époque de la conquête de l'Algérie, le fusil réglementaire de l'infanterie lançait sa balle à la vitesse initiale de 370 mètres à la seconde, avec une charge de poudre noire de 9 grammes et demi, et le pistolet de cavalerie ne communiquait à sa balle qu'une vitesse initiale de 200 mètres.

En 1870, où pour la première fois le fusil se chargeant par la culasse fit son apparition sur les champs de bataille européens, le fusil modèle 1866, dit fusil « Chassepot », imprimait à son projectile une vitesse initiale de 430 mètres, et lui assurait une portée effective de 1000 mètres.

Lors de la conquête de la Tunisie, notre armée était dotée du fusil modèle 1873, dit fusil « Gras », à cartouche métallique. La vitesse initiale de la balle approchait de 500 mètres, et la portée était prolongée jusqu'à 1800 mètres; le tir en était rapide.

Actuellement, toutes les armées d'Europe sont armées de fusils *à répétition*, pouvant tirer de suite plusieurs cartouches accumulées dans un magasin spécial, par le simple mouvement d'ouverture et de fermeture de la culasse. Le calibre très petit de ces armes varie entre 6 et 8 millimètres. Elles ont des vitesses initiales qui dépassent 700 mètres, et leur portée atteint 3000 mètres. Ces fusils utilisent de la poudre *sans fumée*, formée de composés nitrés. Ces poudres, qui sont d'invention française (elles sont dues à l'ingénieur des poudres M. Vieille, membre de l'Institut), lancent des balles blindées, entièrement recouvertes d'une chemise de maillechort ou de nickel, qui n'encrasse pas les rayures de l'arme, comme le ferait une balle de plomb.

Tel est notre fusil modèle 1886, dit « fusil Lebel », du nom de son inventeur. Quant aux pistolets, ils sont remplacés par le revolver, d'abord à poudre noire, puis à poudre sans fumée. Celui-ci imprime à une balle de 8 millimètres de diamètre une vitesse initiale de plus de 350 mètres par seconde et lui assure une portée efficace de 2000 mètres.

*
* *

Mais ces armes à tir rapide, à répétition même, ne suffisaient pas à l'esprit inventif des artilleurs. Ils estimaient que c'était encore trop demander au tireur que d'exiger de lui l'exécution des mouvements d'ouverture et de fermeture de la culasse pour amener une nouvelle cartouche dans le canon de son arme. Aussi ont-ils inventé les armes *automatiques*, dont le type est le célèbre pistolet appelé, du nom de son inventeur, le pistolet *Browning*.

Dans ces armes, plusieurs cartouches, poussées par un ressort, sont accumulées dans un magasin que l'on remplit au moyen d'un chargeur tout préparé, contenant les cartouches en question. L'arme utilise le recul produit par la déflagration, et ce recul effectue tous les mouvements : extraction de la douille vide de la cartouche tirée, armement du mécanisme, mise en place de la première des cartouches suivantes, fermeture de la culasse. Le tireur n'a plus qu'à appuyer sur la détente pour faire partir l'arme, et les coups se succèdent avec la rapidité de l'éclair.

On a construit des carabines ainsi rendues automatiques. Cependant aucune des armées en présence n'en est encore pourvue; mais elles utilisent le fusil automatique sous la forme de *mitrailleuses*.

La mitrailleuse n'est autre chose qu'un fusil automatique, monté sur une sorte de chevalet à trois pieds. Dans ce fusil, les coups se succèdent automatiquement, et il suffit d'alimenter l'arme d'une quantité suffisante de projectiles pour obtenir un véritable arrosage. Une mitrailleuse peut tirer plusieurs coups *par seconde;* elle en tire plusieurs centaines par minute.

C'est donc, par excellence, un engin de défense merveilleux. Comme, d'ailleurs, il est très portatif, il est devenu un auxiliaire puissant de l'infanterie.

Mais il comporte avec lui son défaut : c'est un terrible mangeur de munitions. A raison de plusieurs centaines de coups à la minute, on conçoit qu'il faille une énorme provision de cartouches pour alimenter ainsi une mitrailleuse. De plus, sous l'action d'un tir aussi rapide, dans lequel le nombre de coups en un court espace de temps est considérable, le canon s'échauffe beaucoup. Il faut donc avoir en réserve un canon de rechange, que l'on substitue périodiquement au canon en service, afin de laisser refroidir celui-ci.

Les mitrailleuses sont de petit calibre et tirent des cartouches à poudre sans fumée et à balle blindée, analogues à celles des fusils d'infanterie.

*
* *

Voilà les progrès qu'ont faits les armes portatives. Mais si nous passons dans le domaine de l'artillerie proprement dite, si nous examinons ce que sont devenus les canons, nous allons voir une transformation bien plus radicale encore.

En 1830, les canons étaient en bronze et se chargeaient par la bouche. Une pièce de campagne de 12 lançait son boulet rond à la vitesse initiale de 440 mètres par seconde. La portée maxima était de 1000 mètres, et la bouche à feu ne pouvait guère tirer plus d'un coup à la minute.

Aujourd'hui le canon de campagne de notre artillerie, — canon qui, soit dit en passant, sera l'un des grands facteurs de notre victoire, — est

Canon de 75 en plein tir. La pièce au moment du recul.

en acier; il se charge par la culasse, avec une véritable cartouche dans laquelle l'obus, du diamètre de 75 millimètres, est fixé à l'extrémité d'une douille en cuivre dont le culot porte, à son centre, une capsule fulminante. Le poids de l'obus est de 7 kilogrammes, et celui de la charge de poudre sans fumée qui lè propulse est de 720 grammes.

La longueur du canon est de trente-trois fois son calibre, c'est-à-dire 2^{m},47, et la vitesse initiale de l'obus est de 530 mètres par seconde. Cet obus, grâce à une *fusée* dont un mécanisme ingénieux règle le fonctionnement, éclate exactement au point voulu de sa trajectoire. A 1000 mètres de la pièce, le projectile a encore une vitesse de 410 mètres à la seconde; à 3000 mètres, cette vitesse est encore de 290 mètres. La portée extrême de la pièce dépasse le double de cette distance.

Mais ce qui constitue le caractère le plus remarquable du canon de 75, c'est son recul et sa remise en place automatique.

Dans les anciens canons, la pièce tout entière, avec son affût, reculait sous l'action de la décharge de la poudre. Il fallait donc, après chaque coup tiré, recommencer la mise en place de la pièce en la déplaçant tout entière et refaire un pointage nouveau.

Pour le 75, rien de tout cela n'est nécessaire.

L'affût est fixé sur le sol, grâce à une bêche qui termine la crosse et qui s'enfonce dans la terre; de plus, les deux roues sont fortement calées par des freins, de sorte que tout l'affût constitue un système inébranlable, faisant, pour ainsi dire, corps avec la terre.

Mais cette fixité de l'affût par rapport au sol ne suffirait pas s'il n'intervenait un autre dispositif. En effet, sous l'action du recul, l'affût, ne pouvant pas céder et aller en arrière, se cabrerait; il changerait de position, et le pointage serait à recommencer.

On évite cet inconvénient en reliant le canon à son affût par l'intermédiaire d'un organe élastique appelé le frein hydropneumatique.

Le frein est un cylindre dans lequel un piston, relié au canon, se meut en éprouvant une résistance provoquée par un liquide et par de l'air qui y sont enfermés. C'est le frein qui est relié à l'affût par deux tourillons. Le canon glisse sur une gouttière placée sur le frein, lorsqu'il effectue son mouvement de recul.

En reculant, le canon entraîne le piston, lequel comprime l'air et éprouve une résistance de la part du liquide. Cette résistance est calculée de telle façon, que, sur la longueur de $1^{m},20$ choisie pour le frein, le recul soit absorbé par la compression. On évite, grâce à cette compression, le soulèvement de l'affût, et, de plus, l'élasticité des corps comprimés ramène instantanément le canon dans la direction de son pointage primitif.

Des appareils très ingénieux, tels que le débouchoir, permettent de régler le moment d'explosion de chaque obus.

La rapidité de tir du canon de 75 est telle, que l'on peut tirer jusqu'à vingt coups par minute, soit un coup toutes les trois secondes.

Tel est, en principe, le merveilleux canon dû aux travaux des colonels Deport et Sainte-Claire-Deville. Une foule de dispositifs ingénieux, dans lesquels il serait trop long de s'étendre, facilitent le pointage, abritent les servants. La disposition du caisson à fond blindé est également des plus remarquables et des plus heureuses. Les Allemands ont un canon analogue, le 77, mais d'une valeur bien inférieure au nôtre, qui reste le roi de l'artillerie de campagne actuelle.

Si maintenant nous passons aux gros canons, aux pièces de marine ou de siège, nous arrivons à des résultats vraiment extraordinaires.

Les gros canons ont des calibres de 305 millimètres (pièce de marine), de 380, et même les Allemands ont employé, au bombardement d'Anvers et de Liége, des mortiers de 420 millimètres. Les pièces de 305 ont des longueurs qui varient de trente à quarante fois le calibre; ce qui, dans ce dernier cas, porte la longueur totale de la pièce à environ 13 mètres.

Une pièce de 305 millimètres, tirant sous un angle de 45 degrés un obus de 38 kilos, lui communique une vitesse initiale de 945 mètres. Dans ces conditions, le projectile, après avoir décrit dans l'air une trajectoire curviligne dont le point culminant atteint une hauteur verticale de plus de 16000 mètres, retombe sur le sol à plus de 40 kilomètres de son

Obusier français de 270.

point de départ. Nous sommes loin du canon de 24, qui, en 1830, tiré sous son angle maximum, n'avait qu'une portée extrême de 3000 mètres.

On conçoit donc que les Allemands aient pu bombarder Dunkerque avec une pièce placée à 38 kilomètres de distance de la ville.

Quant à la force explosive des obus lancés par les gros canons, en particulier par ceux de 420 millimètres, elle est formidable. Un tel obus, éclatant en touchant le sol, y creuse un trou conique de 10 mètres de profondeur et d'un diamètre équivalent. Une centaine d'hommes peuvent y trouver abri.

Il résulte de tout cela que la guerre actuelle doit être, avant tout, une guerre d'artillerie et de dépense de projectiles.

Indépendamment des obus qui éclatent en projetant les éclats de leurs enveloppes, les canons modernes utilisent des obus chargés à balles, des shrapnells (du nom de l'officier anglais qui les inventa il y a déjà longtemps).

Enfin, dans la guerre barbare qu'ils pratiquent, les Allemands ont employé des projectiles prohibés par la convention internationale de la Haye, convention qu'ils ont pourtant signée : ce sont des obus qui, en éclatant, répandent d'énormes quantités de gaz délétères qui tuent, par asphyxie, tout ce qui se trouve à proximité du lieu de leur chute.

A côté de ces canons qui tuent à très grande distance, on a employé, dans les combats de tranchées qui caractérisent la guerre actuelle, des engins qui sont des réminiscences de l'ancienne artillerie. C'est ainsi que, dans les attaques rapprochées, on a repris l'emploi des grenades, sorte de petits obus qu'on lance à la main et qui explosent en tombant. On a également repris les vieux mortiers à faible portée et à grand angle, auxquels nos soldats ont donné le nom pittoresque de « crapouillots ».

* * *

Mais les progrès de la science appliquée à la guerre ne se bornent pas aux canons et aux poudres. Au cours des trente dernières années, l'homme a réalisé la conquête de deux éléments qui lui semblaient interdits à jamais : l'air et l'eau.

Actuellement, la navigation aérienne et la navigation sous-marine sont choses courantes et, ce qui plus est, choses pratiques.

La conquête de l'air, en particulier, est aujourd'hui complète, et nous avons deux sortes d'engins pour naviguer dans l'atmosphère : les appareils plus légers que l'air ou ballons dirigeables, et les appareils plus lourds que l'air ou avions.

Les premiers sont des aérostats remplis d'un gaz moins dense que l'air et soutenus par une force ascensionnelle égale à la différence entre leur poids total et le poids de l'air qu'ils déplacent. Ils sont forcément volumineux, si l'on veut qu'ils aient une force d'ascension capable d'enlever un poids un peu fort. Ils sont très vulnérables, vu la grande surface qu'ils offrent aux coups de l'ennemi et les gaz inflammables dont ils sont gonflés. Ils sont plus exposés que les avions à l'action antagoniste du vent, à cause de la grande enveloppe qu'ils offrent à son action. En revanche, ils ont un avantage : ils peuvent stopper et rester à peu près immobiles dans un air calme.

Les dirigeables, inventés en France (le premier a été construit par le colonel Renard, qui, en 1886, a exécuté un voyage circulaire au-dessus de Paris) ont été très développés en Allemagne, surtout par le comte *Zeppelin,* qui a conçu ces mastodontes de l'air, longs de 160 mètres, dépassant 30000 mètres cubes de volume et marchant avec une vitesse propre de

75 kilomètres à l'heure. Ils sont formés d'une carcasse rigide d'aluminium, à l'intérieur de laquelle sont dix-huit ballons indépendants, le tout recouvert d'une gaine de toile.

De tels engins peuvent enlever vingt à vingt-cinq hommes d'équipage et une tonne d'explosifs.

Mais ils sont très difficiles à manier et dangereux à monter. Depuis l'ouverture des hostilités, *vingt et un zeppelins* ont été détruits, onze l'avaient été avant la guerre, et chacun d'eux coûte environ deux millions!

Départ d'un biplan français.

Les dirigeables français, beaucoup moins volumineux, beaucoup plus manœuvrables, sont du type souple sans carcasse intérieure. Ils ont au moins la même vitesse, coûtent dix fois moins que les zeppelins et rendent infiniment plus de services.

Quant aux appareils plus lourds que l'air, aéroplanes ou avions, ils reposent sur l'action résistante que l'air offre à un corps en mouvement. Ce sont, en somme, des cerfs-volants automoteurs, ou, si l'on veut, un cerf-volant est un aéroplane à l'ancre. C'est la réaction produite par la pression de l'air sous la surface oblique des ailes de l'engin, propulsé à grande vitesse par son hélice, qui soutient l'appareil. Celui-ci n'est donc soutenu en l'air qu'à la condition de « marcher ». Si le moteur s'arrête, s'il a une panne, c'est, non pas la chute, mais la descente forcée en vol plané, les ailes de l'avion formant parachute et ralentissant la descente, que l'aviateur dirige à l'aide de ses gouvernails.

Les avions, que l'on divise en *monoplans* ou en *biplans*, suivant qu'ils comportent une ou deux surfaces portantes, peuvent, en général, enlever deux et même trois personnes. Le plus souvent ils sont montés par deux navigateurs aériens : un pilote et un observateur. Ils ont des moteurs qui aujourd'hui atteignent 100 chevaux-vapeur. Ce sont des moteurs à essence, en France du type rotatif, et qui leur permettent d'atteindre des vitesses de 100 kilomètres à l'heure et même davantage (avec vent arrière, l'aviateur Gilbert a réalisé 204 kilomètres à l'heure).

Un avion en reconnaissance.

De tels engins sont des outils de guerre de premier ordre.

D'abord, ils permettent un service d'observation des positions de l'ennemi, service indispensable avec la grande portée des canons modernes, qui tirent sur un but qu'ils ne voient pas. Les aviateurs, heureusement, sont là pour rectifier le tir de l'artillerie, à l'aide de signaux soit lumineux, soit de télégraphie sans fil.

Ensuite ils constituent des machines de guerre redoutables. Laissant tomber, du haut de l'air, des projectiles explosifs, ils peuvent bombarder une ville, une troupe, un camp, sans risquer beaucoup d'être atteints par les projectiles ennemis, à cause de la hauteur à laquelle ils planent.

Enfin, ils sont des instruments combattants. Ils attaquent les dirigeables et les avions de l'adversaire et font, autour des camps retranchés, une véritable police de l'air. Munis de mitrailleuses que fait fonctionner l'observateur, ils ont ainsi une arme offensive, et nos aviateurs ont montré, par maintes prouesses, qu'ils savaient efficacement s'en servir.

Beaucoup d'entre eux, d'un type plus puissant, sont blindés; leur moteur et leur fuselage, où prennent place les passagers, sont à l'épreuve des balles.

Nos alliés russes ont même réalisé des types d'avions géants, les avions « Sikorsky », pouvant enlever seize personnes ou le poids équivalent.

Les Allemands, naturellement, ont profité largement des progrès de l'aviation faits en France. Alors que c'était chez nous que l'aviation progressait, c'était chez eux qu'elle était utilisée et, surtout, *organisée* admirablement. Au début de la guerre, leur aviation militaire paraissait même avoir une supériorité sur la nôtre; mais, depuis, nous les avons rattrapés, et même largement dépassés.

Ainsi l'air, le royaume des oiseaux et des nuages, est devenu, lui aussi, une annexe du champ de bataille.

* * *

L'Océan, jusqu'à ces quinze dernières années, n'était utilisé qu'à sa surface par les instincts guerriers de l'homme. Les batailles navales n'en étaient pas moins terribles; mais enfin elles se livraient au grand jour, et sous la voûte du ciel.

Aujourd'hui, toujours grâce au génie de Français comme Goubet, Gustave Zédé, Laubeuf, l'homme s'est emparé du domaine sous-marin, la navigation sous la mer est devenue chose possible.

Toutefois elle n'est réalisée que d'une façon amphibie, si l'on peut s'exprimer ainsi. Le sous-marin, bateau déplaçant environ mille mètres cubes d'eau, peut à volonté naviguer en surface ou en immersion.

Quand il navigue en surface, une partie de sa coque émerge; son intérieur communique librement avec l'air, et il est propulsé par des moteurs à pétrole, qui lui communiquent une vitesse qui va, dans les derniers types, jusqu'à 20 milles marins à l'heure (vingt fois 1852 mètres, soit 37 kilomètres). En même temps que ces moteurs actionnent les hélices propulsives, ils actionnent des dynamos qui chargent de puissantes batteries d'accumulateurs, faisant ainsi une provision d'énergie électrique. Cette provision est utilisée pour la navigation en plongée.

Quand le sous-marin veut naviguer sous l'eau, il ferme hermétiquement toutes ses ouvertures, ouvre des robinets qui remplissent d'eau des compartiments vides attachés à sa coque; il augmente ainsi de poids et s'enfonce jusqu'à être en équilibre. Cet équilibre est maintenu par les « gouvernails de profondeur ».

Mais alors ce ne sont plus les moteurs à pétrole qui propulsent le bâtiment. Ceux-ci, en effet, exigent de l'air pour fonctionner, et absorberaient à eux seuls la provision d'air respirable enfermé à bord.

Ce sont les accumulateurs qui font tourner des moteurs électriques actionnant les hélices. La vitesse obtenue en plongée est environ la moitié de la vitesse en surface.

En naviguant ainsi sous l'eau, le sous-marin avancerait comme un aveugle. L'opacité de l'eau de mer ne permet pas, en effet, de distinguer les objets à une distance de plus de quarante mètres, quand ceux-ci sont vus à travers l'élément liquide.

Mais on obvie à cette difficulté à l'aide d'un instrument appelé le périscope.

Le périscope est un tube, émergeant au-dessus de la coque du sous-marin, qu'il dépasse de quatre à six mètres. A sa partie supérieure est un système de lentilles et de prismes qui renvoie, à l'intérieur du bateau, l'image de l'horizon ou d'une partie de l'horizon sous les yeux du commandant. La profondeur d'immersion du sous-marin est réglée de façon que l'extrémité supérieure du périscope émerge seule au-dessus de l'eau. Le périscope est donc l'œil du sous-marin. Comme il en est la seule partie émergeante, celle-ci est très peu visible et, par suite, très peu vulnérable.

Le sous-marin ne peut pas plonger jusqu'au fond de l'abîme; la plus grande profondeur qu'il puisse atteindre sans danger d'écrasement par la pression est de quarante mètres.

Quand le sous-marin navigue sous l'eau, son équipage respire forcément un air confiné, qui se trouve vicié par la respiration même des hommes, laquelle dégage de l'acide carbonique.

Pour remédier à cet inconvénient, on absorbe l'acide carbonique par des alcalis, et on renouvelle l'atmosphère respirable en lançant dans le sous-marin de l'air comprimé emmagasiné à haute pression dans des récipients d'acier.

Le sous-marin est un outil redoutable de destruction, parce qu'il lance sous l'eau des *torpilles* chargées de cent kilos d'explosifs. Ces torpilles sont elles-mêmes de petits sous-marins en réduction, contenant un moteur mû par de l'air comprimé à haute pression dans la torpille ; des organes extrêmement ingénieux en règlent la direction et l'immersion à une profondeur constante, qui est d'environ trois mètres. Ces torpilles sont lancées, par une faible charge de poudre initiale, dans un tube lance-torpilles fixé au bâtiment. Ce lancement n'a pour but que de leur faire quitter le bateau et de les mettre à l'eau. Une fois qu'elles y sont elles naviguent par leurs propres moyens et peuvent atteindre la vitesse de 43 nœuds (80 kilomètres à l'heure, 22 mètres à la seconde). Leur portée la plus utile est d'environ 1 000 mètres; mais elles peuvent atteindre 8000 mètres en réduisant un peu la vitesse de route.

Le torpille est l'instrument le plus redoutable de la guerre maritime actuelle. Une seule torpille, coûtant environ vingt mille francs, suffit à couler un cuirassé coûtant quarante millions, et à faire disparaître en outre un équipage de huit cents hommes !

Qu'a-t-on pour lutter contre la torpille? Les grands navires s'entourent d'un réseau de filets de métal, tenus à distance de la coque par de longs espars de bois : ce sont les filets pare-torpilles. En ce qui concerne les sous-marins, leur ennemi le plus sûr est le contre-torpilleur, qui, à cause de sa grande vitesse, qui atteint et dépasse trente milles à l'heure, les rattrape et les coule.

Sous-marin français.

Quant à la guerre maritime de surface, elle se fait à l'aide de navires cuirassés d'une puissance formidable. Les *dreadnoughts* sont des navires déplaçant 25 à 30000 tonnes, montés par huit cents hommes d'équipage, propulsés par des machines de 40000 chevaux et armés d'une forte artillerie, dont les plus grosses unités comprennent au moins dix à douze pièces de 305 ou de 340, montées dans des tourelles revêtues d'une cuirasse d'acier de 30 centimètres d'épaisseur. La coque du navire elle-même est protégée sur toute sa longueur par une cuirasse analogue.

A bord, toutes les manœuvres se font mécaniquement, soit par des moteurs hydrauliques, soit par des moteurs électriques, qui actionnent les différents engins si nombreux, nécessaires au fonctionnement de cet organisme si complexe.

*
* *

L'électricité n'intervient pas seulement, dans la guerre moderne, pour la propulsion des sous-marins ou la manœuvre des cuirassés ; elle intervient, tant à terre que sur mer, de bien d'autres manières, en particulier sous la forme des puissants projecteurs qui servent à éclairer de loin un but invisible dans la nuit.

Des projecteurs, montés sur des voitures automobiles dont les moteurs, une fois la voiture arrêtée, actionnent les machines électriques qui produisent la lumière, sont de véritables phares d'une énorme puissance. Un projecteur utilisant un courant de 150 ampères peut envoyer ses rayons jusqu'à une distance de huit kilomètres.

Ces projecteurs servent, à bord des cuirassés, pour fouiller l'horizon, la nuit, et apercevoir ainsi de loin l'arrivée des sous-marins dont le périscope émerge au-dessus de l'eau. Ils sont employés, à terre, pour guider dans la nuit le tir de l'artillerie, dont ils éclairent le but, invisible sans cela. Ils sont employés également pour fouiller les nues et y déceler l'arrivée des avions ou des zeppelins.

Mais là ne se borne pas le rôle de l'électricité. Les Allemands l'ont employée sous forme de courants à haute tension qu'ils lancent dans les fils de fer barbelés dont ils protègent leurs tranchées, de façon que le simple contact d'un fil soit mortel à l'homme qui les touche.

L'électricité intervient encore sous la forme des ondes électriques, qui, par suite de la découverte géniale de notre illustre compatriote M. Branly, membre de l'Académie des sciences, professeur à l'Institut catholique de Paris, ont donné naissance à la *télégraphie sans fil*.

A l'aide des ondes électriques reçues par les détecteurs, des avions peuvent correspondre avec le quartier général et même communiquer entre eux. Grâce à cette merveilleuse découverte, les vaisseaux, au milieu de l'Océan, restent en relation, soit avec la terre, soit les uns avec les autres. Si la science contribue aujourd'hui à détruire des vies humaines sur les champs de bataille, du moins la science de Branly aura-t-elle servi à en sauver de nombreuses, en appelant au secours d'un navire naufragé les bâtiments qui naviguent à proximité, dans les mêmes parages que lui.

Mais ces ondes électriques peuvent, à leur tour, devenir des instruments de guerre. Avec elles on peut, sans communication directe, faire sauter des mines à distance ; on peut diriger de loin une torpille, soit dans l'eau, soit dans l'air ; on peut actionner un sous-marin ou un dirigeable à bord duquel ne se trouve aucun homme, uniquement par la réception des ondes envoyées du poste d'émission.

Enfin l'électricité sert à la guerre par le moyen des nombreux fils télégraphiques et téléphoniques que les armées de campagne utilisent pour leurs communications.

* * *

Il est une autre application de découvertes scientifiques, toute récente celle-là, puisqu'elle date de quelques années : c'est l'*automobile* sous toutes ses formes, dans ses utilisations à la guerre.

Auto-mitrailleuse belge.

Il y a à peine vingt ans, le moteur à explosion, actionné par la combustion d'un mélange d'air et de vapeur d'essence de pétrole, était à ses débuts, et les premières autos excitaient le rire des spectateurs par leur lourdeur, leur fracas, leurs « pannes » nombreuses.

Aujourd'hui l'auto est la maîtresse de la route. Elle marche à quatre-vingts kilomètres à l'heure ; elle se prête à toutes les exigences, car elle comprend tous les genres de véhicules, depuis le gros camion, depuis le tracteur servant à traîner sur les routes les plus gros et les plus lourds canons, jusqu'à la légère motocyclette, sur laquelle une rapide estafette porte, d'un point à un autre, les ordres de l'état-major.

L'automobile sert à établir, dans des voitures spéciales, grâce à son moteur, soit des postes de projecteurs, soit des stations mobiles de télégraphie sans fil.

Elle sert au transport des munitions, des approvisionnements, des malades, des blessés, et même des combattants, comme nous le verrons quand nous ferons le récit de la bataille de la Marne.

Mais elle est aussi, elle-même, un instrument de combat. On a construit des automobiles blindées sur lesquelles, dans une petite tourelle cuirassée, est installé, à l'abri des projectiles ennemis, une mitrailleuse ou même un petit canon. Ces autos-mitrailleuses, ces autos-canons ont rendu, dans la guerre des Flandres, les services les plus signalés.

Et, puisque nous sommes à parler des transports, constatons le rôle prépondérant que jouent les chemins de fer dans la guerre actuelle. Tous les mouvements de troupes d'un point à un autre du front, ou de l'intérieur du pays vers la ligne de bataille, reposent sur le fonctionnement des voies ferrées.

Il a fallu, il faut encore aux directeurs et aux chefs de ces importants services un travail acharné pour arriver à satisfaire à toutes les exigences; il a fallu au personnel un dévouement sans bornes.

* * *

Mais ce n'est pas tout d'avoir les instruments de guerre dont nous venons de parler, il faut encore pouvoir les utiliser. En particulier, la précision du tir des canons actuels, leur énorme portée, rendent beaucoup plus difficile la pratique du tir de l'artillerie.

Il est nécessaire que les officiers qui le dirigent puissent connaître exactement la distance à laquelle se trouve le but à atteindre, afin de régler le pointage des pièces.

Pour cela on a amélioré les moyens de visée d'abord, de mesure des distances ensuite.

Pour les visées au loin, on a aujourd'hui l'admirable instrument qu'est la jumelle à prismes, non pas née en Allemagne, comme l'a répandu une légende créée par une maison d'optique d'outre-Rhin, mais inventée en 1859 par l'officier du génie italien Porro.

Pour les mesures des distances, on a des *télémètres*, appareils d'une précision merveilleuse, qui font connaître par une simple lecture, à moins d'un centième, la distance à laquelle se trouve un objet éloigné, et qui permettent, par conséquent, de régler le tir de façon à atteindre sûrement le but.

Pour la conduite des aéroplanes, des boussoles directrices spéciales guident les aviateurs, alors même que les nuages leur cachent les points de repère qu'ils ont sur le sol. Quant à l'altitude qu'ils atteignent, elle leur est indiquée avec la plus grande précision par le baromètre devenu un altimètre.

Et pour étudier les conditions de l'atmosphère, avant une ascension d'un avion ou d'une escadrille d'avions, un véritable laboratoire de météorologie mobile a été institué : c'est la voiture d'aérologie, imaginée et construite par le commandant Sacconey.

*
* *

Après l'électricité, d'autres sciences interviennent encore dans la guerre moderne. Au premier rang de ces sciences, il faut placer la chimie.

Artilleurs munis d'un masque protecteur contre les gaz asphyxiants.

La chimie contribue à la guerre, d'abord et surtout par la fabrication des explosifs.

Nous sommes loin, en effet, aujourd'hui de l'ancienne poudre noire, qui brûlait lentement, en donnant dans le canon une pression progressive, qui dégageait une abondante fumée, dont le tir répandait des vapeurs à odeur sulfureuse et qui encrassait énormément les armes.

Aujourd'hui, les poudres nitrées sont des poudres vives, qui ont une déflagration beaucoup plus rapide, et qui impriment aux projectiles des vitesses initiales considérables. Ces poudres se transforment complètement en produits gazeux; par conséquent, elles ne produisent pas de fumée et n'encrassent d'aucun résidu l'intérieur des canons.

Quant aux bombes d'aéroplanes, aux mines sous-marines, aux torpilles, elles sont chargées, soit avec un explosif appelé le trinitrotoluène, soit avec du coton-poudre.

On voit que le champ des applications de la chimie à la guerre est vaste.

L'esprit de barbarie qui anime les Allemands, les a incités à faire à la science chimique d'autres emprunts en vue de détruire leurs adversaires. Violant en cela les conventions internationales de la Haye, que leurs plénipotentiaires avaient cependant signées, ils se servent, dans la guerre de tranchées, de gaz asphyxiants.

Des hommes portent des réservoirs où sont comprimés les gaz délétères. Ces gaz, s'échappant sous pression, se dégagent en avant des lignes allemandes et, comme ils sont de grande densité, s'accumulent au-dessus du sol, formant ainsi, sur une épaisseur de quelques mètres, une atmosphère absolument irrespirable et même mortelle.

Il a été reconnu que ces gaz étaient généralement du chlore et des vapeurs de brome.

Heureusement, aussitôt que le premier emploi en fut fait par nos sauvages ennemis, le remède fut vite trouvé par nos savants. Un masque est placé devant la bouche des hommes. Ce masque contient un tampon d'ouate hydrophile imbibé d'une solution d'hyposulfite de soude, qui fixe les gaz délétères et les empêche de pénétrer dans les voies respiratoires.

La chimie a d'ailleurs eu d'autres applications, humanitaires celles-là.

Ainsi, grâce à la découverte des produits antiseptiques, les opérations chirurgicales les plus graves peuvent être pratiquées sans crainte de voir apparaître la terrible gangrène, qui autrefois faisait tant de victimes dans les ambulances.

C'est également grâce aux préparations antiseptiques que l'hygiène des locaux sanitaires, des wagons, des casemates, peut être obtenue d'une façon complète.

De plus, grâce aux progrès de la microbiologie, on a pu préparer des sérums qui permettent de vacciner nos soldats contre une des plus terribles maladies : la fièvre typhoïde.

Enfin, utilisant les dernières conquêtes de la physique, les chirurgiens ont aujourd'hui, à l'aide des rayons X, le moyen de découvrir avec précision l'emplacement d'un projectile logé dans le corps d'un blessé. A l'aide de l'électro-vibreur et d'électro-aimants puissants, ils peuvent en accélérer et en faciliter l'extraction. Là encore la science s'est montrée bienfaisante.

On le voit par tous ces exemples, la guerre actuelle est bien une guerre scientifique.

CHAPITRE VIII

L'INVASION DE LA BELGIQUE

Le plan d'invasion allemand. — Les prévisions. — La violation du Luxembourg. — La violation du territoire belge. — L'attaque et la résistance héroïque de Liège. — Le général Leman. — La bataille de Dinant. — L'entrée des Allemands à Bruxelles. — La destruction de Louvain et de Malines.

Il y avait longtemps que l'Allemagne, ainsi que nous l'avons déjà dit, projetait d'attaquer la France par ses frontières du Nord, en violant la neutralité de la Belgique.

Après la guerre de 1870, qui nous avait coûté deux provinces, l'Alsace et la Lorraine, et qui avait reculé notre frontière de l'Est du Rhin aux Vosges, la France, dans la prévision d'une nouvelle agression de la part de l'Allemagne, avait puissamment fortifié sa nouvelle frontière.

De formidables ouvrages, construits sous la direction du général Séré de Rivière, furent élevés en arrière de la ligne des Vosges, pour barrer la route à l'envahisseur et lui opposer une barrière d'obstacles insurmontables.

Ainsi furent élevées ces redoutables forteresses qui s'alignent de la Meuse à la frontière suisse. Elles comprennent les camps retranchés de Verdun et de Toul, dans la région de la Meuse, et ceux d'Épinal et de Belfort, dans la région de la Moselle.

Ces deux systèmes de fortifications ne laissaient libres, en somme, que deux étroits passages entre la Suisse et le grand-duché de Luxembourg.

Le plan d'attaque de l'Allemagne devait tenir compte de l'alliance, qui s'annonçait dès les premières années qui suivirent 1870, entre la France et la Russie. L'empire de proie ne pouvait pas se dissimuler la difficulté de sa position, entre les deux adversaires de l'Ouest et de l'Est.

Aussi les Allemands préparèrent-ils de longue main leur manière d'attaquer.

En premier lieu, considérant que l'étendue immense de l'empire russe rendrait forcément très lente la mobilisation de ses troupes, ils réalisèrent les moyens de jeter tout d'abord le gros de leurs forces contre la France, afin de l'écraser tout de suite et de se retourner ensuite, une fois débarrassés de leur premier adversaire, sur la Russie, qu'ils pensaient facilement vaincre à son tour.

Dans ce but, ils perfectionnèrent d'une façon remarquable leur réseau de chemins de fer. Sept grandes lignes principales parcourent le territoire allemand de l'Ouest à l'Est, mettant ainsi en communication rapide et simultanée le centre de l'empire avec ses deux frontières, ou reliant entre elles ces deux frontières elles-mêmes.

Mais, pour réaliser ce programme, il ne suffisait pas de pouvoir transporter des troupes rapidement d'un front sur l'autre ; il fallait encore faire aboutir la première partie, c'est-à-dire l'écrasement complet et prompt de la puissance militaire française.

Or les fortifications élevées en arrière des Vosges rendaient très difficile un succès rapide de ce côté. Notre frontière de l'Est était supérieurement défendue, et le forcement des lignes de forteresses qui la protégeaient eût demandé de longs efforts et de grands sacrifices d'hommes.

Aussi, dès la conception de leur plan de campagne, les Allemands, fort peu soucieux d'observer les traités qui garantissaient la neutralité du territoire belge, avaient-ils décidé de violer celui-ci, d'y faire passer leurs armées d'invasion, qui, d'après eux, ne trouveraient là aucune résistance.

Dès lors, en entrant en Belgique par Aix-la-Chapelle, en s'emparant (ce qu'ils croyaient très simple) de Liége et de Namur, leurs armées remontaient la vallée de la Meuse, entraient en France et, descendant la vallée de l'Oise, avaient un chemin facile pour arriver sous les murs de Paris, objet éternel de leurs convoitises et de leurs rapacités. Une fois Paris occupé, pensaient-ils, la France demanderait la paix, le couteau sous la gorge, et il serait aisé de se retourner contre la Russie.

Ainsi le plan allemand, longuement prémédité, comportait fatalement le passage en territoire belge et l'agression par la frontière du Nord.

* * *

Ce programme d'invasion avait été pressenti par des militaires clairvoyants, qui avaient la nette conscience de l'avenir.

Déjà, il y a plusieurs années, le général de Négrier avait, dans de lumineux ouvrages, signalé le grand danger qu'il y avait à laisser notre frontière du Nord dégarnie de forteresses.

Dans un livre remarquable, paru également il y a quelques années, le général Maitrot précisait davantage encore le plan de nos ennemis. Il indiquait, avec une sorte de divination, l'itinéraire que, d'après lui, devaient suivre les armées allemandes.

Après avoir fait remarquer quel avantage donnait à nos ennemis la possession des chemins de fer luxembourgeois, entièrement aux mains de l'Allemagne tant pour la direction que pour l'exploitation ; après avoir souligné l'importance de leurs voies de concentration aboutissant à la frontière belge, l'éminent officier général ajoutait ces lignes prophétiques :

« L'attaque allemande qui partira de la base Saint-With-Trèves sera faite de sept corps d'armée, avec deux divisions de cavalerie. Deux de ces corps, avec une division de cavalerie, devront rester en observation vers Malmédy pour surveiller l'armée belge.

« Le reste, cinq corps et une division de cavalerie, soit environ 700000 hommes, se portera sur le front Sedan-Carignan-Stenay, *à travers le grand-duché de Luxembourg*. Ces forces seront concentrées vers le dixième jour. De la base Saint-With-Trèves à la Semoy, il y a de cent dix à cent vingt kilomètres. C'est donc vers le seizième jour que la masse allemande abordera la frontière française. »

Nous étions donc prévenus de l'attaque allemande par le Nord. Mais, par une sorte d'apathie, dominés également par le sentiment que nous avions du respect des neutres, nous ne voulions pas admettre que l'Allemagne foulât aux pieds des traités qu'elle avait signés elle-même.

Aussi laissâmes-nous dégarnie notre frontière du Nord, où seule la place de Maubeuge représentait réellement une valeur militaire.

*
* *

Nous avons dit précédemment que, le 2 août, l'Allemagne adressait son ultimatum à la Belgique ; nous avons reproduit la fière et noble réponse du roi Albert.

Dès lors la guerre était déchaînée, l'invasion du territoire neutre allait devenir un fait accompli.

La violation commença par celle du grand-duché de Luxembourg.

Le samedi soir, 1er août, trois automobiles bondées de soldats allemands s'arrêtèrent devant la station de Trois-Vierges, sur le chemin de fer de Luxembourg à Liége. Un officier en descendit, signifiant au chef de gare qu'il avait ordre d'occuper la station. Il brisa l'appareil télégraphique, et le chef de gare fut chassé par la force de son propre bureau.

Aussitôt le Gouvernement luxembourgeois envoya à Berlin une énergique protestation contre cette inqualifiable violation de son territoire.

La réponse de l'Allemagne fut ce qu'on pouvait attendre d'une nation de bandits : une seconde violation plus caractéristique que la première eut lieu.

Le lendemain, en effet, à Wasserbillig, quarante autos pleines d'officiers, escortées par deux escadrons de uhlans et suivies de trois trains blindés remplis de troupes, franchissaient les frontières du Luxembourg. Le Gouvernement grand-ducal dépêcha en vain, en parlementaire, un officier chargé d'une protestation. Le chef des Allemands se borna à donner acte de la protestation, mais déclara passer outre.

Alors les quarante autos pénétrèrent dans la ville de Luxembourg.

La grande-duchesse régnante, Marie-Adelaïde, télégraphia à l'empereur Guillaume pour protester de nouveau et demander des explications. Le Gouvernement luxembourgeois reçut du chancelier allemand la réponse suivante :

« *A notre grand regret,* les mesures militaires que nous avons dû prendre étaient rendues nécessaires par le fait que nous avons reçu *des nouvelles sûres,* d'après lesquelles des forces militaires françaises étaient en marche contre le Luxembourg. Nous étions donc forcés de prendre ces mesures pour protéger notre armée et nos lignes de chemins de fer. Un acte hostile contre le Luxembourg *ami* n'est pas dans nos intentions.

« En présence de l'imminence du danger, il nous a été malheureusement impossible d'entamer des pourparlers préalables avec le Gouvernement luxembourgeois. »

Le Luxembourg fut ainsi le premier territoire neutre violé. Les Allemands s'y installèrent au nombre de soixante mille hommes, qui, le 5 août, n'étaient pas encore sortis des frontières du grand-duché pour participer à l'attaque contre la France.

*
* *

Cependant l'invasion du royaume de Belgique se poursuivait d'un autre côté.

Les colonnes allemandes passèrent la frontière belge dans la nuit du 3 au 4 août. Elles comprenaient environ cent vingt mille hommes, disposés sur le front suivant : l'aile droite marchait sur Visé, dans la banlieue de Liége ; l'aile gauche suivait la vallée de la Vesdre, et le centre se dirigeait par Herve.

Une première rencontre entre les uhlans d'avant-garde et la cavalerie belge se produisit au sud de Visé. Les lanciers belges mirent en fuite les uhlans et leur firent une trentaine de prisonniers.

Mais le gros de l'armée allemande continuait sa marche sur Liége, dans le but d'investir et d'occuper la place.

Cette ville était très fortifiée, et de fortifications récentes, conçues et réalisées par le célèbre général Brialmont, du génie de l'armée belge, le rénovateur de la fortification moderne.

Indépendamment d'une ancienne citadelle et d'un ancien fort, proches de la ville, mais sans grande valeur militaire, Liége est entourée d'une ceinture de douze forts détachés, situés en moyenne à huit kilomètres de la ville, et dont la distance de l'un à l'autre varie entre deux et six kilomètres.

L'artillerie de ces forts, entièrement construits en béton, occupe des tourelles recouvertes de coupoles blindées. Chaque fort est entouré d'un fossé large de près de dix mètres. La garnison de Liége, au moment de l'arrivée des Allemands, était commandée par le général Leman, qui avait sous ses ordres, outre les garnisons des forts, 15000 hommes de défense

Peloton belge tirant sur un détachement d'artillerie allemande.

mobile, la 3e division et la 15e brigade mixte, ce qui portait les troupes dont il disposait à environ 40000 hommes. L'armée allemande, commandée par le général Von Emmich, représentait un effectif total de 120000 combattants.

L'attaque des forts de Liége commença dans la journée du 5 août.

Chacune des colonnes d'attaque allemandes avait comme objectif un fort déterminé. Ces colonnes se lancèrent à l'assaut ; mais leur élan fut bientôt arrêté par les innombrables obstacles dont les soldats du génie belge en avaient hérissé les abords.

Une autre colonne se glissa entre les forts, pour se porter sur la ville et l'occuper. Une automobile était remplie par des officiers allemands qui avaient pour mission d'assassiner le général Leman, le glorieux commandant de la place.

L'attaque des trois colonnes allemandes avait été complètement enrayée.

L'artillerie belge, dont le tir avait été parfaitement réglé, avait réussi à faire taire une partie de l'artillerie lourde des Allemands.

A ce moment, le général Von Emmich, commandant les troupes d'assaut, envoie un parlementaire exigeant la reddition immédiate de la place; faute de quoi un *zeppelin* bombardera les bâtiments occupés par l'état-major.

A cette sommation, les défenseurs répondirent par une reprise plus violente de la canonnade. Aussi les Allemands, cédant sous la violence de cet effort héroïque, furent-ils rejetés à dix kilomètres en arrière de leurs lignes.

Pendant que ces attaques échouent dans la région au nord-est de la ville, les Allemands cherchent à tourner la garnison par le sud-est. Mais, là encore, les défenses accumulées autour des forts arrêtent les assaillants, et leur offensive est repoussée. Le général Leman, dans la nuit du 5 au 6, lança 15000 hommes contre les troupes ennemies.

Ce fut un combat épique. Les adversaires en arrivèrent à la lutte corps à corps, et les baïonnettes belges firent sentir leur valeur aux Allemands. Mais, grâce à l'obscurité et au déguisement de ses hommes, qui s'étaient coiffé des bonnets de police belges, une colonne allemande réussit à pénétrer dans la ville.

Des gendarmes, ayant découvert le subterfuge, engagent avec les agresseurs un combat violent dans les rues et parviennent à dégager le bâtiment de l'état-major, que les assaillants se disposaient à attaquer. Le général Leman put s'échapper à temps et se réfugier dans le fort de Loncin. Là il déclara qu'il ne se rendrait jamais et qu'il tiendrait jusqu'à la dernière extrémité.

Et, en effet, l'héroïque général fit sauter le fort.

Mais la mort ne voulut pas enlever ce héros à sa patrie. Le général fut retrouvé vivant, sous un amas de décombres. Son héroïsme excita même l'admiration des Allemands, qui sont pourtant des brutes difficiles à émouvoir. Le général Leman fut emmené en captivité à Magdebourg, et le général allemand lui permit de conserver son épée.

Quelques jours après, le vaillant défenseur de Liége écrivait au roi Albert l'admirable lettre suivante :

« Sire,

« Après d'honorables engagements livrés les 4, 5 et 6 août, je jugeai que les forts de Liége ne pouvaient jouer d'autre rôle que celui de forts d'arrêt.

« Je maintins néanmoins le gouvernement militaire pour coordonner la défense autant que possible, et pour exercer une influence morale sur la garnison.

« Votre Majesté n'ignore pas que j'étais au fort de Loncin le 6 août, à midi.

« Vous apprendrez avec chagrin que le fort a sauté hier à 5 heures 20 du soir, et que la plus grande partie de sa garnison a été ensevelie sous ses ruines.

« Si je n'ai pas perdu la vie dans cette catastrophe, cela tient à ce que mon escorte m'a retiré de la place forte au moment où j'étais suffoqué par les gaz qui se dégageaient après l'explosion de la poudre.

« On me porta dans une tranchée, où je tombai. Un capitaine allemand me donna à boire, puis je fus fait prisonnier et emmené à Liége.

« Je suis certain d'avoir manqué d'ordre dans cette lettre, mais je suis physiquement ébranlé par l'explosion du fort de Loncin.

« Pour l'honneur de nos armes, je n'ai voulu rendre ni la forteresse, ni les forts. Daignez me pardonner, Sire.

« En Allemagne où je me rends, ma pensée sera, comme elle a toujours été, la Belgique et le roi. J'aurais volontiers donné ma vie pour les servir mieux, mais la mort ne m'a pas été accordée.

« Général LEMAN. »

En même temps que le général Leman faisait sauter le fort de Loncin, un autre héros belge, le commandant Namèche, plutôt que de livrer aux Allemands le fort de Chaudfontaine qu'il commandait, après avoir résisté jusqu'à la dernière minute, le fit sauter et trouva, avec sa garnison, une mort glorieuse sous les ruines de la forteresse inviolée.

Les pertes allemandes étaient considérables : 5000 hommes tués, 24 canons pris, de nombreux prisonniers, dont un général.

La ville fut occupée par les Allemands le 7 au soir. Mais sa résistance avait retardé de soixante-dix-neuf heures l'avance allemande. Les troupes de la défense, la 3e division et la 15e brigade mixte, sortirent de la ville et rejoignirent le reste de l'armée belge.

Aussi, le 7, le roi Albert adressait-il à l'armée l'ordre du jour suivant :

« Attaqués par des forces quatre fois supérieures, nos camarades de la 3e division et de la 15e brigade mixte ont repoussé tous leurs assauts. Aucun fort n'a été enlevé, et la place de Liége est toujours à notre pouvoir.

« Des étendards et quantité de prisonniers sont les trophées de ces journées.

« Au nom de la nation, je vous salue, officiers et soldats. Vous avez rempli tout votre devoir et montré à l'ennemi ce qu'il en coûte d'attaquer injustement un peuple paisible, mais qui puise dans sa juste cause une force invincible. La Patrie a le droit d'être fière de vous.

« Soldats de l'armée belge, n'oubliez pas que vous êtes à l'avant-garde des armées immenses de cette lutte gigantesque, et que nous n'attendons que l'arrivée de nos frères d'armes pour marcher à la victoire. Le monde entier a les yeux fixés sur vous. Montrez par la vigueur de vos coups que vous entendez vivre libres et indépendants.

« La France, ce noble pays qu'on trouve dans l'histoire associé aux causes justes et généreuses, vole à notre secours, et ses armées entrent sur notre territoire. En votre nom, je leur adresse un fraternel salut.

« Signé : ALBERT. »

Pour perpétuer la mémoire de l'héroïque résistance de la cité belge, le Gouvernement français décida de décerner à la ville de Liége la croix de la Légion d'honneur.

Le 4 août, le Gouvernement belge avait officiellement sollicité le secours de la France, et, dès le 6 août, un corps de cavalerie français entrait en Belgique, pour surveiller les colonnes allemandes et s'efforcer d'en ralentir les mouvements.

* * *

Nos troupes avaient répondu à l'appel de la nation belge.

Dès le 5 août, nos aéroplanes survolaient le territoire de nos amis et nos patrouilles d'avant-garde y pénétraient. Le 8 août, le Gouvernement belge ordonnait à ses chemins de fer de se mettre à la disposition complète des autorités militaires françaises.

Le 9 août, nos troupes de cavalerie couvraient de leurs pelotons la région de Baronville, à l'est de Givet, et dispersaient des patrouilles de uhlans, dont un grand nombre fut capturé.

Le 10 août, nous enlevâmes plusieurs canons à des détachements allemands, et, le 12, nous infligeâmes des pertes sérieuses à une forte colonne ennemie. Nous faisions, en effet, un millier de prisonniers, dont dix officiers.

Pendant ce temps, l'ennemi poursuivait méthodiquement l'invasion de la Belgique. Le 12 août, six régiments de cavalerie, deux d'infanterie, avec seize canons et des mitrailleuses, s'avançaient dans la direction de Haelen.

Mais le commandement belge, prévenu par ses éclaireurs, avait pris les mesures nécessaires pour parer à cette attaque. Il avait concentré à Diest une division de cavalerie, une brigade d'infanterie et douze pièces de canon. Les troupes belges, après un simulacre de retraite de leurs avant-gardes, firent volte-face et infligèrent aux Allemands une défaite sérieuse, qui leur coûta trois mille hommes tués ou prisonniers. Le 13 août, nouvelle offensive allemande vers Eghezée, repoussée également avec de grosses pertes.

A ce moment, plusieurs forts de Liége tenaient encore. La ville était occupée par une troupe allemande d'environ deux mille hommes; les Allemands y amenèrent de la grosse artillerie de siège pour réduire les

Loo (Belgique). — Une rue pendant le bombardement.

derniers forts qui résistaient à leurs assauts et dont le tir gênait la liberté de leurs communications.

Mais, en même temps, des forces françaises considérables pénétraient en Belgique et opéraient leur jonction avec l'armée belge. De même, ce jour-là, l'armée anglaise, commandée par sir John French, commençait à se concentrer à la frontière franco-belge, près de Maubeuge.

Aussi, le 15 août, put-on annoncer avec certitude l'échec du plan initial allemand, qui comportait l'attaque brusquée simultanément contre Nancy et la frontière du Nord.

La partie de ce plan comprenant l'offensive par la Belgique était arrêtée par la résistance, que n'avaient pas prévue les Allemands, des forts de Liége, dont le dernier ne tomba que le 15 août, après avoir été réduit en un monceau de décombres par les obus de 420.

Cette glorieuse résistance avait permis à notre mobilisation de s'achever avec la régularité et l'ordre nécessaires, et un sentiment de sécurité relative en résultait dans le pays tout entier.

Le Gouvernement français a eu à cœur de souligner d'une façon particulière l'éminent service que lui avait rendu la résistance des troupes belges à l'armée d'invasion.

Le 9 août, un décret du président de la République conférait au roi des Belges la médaille militaire, la plus haute distinction que l'on accorde à un général « ayant commandé en chef devant l'ennemi ». Le général Duparge fut chargé de la remettre au souverain.

*
* *

Ce ne fut qu'à partir du 15 août que se manifesta la grande progression des armées allemandes et leur marche en avant.

A cette date, la droite des armées envahissantes avait gagné du terrain sur les deux bords de la Meuse et était ainsi entrée en contact avec les forces alliées; mais, au sud du fleuve, leurs corps de cavalerie avaient été refoulés par les forces belges et françaises réunies, tandis qu'au nord ils avaient pu progresser librement, en poussant dans la campagne de nombreuses reconnaissances.

L'armée belge avait terminé son rôle de force de couverture qu'elle avait joué jusque-là en arrêtant pendant plusieurs jours l'invasion allemande. A présent qu'elle était réunie aux forces françaises et anglaises qui avaient pénétré en Belgique, elle devenait un élément de cette formidable armée alliée à laquelle le général Joffre donnait le mouvement.

Les forces ennemies, étant en présence, ne devaient pas tarder à se rencontrer. La première bataille se livra le 15 août, sur la Meuse, à Dinant.

Ce jour-là, deux divisions de cavalerie allemande, dont une de la garde, appuyées par plusieurs bataillons d'infanterie et des compagnies de mitrailleuses, prononcèrent une attaque générale sur la ville. Les ponts de la Meuse étaient défendus par deux divisions françaises des 1er et 2e corps d'armée, que commandait le général Mangin.

Dès que les troupes allemandes se présentèrent sur la rive gauche du fleuve, les forces françaises les attaquèrent avec impétuosité, et le brio avec lequel cette attaque fut conduite obligea bientôt les Allemands à reculer et à repasser la Meuse en grand désordre.

Au cours de ce mouvement de retraite précipitée, qui ressembla fort à une déroute, beaucoup de leurs soldats ne purent gagner le pont. Précipités dans la Meuse, dont les berges sont à cet endroit très escarpées, ils s'y noyèrent en foule.

Profitant de cette déroute, un régiment de chasseurs à cheval français réussit à passer le pont derrière les Allemands, les chassa devant lui, le sabre dans les reins, et, grâce à la vigueur de sa poursuite, mit ainsi en fuite des forces de cavalerie très supérieures en nombre.

La ville de Dinant est dominée par une vieille citadelle sans grande valeur militaire en tant que forteresse, mais importante par sa situation sur un rocher à pic au-dessus de la ville. On y accède par des pentes et par un escalier aux marches nombreuses.

Cette citadelle avait été prise par les Allemands, qui, vers 3 heures,

Dinant. — La citadelle et l'église Notre-Dame. (Phot. Neurdein.)

en délogèrent ceux de nos détachements qui s'y étaient établis. A 7 heures du soir, notre artillerie avait réduit au silence les canons ennemis, sauf ceux de la citadelle, qui tiraient toujours.

Ordre fut donc donné de la prendre d'assaut.

Alors on assista à un de ces épisodes glorieux où la *furia francese* est irrésistible. Nos clairons sonnèrent la charge, et, au son de ce rythme entraînant, nos braves fantassins commencèrent, sous un ouragan de balles et de mitraille, l'escalade des chemins sinueux et difficiles qui mènent au sommet.

Nos hommes avaient, pour exciter leur ardeur, un but bien apparent : c'était le drapeau aux couleurs allemandes que les ennemis avaient planté sur la citadelle, et qui flottait orgueilleusement sur ses antiques murailles. Ce drapeau abhorré, il fallait l'enlever à tout prix.

Sans le moindre souci des pertes qu'ils éprouvaient, nos bataillons d'infanterie continuent leur irrésistible assaut, soutenus par le feu de nos canons. Enfin ils atteignent le plateau et arrachent le drapeau ennemi, qu'ils jettent à terre.

La citadelle est prise, et les Allemands en sont chassés.

Au bout de quelque temps, le VIIe corps allemand était coupé en deux. Une partie se retirait au nord, vers Assesse; l'autre au sud, dans la direction de Givet.

Cette journée coûta cher aux Allemands. Indépendamment de nombreux prisonniers, de plusieurs centaines de chevaux pris par nos chasseurs, ils eurent près de trois mille hommes tués.

* * *

Malgré ces combats heureux sur certains points, l'avance allemande, soutenue par l'arrivée continue d'effectifs de plus en plus forts, se poursuivait lentement. Le 18 août, au sud de la Meuse, une nouvelle tentative de l'ennemi pour passer le fleuve n'eut pas plus de succès que celle du 15 à Dinant. Le 19, à Florenville, notre cavalerie livra encore un combat, couronné de succès, contre la cavalerie ennemie. Mais ce même jour, après un recul vers Aerschot, l'aile gauche de l'armée belge se vit aux prises avec un ennemi formidable et dut se replier vers Louvain.

En même temps, une autre division belge, à Jodoigne, cédait devant le nombre, et les Allemands enlevèrent Tirlemont, qu'ils occupèrent. Ils étaient ainsi maîtres de la route de Louvain. Leurs lignes occupaient le front Dinant-Neufchâteau.

A la suite de leur insuccès à Dinant, ils remontèrent vers le nord et tentèrent de traverser le fleuve entre Namur et Huy.

L'armée belge avait pour mission de défendre le passage du fleuve, appuyée à gauche par la petite forteresse d'Huy, à droite par la place très fortifiée de Namur. Mais elle avait devant elle des forces trop supérieures en nombre, et, pour éviter de se laisser envelopper par l'ennemi, elle commença à battre en retraite, ce qui permit à des colonnes allemandes très importantes de franchir la Meuse entre Liége et Namur. L'ensemble des forces ennemies ainsi rassemblé comprenait huit corps d'armée et quatre divisions de cavalerie.

L'armée belge effectua en très bon ordre son mouvement de retraite dans la direction d'Anvers, où elle allait se réunir à l'abri des canons de la forteresse. Le 19, le quartier général fut transféré de Louvain à Malines, et, le même jour, les Allemands entraient à Louvain, qu'ils devaient détruire complètement, quelques jours plus tard, dans un accès de sauvagerie féroce.

Cette retraite sur Anvers, considéré de tout temps comme le « réduit national », si elle était fâcheuse au point de vue immédiat, avait cependant un avantage : elle créait sur la droite de l'armée allemande un redoutable centre de résistance, vu l'importance des forces accumulées dans l'enceinte du formidable camp retranché constitué par la ville et la double ceinture de ses forts.

Grâce à ce mouvement de recul nécessaire de l'armée belge, les Allemands purent pousser encore plus à fond leur avance, et le 20 août, à 2 heures de l'après-midi, leurs avant-gardes de cavalerie firent leur entrée à Bruxelles. Elles furent suivies du IVe corps d'armée, commandé par le général Von Arnim.

Dinant. — Vue générale prise de la citadelle. (Phot. Neurdein.)

Ces troupes firent dans la capitale de Belgique, qui, comme l'on sait, n'est pas fortifiée, un défilé théâtral comportant une suite de cent mitrailleuses automobiles qui roulaient derrière les troupes, et qui dura jusqu'après 5 heures.

Les Allemands, après avoir pompeusement traversé les grandes avenues de la ville, ne s'y arrêtèrent pas et continuèrent leur marche dans la direction de Waterloo. Trois mille hommes seulement demeurèrent à Bruxelles pour former le corps d'occupation de la capitale belge.

Dès l'annonce de leur arrivée, le bourgmestre de la ville, un héroïque citoyen dont le nom glorieux appartient désormais à l'histoire, M. Max, accompagné de ses quatre échevins, se porta en automobile au-devant des envahisseurs.

Le bourgmestre exigea pour ses concitoyens le droit d'être traités conformément aux règles ordinaires de la guerre, applicables à une ville ouverte. Les officiers allemands lui demandèrent s'il était prêt à rendre la ville sans conditions, et lui signifièrent que, dans le cas contraire, celle-ci serait bombardée. On lui ordonna de retirer son écharpe, insigne de ses fonctions municipales, avant d'entamer les pourparlers, et M. Max dut se soumettre à cette odieuse injonction.

Après la clôture de la négociation, qui, d'ailleurs, dura très peu de temps, les Allemands rendirent à M. Max son écharpe de bourgmestre, et lui intimèrent qu'il serait rendu personnellement responsable de tout acte de malveillance commis à l'égard de leurs hommes.

C'est alors qu'eut lieu le défilé dont nous avons parlé, et au cours duquel divers incidents se produisirent.

La foule avait aperçu des officiers belges prisonniers, *les menottes aux mains*, attachés aux étriers des uhlans; elle fit entendre des murmures d'indignation. Aussitôt les officiers qui commandaient ces brutes indignes du nom de soldats s'élancèrent sur la foule, le sabre haut, et la forcèrent à reculer.

Au moment du défilé de l'artillerie, les Bruxellois virent avec stupeur un petit ours, que des artilleurs avaient juché sur un caisson. L'animal, affublé d'un uniforme de général belge et coiffé d'un chapeau à cornes, faisait de temps en temps le salut militaire. Cette odieuse caricature, qui avait l'intention de représenter le roi Albert, excita la colère du peuple de Bruxelles, qui sut pourtant en contenir l'expression.

En passant, les officiers arrachaient de la poitrine des femmes les nœuds de rubans aux couleurs nationales que celles-ci y avaient fixés.

Les troupes, comme nous l'avons dit, sortirent ensuite de la ville pour aller camper à Waterloo; mais les officiers revinrent en ville, envahirent les grands hôtels et s'étalèrent aux balcons en fumant d'énormes cigares sur lesquels ils avaient commencé par faire main basse.

Avant l'arrivée des Allemands, la reine et le Gouvernement s'étaient transportés à Anvers, à l'abri des envahisseurs.

Comme le vol est la spécialité des Germains, ceux-ci prirent prétexte d'un coup de fusil tiré d'une fenêtre d'une maison de Liége pour imposer à la ville une contribution de guerre de *cinquante millions de francs!*

Du reste, l'Angleterre et la France s'étaient associées pour assurer à la Belgique une avance de cinq cents millions.

*
* *

Le 19 août, Namur fut investie par l'ennemi.

Cette ville est entourée d'une ceinture de forts modernes, dont cinq grands et quatre moyens. Le général Michel y commandait une garnison dont l'effectif total s'élevait à environ 25000 hommes.

Des mortiers de 305, de l'artillerie autrichienne, avaient été dirigés de Verviers vers Namur. Ils ouvrirent le feu, à une distance de dix kilomètres, sur les forts du nord-est.

Les assiégés interceptèrent une dépêche de télégraphie sans fil envoyée par les Allemands à un de leurs espions resté dans la ville et lui demandant des renseignements sur la position exacte du centre d'aviation. Cette position fut aussitôt modifiée.

La violence du bombardement fut inouïe : en une seule journée,

Une ferme après la bataille de Haalen.

quatre cents obus de 10 centimètres et douze cents autres de calibre plus faible tombèrent sur un seul ouvrage.

Le fort de Maschovelett fut réduit en miettes par l'éclatement des obus de 420 allemands, et le fort Coguelée sauta sous l'action des projectiles de 305 autrichiens.

Alors, par cette trouée de dix kilomètres dans la ceinture fortifiée, les Allemands s'élancèrent à l'assaut, en colonnes serrées et compactes.

La garnison se défendit vaillamment. Une série de combats furent livrés, tant dans les bois qui avoisinent Namur que dans les rues de la cité elle-même. Mais, débordée par le nombre des assaillants, elle dut se décider à la retraite, qui s'effectua en bon ordre, sous la protection d'un régiment de cavalerie français. Les Allemands pénétrèrent dans la ville le 24 août. A ce moment, plusieurs forts tenaient encore, et leurs canons répondaient énergiquement au tir de l'artillerie ennemie.

Mais, pendant que ces événements s'accomplissaient à Namur et à

Bruxelles, la cavalerie ennemie battait le pays entre cette dernière ville et Anvers, afin de couper les communications entre ces deux centres.

Le 22, l'avant-garde allemande s'avançait dans la vallée de la Dendre, et l'ennemi occupait Alost et Wetteren. L'armée belge, concentrée dans le camp retranché d'Anvers, conservait sa liberté d'action et constituait une défense mobile redoutable pour les Allemands.

Le but des troupes belges, d'ailleurs, avait été d'attirer sous les canons de la place des forces allemandes, au moment où, comme nous le verrons plus loin, une grande bataille allait se livrer entre Mons et Charleroi. Des combats incessants avaient ainsi lieu au nord de Bruxelles. Un zeppelin, qui avait jeté des bombes sur Anvers, avait été abattu.

Le 25, les Allemands subirent un échec sérieux et durent se replier sur Louvain, en battant en retraite dans le plus grand désordre.

Dans le désarroi de cette véritable déroute, ils se tirèrent les uns sur les autres des coups de fusil. Alors, prétendant que des civils de la population de Louvain avaient fait feu sur eux, ils détruisirent la ville de fond en comble, brûlant l'Université et sa riche bibliothèque, se conduisant non comme des soldats, mais comme de véritables sauvages.

Des notables, le bourgmestre, le recteur de l'Université, des professeurs, furent fusillés sans autre forme de procès. Les femmes et les enfants, entassés dans des trains, furent emmenés vers une destination inconnue.

Puis commença le pillage méthodique des habitations particulières. Or, argenterie, meubles, bijoux, dentelles, vêtements, tout fut *volé* par les Allemands, comme par une bande de brigands.

Quand il n'y eut plus rien à prendre, on procéda à l'incendie de la ville.

Le feu détruisit des centaines de maisons.

La merveilleuse église gothique, la collégiale Saint-Pierre, fut complètement anéantie. Il en fut de même de la célèbre Université et de sa bibliothèque, contenant une collection inestimable de livres, de documents précieux, de manuscrits, collection commencée en 1426, et dont il ne restait plus, le soir de cet abominable attentat, qu'un amas de cendres.

Seul, l'hôtel de ville survécut au désastre et résista aux atteintes des flammes par un véritable miracle.

Cette sauvage destruction d'un des plus anciens centres universitaires provoqua l'indignation du monde civilisé, indignation accrue encore par le cynisme avec lequel les immondes soldats de Guillaume II affichaient leur joie du forfait accompli.

La destruction de Louvain ne suffisait pas à la férocité allemande: celle-ci s'exerça sur une autre cité, sur Malines.

Ils avaient, une première fois, occupé la ville, qu'ils avaient été contraints d'évacuer. Mais, le 26, ils renforcèrent leurs lignes, et, le 27 août, ils l'investissaient de nouveau à l'aide d'une force militaire de quarante mille hommes.

Ils lancèrent cette armée à l'assaut de la vieille ville belge, après avoir arrosé celle-ci d'une véritable pluie d'obus, dirigés principalement sur les monuments les plus anciens.

Ainsi, l'admirable collégiale de Saint-Rambaud fut surtout visée par leurs canons. L'hôtel de ville eut à souffrir énormément de cet ouragan de fer, et l'église Saint-Pierre fut transformée en un monceau de décombres.

Malines. — La grande place. (Phot. Neurdein.)

Mais, malgré le feu des forts avancés d'Anvers, à l'appui desquels les troupes belges résistaient avec leur vaillance habituelle, celles-ci durent plier sous le nombre et se retirer dans la forteresse, laissant les Allemands maîtres de Malines. Inutile de dire qu'ils s'y conduisirent avec la même sauvage férocité qu'à Louvain. Le cardinal-archevêque, Mgr Mercier, fut incarcéré, gardé à vue dans son propre palais, et mis ainsi dans l'impossibilité absolue de conférer avec ses prêtres et d'exercer ses fonctions épiscopales.

Le 21 août, d'ailleurs, la ville de Dinant avait subi le même sort.

Nous aurons à revenir, dans un autre chapitre, sur les atrocités commises par les Allemands, au cours de l'invasion de la Belgique, avant de parler des opérations militaires importantes qui se déroulèrent dans le sud du royaume envahi, entre les ennemis et les troupes franco-britanniques, et que termina la bataille, malheureuse pour nous, de Charleroi.

*
* *

Un événement considérable, tant au point de vue de la catholicité que du monde entier, se produisait en même temps : la mort de Sa Sainteté Pie X.

Depuis longtemps la santé de l'auguste Pontife laissait à désirer, et son grand âge venait ajouter encore aux inquiétudes du monde chrétien. La déclaration de guerre, dont l'Autriche, c'est-à-dire une nation se disant catholique par-dessus tout, avait pris l'initiative, l'avait profondément affecté. Tous ses efforts, pour empêcher le redoutable conflit qui allait ensanglanter l'Europe, avaient été vains. Il en avait gardé une tristesse profonde, qui influa beaucoup sur sa santé; aussi celle-ci alla-t-elle en déclinant de jour en jour.

Le 19 août, la faiblesse du Pontife avait augmenté. Depuis plusieurs jours déjà, les médecins qui se relayaient au chevet de Sa Sainteté ne gardaient plus beaucoup d'espoir. A 8 heures du soir, le vénéré malade entra en agonie.

Vers 10 heures, après une injection de caféine faite par le docteur Amici, le Pape prononça ces mots : « Où sont-ils? » Il cherchait Giuseppe Sarto et ses sœurs pour leur adresser un suprême adieu. Il demanda alors : « Viendra-t-il? » faisant allusion à son frère Giuseppe. Sa nièce Gilda répondit qu'on lui avait envoyé une dépêche et qu'il arriverait le lendemain.

« Trop tard peut-être! » murmura Pie X.

Ce furent les dernières paroles qu'il proféra distinctement.

Il eut alors un accès de toux, une sorte d'étouffement. Ses yeux se convulsèrent; il chercha encore à articuler quelques mots, parmi lesquels on distingua « guerre » et « paix ». Puis le corps devint inerte, la respiration plus difficile encore.

Entouré de ses deux sœurs, Anna et Maria Sarto, de sa nièce Gilda, du cardinal Merry del Val, de Mgr Bresson, des docteurs Marchiafava et Amici, Pie X rendit le dernier soupir à 1 heure et demie de la nuit.

On peut dire que l'auguste Pontife est une victime de la guerre. C'est elle qui l'a tué.

Le sort de la Belgique, les massacres de Louvain, de Visé, de Malines, l'assassinat de nombreux prêtres, de femmes, d'enfants, fusillés par les Allemands, l'avaient fortement touché, et un jour il s'écria :

« Malheureuse guerre abominable! elle me fera mourir. »

Et le Saint-Père en est mort, en effet.

Qu'il nous soit permis d'adresser un respectueux salut à la mémoire vénérée de ce Pape, qui fut l'un des plus grands de l'Église par l'œuvre dogmatique qu'il a accomplie. En effet, dans ce siècle de discussions et d'argumentations philosophiques, à une époque où la théorie du libre examen a été poussée si loin et où le jugement des individus a été si altéré par les circonstances extérieures, Pie X a eu le grand mérite, justifiant en cela la qualification d'*ignis ardens* que lui donnait la prophétie, de rétablir le dogme dans toute sa rigueur, d'avoir consolidé, en les resserrant avec sa haute autorité, les liens de la discipline ecclésiastique. Partout, et surtout en France, les décisions du Pontife souverain n'ont rencontré que la soumission la plus entière, la plus complète obéissance. Il a condamné le « modernisme » et replacé le dogme sous son patronage le plus haut : celui de saint Thomas d'Aquin.

Le Conclave réuni à Rome pour procéder aussitôt à l'élection du nouveau Pape fut l'un des plus courts qui aient été tenus dans l'histoire de l'Église catholique.

On sentait que les cardinaux réunis avaient visiblement le sens des besoins de l'Eglise, et qu'ils tenaient à y donner une satisfaction immédiate.

L'élu du sacré Collège, le nouveau Pape, fut le cardinal della Chiesa, archevêque de Bologne. Il choisit comme nom pontifical celui de Benoît XV.

Le nouveau chef de l'Église catholique a été le bras droit du cardinal Rampolla; il l'a suivi dans sa mission diplomatique auprès du roi d'Espagne, et fut son collaborateur pendant vingt ans.

On a beaucoup remarqué qu'à la cérémonie de l' « hommage », qui suit immédiatement l'élection, le nouveau Pape serra dans ses bras le cardinal Mercier, l'archevêque de l'infortuné diocèse de Malines que les barbares venaient de dévaster, et qu'il lui adressa ces paroles :

« Dans votre personne, c'est tout votre peuple que je plains et que je bénis. »

C'était la première protestation du nouveau Pontife contre les atrocités allemandes. Ce ne devait pas être la dernière.

CHAPITRE IX

LES ATROCITÉS ALLEMANDES EN BELGIQUE ET EN FRANCE

Les incendies et les massacres. — Visé, Aerschot. — Le pillage des caves et le vol. La destruction de Louvain. — L'incendie de Dinant. — Neufchâteau. — La guerre faite par les Allemands est une « guerre de religion » du luthéranisme au catholicisme. — En France.

Lorsque, le 4 août 1914, en violation de tous les traités, les soldats de Guillaume II envahissaient le sol de la Belgique, l'Allemagne commettait déjà un crime abominable. Elle foulait aux pieds des traités que ses ambassadeurs eux-mêmes avaient signés; elle les considérait comme de simples « chiffons de papier ».

Mais où la conduite des Allemands dépasse en horreur et en sauvagerie tout ce que l'imagination la plus audacieuse pourrait concevoir en fait d'atrocités, c'est dans la façon dont ils ont pillé, brûlé, massacré, dans les localités belges qu'ils occupèrent.

Ces horreurs débutèrent le premier jour de l'invasion, dans la petite ville de Visé, la première cité belge que souilla la présence des hordes germaniques.

Elles se continuèrent ensuite, en s'aggravant, dans toutes les villes, dans tous les villages envahis par les troupes allemandes.

La Belgique « en appela tout de suite au tribunal du monde ».

Afin de donner à sa protestation une forme solennelle et juridique, M. Carton de Wiart, ministre de la Justice, institua un comité, composé de magistrats et de jurisconsultes, ayant pour mission d'enquêter sur les griefs des populations, de recueillir les témoignages authentiques attestant les atrocités commises, et d'en rédiger des rapports officiels au gouvernement royal.

Cette commission effectua ses travaux avec la plus haute conscience et la plus scrupuleuse probité.

Elle n'admit pas de témoignages indirects; elle ne recueillit que les dépositions de témoins oculaires, susceptibles de donner des précisions de noms et de lieux au sujet des attentats signalés à son attention. Elle n'accepta aucun témoignage qui ne fût sévèrement contrôlé par une contre-enquête.

C'est de ces rapports, adressés au Gouvernement par les membres de la commission, que sont extraits les récits des faits monstrueux que nous allons rapporter ici.

Beaucoup de ces faits révèlent une telle cruauté, qu'on a peine à y ajouter foi. Cependant ils sont rigoureusement exacts, et il est essentiel de les citer, afin que la honte de les avoir commis retombe à jamais sur leurs abominables auteurs.

*
* *

La première localité belge ravagée par les barbares, nous le disons plus haut, fut la petite ville de Visé.

Les Allemands, en présence de l'indignation causée dans le monde entier par le récit de leurs actes de sauvagerie, ont prétendu (ce qui, d'ailleurs, ne les excusait nullement) que des civils avaient tiré sur leurs troupes.

De nombreux témoins entendus affirment qu'il n'en fut rien ; que, au contraire, les premiers coups de feu ont été tirés par des fantassins allemands en état de complète ivresse, et qui visaient leurs propres officiers.

A l'exception d'un seul établissement, la ville fut entièrement détruite par l'incendie, sciemment allumé et soigneusement entretenu par les soldats ennemis.

Des compagnies organisées de sapeurs incendiaires, pourvus d'un matériel spécial et de produits particulièrement inflammables, parcouraient les maisons, y lançaient ces substances combustibles et les allumaient, après avoir fermé les portes et pris des mesures pour empêcher de combattre les flammes.

Plusieurs citoyens, tant de la ville que du village de Canne, ont été fusillés.

Dans un grand nombre de localités de la région comprise entre Vilvorde, Malines et Louvain, en particulier dans les communes de Semst, de Weerde, de Hofstade, de Wilsele, d'Eppeghem, de Rotseoler, de Werchter, de Thilldonck, de Boortmeerbeek, de Honthem, de Tremeloo, de nombreuses maisons furent brûlées. De ce dernier village, l'église seule resta debout.

Partout les populations étaient dispersées, tandis qu'au hasard des rencontres, des habitants étaient arrêtés et fusillés sans motif, sans jugement, dans le seul but, semble-t-il, de terroriser et de provoquer la fuite en masse.

La petite ville de Wavre fut frappée d'une contribution de guerre, exorbitante pour elle, de *trois millions*. Comme elle ne put les fournir, on mit le feu à *cinquante-quatre de ses maisons*.

Loin d'avoir excité les populations à tirer sur les envahisseurs, les autorités civiles, à leur approche, avaient partout recommandé le sang-froid à leurs administrés. Le clergé ne cessa de leur prêcher le calme, et les femmes n'avaient qu'une seule préoccupation : celle, bien naturelle, d'échapper aux horreurs d'une guerre dont la sauvagerie n'a pas de précédent dans l'histoire.

* * *

La ville d'Aerschot fut le théâtre de faits vraiment monstrueux, accomplis le 19 août.

Lorsque, venant de Lierre, on approche du pont sur la Démer, la route est bordée des deux côtés par des maisons de maraîchers et de petits cultivateurs.

Toutes ces maisons, sans exception, ont été incendiées.

Les annexes, étables, bergeries, forges, poulaillers, rien n'a été épargné, et il est visible que l'œuvre de destruction a été activée par l'emploi de matières incendiaires, attendu que le feu s'est propagé au ras du sol, détruisant les cultures, les jardins, les haies, les arbres fruitiers dans un rayon de vingt à trente mètres des bâtiments.

Les premières maisons qu'on rencontre au delà du pont sont également détruites.

La route de Lierre tourne ensuite à droite, et l'on pénètre en ville par une rue qui conduit à la place du Marché. Sur toute la longueur de cette rue (six cents mètres), les maisons ont été la proie des flammes. Le feu s'est propagé dans les ruelles qui y aboutissent à droite et à gauche, de sorte que, de ce côté de la ville, un quartier tout entier a été anéanti.

L'église présente un aspect lamentable. Ses trois portes, ainsi que celle de la sacristie, ont été plus ou moins brûlées. La porte donnant sur la grande nef et celle de droite, toutes deux en chêne massif, semblent avoir été enfoncées à coups de bélier après que la flamme les eut entamées.

A l'intérieur, les autels, les confessionnaux, les harmoniums, les candélabres, sont brisés, *les troncs fracturés*. Les statues gothiques qui ornaient les colonnes de la grande nef ont été arrachées ; d'autres ont été partiellement détruites par l'action des flammes.

C'est à la sortie de la ville, dans un champ, à cent mètres de la route, que les Allemands ont fusillé le bourgmestre Tielemans, son fils, son frère et tout un groupe de leurs concitoyens.

Vingt-sept victimes tombèrent ainsi sous les balles des assassins.

La description des quartiers incendiés ne donne qu'une faible impression de la dévastation accomplie ; car si la ville a été en partie détruite par le feu, *elle a été entièrement saccagée.*

La commission d'enquête a pénétré dans plusieurs maisons choisies au hasard. Partout le mobilier est bouleversé, éventré, souillé d'une façon ignoble ; les papiers de tentures pendent en lambeaux le long des murs ; les armoires, les tiroirs, ont tous été crochetés et vidés.

Les portes des caves sont enfoncées.

Dans les maisons bourgeoises, les tableaux ont été lacérés, les œuvres d'art brisées.

Sur la place du Marché, l'intérieur de la maison du notaire offrait un spectacle effrayant. Sur le seuil, une odeur fade de vin répandu attirait l'attention sur des centaines de bouteilles vides ou brisées qui encombraient le vestibule, l'escalier, la cour.

Ainsi, outre le vol, l'orgie et l'ivresse étaient les pratiques familières de ces bandits.

Dans les appartements régnait un désordre inexprimable. Par terre, une véritable couche de vêtements déchirés, de laine échappée de matelas éventrés ; partout des meubles béants, et dans toutes les chambres, à portée des lits, encore de nombreuses bouteilles vides.

La salle à manger était également encombrée de bouteilles ; des verres à vin, par douzaines, couvraient la table et les guéridons, qu'entouraient les fauteuils et les canapés lacérés, tandis que, dans un coin, un piano au clavier maculé paraissait avoir été défoncé à coups de botte.

Tout indiquait que ces lieux avaient été, pendant des jours et des nuits, le théâtre de beuveries et de débauches ignobles. Il en est de même de la plupart des maisons appartenant à des familles notables, et où les officiers allemands avaient élu leur domicile. Partout ils avaient laissé les mêmes traces de leur passage, de leurs vols et de leurs orgies.

Le vol fut, en effet, organisé conjointement à l'incendie et au pillage méthodique de la ville.

Pendant trois semaines, de proche en proche, les soldats allemands ont dévalisé la presque totalité des maisons. Les officiers se réservaient les plus opulentes.

Toutes les valeurs que leurs propriétaires n'eurent pas le temps de mettre en sûreté, l'argenterie, les bijoux de famille, l'argent monnayé, ont ainsi disparu ; et les habitants affirment que, le plus souvent, l'incendie des maisons n'eut d'autre but que de faire disparaître la preuve de vols importants.

Des fourgons entiers chargés de butin sont partis d'Aerschot dans la direction de l'Allemagne.

*
* *

L'incendie, le pillage, les assassinats de Louvain, que nous avons déjà brièvement mentionnés, constituent une des pages les plus sinistres de ce *Livre rouge* des atrocités allemandes en Belgique[1].

Avant l'entrée des Allemands, le bourgmestre, M. Colins, avait fait placarder une affiche dans les rues de Louvain, pour exhorter la population au calme.

Louvain. — Vue générale, prise du Mont-César. (Phot. Neurdein.

Celle-ci cependant était terrorisée, et de nombreux habitants avaient quitté la ville. Ceux qui y étaient demeurés étaient décidés à suivre les conseils de leur bourgmestre et à accueillir les armées ennemies avec le sang-froid et la dignité qui conviennent à une population forte de son bon droit.

Les parlementaires allemands pénétrèrent dans la ville le mercredi 19 août, vers 2 heures de l'après-midi. Ils s'étaient fait précéder par M. le doyen de Louvain. Les rues étaient désertes.

Dès leur arrivée, les envahisseurs réquisitionnèrent d'une façon grossière et brutale des vivres en quantités énormes, estimées à plus de cent mille francs. De nombreuses troupes firent, à 2 heures et demie, une entrée triomphale; leurs chants et les airs de leur usique redoublaient d'entrain

[1] *Le Livre rouge belge.* Receuil des rapports officiels, pp. 27, 28, 29 et suivantes.

quand les soldats de Guillaume II croisaient des soldats belges blessés et mourants, amenés des ambulances voisines.

Le 20 août, M. le sénateur Van der Keulen et le bourgmestre Colins furent gardés comme otages. L'autorité allemande réclama le payement d'une indemnité de guerre de cent mille francs.

Les jours suivants, de nouvelles réquisitions eurent lieu. Mgr Ladeuze, recteur de l'Université; M. de Bruyn, vice-président du tribunal; le notaire Van der Eynde, furent pris comme otages.

Les autorités allemandes se rendirent dans les banques privées et *s'emparèrent des sommes restées en caisse*. Ainsi, douze mille francs furent volés à la Banque populaire.

Pendant toute cette période, la soldatesque allemande avait déjà commis des actes de pillages et s'était livrée à de nombreux attentats sur des femmes et des jeunes filles.

Au cours des opérations militaires devant Anvers, le 28 août, des troupes allemandes furent refoulées par la garnison de la forteresse belge et durent se replier sur Louvain. Des témoignages précis permettent d'affirmer que, dans la confusion produite par cette retraite, des coups de fusil furent échangés entre ces troupes et des soldats allemands de Louvain. Un religieux a affirmé à la commission d'enquête avoir assisté, rue des Joyeuses-Entrées, à un combat entre deux troupes allemandes et avoir compté, dans cette seule rue, quand le feu cessa, plus de soixante cadavres. Aucun cadavre de civil ne s'y trouvait.

Dès ce moment, une vraie panique s'empara des troupes occupant la cité. Les soldats tiraient dans tous les sens parmi les rues désertes.

Alors éclatèrent les incendies sur tous les points de la ville, notamment aux Halles universitaires, qui renfermaient la bibliothèque et les archives de l'Université, à l'église Saint-Pierre, à la place du Peuple, dans la rue de la Station, dans la rue et le boulevard de Tirlemont.

Sur l'ordre de leurs chefs, les soldats allemands enfonçaient les portes des maisons et y mettaient le feu au moyen de fusées. *Ils tiraient sur les habitants qui tentaient de sortir de leurs demeures. De nombreuses personnes furent brûlées vives.*

Beaucoup d'habitants de Louvain, qui étaient parvenus à sortir de leurs maisons en s'échappant par les jardins, furent conduits sur la place de la Station, où une dizaine de cadavres de civils étaient étendus. Ils furent brutalement séparés de leurs femmes et de leurs enfants et *dépouillés de tout ce qu'ils emportaient.*

D'autres citoyens de la ville, en particulier Mgr Ladeuze, recteur de l'Université, et Mgr de Becker, recteur du collège américain, furent envoyés dans la direction de Bruxelles. Plusieurs d'entre eux, notamment le Père Depierraux, de la Compagnie de Jésus, furent fusillés en route. Tous subirent d'odieuses tortures.

Les femmes et les enfants, parqués sur la place de la Station, y demeurèrent sans nourriture pendant toute la journée du 26 août. Ils assistèrent à l'assassinat d'une vingtaine de leurs compatriotes, qui furent tués à coups de fusil. Parmi ceux-ci se trouvaient plusieurs prêtres et religieux qui, liés quatre par quatre, furent fusillés à l'extrémité de la place, sur le trottoir qui longe la propriété de M. Hamaide.

Le jeudi 27 août, ordre fut donné aux survivants de quitter Louvain, la ville devant être bombardée.

« Vieillards, femmes, enfants, malades, aliénés, religieux, religieuses, furent chassés brutalement sur toutes les routes, comme un troupeau.

« Ce que furent l'exode des habitants, les atrocités commises, on commence seulement à le savoir. Ils furent chassés au loin, sous la conduite de soldats brutaux, dans des directions diverses, *forcés de s'agenouiller et de lever les bras à chaque passage d'officiers* et de soldats, sans nourriture et, la nuit, sans abri.

« Plusieurs moururent en route; d'autres, parmi lesquels *des femmes et des enfants qui ne pouvaient suivre, ainsi que des ecclésiastiques, furent fusillés.*

« Plus de dix mille habitants furent poussés jusqu'à Tirlemont, ville située à près de vingt kilomètres de Louvain. Ce que dut être leur calvaire, on ne peut le décrire. Beaucoup d'entre eux furent encore, le lendemain, repoussés de Tirlemont jusqu'à Saint-Trond et Hasselt.

« Pour ne citer qu'un exemple, il nous suffira de dire qu'un groupe de douze ecclésiastiques, comprenant six curés de Saint-Joseph, M. Noël, professeur à l'Université, le Père recteur de Scheut, a été arrêté en cours de route, sous la commune de Lovenjoul. Ils ont été injuriés de toutes les façons, enfermés dans une porcherie dont les Allemands avaient, sous leurs yeux, fait sortir le porc; puis certains d'entre eux ont été forcés d'enlever tous leurs vêtements. Tous ont été frappés, *dépouillés de tous les objets précieux et de toutes les valeurs qu'ils emportaient, et fusillés*[1].

Une grande partie du butin, chargée sur des fourgons militaires, *a été ensuite transportée en Allemagne.*

Sans compter les Halles universitaires et le Palais de justice, *huit cent quatre-vingt-quatorze maisons ont été incendiées sur le territoire de la ville, cinquante sur le territoire du faubourg de Kessel-Loo.* Le faubourg de Herent, la commune de Corbeek-Loo, ont été presque entièrement détruits.

[1] Rapports officiels, p. 32.

Le faubourg de Héverlé a été respecté, parce que le duc d'Aremberg, sujet allemand, y possédait de nombreuses propriétés.

Il serait difficile de préciser le nombre des victimes de ces incendies. A la date du 8 septembre, quarante-deux cadavres avaient été retirés des décombres.

Le pillage, l'incendie, le meurtre, se font toujours sur l'ordre de l'autorité supérieure. Quant aux produits des vols, ils sont toujours expédiés en Allemagne.

Les intellectuels allemands, dans une adresse « au monde civilisé », signée de quatre-vingt-treize noms connus chez nos ennemis dans les sciences, les lettres et les arts, ont essayé de nier les faits incriminés. Ils ont signé un manifeste collectif dont chaque paragraphe commence par ces mots : « Il n'est pas vrai... » Ils ajoutent, d'ailleurs (ce qui est un démenti à leur dénégation), que « là où les troupes allemandes durent accomplir un acte de destruction, elles cédèrent aux impitoyables lois de la défense dans le combat ».

Mais les faits sont plus forts que tous les démentis.

Aux protestations gratuites des Universités allemandes, il est un ordre de faits *authentiques* qu'on peut opposer : ce sont les proclamations adressées aux populations des villes envahies par les officiers et les commandants des armées d'invasion.

En voici une, entre cent autres :

PROCLAMATION AUX AUTORITÉS COMMUNALES DE LA VILLE DE LIÉGE

« Le 22 août 1914.

« Les habitants de la ville d'Andenne, après avoir protesté de leurs intentions pacifiques, ont fait une surprise sur nos troupes[1].

« *C'est avec mon consentement* que le général en chef a fait brûler toute la localité et que *cent personnes environ ont été fusillées.*

« Je porte ce fait à la connaissance de la ville de Liége, pour que les Liégeois se représentent le sort dont ils sont menacés s'ils prenaient pareille attitude.

« Le général en chef.

« VON BULOW. »

Ainsi, ce chef cynique avoue que c'est par ordre et « avec son consentement » qu'ont été accomplis vols, incendies et massacres !

[1] Ce fait a été démenti par les témoignages de tous les habitants.

Voici encore une proclamation affichée, le 5 octobre 1914, à Bruxelles :

« Dans la soirée du 25 septembre, la ligne de chemin de fer et le télégraphe ont été détruits sur la ligne Lovenjoul-Vertryck. A la suite de cela, les deux localités citées ont eu, le 30 septembre au matin, à en rendre compte et à livrer des otages.

« A l'avenir, les localités les plus rapprochées de l'endroit où de pareils faits se seront passés, — *peu importe qu'elles soient complices ou non*, — seront punies sans miséricorde. A cette fin, des otages ont été emmenés de toutes les localités voisines des voies ferrées menacées par de pareilles attaques, et à la première tentative de détruire les voies de chemin de fer, les lignes du télégraphe ou du téléphone, *ils seront immédiatement fusillés*.

« En outre, les troupes chargées de la protection de la voie ferrée ont reçu l'ordre de fusiller toute personne s'approchant de façon suspecte des voies de chemin de fer ou des lignes télégraphiques ou téléphoniques.

« Le Gouverneur général de Belgique.

« Baron VON DER GOLTZ,

« Feld-maréchal. »

De pareils écrits se passent de commentaires. Il y en a des centaines d'autres semblables.

Et cela seul suffirait à réduire à néant les fameuses « protestations » des intellectuels allemands.

*
* *

Nous allons donner encore un récit des atrocités commises en Belgique : c'est celui du sac de Neufchâteau, raconté par un témoin oculaire, qui l'a publié dans le journal belge *le XXe Siècle*.

Nous laissons la parole à ce témoin, dont la déposition est terrible.

« Le 18 août, un détachement du 69e régiment allemand, de Trèves, arriva en ville, emmena le doyen et le bourgmestre et afficha qu'il fallait remettre toutes les armes, sans quoi on serait fusillé. La population, déjà terrorisée tant par la nouvelle des atrocités commises au pays liégeois que par les brutalités et les menaces, remit même les armes les plus saugrenues.

« Le 20, la cavalerie française surgit de partout, avec de l'artillerie et un bataillon d'infanterie. C'était une heureuse surprise, et nous nous crûmes sauvés. Mais tout à coup le canon tonna : c'était la première bataille de Neufchâteau.

« Quand les Français se furent retirés devant les forces trop supérieures, nos grands malheurs commencèrent.

« Les Allemands se répandirent partout. Chez moi, par exemple, ils enfoncèrent la porte, emmenèrent mes parents pour quelques heures et firent alors tout ce qu'ils voulurent.

« Toutes nos provisions y passèrent, ainsi que tout le linge, le tabac, les bijoux, les cartes géographiques. Ils salirent tout ce qu'ils purent, cassèrent de même et partirent.

« Les principaux notables furent conduits en Allemagne, forcés de faire à pied la première étape de leur voyage et maltraités continuellement.

« Deux jeunes gens réquisitionnés le 18 pour porter des armes à Bastogne, et qui revenaient avec leur chariot vide et un laissez-passer régulier, furent massacrés. *L'un d'eux eut d'abord les doigts coupés.*

« Étant de service à l'ambulance, je partis à travers les lignes allemandes pour chercher les blessés français. Je vis d'abord une flaque de sang devant la maison G... et deux trous au mur : un gamin de seize ans venait d'y être assassiné. Puis, en grimpant sur la côte d'Hamipré, je vis Longlier s'allumer dans la nuit. Les contours de la vieille ferme historique se détachèrent un instant dans le feu.

« Plus à l'ouest, le hameau de Semel brûlait, et par-ci par-là, dans la lande, brillaient des incendies.

« En entrant à Hamipré, je vis la maison Pierret achever de flamber. D'abord je distinguai un cheval mort, puis je vis deux corps humains, les vêtements calcinés par la flamme, des taches noires sur la peau grillée, du sang sombre sur les chairs brunes et verdâtres. Les deux hommes étaient raidis en une torsion crispée. Un cheval allemand, tué par un éclat d'obus, était la cause de l'affaire. Un troisième homme et une femme avaient trouvé la mort en même temps; leurs corps étaient dans le feu.

« Rentré à Neufchâteau après bien des difficultés, je fus de garde à l'ambulance. Pendant la nuit, j'entendis une trentaine de coups de feu. Or Français et Allemands n'étaient nullement en contact, *je le sais de la façon la plus sûre.* De plus, il n'y avait aucun feu dans la campagne. Les détonations ne provenaient donc pas de cartouches éclatant dans des vêtements qu'on brûlait.

« Les paysans ont toujours affirmé que *les Allemands achevaient les blessés français,* et plusieurs blessés m'ont apporté des précisions très graves. D'ailleurs, je ne puis expliquer autrement les coups de feu, tirés à l'intérieur des lignes allemandes sur l'ancien champ de bataille.

« Le 22, la bataille s'engagea sur Grapfontaine et Nolinfaing. Les Allemands furent un instant rejetés sur la ville, puis avancèrent à nouveau.

« Mais ce recul passager fut le signal des meurtres et des incendies.

« Ivres de rage et *de peur,* gorgés de vins volés, *persuadés par des chefs criminels que les civils tiraient sur eux*, les bandits envahirent toutes les maisons.

« Le premier quartier rencontré, près de la route de Florenville, fut brûlé, et les hommes furent tués. Cela fit une douzaine de victimes. Le vieux F... et sa sœur, concierge à l'hôtel de ville, furent fusillés. Un boucher fut fusillé : il venait de recevoir une première balle allemande au bras, alors qu'il était caché chez lui.

« Tous nous étions dans les caves, et les Allemands tiraient partout, au hasard, dans les vitres, les portes et les soupiraux des caves, d'où ils arrachèrent ceux qui s'y étaient cachés. Quelques-uns de ceux-ci furent fusillés. Tout dépendait de la chance, car *on tuait au hasard.*

« Presque tous nous fûmes emmenés comme otages, avec les menaces les moins rassurantes.

« Hommes, femmes, enfants, parqués dans une petite cour, attendaient dans l'angoisse, quand on vint chercher quelques hommes. Je fus du nombre. On nous mena place de l'Hôtel-de-Ville, et nous aperçûmes cinq corps humains baignant dans une énorme flaque de sang.

« C'est ici que j'ai vu de très près les atrocités allemandes.

« Nous fûmes obligés de porter ces corps. J'essayai d'en prendre un par les bras; mais un bras était brisé par une balle et pendait comme une loque sanglante. Enfin nous les emportâmes. Le mien avait reçu une balle et un coup de baïonnette dans le ventre, et les entrailles sortaient.

« Il fallut les traîner dans une côte à pic. Nous les faisions descendre en les tirant par les pieds, dans les ronces et les chardons. Si, parfois, exténués, nous nous arrêtions, une baïonnette ou une crosse avait vite fait de nous remettre en marche.

« Dans cette descente affreuse, le veston des morts se relevait en flottant, la chemise sortait et se tordait, et le corps n'était plus qu'une masse de sang, d'entrailles, d'habits souillés et de chairs sanglantes. Les assassins regardaient avec flegme et grognaient.

« Nous enterrâmes leurs victimes à trente-cinq centimètres de profondeur, dans un jardin. Quand ce fut fini, nous courûmes le réel danger d'être fusillés sur place; mais on nous épargna.

« Replacé parmi les otages, je fus emmené dans une grange avec cent cinquante hommes, jeunes ou vieux, femmes et enfants. Une même quantité resta en plein air.

« De chaque côté, nous passâmes ainsi trois jours et trois nuits. Après la première nuit, les femmes et les enfants furent relâchés; mais, cette première nuit! Les enfants pleuraient; de ces petits, beaucoup ne savaient encore ni parler ni marcher. Moi, j'étais plein de sang et d'entrailles, et je sentais horriblement.

« Parmi ceux qui dormirent en plein air, plusieurs vieillards et malades sont morts cet hiver. Après trois jours, nous fûmes menés en prison, où on nous laissa encore trois jours sur le béton.

« Voici quelque chose à retenir : un jour, nous arrive un officier disant qu'on a tiré sur les Allemands et que, si les coupables n'étaient pas retrouvés, dix d'entre nous seraient fusillés. Même chose pour l'indemnité : il fallait leur payer cinquante mille francs, faute de quoi le reste de la ville serait brûlé et les otages fusillés.

« Je n'ai rien exagéré. Il n'y a ici aucun « on dit ». J'aurais pu citer des témoignages sérieux et formels : l'intérêt du récit y aurait gagné ; mais je ne voulais écrire que ce que j'avais vu, et je pourrais répéter cela sous serment, et bien d'autres détails avec.

« J'ai acquis la certitude absolue que pas un coup de fusil n'avait été tiré par un civil dans tout le canton de Neufchâteau. J'ai la certitude morale aussi grande que pas un acte hostile à l'ennemi ne s'est produit dans toute a province.

« Le vin, la rage, la peur des combats, des instincts barbares et criminels, *une confiance aveugle et fanatique dans la suggestion des chefs*, voilà qui suffit à expliquer ces crimes. »

Il n'y a pas une ligne à ajouter pour commenter ce récit, d'une trop terrible éloquence par lui-même.

*
* *

Mais la sauvagerie des Germains ne se bornait pas à des fusillades de civils inoffensifs ; elle s'exerçait sur ceux qui auraient dû leur être sacrés par-dessus tout, sur des blessés de guerre.

Les témoignages authentiques et nombreux qu'a recueillis la commission d'enquête prouvent surabondamment que les Allemands achevaient les blessés, et surtout d'une façon odieusement cruelle.

Ainsi, entre Impde et Wolverthem, deux soldats belges blessés furent jetés par eux dans une maison qui brûlait. Le 18 août, vingt-cinq soldats belges blessés et prisonniers furent fusillés.

Le maréchal des logis Baudouin Van de Kerchove, du 3e régiment de lanciers, déclare qu'étant blessé de deux balles allemandes à la bataille d'Orsmael, le 10 août 1914, malgré ses blessures les Allemands le maltraitèrent, et que l'un d'eux lui arracha la carabine des mains, la fit tournoyer au-dessus de sa tête et lui en infligea un formidable coup sur les reins. Voyant qu'il vivait encore, un autre le mit en joue à deux mètres. Heureusement la balle ne fit que lui effleurer le ventre.

Au cours du même engagement, un carabinier cycliste belge, tombé entre les mains des Allemands, a été trouvé pendu à une haie. Le fait a été attesté par plusieurs témoins, notamment par le curé du village qui présida à l'inhumation.

Le 16 août, des soldats français, blessés la veille à la bataille de Dinant, ont été retrouvés la tête fracassée à coups de crosse de fusil.

Le 23 août, à Namur, les soldats allemands, après avoir fait sortir les blessés allemands, tuèrent quatre blessés, deux belges et deux français, qui étaient soignés dans la clinique du docteur Bribosia, transformée en ambulance. Après quoi, ils incendièrent la clinique elle-même.

Le 25 août, à Hofstade, près de Malines, un soldat belge appartenant a un régiment de carabiniers, légèrement blessé, a été achevé à coups de crosse qui lui ont défoncé la tête.

Sur les vingt-deux soldats de la même arme trouvés morts dans un petit bois situé à droite de la route de Malines à Tervueren, avant Baarbeck, dix-huit avaient été achevés à coups de baïonnette dans la tête. Leurs blessures causées par les balles étaient insuffisantes pour les tuer. Seuls, les quatre hommes atteints de blessures mortelles ne gardaient pas trace de coups de baïonnette.

Le 25 août, dans le combat livré aux environs de Sempst, le soldat Lootens, du 24e de ligne, chargé de relever les blessés avec le personnel ambulancier, a aperçu, à une cinquantaine de mètres, deux soldats belges qui avaient été liés à un arbre. Ces militaires portaient encore leurs effets; leur veste était ouverte et permettait de constater qu'on leur avait ouvert le ventre. On voyait très bien les entrailles qui en sortaient.

Le 25 août également, à 4 heures de l'après-midi, une infirmière soignant des blessés à Eppeghem a vu un soldat allemand achever, à coups de crosse sur la tête, un soldat belge blessé légèrement au bas de la figure.

Le colonel commandant le 2e régiment de chasseurs à cheval constate, dans un rapport du 17 septembre 1914, qu'un cavalier de 2e classe de ce régiment, Richard Bœchelandt, est signalé comme ayant été tué par les Allemands au cours d'une reconnaissance. D'après les témoins, ce cavalier a été retrouvé les deux mains liées ensemble avec une lanière de cuir. Il aurait donc été blessé, fait prisonnier, puis achevé d'un coup de baïonnette qui lui a ouvert le ventre. Les traces de constriction des poignets étaient encore visibles quand le docteur Leman a visité le cadavre.

Le 11 septembre, le nommé Buron, du 24e de ligne, a déclaré que, fait prisonnier par les Allemands près d'Aerschot, ceux-ci, pour l'obliger à parler, *lui ont plongé les mains dans une marmite d'eau bouillante!* Le médecin Thomé, attaché au 24e de ligne, a constaté que l'intéressé portait encore des traces de brûlures.

Buron a déclaré avoir vu soumettre deux autres soldats à des tortures. L'un deux a été saisi par les Allemands, qui lui ont tenu bras et jambes et lui ont tordu le cou jusqu'à ce que la mort s'ensuivît : l'autre a eu un doigt coupé.

*
* *

Non seulement nos féroces ennemis s'acharnent sur les blessés tombés sur le champ de bataille, mais encore ils accablent de leurs mauvais traitements ceux qui, prisonniers de guerre, sont en leur pouvoir.

Pendant la durée de leur transfert en Allemagne, les blessés ont été fréquemment privés de nourriture et des soins les plus élémentaires. Les prisonniers anglais, surtout, sont l'objet de brutalités.

La Croix-Rouge de Verviers a organisé un service de ravitaillement pour les blessés et prisonniers de passage dans cette ville. Le 18 septembre, vers 5 heures du soir, un train comprenant plusieurs wagons de prisonniers anglais a traversé la gare de l'Est. Les Allemands ont empêché les ambulanciers de leur donner à manger. Un autre train contenait des blessés français et des blessés anglais. Les sentinelles ont permis à un ambulancier de donner des soins aux Français, mais lui ont interdit de soigner les Anglais. Les témoins rapportent que ces faits se reproduisent couramment.

Le mercredi 16 septembre, les Allemands descendirent à la gare de l'Est deux blessés français, un sergent-major et un soldat, qui déclarèrent avoir été blessés à Saint-Quentin, *dix-huit jours auparavant.* Pansés sommairement sur le champ de bataille, *ils n'avaient plus reçu de soins depuis lors!*

L'attaque de colonnes d'ambulances par les troupes de Guillaume II est un fait fréquent. Les Allemands semblent même s'acharner plus particulièrement à prendre pour but de leurs tirs d'artillerie, lors des bombardements, les édifices sur lesquels flotte le drapeau de la Croix-Rouge.

Eux-mêmes font un abus fréquent de ce drapeau, contrairement aux lois internationales de la guerre.

Le 19 août, à Lovenjoul, les Allemands ont arraché à trois ambulanciers leur brassard et l'ont jeté à terre. Les ambulanciers ont été frappés et injuriés. Relâchés enfin, emportant un blessé, ils ont dû le déposer sept fois, parce que les Allemands dirigeaient sur eux le feu des mitrailleuses. Un ambulancier a été atteint d'une balle à la cuisse.

Le 26 août, à 3 heures, sur la route de Werchter à Hœcht, une voiture portant le drapeau de la Croix-Rouge et transportant trois blessés a été attaquée par des Allemands ; de nombreux coups de feu furent tirés ; une balle traversa la carrosserie et transperça les jambes de deux des blessés dans l'auto.

Les hôpitaux de Heyst-op-den-Berg et de Malines n'ont pas été respectés par les troupes ennemies bombardant ces localités, alors que le drapeau de la Croix-Rouge flottait très ostensiblement sur ces établissements.

Pénétrant dans Namur, le 19 août 1914, elles criblèrent l'hôpital de projectiles.

Le 28 septembre, une voiture d'ambulance contenant un médecin auxiliaire, un aumônier brancardier, ainsi que le conducteur, a été l'objet d'un tir systématique des Allemands. Tous trois furent gravement blessés.

Enfin, à Namur, des membres du personnel sanitaire belge ont été retenus, l'*oberartz* déclarant que c'était de l'intérêt de l'Allemagne de ne point permettre aux médecins de rejoindre l'armée à Anvers, pour priver celle-ci des secours médicaux, « la maladie et l'épidémie étant pour elle un atout de plus. »

Église de Pervyse, détruite par les Allemands.

Le 26 août, au combat de Schiplœcken, les colonnes d'assaut allemandes étaient précédées du drapeau de la Croix-Rouge. Le 25 août, ils ont également abusé de cet emblème en le faisant flotter sur les casernes occupées par leurs troupes et sur les bâtiments où ils avaient logé leur artillerie.

*
* *

De très nombreuses dépositions civiles et militaires attestent que les Allemands ont contraint leurs prisonniers à leur servir de guides, les ont forcés à exécuter des travaux militaires ou *ont fait marcher en avant de leurs troupes des soldats prisonniers et une partie de la population civile.*

Les soldats Goffin, Heyvœrts et Hertleer déclarent que, faits prisonniers avec d'autres hommes de leur compagnie, le 6 août, ils ont été entraînés par les Allemands, qui leur ont lié les mains derrière le dos. Rencontrant à Saive une compagnie belge du 19e régiment de ligne, les Allemands les ont placés devant eux. A un certain moment, ils leur ont ordonné de crier : « Belges, ne tirez plus; vous tirez sur des Belges! » Deux d'entre les prisonniers sont tombés frappés par les balles de nos soldats.

A Namur, les Allemands ont contraint les habitants du village de Warisoul à creuser, près du cimetière, des tranchées qui étaient exposées au tir des forts.

Le 23 août, les Allemands ont placé des femmes et des enfants devant leur colonne d'attaque, au pont de Lives, en face de Biez. Des femmes et des enfants furent ainsi atteints par le feu des Belges.

Le 22 août, les Allemands ont arrêté, à Grinbergen, dans leurs maisons, les nommés Obrechts, Van Cappelen et Van Campenhout. Ils les ont retenus pendant une semaine, durant laquelle ces hommes étaient contraints à chercher pendant le jour, sous le feu de l'artillerie, le matériel de guerre abandonné et à creuser des tranchées avec le concours d'autres habitants de Grinbergen.

Le 24 août, le nommé de Wleeschouwer, son frère et son père, âgé de soixante-sept ans, habitant la même localité, ont été poussés devant un groupe d'Allemands, pour protéger ceux-ci contre la canonnade des Belges. A Sempst, le 25 août, des femmes et des enfants ont été placés à la première ligne du feu.

Le 26 août, les Allemands emmenèrent, les mains liées derrière le dos, un groupe de soixante-dix habitants de Louvain. Arrivés à Herent, au premier rang des unités, ils essuyèrent des coups de feu. Le lendemain, on les dirigea sur Malines en leur disant « qu'on allait leur faire goûter de la mitrailleuse belge » !

Le 29 août, à Herent, les Allemands ont fait marcher devant leurs armées cinq cents femmes et enfants, précédés des deux curés de Wygmaël et de Wesemaël.

Le 12 septembre, à Elpe, une colonne allemande de deux à trois cents hommes, attaquée par une auto-mitrailleuse belge, a pris dans les maisons vingt à vingt-cinq hommes et jeunes gens, y compris un garçonnet de treize ans. Elle s'est fait précéder de ces prisonniers, qu'elle a placés au milieu de la chaussée. Deux jeunes gens ont été blessés par une balle. Les occupants de l'auto-mitrailleuse, s'apercevant que des prisonniers étaient devant eux, cessèrent le feu. Le témoin ajoute qu'à un moment donné, il a clairement entendu donner l'ordre de fusiller tous les prisonniers, si les Belges tiraient encore.

Enfin on ne compte pas les bombardements de villes ouvertes et inoffensives, effectués par des avions allemands et des zeppelins. Ces bombardements, sans aucune utilité militaire, ne pouvaient avoir comme résultat que de tuer des gens paisibles, des enfants et des femmes!

*
* *

Nous pourrions ajouter encore de nombreux faits à cette horrible liste. Ceux que nous avons cités suffisent, pensons-nous, à démontrer au lecteur avec quelle sauvagerie les Allemands ont conduit cette guerre.

Toutefois, il est un dernier point sur lequel nous désirons insister : c'est l'emploi des balles explosives, dites balles « dum-dum », couramment pratiqué par les Allemands.

Ces balles, imaginées en Angleterre par les chasseurs de grands animaux de l'Afrique du Sud, sont formées d'une balle de plomb revêtue d'une chemise de nickel qui, au lieu d'envelopper complètement la balle, s'arrête aux deux tiers de la longueur du projectile, laissant le plomb complètement découvert sur toute sa partie antérieure.

Dans ces conditions, quand la balle rencontre un obstacle, au lieu de le traverser en y perçant un petit trou, comme le fait la balle à chape entière, le plomb d'avant s'aplatit, s'étale; la chape d'arrière est déchirée, et le projectile ainsi évasé fait dans les chairs une large et terrible blessure.

La convention de la Haye, signée par les plenipotentiaires allemands, a formellement prohibé l'emploi de ces projectiles dans les opérations de guerre.

Cependant les Allemands, faisant fi de ces interdictions, en ont fait un usage courant.

Ainsi, le 27 août, les docteurs Attichaux et Van der Waele ont attesté avoir soigné un blessé du 5e lanciers qui avait été atteint par une balle dum-dum. Des cartouches chargées de ces balles furent recueillies sur le champ de bataille de Werchter.

Le 10 septembre, le docteur Léon Pierre soigna deux hommes atteints de balles dum-dum. Le premier dut être amputé de la cuisse, le second mourut de sa blessure.

Le 26 septembre, le général Clooten, gouverneur de Gand, saisit sur un lieutenant allemand fait prisonnier, le lieutenant Von Hadeln, une boîte contenant des cartouches de pistolet automatique, munies de balles dum-dum.

Voilà donc des faits précis, constatant qu'une fois de plus les Allemands ont odieusement violé les lois de la guerre.

Si l'on fait, comme la commission d'enquête, le résumé des ravages et des crimes commis par les Allemands en Belgique[1], *rien que pendant les mois d'août et de septembre,* on arrive à des chiffres véritablement effrayants.

Sans compter les incendies de Louvain, où mille huit cent vingt-huit maisons furent incendiées; de Namur, d'Aerschost, de Dinant, qui ont été à peu près brûlées, on peut dire que, rien que dans la province du Luxembourg belge, *le nombre des maisons ravagées par l'incendie dépasse trois mille!* Les maisons ainsi détruites l'ont été, non au cours d'opérations de guerre, mais par des incendies systématiques.

Le nombre des habitants civils fusillés dans l'ensemble de la même province *dépasse un millier.* Dans certains villages ont eu lieu de véritables massacres en masse. Par exemple, à Tuitigny, 157 fusillés; à Ethe, 300 fusillés; à Auloy, 52 hommes et femmes fusillés; à Arlon, 111 personnes furent fusillées publiquement.

A toutes ces horreurs s'ajoutent les violences odieuses dont furent victimes les femmes et les jeunes filles de la part de ces brutes, ivres de vin et gorgées de sang!

Et c'est là ce que les Allemands appellent leur « kultur »!

*
* *

Mais une des carastéristiques de cette guerre de sauvages, est d'être surtout une guerre au catholicisme, menée par une nation essentiellement luthérienne.

Il ne faut pas oublier, en effet, que si l'Allemagne comprend quelques États catholiques, comme la Bavière, ces États, ces royaumes sont ramenés au rang de vassaux; leurs souverains sont des rois de carton, simples domestiques de leur tout-puissant maître le roi de Prusse Guillaume II, qui est en même temps empereur d'Allemagne.

Or la Prusse est essentiellement un État protestant : c'est le foyer du luthéranisme. Et ces actes de destruction et de sauvagerie contre les églises et contre les prêtres constituent, en somme, une guerre des luthériens contre Rome et le catholicisme.

Et l'on a pu dire avec raison que la guerre actuelle avait tous les caractères d'une guerre de religion.

Ce caractère s'est manifesté surtout en Belgique, sur cette terre essentiellement catholique. La destruction s'est appliquée aux églises, l'assassinat a d'abord porté sur les prêtres.

Et c'est à un tel point qu'un écrivain étranger, peu suspect pourtant de sympathie pour les Belges, puisqu'il est Hollandais et protestant, le professeur Grondijs, de l'Institut technique de Dordrecht, en a fait la juste remarque. Il a constaté, de plus, que pour mieux assurer l'exécution de ce programme de guerre de religion, ce sont les régiments protestants de l'armée allemande qui ont été envoyés pour envahir la Belgique, tandis que les régiments formés de contingents catholiques ont été dirigés sur la frontière russe, pour combattre les Slaves orthodoxes.

Il n'est pas surprenant de trouver cette haine contre l'Église romaine ancrée si profondément dans l'âme du peuple allemand, âme façonnée par Luther et sa doctrine de négation. Et comment s'étonner de cet état d'âme du peuple prussien quand on lit ce qu'écrivait son roi, Guillaume II, à la landgrave de Hesse récemment convertie au catholicisme : « Je hais, disait-il, cette religion que tu as embrassée. Tu accèdes donc à cette superstition romaine, *dont je considère la destruction comme le but suprême de ma vie*[1]. »

Église de Nieuport, détruite par les Allemands.

Voilà des paroles nettes. Le roi de Prusse n'a qu'un but : abattre et détruire le catholicisme. C'est pourquoi, dans la catholique Belgique, ses féroces soldats se sont acharnés sur les Universités catholiques, sur les églises, et pourquoi ils ont fusillé tant de religieux et tant de prêtres.

Nous parlerons plus tard de la destruction sauvage du chef-d'œuvre de l'art religieux gothique, de la cathédrale de Reims. Pour le moment, nous nous bornons à constater la fureur iconoclaste des Prussiens sur la terre de Belgique.

Au cours de son terrible réquisitoire, le professeur Grondijs remarque : « Je vois des flammes s'élever de la tour de l'église Saint-Pierre, à Louvain. Toutes les maisons qui entourent ce monument sont intactes. L'église a donc été incendiée *intentionnellement.* »

Il en a été de même de l'église Saint-Martin à Ypres, de l'église

[1] Mgr Baudrillart, *la Guerre allemande et le Catholicisme,* p. 81 et suiv.

Saint-Rambaud à Malines, de l'église Notre-Dame de Termonde, de l'église de Dinant, des treize églises du diocèse de Namur, et de beaucoup d'autres encore, tant paroisses que chapelles.

Le caractère intentionnel de destruction des églises est significatif dans les opérations allemandes. A Fourcquevillers, les Allemands ont tiré cinquante-sept obus de 210 sur l'église ; au cinquante-septième, le clocher s'est écroulé. Le tir a cessé aussitôt : le *but* était atteint !

*
* *

Indépendamment de la destruction matérielle des temples, il y a les attaques sacrilèges, les attentats qui furent, en grand nombre, perpétrés dans leur intérieur.

La profanation, le pillage, sont, pour ainsi dire, les condiments qui assaisonnent la sauvagerie des bandits prussiens.

Fréquemment des soldats ivres, conduits par leurs officiers, chantaient, hurlaient dans les églises, et y exécutaient des danses au son de l'orgue, dont l'un d'eux jouait.

Ce n'est pas tout. Ils souillaient de leurs ordures les nefs, les sacristies, les bénitiers; ils forçaient les portes des tabernacles et, chaque fois qu'ils le pouvaient, faisaient main basse sur les vases sacrés, après en avoir profané les hosties.

A Dinant, en Belgique, les officiers eux-mêmes, s'encanaillant par hasard avec leurs hommes, se sont livrés, au milieu des ruines fumantes et des rues encombrées de cadavres, à une comédie atrocement carnavalesque : ils s'amusaient, au dire d'un témoin, à s'affubler des habits des religieux Prémontrés, dont ils ravageaient et pillaient l'abbaye.

On vit ainsi de faux Prémontrés circuler en automobile aux environs de Dinant. Un dîner fut même servi aux officiers par un soldat déguisé en moine[1].

Mais leur fanatisme anticatholique prend toutes les allures et revêt toutes les formes, même les plus variées. Le professeur Grondijs signale l'acharnement de ces vandales contre les statues religieuses.

Ainsi, *dans quelques-unes des maisons particulières* où cet écrivain impartial a pénétré, il a trouvé les meubles respectés, les fauteuils non éventrés; mais, en revanche, des statuettes pieuses, représentant la sainte Vierge, le sacré Cœur de Jésus, saint Joseph, sont à terre, brisées ou décapitées.

Dans l'église d'Hastière, les ornements sacerdotaux ont été déchirés et souillés; les chandeliers, les statues, les bénitiers, ont été brisés; le reli-

[1] *La Belgique martyre*, par Pierre Nothomb.

quaire a été fracturé, et les reliques dispersées; deux des quatre autels ont été profanés, les vases sacrés ont servi aux usages les plus immondes.

Mgr Carton de Wyart a raconté lui-même, d'ailleurs, les indignités dont il fut la victime. Ayant assisté au sac de l'église d'Hastière, il vit une bande de soldats ennemis s'approcher de sa personne, lui mettre un revolver devant la figure, lui arracher les saintes Espèces qu'il portait sur lui, et les jeter dans la boue.

Ypres. — Église Saint-Martin, détruite par les Allemands.

Partout, après l'incendie, après le vol, la profanation et le sacrilège. Voilà la civilisation qu'ils ont la prétention d'imposer à l'Europe asservie par eux !

*
* *

Mais ce n'est pas assez de ravager les édifices du culte, d'en profaner les objets. Il faut détruire la religion elle-même; et, pour cela, quel meilleur moyen que d'en supprimer les ministres?

Aussi les assassinats de prêtres et de religieux furent-ils nombreux, et souvent accomplis dans des circonstances effroyables de cruauté.

En Belgique, au premier rang des otages pris par les Allemands, sont des prêtres. Toujours l'évêque ou le curé est emmené d'abord, et les instructions données aux officiers le prescrivaient : « Seront, comme otages, placés en première ligne : *les prêtres*, le bourgmestre et les autres membres de l'administration communale. »

Après ce prélèvement des otages religieux, le sort qui leur est réservé est un long martyre. A Aerschot, trente ecclésiastiques, enfermés plusieurs jours dans l'église, y ont été laissés sans autre nourriture qu'une ration dérisoire de pain aigre; puis ce fut, pour la plupart d'entre eux, l'exil en Allemagne, c'est-à-dire un long chemin de croix.

Non seulement les Prussiens ont arrêté le cardinal Mercier, archevêque de Malines, le maintenant captif dans son palais épiscopal, l'empêchant de communiquer avec ses prêtres, mais encore ils ont odieusement outragé le vénérable Mgr Walravens, évêque de Tournai, malgré sa vieillesse et ses cheveux blancs. Il fut emprisonné à Ath pendant cinq jours, dans un local infect, n'ayant comme lit qu'une paillasse, et sans autre nourriture que celle que des personnes dévouées venaient spontanément lui apporter. Un soldat même donna un coup de poing dans le dos de l'évêque pour le faire avancer plus vite, et c'est à coups de crosse qu'on le fit marcher. Le saint vieillard ne se releva pas de ces mauvais traitements, et, quelques mois plus tard, il rendait son âme à Dieu, sans avoir vu le jour de la délivrance!

Dans le seul diocèse de Namur, quatre-vingt-neuf prêtres furent ainsi malmenés, odieusement brutalisés. Dans la Belgique entière, quarante-neuf prêtres ont été fusillés.

A Horennes, ce fut un officier qui jeta un Père jésuite en pâture à une bande de bourreaux féroces. Le malheureux religieux fut d'abord battu jusqu'à ce qu'il tombât sans connaissance. Revenu à lui, il fut frappé de nouveau, à coups de crosse cette fois et à coups d'éperons! Après un second évanouissement, il fut traîné nu, boueux et sanglant dans le jardin, où il fut abandonné à demi-mort.

L'agonie de l'abbé de Clerck, curé de Buecken, *âgé de quatre-vingt-trois ans,* fut épouvantable. On le lia à un canon, qui le secouait à le briser. Quand on le détacha, ce fut pour le traîner à terre par les pieds, la tête rebondissant sur les gros pavés. A bout de forces, l'infortuné vieillard ne put retenir cette tragique prière : « Tuez-moi ! tuez-moi ! » On fit alors à ce martyr la grâce de l'achever [1].

Parfois les chefs de bandes, ces êtres indignes de porter l'épée et qui président à ces sanglantes exécutions, s'offrent la joie de se moquer de leurs victimes. Ainsi les officiers qui interrogent le curé de Roselies font semblant de croire à ses réponses et lui délivrent un papier, que la victime prend pour un ordre de mise en liberté. Il le montre aux soldats; ceux-ci, lui riant au nez, le poussent contre un mur et le fusillent séance tenante.

Le meurtre de l'abbé Glouden, curé de la Tour, fut également une facétie des assassins. On le chargea, avec un groupe de ses paroissiens, de relever les cadavres d'hommes précédemment fusillés. A peine eut-il achevé cette sinistre besogne, qu'on le poussa, avec ses compagnons, sur le bord de la route et que tout le groupe fut tué à coups de mitrailleuse.

[1] Nothomb, *loc. cit.*

Les otages. (Tableau de M. P. de Plument. — Phot. Fiorillo.)

Le curé de Gelrode est tombé à la façon des martyrs, en refusant d'obéir à une sommation de renoncer à la foi catholique, moyennant quoi il aurait la vie sauve. Ce prêtre héroïque préféra mourir. On le tua sur le pont du Demer, après une longue série de mauvais traitements et de brutalités sans nom.

Enfin il est un dernier ordre de forfaits commis par les Allemands, sur lesquels la plume refuse de s'étendre, mais qu'il faut cependant mentionner, parce qu'ils couronnent dignement leur œuvre abominable :

Sommeille (Meuse) a vu sa destruction complète par les barbares.
La mairie ainsi que toutes les maisons, sauf six, ont été la proie des flammes.

ce sont les odieuses violences que de nombreuses religieuses eurent à subir de la part de soldats ivres de vin et de sang. Ils se sont acharnés à souiller ces vierges, ajoutant en cela le sacrilège au crime.

L'Histoire saura prononcer leur sentence, en attendant celle du Juge suprême !

*
* *

En France, au cours de leur occupation des départements envahis, les atrocités commises par les troupes allemandes ne l'ont cédé en rien à celles de Belgique.

Dans le Nord, dans les Ardennes, en Lorraine, en Seine-et-Oise et dans la Marne, les sauvages envahisseurs se sont distingués par un véritable déchaînement de férocité sanglante.

Les incendies, les assassinats en masse, les vols, surtout les vols de caves en Champagne, furent les jalons qui marquèrent la route des armées allemandes. Partout on acquiert la preuve que ces actes non seulement n'étaient pas refrénés, mais étaient ordonnés par le haut commandement des armées de Guillaume II.

Il serait superflu de relater par le détail les cruautés commises dans nos départements : ce serait une répétition, encore augmentée, de ce que nous avons dit pour la Belgique. Ils ont incendié l'hôtel de ville d'Arras

Ruines de la basilique d'Albert (Somme).

et la cathédrale de Reims, le chef-d'œuvre gothique et le joyau de notre histoire de France. Ils ont lancé leurs obus sur ce monument à jamais historique, sur cette basilique où furent couronnés nos rois, et ils ont agi ainsi *sans aucune nécessité militaire*. Cette destruction d'une merveille de l'art du passé est donc un acte de sauvagerie pure, de vandalisme voulu et réfléchi.

En Meurthe-et-Moselle, en particulier, la fureur des Teutons s'est acharnée sur certaines localités : Nomény, Gerbéviller, Crévic, ont été entièrement brûlés par les Allemands, et les habitants y ont été fusillés ou *brûlés vifs* par centaines.

Ce sont partout les Bavarois qui se sont, là aussi, comme en 1870, distingués par leur férocité supérieure. Il est bon qu'on le sache en France, et nous le répétons pour mettre fin, ainsi que nous le disions plus haut, à une légende trop longtemps répandue, tendant à les représenter comme les « civilisés » de l'Allemagne, alors qu'ils n'en sont que les tortionnaires et les bourreaux les plus sauvages.

Comme en Belgique, des maisons furent incendiées et pillées, des vieillards et des enfants lâchement assassinés, des femmes et des jeunes filles violentées, des églises souillées, et les vases sacrés profanés. Comme en Belgique, des faits d'ordre militaire, contraires aux lois de la guerre, se sont produits à chaque instant : abus du pavillon de la Croix-Rouge, bombardement d'hôpitaux et d'ambulances, coups de fusil tirés sur des médecins et des infirmiers dans l'exercice de leurs fonctions. Ces faits ont été constatés par d'indiscutables témoignages, recueillis par une mission officielle d'enquête nommée par le Gouvernement, et ont fait l'objet d'une importante publication.

Tout cela, d'ailleurs, se payera un jour, et se payera cher.

Mais ce qui caractérise l'âme allemande, ce qui est tout à fait digne de ces brutes sans nom, c'est leur conduite à Sampigny.

Là, dans cette jolie petite ville de Lorraine, le chef de l'État possède sa résidence d'été; c'est à Sampigny que M. Poincaré vient passer ses vacances.

Les Allemands se sont acharnés à tirer sur cette demeure, qu'ils ont détruite de fond en comble. Mais ce n'est pas tout. A Mibécourt, près de Sampigny, ils ont pénétré dans le cimetière, et là, sans crainte de la honte qui rejaillira éternellement sur eux du fait de cette action odieuse, *ils ont violé la sépulture de la famille Poincaré.*

Les termes manquent pour qualifier un tel acte; il n'y en a qu'un, un seul qui convienne : c'est « Allemand » !

CHAPITRE X

LA BATAILLE DE CHARLEROI

Les forces en présence. — Les positions des armées. — L'entrée des Français en Belgique. — L'offensive générale du 22 août. — Charleroi pris et repris. — Les causes de l'insuccès. — La retraite générale des armées alliées. — La bataille de Guise. — La marche des Allemands.

Nous avons vu, en parlant de l'invasion de la Belgique, que, vers le 23 août, la phase des tentatives d'essai, des tâtonnements stratégiques, était terminée, et que les armées commençaient à prendre position les unes en présence des autres.

Le flot d'invasion avait amené d'une façon continue des forces très importantes, par la trouée de la vallée de la Meuse, et grâce à la chute de Liége et de Namur.

C'est le moment de jeter un coup d'œil d'ensemble sur les forces mises en ligne par les deux adversaires au moment où allait se produire la première rencontre de ces deux formidables armées.

Les forces allemandes étaient considérables, plus considérables même que ce que nous avions pu prévoir. Malgré leur état de longue préparation préalable, poursuivie pendant quarante ans dans le but unique de nous déclarer la guerre et de nous écraser rapidement par une attaque brusquée ; malgré cette longue préméditation, qui nous donnait à prévoir que nous serions attaqués par des effectifs énormes, la réalité les a montrés plus énormes encore.

Dès l'ouverture des hostilités, c'est-à-dire dès le 2 août, les Allemands mettaient en ligne, contre nous, vingt et un corps d'armée de l'active et treize corps d'armée de réserve, répartis sur l'ensemble du front d'opérations, de la Meuse à l'Alsace. A la fin d'août, ces effectifs étaient augmentés de quatre corps d'armée de réserve ; ce qui faisait, en tout, *trente-huit corps d'armée.*

Au début de la campagne, c'est-à-dire pendant tout le mois d'août, trente-quatre corps d'armée constituaient donc les forces allemandes qui marchaient à l'attaque de la France.

Ces trente-quatre corps étaient groupés en *huit armées* et représentaient un total de près de 1400000 hommes. De ces huit armées, trois opéraient en Alsace-Lorraine : l'une, commandée par le général Von Deimling, opérait en Alsace proprement dite, dans la région de Strasbourg ; la seconde, sous les ordres du général Von Heeringen, se mouvait dans la région du Donon ; la troisième, obéissant au kronprinz de Bavière, opérait en Lorraine.

Entre ce groupe de trois armées et la Belgique envahie par l'ennemi, le camp retranché de Metz jouait le rôle d'une armée interposée.

Cette forteresse de Metz est la cheville ouvrière de la stratégie allemande ; c'est autour d'elle que se font les évolutions des armées ennemies.

Mais à la forteresse allemande de Metz, une forteresse française, centre d'un puissant camp retranché, est directement opposée. Cette forteresse, c'est la place de Verdun.

Verdun est également, de notre côté, la cheville ouvrière de nos opérations stratégiques. A droite de Verdun se trouve une ligne de fortifications comprenant Épinal et Belfort ; à gauche de la place se meut l'ensemble des armées françaises chargées de résister à la poussée de l'invasion ennemie.

Aussi, pendant toute la campagne, Verdun sera-t-il le point de mire des attaques de l'ennemi, dont toutes les manœuvres chercheront, directement ou indirectement, à investir la place et à s'en emparer.

* * *

Vers la fin d'août, la ligne de résistance des armées françaises avait pris ses positions en Belgique, dans la zone même où l'ennemi déployait ses efforts avec la plus grande activité.

Les cinq armées françaises, qui, au début de la guerre, avaient été disposées de façon à faire face à la frontière allemande, de la Meuse à la trouée de Belfort, prolongèrent leur front vers la gauche, le long de la frontière franco-belge, jusqu'à la hauteur de Fourmies.

Mais, malgré ce déploiement de nos forces, notre état-major ne pouvait pas encore engager l'action directe. Il lui fallait, pour cela, attendre l'entrée en ligne de l'armée anglaise, commandée par le maréchal French.

La concentration des troupes britanniques, qui s'était opérée d'une façon remarquable à la suite de débarquements effectués dans le plus grand ordre, fut complètement achevée le 21 août au soir.

Le 22 août, le maréchal French, ayant pris connaissance du plan de campagne qu'avait arrêté le général Joffre, était en mesure de coopérer à l'action générale avec ses troupes.

L'armée anglaise était ainsi placée à la gauche de notre front de bataille. Les armées françaises qui devaient participer à l'action étaient au nombre de trois : les 3e, 4e et 5e armées.

La 3e armée, ou armée de la Woëvre, commandée par le général Ruffey, devait se diriger sur Virton, Neufchâteau et le Luxembourg belge. Elle était formée des 2e, 4e, 5e et 6e corps. A l'aile droite de cette armée était la 10e division de cavalerie.

Cette armée du général Ruffey allait attaquer les forces commandées par le kronprinz. Celui-ci, à la tête de cinq corps d'armée, arrivait du

Patrouille de dragons français traversant un village.

grand-duché de Luxembourg et descendait, en marchant vers l'ouest, la vallée de la Semoy.

A la suite de l'armée du général Ruffey, en allant vers la gauche, était la 4e armée, ou armée de Sedan, sous les ordres du général de Langle de Cary.

Cette armée, dont le point de départ avait été la Meuse et qui débouchait des Ardennes, se dirigeait vers Bouillon et Rochefort. Elle avait pour objectif d'attaquer les forces commandées par le duc Albert de Wurtemberg. Ces forces, composées de cinq corps d'armée, marchaient entre la Lesse et la Meuse. Pour lutter contre ces cinq corps d'armée, le général de Langle avait à sa disposition les 9e, 11e, 12e et 17e corps.

Plus à gauche encore, et à la suite de l'armée de Langle, était disposée la 5e armée, commandée par le général Lanrezac. Elle comprenait la division de réserve du 1er corps, commandée par le général Bouttegourd ; la division de réserve du 2e corps, commandée par le général

Mangin; le 1er et le 10e corps, les 3e et 18e corps, deux divisions d'Algérie et la division des troupes marocaines. En outre, deux divisions de réserve servaient de liaison avec l'armée anglaise.

Cette 5e armée avait à lutter, à sa droite, contre l'armée du général Von Hansen et, sur le front Charleroi-Namur, contre l'armée du général Von Bülow.

A la gauche de l'armée Lanrezac, reliée à celle-ci par deux divisions de réserve, se tenait l'armée anglaise du maréchal French, composée du 1er et du 2e corps anglais. Cette armée avait la lourde tâche de résister à l'armée allemande, commandée par le général Von Kluck et formée de cinq corps d'armée. De plus, cette armée ennemie était cachée par un épais rideau de cavalerie qui en dissimulait les mouvements.

Enfin, à l'extrême gauche de ce front des alliés, on avait organisé, dans la zone de Lille, une importante force comprenant des éléments considérables de troupes actives, de réserve et de territoriale, afin de réaliser une force mobile destinée à faire face à des événements imprévus, en particulier à une attaque de la cavalerie allemande sur le flanc de notre ligne de bataille.

Quant à l'armée belge, concentrée dans Anvers, elle constituait une menace sur l'arrière des lignes allemandes; mais l'abondance et l'activité de la cavalerie ennemie dans les Flandres lui ôtaient toute liaison avec les forces alliées.

*
* *

Le 22 août, au matin, le Gouvernement français communiquait à la presse la note suivante :

« L'entrée des Allemands à Bruxelles est pour les Belges une épreuve douloureuse; elle est cruellement sentie par tous les Français.

« Le gouvernement de la République a tenu à affirmer que les souffrances de la Belgique étaient aussi les nôtres. Du jour où le sol belge a été foulé par des soldats allemands, où du sang belge a été versé pour s'opposer à leur passage, les causes des deux pays sont devenues indissolublement liées; elles se confondent désormais.

« La France est résolue à tout faire pour libérer le territoire de son alliée. Elle considère que son devoir ne sera accompli que quand il ne restera plus un seul soldat allemand en Belgique.

« Il n'a pas été possible, en raison de nécessités stratégiques, de participer plus tôt avec l'armée belge à la défense du pays. Mais les engagements que nous avons pris n'en sont que plus solennels, notre coopération n'en sera que plus étroite; elle se poursuivra avec une extrême énergie.

« La retraite de l'armée belge sous les canons d'Anvers est une opération prévue, qui ne porte aucune atteinte à sa valeur ni à son incontestable puissance. Lorsque le moment sera venu, l'armée belge se trouvera aux côtés de l'armée française, à laquelle les circonstances l'ont étroitement et fraternellement unie. »

Le but des Allemands était le suivant :

Sept ou huit corps d'armée devaient s'efforcer, avec quatre divisions de cavalerie, de passer entre Givet et Bruxelles et même de prolonger leur mouvement encore plus vers l'ouest.

Notre objectif était donc tout d'abord de maintenir et de repousser le centre de l'ennemi, ensuite de nous lancer, avec toutes nos forces disponibles, sur le flanc gauche des armées allemandes groupées au nord.

Notre offensive commença, le 22 août, sur toute la ligne du front.

Une de nos armées attaquait par Neufchâteau les forces allemandes qui, du grand-duché de Luxembourg, avaient gagné la rive droite de la Semoy.

Une seconde armée française se portait contre les corps ennemis en marche entre la Meuse et la Lesse, et une troisième armée montait dans la région de Chimay, contre la droite allemande, entre la Sambre et la Meuse, avec l'aide des armées britanniques, dont Mons était le point d'appui.

Ainsi la bataille générale s'engageait entre Mons et la Moselle. Elle devait durer trois jours, les 22, 23 et 24 août.

Il n'est pas encore possible, actuellement, de raconter en détail cette série de combats, dont l'action dominante devait se dérouler dans la journée du 24 août. Ce sera le rôle de l'histoire de montrer, à l'aide de documents authentiques, les raisons pour lesquelles, en dépit des prodiges de valeur déployés par nos troupes, le résultat ne répondit pas à nos efforts et à nos espérances.

A l'aide des communiqués tant français qu'anglais, à l'aide de récits de témoins oculaires, on peut cependant donner une idée générale de ce formidable choc de deux armées, fortes chacune d'un million et demi de combattants.

* * *

Dans le Luxembourg belge et dans l'Ardenne belge, les armées des généraux Ruffey et de Langle de Cary avaient pris immédiatement l'offensive. Malheureusement, dès les premières rencontres avec l'ennemi, cette offensive fut arrêtée avec de grosses pertes pour nous.

Il faut reconnaître que, dans ces régions, le terrain, couvert de bois et de taillis, est très pénible. Le caractère boisé de ce pays y rend particulièrement difficiles les reconnaissances aériennes faites par les aéroplanes, aussi bien que les reconnaissances de cavalerie.

De plus, l'ennemi, fort de l'impossibilité où l'on se trouvait de déceler avec précision les emplacements de ses troupes, avait organisé une défensive puissante. De véritables fortifications de campagne avaient été élevées, pourvues de grosse artillerie dont le tir avait été, au préalable, soigneusement repéré sur des points bien déterminés. En avant de ces fortifications et au ras du sol, d'inextricables réseaux de fils de fer barbelés avaient été tendus sur un assez long espace. Dans l'intervalle et en avant de ces fils, la terre avait été creusée de trous larges et profonds, véritables chausse-trapes, dont le fond était garni de pieux aiguisés où devaient s'embrocher ceux qui y tombaient.

L'ennemi profita largement de notre inexpérience autant que de la savante préparation du terrain qu'il avait si habilement organisée. Il en sut tirer le maximum de profits, étant donné surtout l'avantage que lui donnaient ses cadres de sous-officiers, véritable force vive de son armée, et qui, à cette période de début de la guerre, étaient encore au complet et n'avaient pas été décimés par les batailles successives, comme ils le furent dans la suite.

Aussi nos troupes subirent-elles des échecs et éprouvèrent-elles des pertes graves. De terribles combats furent livrés par l'armée de Langle de Cary, dans la région de Paliseul, Framont, Bertrix, contre l'armée du duc de Wurtemberg; mais finalement celle-ci, plus forte numériquement et avantagée par la solidité de ses positions, fit reculer l'armée du général de Langle, qui dut se replier au sud de la Semoy.

Le duc de Wurtemberg put alors progresser et établir son quartier général à Neufchâteau, où ses troupes, comme nous l'avons vu, se signalèrent par d'odieux massacres et de sauvages destructions.

Quant à l'armée du général de Langle de Cary, elle regagna ses positions du départ, en maintenant l'occupation des débouchés de la grande forêt des Ardennes.

*
* *

A droite, l'armée du kronprinz assiégeait, depuis le 21 août, la place forte de Longwy, à laquelle elle faisait subir un bombardement intense.

Contre cette armée, très supérieure en nombre et en artillerie, l'armée commandée par le général Ruffey avait à lutter dans des conditions particulièrement désavantageuses.

Elle lutta héroïquement, pourtant; elle livra successivement des combats effroyables à Saint-Vincent, à Bellefontaine, à Ethe, à Virton, à Pierrepont, sans réussir à progresser, sans gagner un pouce de terrain. Cependant, le 24 août, ses efforts furent couronnés de succès; son offensive énergique força l'ennemi à reculer, et le 6e corps, en particulier, fit essuyer de lourdes pertes à l'armée allemande commandée par le kronprinz.

Mais le mouvement de repli de l'armée du général de Langle de Cary empêcha l'armée Ruffey de poursuivre son avantage. Le général en chef tint à rétablir le front de combat sur les lignes qu'il avait assignées, et l'armée Ruffey dut se replier également vers la masse.

Le choc principal des ennemis, au nombre de 500000 hommes, dont l'objectif visait le triangle formé par les villes de Condé, Namur et de Givet, fut dirigé contre l'armée commandée par le général Lanrezac. Le demi-million d'Allemands qui se ruait sur cette armée était formé des meilleures troupes de l'empire; en particulier, il comptait douze régiments d'infanterie du célèbre corps de la Garde prussienne.

Les trois corps d'armée du général Von Hausen réussirent à passer la Meuse, bousculant la division de réserve commandée par le général Boutegourd. Ils purent ainsi se fortifier et permettre à l'armée du général Von Bülow de précipiter ses opérations.

Le 22, à 8 heures du soir, les Allemands parvenaient, comme nous l'avons vu, à occuper Namur, que ses troupes de défense avaient évacuée, sous la protection d'un régiment de cavalerie français.

Le 22 au soir également la bataille commença, à Charleroi, par une lutte d'artillerie. Une formidable canonnade fut poursuivie de part et d'autre et dura toute la nuit.

C'est à ce moment qu'eut lieu un combat véritablement épique entre nos troupes africaines et les régiments de la Garde prussienne.

Les Allemands avaient franchi la Sambre et gardaient fortement les points de passage. Le 1er corps d'armée, commandé par le général Franchet d'Espérey, et les troupes d'Afrique s'élancèrent à l'attaque des lignes ennemies avec une audace incroyable. Reçues par un feu terrible, elles ne cédèrent cependant pas; mais, à la suite d'une contre-attaque de toute la Garde prussienne, nos héroïques soldats se virent dans la nécessité de se replier.

Au cours de cette rencontre, qui devint aussitôt une lutte corps à corps, les turcos et les tirailleurs sénégalais accomplirent de véritables prodiges. S'élançant comme des lions, ils attaquèrent à la baïonnette les masses de la Garde prussienne, dont les régiments d'élite subirent des pertes épouvantables.

La ville de Charleroi, qui fut ainsi prise et reprise *cinq fois*, eut à subir un bombardement des plus terribles. Des combats corps à corps se livraient dans les rues, dont les ruisseaux étaient transformés en ruisseaux de sang. On se battait de maison à maison. Les environs de la gare furent, en particulier, le théâtre de luttes effrayantes, engagées pour la possession du pont qui traverse le canal.

Les Allemands s'emparèrent de ce pont moyennant d'énormes pertes en hommes. Ils purent ainsi occuper Marchiennes, Montigny, les environs de Charleroi. Mais l'artillerie française, bombardant alors la partie basse de la ville, permit à notre infanterie de reprendre un instant l'offensive. Celle-ci s'empara des villages précédemment perdus et reprit position sur la ligne allant de Thuin à Mettet.

La ville était littéralement encombrée de cadavres, qui s'élevaient parfois en monceaux dans les rues. Parmi les morts figurait le prince Albert, cousin du kaiser.

A l'ouest de Charleroi, le 18e corps d'armée restait sur ses positions; mais le 3e corps, commandé par le général Sauret, dut rétrograder. Les divisions qui devaient servir de liaison avec l'armée anglaise avaient fléchi, et les troupes britanniques elles-mêmes se voyaient contraintes de se replier, en présence de la manœuvre par laquelle l'armée du général Von Kluck tentait de les envelopper avec des forces très supérieures.

Ce qui est à retenir du récit sommaire de cette terrible journée, c'est qu'à droite, avec ces chefs admirables que sont le général Mangin et le général Franchet d'Espérey, nous avions gagné la première « manche » de la bataille. Entre Namur et Charleroi, nos troupes avaient pris nettement l'avantage sur l'ennemi. A gauche, le 18e corps, lui aussi, tenait bon.

Mais, au centre, le 3e corps dut se replier, et l'armée anglaise, pour éviter d'être cernée, dut également exécuter un mouvement de recul.

L'aile droite allemande, commandée par Von Kluck, se précipita par la trouée ainsi faite dans nos lignes, et les masses ennemies déferlèrent comme une trombe sur la rive gauche de la Sambre. Dès lors, la retraite générale s'imposait.

*
* *

Voyons ce que, de son côté, avait fait l'armée anglaise.

Les troupes du maréchal French s'étendaient sur une ligne allant de Condé à Binche, par le canal de Condé à Mons.

Le 1er corps d'armée, sous les ordres du général sir Douglas Haig, avait pris position à l'est de Mons. Le 2e corps, commandé par le général Smith Dorrien, était placé à l'ouest de cette ville. La 5e brigade de cavalerie, sous les ordres de sir Philip Chetwoode, était massée sur la Binche, et la division de cavalerie constituait la réserve dont pouvait disposer le maréchal French.

Le 23 et le 24 août, le général anglais réunit ses commandants de corps d'armée, leur exposa le plan du général Joffre en leur donnant des instructions détaillées en vue de son exécution. Le maréchal French, comme d'ailleurs le général Joffre le lui avait confirmé, pensait n'avoir en présence de ses troupes que la valeur de deux corps d'armée allemands. Aucun mouvement d'enveloppement n'était même esquissé par l'armée ennemie, et les reconnaissances d'aviateurs n'avaient rien signalé de suspect.

Mais, vers 3 heures de l'après-midi, le maréchal French apprit que le 1er corps de l'armée anglaise était l'objet d'une attaque violente, et que sir Douglas Haig était contraint de se replier pour s'appuyer à une hauteur située au sud de Bray. La 5e brigade de cavalerie avait également dû reculer devant des forces supérieures, et le 2e corps d'armée britannique, sous les ordres du général Smith Dorrien, se voyant menacé, dut pareillement rétrograder.

Le maréchal French.

Ce mouvement de recul à peine effectué, le général Joffre annonçait au maréchal French que trois nouveaux corps d'armée allemands se dirigeaient contre ses troupes, et qu'un quatrième esquissait, dans le but d'envelopper sa gauche, un mouvement tournant.

En présence de cette menace d'enveloppement par des forces numériquement très supérieures aux siennes, sir John French dut se résoudre à battre en retraite.

Dès qu'il connut la nouvelle du recul de l'armée du général Lanrezac, le généralissime anglais commença son mouvement en arrière et vint se replier sur la ligne allant de Maubeuge à Jeulain, dès le lever du jour.

Pendant toute la nuit, la bataille fit rage sur l'étendue du front. Le 24, au petit jour, le 1er corps d'armée anglais fit face à la pression de l'ennemi pour couvrir la retraite du 2e corps. Celui-ci parvint, au prix de mille efforts, à s'établir sur la ligne de Quarouble à Frameries, permettant ainsi au 1er corps de se replier à son tour, ce qu'il fit vers 7 heures du soir, en s'installant sur la ligne de Maubeuge à Bavai.

Les Allemands, aux environs de midi, avaient paru orienter leurs tentatives vers la gauche de l'armée britannique. De ce côté, la cavalerie du général Allenby eut un rôle très efficace[1]. Vers 7 heures et demie, la 5e division, commandée par sir Charles Fergusson, étant sérieusement attaquée, le général Allenby se porta dans sa direction. La 2e brigade, sous les ordres du général de Lisle, afin d'arrêter l'avance de l'infanterie allemande, chargea avec une rare intrépidité et fut arrêtée à peu de distance de l'ennemi par un réseau de fils de fer. En se repliant, le 9e lanciers et le 18e hussards furent très éprouvés.

Enfin, toujours dans le but de protéger la gauche du 2e corps d'armée, la 19e brigade d'infanterie, transportée par chemin de fer à Valenciennes les jours précédents, avait, le 24 au matin, pris position au sud de Quarouble. Le 24 au soir, grâce à la cavalerie, le 2e corps anglais, affaibli par l'attaque de *dix régiments d'artillerie et de trois corps d'armée allemands,* avait pu complètement opérer sa retraite et s'établir sur la ligne à l'ouest de Bavai.

Le 1er corps, à droite, s'appuyait sur Maubeuge.

L'armée du général Lanrezac, pendant ce temps, reculait toujours, pressée par les forces allemandes, qui cherchaient à s'opposer à la retraite des troupes anglaises et à les acculer contre la place forte de Maubeuge.

Le maréchal French comprit alors qu'il n'y avait pas une minute à perdre. Malgré l'état de fatigue extrême où se trouvaient ses troupes, harassées par trois journées de combats ininterrompus, il donna l'ordre de continuer la retraite.

La résistance admirable des divisions Mangin et Franchet d'Espérey, entre Charleroi et Namur, ne pouvait compenser les échecs que nous avions subis sur les autres parties du front. Le général Joffre, de son côté, ordonna la retraite générale.

L'armée franco-anglaise, après cette malheureuse tentative d'offensive à Charleroi, allait donc être obligée de se replier sur les positions de couverture qu'elle occupait avant d'entrer en Belgique, et de passer de l'offensive audacieuse à la défensive persévérante.

Toutefois, malgré cet insuccès, dû à des causes multiples dont nous avons déjà brièvement parlé, la bataille de Charleroi eut quelques conséquences heureuses. Elle montra nettement la supériorité de notre artillerie de campagne sur celle de l'ennemi. Notre glorieux 75 avait fait là ses premières armes d'une façon brillante, et les pertes terribles que ses obus infligèrent aux troupes allemandes, surtout à raison de leurs attaques par

[1] Rapport officiel du maréchal French.

colonnes compactes que fauchaient nos projectiles, affirmèrent d'une façon irréfutable l'absolue efficacité de son tir, sa grande rapidité et la virtuosité de nos artilleurs.

En outre, cette bataille avait révélé l'admirable moral de nos troupes. Ardentes à l'attaque, elles étaient pleines de sang-froid dans la retraite. Quand celle-ci fut ordonnée, elle s'accomplit avec le plus entier bon ordre, sans rien qui ressemblât à une déroute. Cette retraite était plutôt une manœuvre, accomplie sous le feu de l'ennemi, avec une méthode parfaite.

* * *

A la suite de la bataille de Charleroi, le commandement de la place de Lille et des forces qui s'y trouvaient réunies avait été retiré au général Percin et confié au général Michal.

Le 25 août, l'armée anglaise, continuant à battre en retraite, se replia vers la ligne Cambrai-Landrecies. Le maréchal French put soutenir le mouvement de retraite de ses deux corps d'armée à l'aide d'un renfort que lui apporta la 4e division, commandée par le général Snow. Cette division, débarquée le 23 au Cateau-Cambrésis, put, le 25 au matin, mettre en ligne onze bataillons et une brigade d'artillerie. C'était un appoint précieux pour couvrir la retraite britannique.

C'est alors que se produisit le combat de Landrecies.

Le 1er corps anglais avait continué sa route sur Landrecies jusqu'à la nuit du 25 au 26 août. Les troupes y arrivèrent, harassées de fatigue, à 10 heures du soir; mais à peine commençaient-elles à goûter un peu de repos, qu'une formidable attaque allemande vint les forcer à reprendre les armes. La 4e brigade des *Guards* soutint héroïquement le choc.

Les mitrailleuses anglaises prenaient en enfilade les rues de la ville, et tiraient sur les colonnes compactes des Allemands qui cherchaient à y pénétrer. Nos alliés firent ainsi subir à l'ennemi de très fortes pertes, et une seule brigade du IXe corps allemand, balayée de la sorte dans une rue étroite où elle marchait en rangs serrés, y perdit près de mille hommes.

Dans la région qui entoure la ville, la cavalerie anglaise fit également de très bonne besogne; elle repoussa et mit en déroute la division de cavalerie de la Garde prussienne, incapable de tenir contre l'ardente attaque des cavaliers britanniques.

Au sud et à l'est de Maroilles, la 1re division du 1er corps d'armée anglais était, à ce moment, fortement pressée par les troupes allemandes. Le maréchal French demanda alors l'aide des deux divisions françaises de réserve qui se trouvaient à sa droite. Grâce à cet appui, sir Douglas Haig sut se tirer très habilement d'une situation qui était devenue difficile et continua sa marche vers le sud, dans la direction de Wassigny et de Guise.

* * *

Le 25 août au soir, le général en chef se trouvait en face de l'alternative suivante :

Ou bien il continuerait la lutte sur place ; mais alors les conditions de la bataille, commencée par des échecs pour nos troupes, nous étaient nettement défavorables.

Ou bien il reculerait, en se repliant en bon ordre sur toute l'étendue du front, jusqu'au moment où les conditions seraient meilleures en vue de la reprise de l'offensive.

C'est à ce second parti que s'arrêta le général Joffre.

Il allait donc faire exécuter à ses armées une retraite générale et, tout en la poursuivant avec le plus d'ordre possible, livrer des attaques incessantes d'arrière, dans le but d'affaiblir l'ennemi en lui tuant du monde et de retarder ses mouvements.

La retraite commença aussitôt, opérée, comme l'avait prescrit le général en chef, dans l'ordre le plus parfait, et en fatiguant l'ennemi par d'incessantes et acharnées contre-attaques.

Mais, le 26 août, la place de Longwy capitulait. Cette petite place forte, n'ayant pour toute garnison qu'un simple bataillon d'infanterie, était commandée par le lieutenant-colonel Darche. La ville était investie depuis le 4 août, c'est-à-dire depuis la déclaration de guerre, et elle fut bombardée à partir du 21. Elle avait fait une résistance héroïque, et sa petite garnison comprenait, quand elle dut se rendre, autant de morts et de blessés que d'hommes encore indemnes. Le lieutenant-colonel Darche fut cité à l'ordre de l'armée et nommé officier de la Légion d'honneur pour sa belle défense.

Sur la Meuse, l'armée du général Ruffey faisait échec à l'offensive allemande au cours de plusieurs rencontres heureuses; l'armée du général Lanrezac conservait à peu près ses positions. Mais, le 26 août, les Allemands réussissaient à pénétrer dans Avesnes ; et l'armée anglaise, poursuivant son mouvement de retraite, malgré l'extrême fatigue de ses hommes, essayait de gagner la ligne allant de Vermand à Saint-Quentin.

Le général Allenby, commandant la cavalerie anglaise, avait pu rassembler les débris de ses troupes et reconstituer deux brigades, qui vinrent se placer autour de Cambrai.

C'est là que l'armée anglaise eut à livrer un sanglant et terrible combat.

Dès le matin du 26 août, le général French se vit assailli, avec ses

Défense d'un village. (Tableau de M. Alph. Lalauze. — Cliché Vizzavona.)

deux corps d'armée, par *cinq* corps d'armée allemands, dont l'attaque fut si vigoureuse, qu'il fut impossible d'effectuer avant l'après-midi les opérations que comportait le mouvement de retraite.

Au lever du jour, l'ennemi jeta toutes ses forces contre la gauche de la ligne anglaise, occupée par le 2e corps et la 4e division, et contre lesquels toute l'artillerie de quatre corps d'armée vomissait un ouragan de mitraille et d'obus.

Le général Smith Dorrien se couvrit de gloire en ces terribles circonstances. Voyant que le 1er corps n'était pas en situation de lui envoyer des secours, il résista d'une façon héroïque à l'attaque de troupes quatre fois plus nombreuses que les siennes. Grâce à la précision du tir de son artillerie, grâce à la bravoure de sa cavalerie, il put faire tête assez longtemps pour que la retraite pût s'exécuter vers 3 heures et demie et éviter, par son énergique résistance, une action plus longue, qui se fût peut-être terminée en un véritable désastre pour l'armée anglaise et par conséquent pour les alliés.

Mais cette résistance vigoureuse et désespérée n'allait pas sans des pertes importantes. Les Anglais avaient perdu environ six mille hommes. Les pertes allemandes, du reste, étaient deux ou trois fois plus considérables, étant donné leur méthode invariable d'attaquer par masses compactes et profondes, dans les rangs desquels l'artillerie anglaise faisait de terribles ravages.

*
* *

C'est le 26 août, également, que commença l'investissement de Maubeuge.

L'armée du général Von Bülow avait bombardé la place avec une violence extrême. Mais la garnison, forte de trente mille hommes, résistait ferme à cette pluie de projectiles, que lançaient sur les forts les plus grosses pièces de l'artillerie de siège allemande, les 305 et même les 420.

Trois forts furent successivement détruits. La vaillante garnison, commandée par le général Fournier, tenait toujours, et cette belle défense, en immobilisant des effectifs allemands considérables, aidait ainsi indirectement au succès futur des opérations du général Joffre sur la Marne, en même temps que la place, demeurant entre nos mains, constituait un obstacle sérieux au ravitaillement des armées allemandes par les voies de chemin de fer.

Aussi le ministre de la Guerre envoya-t-il au général Fournier, en le citant à l'ordre de l'armée, ses félicitations pour sa belle résistance. Celle-ci dura, malgré un bombardement d'une violence sans précédent, jusqu'au 7 septembre, et ne cessa que quand les forts furent tous, l'un après l'autre, réduits à l'état de ruines. Mais cette défense avait infligé à l'ennemi des pertes énormes et, en plus, avait retenu, pendant près de quinze jours, des forces considérables autour de la place assiégée.

A partir du 26 août, la retraite de l'armée anglaise put s'effectuer dans une tranquillité relative; son arrière-garde fut dégagée par l'intervention de deux divisions de réserve, commandées par le général d'Amade. Les Allemands n'en firent pas moins de nouvelles tentatives pour contrarier le mouvement de retraite des Anglais ; mais leur cavalerie fut dispersée par les charges héroïques du 12e lanciers et du Royal Scots Greys. Un régiment allemand fut entièrement anéanti, et, le soir du 28 août, les troupes britanniques, ayant enfin réussi à se dégager complètement des menaces allemandes d'enveloppement, prenaient leurs positions sur la ligne allant de Noyon à la Fère.

Pendant que l'armée anglaise opérait ainsi son mouvement de retraite, l'armée du général Lanrezac se retirait aussi et, partant de la ligne d'Avesnes à Chimay, se repliait vers le sud-ouest, pour s'installer, le 28, au sud de la ligne de l'Oise, entre la Fère et Guise.

Mais, entre temps, nous avions constitué deux armées nouvelles.

La première, l'armée de la Somme, commandée par le général Maunoury, avait été organisée pour couvrir la retraite des troupes britanniques. Elle était formée du 7e corps et de quatre divisions de réserve. C'était la 6e armée, et elle comprenait, en outre, les trois divisions de cavalerie du général Sordet.

La seconde, commandée par le général Foch et destinée à combler le vide qui s'ouvrait entre les armées des généraux Lanrezac et de Langle de Cary, était formée par la réunion, dans le sud, de trois corps d'armée. C'était la 9e armée, qui se trouvait ainsi manœuvrer entre la 4e et la 5e.

Les armées de Langle et Ruffey, cependant, combattaient heureusement sur la Meuse. Des drapeaux furent pris aux Allemands, dont des régiments entiers furent anéantis. Mais alors le mouvement progressif des ennemis s'accentua.

Malgré une bataille très importante qui eut lieu à Launois le 28, et au cours de laquelle le 1er corps d'armée saxon fut fortement éprouvé par l'attaque héroïque de la 1re division des troupes marocaines, formé de zouaves, de tirailleurs marocains et d'infanterie coloniale, les Allemands réussirent à passer la Meuse. L'armée du duc de Wurtemberg rejoignit ainsi l'armée du kronprinz et celle du général Von Hausen. Toutes trois s'avancèrent alors vers l'Aisne, en livrant de continuels combats avec les troupes des armées Ruffey et de Langle de Cary.

Mais, le 30 août, le fort des Ayvelles succombait sous les coups de l'artillerie de siège allemande. La place de Montmédy tombait également ;

sa garnison était faite prisonnière, et, le 1er septembre, l'armée ennemie faisait son entrée à Rethel.

* * *

Dès ce moment, le plan des Allemands apparaissait avec une grande netteté. Nos ennemis, ayant franchi la Meuse, allaient effectuer une descente en France, à l'est par l'Argonne et la Woëvre, à l'ouest en suivant la vallée de l'Oise.

Trilport. — Automobile allemande tombée dans la Marne.
Se rendant à Meaux à toute vitesse, elle s'aperçut trop tard que le pont était détruit.

Leur objectif était l'occupation de Paris. C'était « Paris » qui était devenu leur cri de guerre. Paris représentait, pour les soldats allemands, toutes les gloires, toutes les richesses, tous les plaisirs. Ils pensaient avoir rapidement raison de nos armées en retraite. Ils s'imaginaient forcer en peu de jours la capitale et, une fois celle-ci réduite, obliger la France à signer la paix, en lui imposant les plus dures conditions, puis se retourner ensuite contre les Russes et les écraser à loisir.

Et, de fait, la continuité de notre mouvement de retraite, dans lequel leur orgueil démesuré, au lieu de voir un mouvement hautement stratégique, voyait une déroute et, par conséquent, une victoire pour leurs armes, pouvait un instant leur faire illusion.

Ils auraient dû cependant, à la vigueur avec laquelle nos arrière-gardes retardaient leur poursuite, s'apercevoir que l'énergie de nos troupes était loin d'être atteinte.

C'est ainsi que, sur l'Oise, l'armée du général Lanrezac opposait avec succès ses quatre corps aux attaques du général Von Bülow.

Autour de Guise, les portions qui formaient la droite de cette armée rencontrèrent le Xe corps d'armée allemand et la Garde prussienne : ils infligèrent à ces formations ennemies une véritable défaite, et la bataille de Guise restera une des belles pages du début de la guerre.

Mais, en revanche, au sud de Saint-Quentin, notre gauche fut moins heureuse et dut se replier encore sous la pression combinée des armées de Von Bülow et Von Kluck, qui se dirigeaient à marches forcées vers la Fère. Aussi le maréchal French, qu'inquiétait la rapide progression des troupes allemandes, craignant pour la sécurité de sa ligne de communication avec le Havre, qui était le centre de débarquement de ses troupes, fit reporter celui-ci à Saint-Nazaire et établir une base avancée au Mans.

Nous avons dit plus haut que le plan du général Joffre était de n'accepter la bataille générale avec l'ennemi que quand il jugerait réalisées les conditions les plus avantageuses.

Le généralissime, d'accord avec le maréchal French, ordonna donc une retraite générale sur la Marne, et toutes les forces françaises reçurent l'ordre de se conformer à ce plan. Cette conception était d'autant plus heureuse que, nulle part, nos armées n'avaient été sérieusement entamées. Les vides produits dans leurs rangs par les combats successifs avaient été rapidement comblés par les envois des dépôts, et, malgré quelques revers incontestables subis au cours de la campagne de Belgique, l'état moral de l'ensemble de notre armée était excellent.

Mais, comme nous l'avons déjà dit, les Allemands prirent cette retraite pour une fuite. Dès ce moment leur marche s'accéléra. L'aile droite du front ennemi, commandée par Von Kluck, s'avançait en faisant quarante kilomètres par jour. Elle passait successivement à la Fère, à Saint-Quentin, à Compiègne. A la fin du mois d'août, elle était à Creil et menaçait directement Paris.

Le 2 septembre, l'ennemi était à Senlis et à Crépy-en-Valois : il s'approchait donc de plus en plus de la capitale. Cependant notre ligne restait intacte, tout en reculant. En vain l'armée du kronprinz essayait d'y faire une trouée pour séparer nos troupes de l'Est de celles du Nord ; notre ligne demeurait toujours ferme, et surtout continue.

Pendant ce temps, l'armée belge, bien qu'elle fût coupée de toute liaison avec les troupes alliées, ne restait pas inactive. Elle était pour l'ennemi une menace permanente et l'obligeait à maintenir en Belgique des forces considérables, qui sans cela eussent pu se joindre à l'armée d'invasion qui progressait sur notre territoire.

L'armée belge était concentrée dans le camp retranché d'Anvers, qui constituait toujours, pour la Belgique, le « réduit national ». Mais, de là, par les fréquentes sorties qu'elle opéra, elle put attaquer fréquemment les troupes allemandes et remporter même sur eux, en plusieurs points, de réels avantages.

Ainsi, au début de septembre, les Belges attaquèrent délibérément les forces allemandes établies dans la région qui s'étend entre Bruxelles, Louvain et Malines. Sortant du camp retranché d'Anvers, ils prennent résolument l'offensive, réoccupent Termonde et livrent, à Audenarde et à Courtrai, des combats qui sont des succès.

Mais ce fut surtout à Cortemberg, entre Louvain et Bruxelles, qu'ils remportèrent une véritable victoire. Les Allemands, en présence de l'attaque belge, avaient concentré sur ce point toutes les forces disponibles en Belgique, et auxquelles s'étaient joints quinze mille marins, arrivés à Bruxelles par chemin de fer.

La division de cavalerie, la 2e division d'armée, détruisirent une section de la voie ferrée Louvain-Tirlemont. La 7e brigade, avec le roi Albert à la tête, parvint jusqu'aux portes de Louvain, et une partie des troupes allemandes battit en retraite dans la direction de la France.

Mais, à la fin, l'ennemi amena des troupes numériquement trop fortes, et l'armée belge dut, le 13 septembre, après ces brillants succès, se replier de nouveau sous la protection des canons d'Anvers.

CHAPITRE XI

L'INVASION

L'invasion du territoire. — La démission du cabinet. — Le nouveau ministère. — Le général Galliéni. — L'union sacrée. — Le départ du Gouvernement pour Bordeaux. — Le camp retranché de Paris. — L'avance allemande sur la Marne. — Le plan du général Joffre.

Habitants de Châtillon (Marne, sur les ruines de leur maison.

Le territoire français était donc envahi par notre ennemi héréditaire!

Les hordes allemandes, après avoir traversé la Meuse, entraient en France à la fois par la forêt de l'Argonne et par la vallée de l'Oise. Elles dévastaient tout sur leur passage, comme elles l'avaient fait en Belgique, et jalonnaient leur route des ruines de nos églises et des cadavres de leurs victimes : vieillards, femmes et enfants.

Les colonnes ennemies avançaient rapidement. L'armée du général Von Kluck, qui occupait la droite des troupes d'invasion, descendait sur Paris à marches forcées, faisant des étapes formidables, qui comptaient jusqu'à quarante-cinq kilomètres par jour. Cette armée était arrivée à Senlis, à Creil, à Crépy-en-Valois.

La situation, on le voit, était très tendue.

En présence de ces graves événements, le président du Conseil, M. Viviani, ministre des Affaires étrangères, comprit qu'il était urgent de fortifier le cabinet ministériel en le reconstituant sur de nouvelles bases, affirmant davantage encore l'union de tous les Français.

Un conseil de cabinet fut tenu le 26 août, à 7 heures du soir.

Au cours de ce conseil, M. Viviani décidait, d'accord avec tous ses collègues, de remettre au président de la République la démission collective du cabinet. Il adressa donc la lettre suivante à M. Poincaré :

« Monsieur le Président de la République,

« Dans les circonstances graves que le pays traverse, il m'a paru nécessaire d'élargir le ministère que je présidais.

« J'ai réuni mes collègues en conseil de cabinet, et, après les avoir remerciés tous du dévouement patriotique avec lequel ils avaient rempli leur rôle difficile, je leur ai fait part de mon vif désir, en leur exposant que je leur permettrais, par l'offre de ma démission, de charger une personnalité politique de l'œuvre que je définissais.

« Ils ont bien voulu accepter les raisons que je faisais valoir, et j'ai l'honneur de vous remettre, avec ma démission propre, celle du cabinet.

« Agréez, Monsieur le Président, l'assurance de mon respectueux dévouement.

« R. VIVIANI. »

Le président de la République accepta la démission que lui adressait ainsi le président du Conseil ; mais il le chargea aussitôt de constituer un nouveau ministère.

M. Viviani voulut bien se charger de cette mission.

Le même jour, à 10 heures et demie du soir, après avoir eu des entrevues avec différentes personnalités dont il désirait s'assurer le concours, il rendit visite au président de la République et lui fit connaître la composition du nouveau ministère.

Ce ministère était ainsi constitué :

Présidence du Conseil (sans portefeuille). MM. VIVIANI.
Justice (vice-présidence du Conseil) . . . BRIAND.
Affaires étrangères. . . . . DELCASSÉ.
Intérieur. . . . . MALVY.
Guerre. . . . . MILLERAND.
Marine. . . . . AUGAGNEUR.

Finances	RIBOT.
Agriculture	FERNAND DAVID.
Travaux publics	SEMBAT.
Travail	BIENVENU-MARTIN.
Commerce, postes et télégraphes	THOMSON.
Instruction publique	SARRAUT.
Colonies	DOUMERGUE.
Ministre sans portefeuille	JULES GUESDE.

Ainsi, tous les partis politiques, *sauf le parti conservateur et catholique*, étaient représentés dans ce nouveau cabinet.

Trois hommes, principalement, inspiraient la confiance.

D'abord le choix de M. Delcassé comme ministre des Affaires étrangères ne pouvait que recevoir l'approbation unanime du pays. Il avait été l'artisan principal de l'Entente cordiale et de la politique d'alliance contre l'Allemagne; sa place était donc tout indiquée pour diriger et préciser la tâche difficile de la diplomatie française.

M. Ribot, chargé du département des finances, était également l'homme dont le choix était particulièrement heureux. Économiste distingué, académicien, sa haute valeur et son patriotisme le désignaient pour cette lourde fonction.

Enfin le retour de M. Millerand au ministère de la Guerre, qu'il avait dû abandonner, au moment où il réorganisait nos forces nationales, à la suite d'un ridicule incident soulevé à propos de la réintégration d'un ancien officier d'état-major, le colonel du Paty de Clam, était bien fait pour donner confiance à l'armée et au pays tout entier.

⁂

En prenant possession du portefeuille de la Guerre, M. Millerand adressa au généralissime Joffre la lettre suivante :

« Mon cher général,

« Au moment où je reprends la direction du ministère de la Guerre, je veux que mon premier acte soit pour envoyer aux troupes qui combattent sous vos ordres et à leurs chefs le témoignage de l'admiration du Gouvernement et du pays.

« La France est assurée de la victoire, parce qu'elle est résolue à l'obtenir. A votre exemple et à celui de vos armées, elle gardera jusqu'au bout le calme et la maîtrise de soi, gages du succès.

« Soumise à la discipline de fer qui est la loi et la force des armées, la nation tout entière s'est levée pour la défense de son sol et de sa liberté, a accepté d'avance, d'un cœur ferme, tous les sacrifices, même les plus cruels. Patiente et tenace, forte de son droit, sûre de sa volonté, elle tiendra.

« Je vous donne l'accolade.

« A. MILLERAND. »

De plus, les membres du nouveau cabinet adressèrent au pays tout entier la proclamation suivante :

« Français !

« Le Gouvernement nouveau vient de prendre possession de son poste d'honneur et de combat.

« Le pays sait qu'il peut compter sur sa vigilance, sur son énergie et que, de toute son âme, il se donne à sa défense.

« Le Gouvernement sait qu'il peut compter sur le pays : ses fils répandent leur sang pour la Patrie et pour la Liberté. Aux côtés des héroïques armées belges et anglaises, ils reçoivent, sans trembler, le plus formidable ouragan de fer et de feu qui ait jamais été déchaîné sur un peuple. Et tous se tiennent droit. Gloire à eux ! Gloire aux vivants et aux morts ! Les hommes tombent, la nation continue.

« Grâce à tant d'héroïsme, *la victoire finale est assurée*. Un combat se livre, capital certes, mais non décisif. *Quelle qu'en soit l'issue, la lutte continuera*. La France n'est pas la proie facile que s'est imaginé l'insolence de l'ennemi.

« Français !

« Le devoir est tragique, mais il est simple : repousser l'envahisseur, le poursuivre, sauver de sa souillure notre sol et de son étreinte la liberté, tenir tant qu'il le faudra, *jusqu'au bout*, hausser nos esprits et nos âmes au-dessus du péril, rester maîtres de notre destin. Pendant ce temps, nos alliés russes marchent d'un pas décidé vers la capitale de l'Allemagne, que l'anxiété gagne, et infligent des revers multiples à ses hommes qui se replient.

« Nous demanderons au pays tous les sacrifices, toutes les ressources qu'il peut fournir, en hommes et en énergies.

« Soyez donc fermes et résolus ! Que la vie nationale, aidée par des mesures financières et administratives appropriées, ne soit pas suspendue ! Ayons confiance en nous-mêmes ; oublions tout ce qui n'est pas la Patrie.

« Face à la frontière ! Nous avons la méthode et la volonté : nous aurons la victoire. »

*
* *

Et, en effet, l'union de tous les Français s'affirmait aussitôt, « union sacrée » en face du péril de plus en plus menaçant.

D'où venait ce prodige, cette transfiguration de la France? Comment étions-nous tous debout, unis, purifiés, enflammés? Reproduisons ici les belles pages de Maurice Barrès :

« La France a toujours été la terre des réveils et des recommencements. Ses ennemis la croient mourante : ils accourent, haineux et joyeux ; elle se dresse au bord de sa couche et dit, en saisissant l'épée : Me voilà!... Me voilà! Je suis la jeunesse, l'espérance, le droit invincible. Je suis jeune comme Jeanne d'Arc, comme le grand Condé à Rocroi, comme Marceau le républicain, comme le général Bonaparte. Elle respire à pleins poumons l'atmosphère des grands jours religieux et nationaux, et d'un mouvement de l'âme elle décide la victoire.

« C'est pour exprimer cette force de résurrection qu'il y a dans notre race, que nous demandions une fête nationale en l'honneur de la Pucelle lorraine, qui sauva la patrie quand tout semblait perdu. Si nous n'avons pas fait la fête et la commémoration du miracle, nous avons mieux, car voici que le miracle recommence. Nous vivons aujourd'hui un de ces moments sublimes, à la française, où tout est sauvé par un sursaut d'enthousiasme, par l'embrasement du foyer profond.

« Les Allemands disaient : « Cette France épuisée par des siècles de « grandeur et plus encore par les désirs où elle se livre en voulant tout à « la fois maintenir son passé et préparer l'avenir du monde, nous allons en « faire aisément notre esclave. C'est une proie riche et facile. Ses fils ont « pris en dégoût la guerre, ils ne veulent plus que se battre entre eux. »

« Qu'ils nous regardent, ces Germains! ils verront nos jeunes gens, les yeux brillants, la poitrine gonflée par l'amour de la vraie gloire et par le mépris de la mort, former un rempart derrière lequel les aînés attendent l'heure d'aller remplir les vides sanglants. Une force mystérieuse, qui ne s'incarne dans personne et qu'aucune volonté ne commande, nous relie étroitement, coude à coude et les pas dans les pas. Les frères ennemis d'hier sont devenus des frères d'armes et des frères en esprit. Plus de partis! une seule âme, élancée vers le ciel et brûlante.

« Ah! de quel cœur, de quel sanctuaire a-t-il jailli, le feu rédempteur qui vient d'enflammer la France? Quel mot d'un grand poète s'en est allé ranimer dans nos consciences l'esprit de nos aïeux? Quel acte d'un politique génial a pu percer des épaisseurs d'indifférence et faire jaillir la nappe profonde? Qui devons-nous remercier et glorifier d'avoir jeté dans notre nation un tel courant d'amitié?

« C'est l'Alsace-Lorraine qui nous a sauvés.

« C'est d'Alsace qu'est partie l'étincelle libératrice. Le secret de notre puissance reposait au fond de nos êtres, inconnu de nous-mêmes; la gangue épaisse fut forée, la source commença de jaillir quand, il y a quelques mois, l'impérialisme militaire s'efforça de brimer, provoquer et frapper d'honnêtes bourgeois, ouvriers, paysans d'Alsace, parce qu'ils gardaient silencieusement une filiale sympathie pour le génie de la France. Ces méchancetés arrogantes, ces offenses à la justice, cette barbarie insultant à la fois notre patrie et l'humanité, voilà ce qui a réveillé d'abord, chez nous tous, le sentiment de notre supériorité morale et l'idée de notre mission. Ce n'est pas nous qui avons posé la question : « Quel est l'esprit qui doit gouverner le monde? » Mais, puisqu'on la posait, d'une seule voix la France a répondu : « L'esprit d'injustice ne peut pas prévaloir sous le ciel. » Et, de l'univers entier, les cœurs et les armées accoururent nous assister.

« Alsace-Lorraine, fille de la douleur, sois bénie! Depuis quarante-quatre ans, par ta fidélité, tu maintenais sous nos poitrines souvent irritées une amitié commune. Les meilleurs recevaient de toi leur vertu. Tu fus notre lien, notre communion, le foyer du patriotisme, un exemple brûlant. Aujourd'hui le feu sacré a gagné la France entière. Tu nous as sauvés de nous-mêmes. A nous de te délivrer, Rédemptrice[1] ! »

*
* *

C'était bien, en effet, l' « union sacrée » dont la France donnait le spectacle, aussi bien sur le front de ses armées qu'à l'intérieur de son territoire.

Toutes les querelles, toutes les divisions politiques avaient cessé, et l'on vit des antipatriotes et des internationalistes notoires, comme Gustave Hervé et Anatole France, écrire des articles patriotiques et même prendre du service.

Au début des hostilités, le Gouvernement avait établi un régime particulièrement sévère pour les journaux : interdiction de mettre en grosses lettres, en « manchette », les titres sensationnels; interdiction d'avoir plus d'une édition par jour. La censure fut organisée de façon plus impitoyable que jamais. Eh bien! dans ce pays de liberté de la presse allant parfois jusqu'à la licence, tout cela fut accepté sans murmures.

Le public comprit très bien que la rareté et la concision des communiqués officiels du ministère de la Guerre n'étaient avares de détails que dans l'intérêt du succès des opérations militaires. Et, malgré son

[1] Maurice Barrès, *Bulletin des armées*.

impatience de savoir, il se résignait, par patriotisme, à ignorer. Et les journaux acceptaient docilement l'état de siège qui leur valait des coupures remplaçant souvent par du blanc, sur des colonnes entières, des articles jugés dangereux.

A Paris, en plein mois d'août, à l'époque où la population aime à se promener, le soir, sur les boulevards, à s'attabler à la terrasse des cafés pour jouir de la fraîcheur après une journée torride, le Gouvernement militaire décida que les cafés fermeraient à 8 heures, et les restaurants à 9 heures. Là encore le règlement fut accepté sans résistance, malgré le trouble qu'il apportait dans les habitudes invétérées du peuple parisien.

Il en fut de même de la fermeture des théâtres, de la suppression des autobus, réquisitionnés pour faire, sur le front, le service des subsistances. Paris s'arrangea des moyens de transport qui lui restaient, et quelques lignes de tramways furent, avec le métropolitain, les seuls moyens de locomotion mis à la disposition de ses habitants, qui firent contre fortune bon cœur.

* * *

D'ailleurs, la menace d'un investissement de la capitale, le danger résultant de l'approche rapide de l'ennemi, mettaient d'autres préoccupations dans l'esprit des Parisiens.

Déjà, à la fin d'août, des aéroplanes allemands, des *Tauben*, avaient survolé Paris et y avaient jeté des bombes, qui firent quelques victimes, entre autres un vieillard, qui fut tué, et une fillette, qui eut une jambe emportée. Malgré cela, le calme de la population ne se démentit pas. Quand un avion ennemi était signalé, en dépit de toutes les recommandations de l'autorité, c'était la curiosité qui l'emportait. Au lieu de se réfugier dans leurs caves, les Parisiens montaient sur leurs toits!

Le 2 septembre, le général Michel, qui commandait la place de Paris, fut remplacé par un chef dont le passé glorieux était une garantie et un espoir pour tous, le général Galliéni, le conquérant et l'organisateur de Madagascar.

Mais en même temps le président de la République, les ministres, les Chambres, quittaient Paris, allant installer à Bordeaux les services des divers ministères, afin de mettre les organisations centrales loin de l'atteinte éventuelle de l'ennemi. Le trésor de la Banque de France, le grand-livre de la dette publique, avaient déjà été transportés au chef-lieu de la Gironde. Les machines à frapper les monnaies étaient installées à Castelsarrasin.

En abandonnant, un peu précipitamment peut-être, la capitale, le président de la République et les ministres adressaient au pays la proclamation suivante :

« Français !

« Depuis plusieurs semaines, des combats acharnés mettent aux prises nos troupes héroïques et l'armée ennemie. La vaillance de nos soldats leur a valu, sur plusieurs points, des avantages marqués. Mais, au nord, la poussée des forces allemandes nous a contraints à nous replier.

Le général Galliéni.

« Cette situation impose au président de la République et au Gouvernement une décision douloureuse. Pour veiller au salut national, les pouvoirs publics ont le devoir de s'éloigner, pour l'instant, de Paris.

« Sous le commandement d'un chef éminent, une armée française, pleine de courage et d'entrain, défendra contre l'envahisseur la capitale et sa patriotique population. Mais la guerre doit se poursuivre, en même temps, sur le reste du territoire.

« Sans paix ni trêve, sans arrêt ni défaillance, on continuera la lutte sacrée pour l'honneur de la nation et pour la réparation du droit violé.

« Aucune de nos armées n'est entamée. Si quelques-unes ont subi des pertes trop sensibles, les vides ont été immédiatement comblés par les dépôts, et l'appel des recrues nous assure, pour demain, de nouvelles ressources en hommes et en énergies.

« Durer et combattre, tel doit être le mot d'ordre des armées alliées, anglaise, russe, belge et française.

« Durer et combattre, pendant que, sur mer, les Anglais nous aident à couper les communications de nos ennemis avec le monde!

« Durer et combattre, pendant que les Russes continuent à s'avancer pour porter au cœur de l'empire d'Allemagne le coup décisif!

« C'est au gouvernement de la République qu'il appartient de diriger cette résistance opiniâtre.

« Partout, pour l'indépendance, les Français se lèveront. Mais, pour donner à cette lutte formidable tout son élan et toute son efficacité, il est indispensable que le Gouvernement demeure libre d'agir.

« A la demande de l'autorité militaire, le Gouvernement transporte donc momentanément sa résidence en un point du territoire d'où il puisse rester en communication constante avec l'ensemble du pays.

« Il invite les membres du Parlement à ne pas se tenir éloignés de lui pour pouvoir former devant l'ennemi, avec le Gouvernement et avec leurs collègues, le faisceau de l'unité nationale.

« Le Gouvernement ne quitte Paris qu'après avoir assuré la défense de la ville et du camp retranché par tous les moyens en son pouvoir.

« Il sait qu'il n'a pas besoin de recommander à l'admirable population parisienne le calme et le sang-froid; elle montre tous les jours qu'elle est à la hauteur des plus grands devoirs.

« Français!

« Soyons tous dignes de ces tragiques circonstances. Nous obtiendrons la victoire finale. Nous l'obtiendrons par la volonté inlassable, par l'endurance et par la ténacité.

« Une nation qui ne veut pas périr, et qui, pour vivre, ne recule ni devant les souffrances, ni devant le sacrifice, est sûre de vaincre. »

(Suivaient les signatures du président et de tous les ministres.)

*
* *

Le Gouvernement se retirait donc à Bordeaux.

Cette retraite, un peu hâtée peut-être, eut comme conséquence de provoquer dans une partie de la population parisienne une sorte d'affolement qui se traduisit par des départs en très grand nombre. Pendant plusieurs jours les gares Montparnasse, d'Orléans, de Lyon, Saint-Lazare, furent littéralement prises d'assaut par les gens qui, craignant d'avoir à endurer un siège, cherchaient à se mettre à l'abri. Le midi de la France, surtout, fut leur refuge de prédilection.

On put voir aussi, autour des gares précitées, des milliers de personnes faire queue pendant vingt-quatre heures pour arriver à s'embarquer dans l'unique train qui partait chaque jour. On put voir des hommes riches, des femmes élégantes, trop heureux de s'entasser dans des wagons à bestiaux, où ils devaient passer deux ou trois jours avant d'arriver, plus loin que Bordeaux même, à Biarritz, à Saint-Jean-de-Luz, à Pau, à Luchon, à Arcachon, à Cauterets.

Devant l'insuffisance des chemins de fer, certains loueurs d'automobiles firent des affaires d'or. On paya jusqu'à *cinq mille francs* pour être conduit de Paris à Marseille en auto!

En outre, le départ du Gouvernement provoquait un autre genre d'affolement : celui de l'emmagasinement des victuailles. Les ménagères, par crainte de manquer de denrées, faisaient des provisions considérables et bien inutiles de sel, de sucre, de charbon, de pétrole, de pommes de terre, de haricots, de conserves de toute nature. De sorte que, malgré l'abondance avec laquelle la France était approvisionnée de tous ces produits, dont beaucoup proviennent de son sol si fertile, ces denrées devenaient cependant rares sur le marché parisien.

Mais, fort heureusement, à part ces quelques défaillances de partants apeurés, l'ensemble de la population resta absolument calme et résolu.

D'ailleurs, dès le 3 septembre, de mâles paroles lui donnaient confiance. Le 3 septembre, en effet, le nouveau gouverneur, le général Galliéni, adressait à la population de Paris la courte et énergique déclaration suivante :

« Armée de Paris, habitants de Paris.

« Les membres du Gouvernement de la République ont quitté Paris pour donner une impulsion nouvelle à la défense nationale.

« J'ai reçu le mandat de défendre Paris contre l'envahisseur.

« Ce mandat, je le remplirai *jusqu'au bout*.

« Le Gouverneur militaire, commandant l'armée de Paris :

« GALLIÉNI. »

Cette fois, ce n'était plus de la rhétorique parlementaire : c'était une brève et forte parole de soldat qui se faisait entendre.

Aussi cette simple, laconique et énergique proclamation remonta-t-elle le courage des Parisiens plus que tout : la confiance revint plus forte que jamais.

De son côté, le préfet de la Seine faisait afficher la déclaration suivante :

PRÉFECTURE DE LA SEINE

« L'absence momentanée du Gouvernement n'entravera l'exécution d'aucun service.

« Les allocations aux familles des mobilisés continueront d'être régulièrement distribuées à Paris et à tous les ayants droit, dans le lieu de leur résidence.

« Les secours de toute nature, les soins aux malades restent assurés.

« Le préfet de la Seine,

« DELANNEY.

« Vu et approuvé :

« Le Gouverneur militaire, commandant l'armée de Paris :

« GALLIÉNI. »

Cette proclamation et cette déclaration produisirent le plus heureux effet : chacun s'empressa d'obéir avec calme et résolution à la voix d'un chef qui savait parler avec tant d'énergie.

* * *

D'ailleurs, les faits venaient donner confiance aux Parisiens.

Sans l'active impulsion du gouverneur, le camp retranché de Paris avait été rapidement mis en état de résister.

Rappelons brièvement qu'il existait, autour de la capitale, une triple ligne de défenses.

La première est l'enceinte continue de fortifications bastionnée, élevée sous Louis-Philippe et constituant les fortifications proprement dites.

La seconde est la ceinture des forts, qui forme autour de cette première enceinte fortifiée, et à faible distance, une ligne presque continue, que domine à l'ouest la forteresse du Mont-Valérien.

La troisième se compose de nouveaux forts construits en avant et à grande distance des anciens. Ils ne forment pas une ligne continue, mais ont été élevés aux points stratégiques les plus importants, d'où leur artillerie commande une étendue considérable de pays.

Au nord se trouve une organisation défensive extrêmement forte, appuyée, d'un côté, à la Seine, et de l'autre côté couverte par l'Oise.

C'est le fort de Cormeilles, à la suite duquel sont les batteries de Franconville. A l'est de Franconville, séparés de lui par la vallée d'Ermont, on trouve les forts de Montlignon et de Montmorency; tout au nord de la capitale, ce sont les forts d'Ecouen et de Domont.

Après la Butte-Pinçon et le fort de Stains, situés au nord-est de Saint-Denis, et qui commandent la plaine du Bourget, on rencontre, entre l'Ourcq et la Marne, les deux forts de Chelles et de Vaujours. Puis, toujours à l'est, dans la direction de Meaux, on voit les forts de Villiers,

Lagny. — Le pont de fer détruit par le génie français.

de Champigny, de Sacy et de Villeneuve-Saint-Georges, ce dernier formant le point d'appui de cette ligne de forts sur la Seine.

La région au sud de Paris et de Versailles est défendue par les batteries de Verrières, par les forts de Palaiseau, de Villeras, de Haut-Buc, les batteries du Bouviers, de Saint-Cyr, de Bois-d'Arcy, le réduit du Trou-d'Enfer et la batterie de Marly.

Et, au delà de ces lignes, de formidables travaux de défense, consistant en tranchées, en fossés, en retranchements armés de grosse artillerie, en réseaux de fils de fer, avaient été effectués tout autour et à grande distance de la capitale. Il y avait des tranchées jusqu'aux environs de Crépy-en-Valois et de Senlis!

On voit donc que la confiance du peuple de Paris dans les affirmations énergiques du général Galliéni était on ne peut plus justifiée.

D'ailleurs, toutes les précautions étaient prises. Le soir, en prévision d'une attaque aérienne, tous les réverbères étaient éteints; les devantures des boutiques étaient masquées, les persiennes des appartements fermées. On ne laissait, au coin des rues et aux carrefours, que des becs de gaz coiffés d'une sorte de capuchon, qui rabattait la lumière sur le sol et l'empêchait d'être vue d'en haut.

En outre, de nombreux projecteurs, établis sur les sommets de différents édifices, fouillaient le ciel de leurs puissants faisceaux de lumière et rendaient ainsi impossible l'arrivée inopinée d'avions ou de dirigeables ennemis pendant la nuit.

De plus, les avions de la défense faisaient bonne garde ; aussi, après quelques tentatives au-dessus de Paris pendant le mois de septembre, les *taubes* et les *aviatiks* allemands, pourchassés et souvent descendus par nos courageux aviateurs, ne se risquèrent plus à venir évoluer au-dessus de la capitale.

Et, de la sorte, la grande ville put être tranquille sur son sort, malgré l'imminence du danger résultant de l'approche continue des troupes allemandes.

***

L'ennemi, en effet, s'avançait vers Paris à grande vitesse.

A la date du 2 septembre, nos armées poursuivaient leur mouvement général de retraite vers le sud, dans la direction de la Marne, pour effectuer la manœuvre stratégique décidée par le général Joffre. La veille, 1er septembre, les Anglais avaient remporté à Compiègne un avantage sérieux et réussi à prendre dix canons aux Allemands.

Les positions de nos armées étaient les suivantes :

La 6e armée, commandée par le général Maunoury, se repliait au nord du camp retranché de Paris, dans la direction de la capitale.

La 5e armée était commandée par le général Franchet d'Espérey, qui venait de succéder au général Lanrezac. Cette armée, ainsi que la 9e, de nouvelle formation, sous les ordre du général Foch, dépassaient la ligne de la Marne et reculaient vers le sud.

La 4e armée, que dirigeait le général de Langle de Cary, se retirait vers l'Ornain.

La 3e armée, commandée par le général Sarrail, qui succédait au général Ruffey, achevait d'opérer un mouvement tournant aux environs de Verdun.

Le 2 septembre les Allemands, envahissant tout le territoire du nord et du nord-est de la France, avaient atteint Senlis et Crépy.

Le général Galliéni, chargé d'assurer la défense de Paris, en présence de l'approche des Allemands, confia au général Maunoury et au 6e corps le soin de couvrir et de défendre la capitale.

Le 3 septembre, le général Maunoury avait établi son quartier général au Raincy, à l'est de Paris. Son armée comprenait la 14e division, sous les ordres du général de Villaret, qui entourait Louvres; deux divisions de réserve, dont la 55e, sous les ordres du général de Lamaze, au Mesnil-Amelot; une division de troupes d'Afrique, et des troupes de territoriale pour parfaire la liaison avec l'armée anglaise du maréchal French.

Celle-ci, d'ailleurs, avait déjà pris position au sud de la Marne.

Après avoir défendu, au cours des journées précédentes, les passages

La Ferté-sous-Jouarre. — Pont détruit par le génie.

de la rivière et fait sauter les ponts, les Anglais s'étaient disposés entre Lagny et Signy-Signets.

A ce moment, les armées allemandes cherchaient à lancer des ponts sur la Marne, dans le but de franchir la rivière sur plusieurs points à la fois, de menacer ainsi le flanc des lignes françaises, et de les tourner s'il était possible.

Le général Joffre montra alors qu'il possédait à fond non seulement la science de la stratégie, mais encore la psychologie de l'ennemi.

La caractéristique de l'état d'esprit des Allemands est un orgueil démesuré, allant jusqu'à la bouffissure. Ils se croient supérieurs à tout l'univers : *Deutschland über alles,* « l'Allemagne au-dessus de tout, » telle est leur devise.

Cet orgueil, ils le font intervenir dans leurs manœuvres diplomatiques comme dans leurs opérations militaires. C'est ce qui explique la manie du

« kolossal », qui semble innée chez ce peuple barbare autant que ridicule.

Cet orgueil poussait les généraux allemands à se dire ceci : « Les Français reculent, donc nous sommes victorieux. » Pas une minute l'idée ne leur est venue que ce recul pouvait n'être que la manœvre d'un stratégiste habile, d'un savant conducteur d'armées.

En outre, le général Joffre, en concentrant ses forces au sud de la Marne, tendait aux Allemands un véritable piège : il semblait ainsi abandonner Paris et le leur livrer comme appât. Les Allemands savaient qu'une armée était chargée de défendre la capitale ; mais ils ne supposaient pas un instant que cette armée pût concourir à la bataille générale qui allait se livrer en Champagne.

En cela le général Joffre montra qu'il connaissait à fond l'état d'âme de ses adversaires, et les faits lui donnèrent amplement raison. Il ne pouvait évidemment réussir son audacieux projet qu'à la condition que l'armée du général de Castelnau pût tenir fermée la porte de Nancy. Mais il était sûr que ce serait ainsi, et nous verrons plus loin qu'il en fut ainsi en réalité.

En effet, dès le 3 septembre, au soir, les Allemands se décidèrent à arrêter leur marche sur Paris, marche effectuée du nord au sud par l'armée de Von Kluck, et à obliquer vers l'est, afin de rejoindre le gros des forces allemandes le long de la Marne. Des reconnaissances aériennes, opérées par nos aviateurs, nous apprirent effectivement, dans la journée du 4 septembre, le changement brusque de direction des colonnes ennemies.

Les troupes allemandes avaient donc dérivé vers le sud-est et se trouvaient à droite de la ligne allant de Nanteuil-le-Haudouin à Lizy-sur-Ourcq. D'autres formations ennemies avançaient vers la rive gauche de l'Ourcq, en faisant face à la Marne, le long de laquelle elles s'étaient arrêtées et avaient pris position. Les aviateurs annoncèrent aussi que deux corps d'armée allemands s'avançaient de Nanteuil vers la Marne.

Dès lors, le plan des Allemands se montrait d'une manière évidente.

Donnant en plein dans le piège tendu par le général Joffre, ils négligeaient l'intervention possible de l'armée de Paris ; ils allaient chercher à écraser d'un seul coup l'armée française, à une distance relativement grande de la capitale. Cet écrasement une fois opéré, ils comptaient se retourner sur Paris avec l'ensemble de leurs forces, venir aisément à bout de la métropole, au besoin en en incendiant quelques quartiers, obtenir ainsi une capitulation et, par suite, imposer leurs conditions de paix, pour se retourner alors contre la Russie, sur laquelle ils lanceraient la totalité de leurs formidables armées.

Le plan de notre généralissime était donc excellent, puisqu'il comportait la bataille livrée aux forces allemandes par l'ensemble de nos armées, sur un terrain savamment choisi, et, de plus, qu'il prévoyait une attaque de côté des forces ennemies par une armée, l'armée de Paris, que l'ennemi jugeait incapable de sortir du camp retranché qu'elle avait mission de défendre.

C'est dans ces conditions que fut engagée la bataille de la Marne, à l'heureuse issue de laquelle la France dut certainement son salut.

CHAPITRE XII

LA BATAILLE DE LA MARNE

Les forces en présence. — L'ordre d'offensive générale. — Le rôle des armées : l'armée de Maunoury. — L'intervention de l'armée de Paris. — L'armée britannique. — L'armée Franchet d'Esperey. — L'armée Foch. — L'armée de Langle de Cary. — L'armée Sarrail. — La déroute des Allemands. — La victoire et ses conséquences.

La terrible rencontre, celle dont dépendait le sort de la France, allait donc commencer.

Le général Joffre avait admirablement jugé les circonstances favorables. Avec la même sûreté, il arrêta le plan de la bataille.

Dans la soirée du 4 septembre, il donna l'ordre général suivant, que nous reproduisons tel qu'il a été cité, quelques mois plus tard, au *Bulletin des armées :*

« ORDRE DU GÉNÉRAL EN CHEF

« 1° Il convient de profiter de la situation aventurée de la première armée allemande pour concentrer sur elle les efforts des armées alliées de l'extrême gauche.

« Toutes dispositions seront prises, *dans la journée du 5 septembre*, en vue de partir à l'attaque le 6.

« 2° Le dispositif à réaliser pour le 5 septembre au soir sera le suivant :

« *a*) Toutes les forces disponibles de la 6e armée, au nord-est, prêtes à franchir l'Ourq entre Lizy-sur-Ourcq et May-en-Multien, dans la direction générale de Château-Thierry. Les éléments disponibles du premier corps de cavalerie qui sont à proximité seront remis aux ordres du général Maunoury pour cette opération.

« *b*) L'armée anglaise, établie sur le front Changis-Coulommiers, face à l'est, prête à attaquer dans la direction générale de Montmirail.

« *c*) La 5e armée, resserrant légèrement sur sa gauche, s'établira sur le front général Courtacon-Esternay-Sézanne, prête à attaquer dans la direction générale sud-nord, le deuxième corps de cavalerie assurant la liaison entre l'armée anglaise et la 5e armée.

« *d*) La 9e armée couvrira la droite de la 5e armée, en tenant les débouchés sud des marais de Saint-Gond et en portant une partie de ses forces sur le plateau au nord de Sézanne.

« 3o L'offensive sera prise par ces différentes armées le 6 septembre, dès le matin. »

En vertu de ces dispositions, la mission de la 6e armée, celle du général Maunoury, se trouvait donc modifiée. Au lieu d'avoir à se préoccuper de couvrir le camp retranché de Paris, cette armée avait pour objectif d'attaquer et de tourner l'armée de Von Kluck, formant la droite des lignes allemandes, puis de marcher dans la direction de Château-Thierry.

Dans la journée du 5, les dernières dispositions furent arrêtées entre le généralissisme français et le maréchal French, commandant les troupes anglaises. Celui-ci fut prié d'appuyer la droite de son front sur l'armée du général Franchet d'Espérey, et sa gauche sur la Marne.

Ainsi tout était prêt pour l'attaque d'ensemble que les armées alliées devaient exécuter dans la journée du lendemain, 6 septembre.

Déjà, le soir du 5, les reconnaissances annonçaient à l'état-major que les têtes de colonnes allemandes franchissaient la Marne en plusieurs points, notamment à Changis, à la Ferté, à Nogent, à Château-Thierry et à Mézy. Elles signalaient, en outre, que des masses considérables de troupes de toutes armes se dirigeaient vers Montmirail.

*
* *

Le jour du 6 septembre arriva enfin!

Dès la veille, les troupes savaient qu'une action décisive allait se livrer ce jour-là. Les hommes étaient prêts à tous les sacrifices, et leur moral était à la hauteur des événements. Ils comprenaient la grandeur du plan du général en chef; ils voyaient nettement alors pourquoi on les avait fait systématiquement reculer, non pour fuir, mais pour chercher l'occasion de la victoire.

Et de cette victoire le jour venait de se lever!

Le matin du 6 septembre, le général Joffre faisait parvenir aux chefs de corps un nouvel ordre du jour, dont voici le texte exact :

« ORDRE DU GÉNÉRAL EN CHEF

« Au moment où s'engage une bataille d'où dépend le salut du pays, il importe de rappeler à tous que le moment n'est plus de regarder en arrière; tous les efforts doivent être employés à attaquer et à refouler l'ennemi.

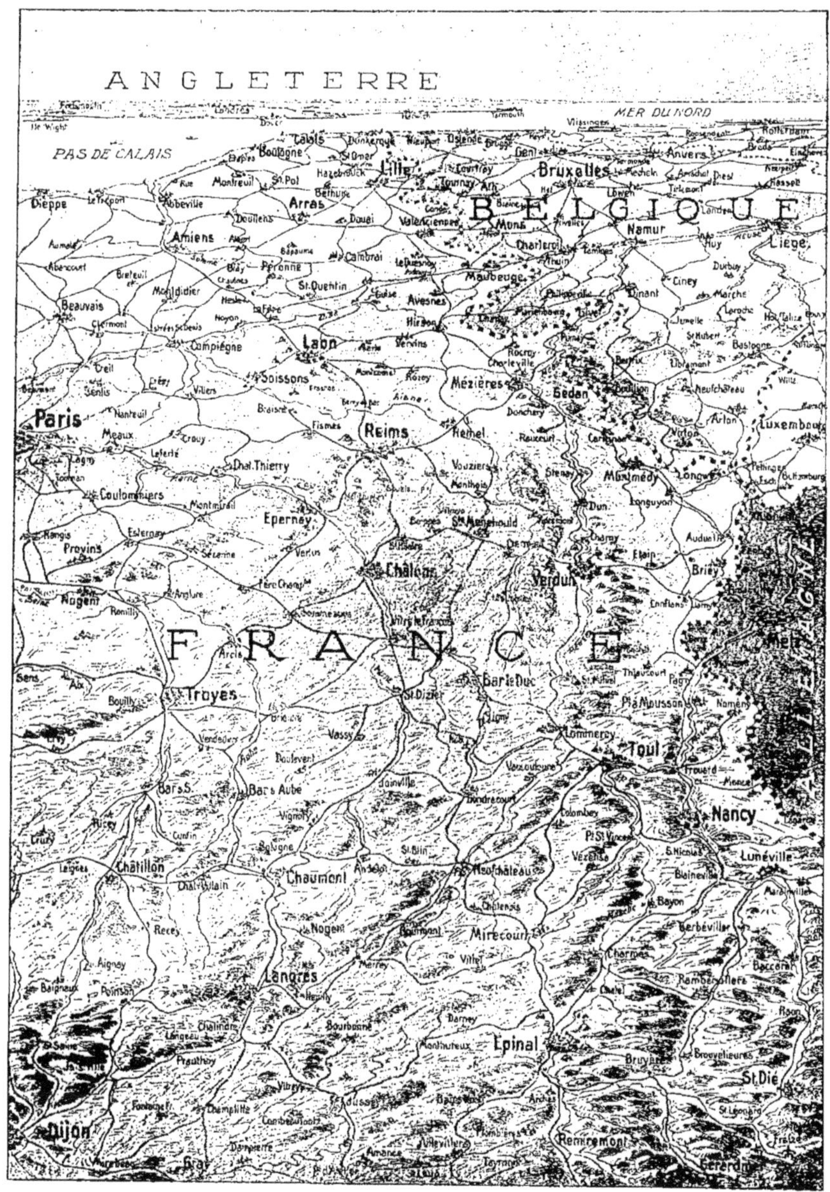

Carte du théâtre des opérations de la Marne, de l'Aisne et de l'Argonne.

« Une troupe qui ne peut plus avancer devra, coûte que coûte, garder le terrain conquis, et *se faire tuer sur place* plutôt que de reculer.

« Dans les circonstances actuelles, aucune défaillance ne peut être tolérée. »

Nous avons vu, par l'ordre de bataille du généralissime, quelle était la disposition d'ensemble des forces alliées. Récapitulons rapidement cette ordonnance générale.

L'armée anglaise, formée des 3e, 2e et 1er corps d'armée, se trouvait, au sud du Grand-Morin, sur la ligne allant de Villeneuve-le-Comte à Jouy-le-Châtel.

A sa suite venait l'armée du général Franchet d'Espérey (5e armée), échelonnée de Courchamps à Sézanne, et comprenant les 18e, 3e, 1er et 10e corps d'armée. Entre l'armée Franchet d'Espérey et l'armée anglaise, le 1er corps de cavalerie, sous les ordres du général Conneau, était en position.

L'armée du général Foch (9e armée) était disposée le long de la ligne allant de Sézanne à Lenharrée, en passant par le sud des marais de Saint-Gond. Elle comprenait la 42e division, la 1re division des troupes marocaines, le 9e corps commandé par le général Dubois, le 11e corps par le général Eydoux, et les 52e et 60e divisions de réserve.

L'armée du général de Langle de Cary (4e armée), formée des 17e et 12e corps, du corps des troupes coloniales, et du 2e corps sous les ordres du général Gérard, s'échelonnait sur la ligne allant de Humbeauville à Sermaize, en passant par le sud de Vitry-le-François.

Entre l'armée du général Foch et celle du général de Langle de Cary se trouvait la 9e division de cavalerie.

Enfin, à la droite de la ligne française, l'armée du général Sarrail, qui avait sous ses ordres les 4e, 5e et 6e corps d'armée, deux divisions de réserve et les troupes de la défense mobile de Verdun, occupait un front allant de Sermaize à Verdun, en s'appuyant sur les Hauts-de-Meuse.

* * *

Quelles étaient, maintenant, les forces allemandes opposées aux armées alliées dont nous venons d'indiquer les positions?

Les armées allemandes, ne l'oublions pas, descendaient, en direction générale, du nord au sud. Leur droite était donc directement opposée à la gauche de nos armées, et *vice versa*.

A l'extrême droite des lignes allemandes était la 1re armée, commandée par le général Von Kluck. C'était celle dont la marche rapide avait directement menacé Paris, et qui s'était légèrement déplacée vers le sud-est. Elle comprenait les IVe, IIe, IIIe et VIIe corps d'armée allemands. Ces deux derniers, les IIIe et VIIe corps, dirigeaient leur marche vers la gauche de l'armée du général Franchet d'Espérey. Deux divisions de cavalerie y étaient jointes, la 9e en position vers Crécy, la 2e au nord de Coulommiers.

A la suite de l'armée de Von Kluck, venait la 2e armée allemande, commandée par le général Von Bülow. Cette armée, qui était formée des IXe corps et Xe corps, du Xe corps de réserve et de la Garde prussienne, occupait la ligne allant du Petit-Morin à Morains-le-Petit, et marchait à la fois contre la droite de l'armée Franchet d'Espérey et contre la gauche de l'armée Foch.

Puis venait la 3e armée, sous les ordres du général Von Hausen, formée des XIIe et XIXe corps d'armée active et du XIIe corps de réserve. Cette armée, comprenant des contingents saxons, s'avançait contre la droite de l'armée Foch.

A l'ouest de l'Argonne, entre Suippes et Ville-sur-Tourbe, s'échelonnait la 4e armée, que commandait le duc de Wurtemberg, formée de cinq corps d'armée et demi.

Enfin l'armée du kronprinz était située à l'extrême gauche de la ligne allemande. Cette armée, qui débouchait de l'Argonne, se composait de cinq corps et devait être renforcée par cinq corps d'armée nouveaux.

Les armées en présence comprenaient donc les effectifs suivants :

Vingt-sept corps d'armée du côté allemand;

Vingt-deux corps d'armée du côté des alliés.

L'état-major allemand avait vite compris de quelle importance serait l'issue de cette formidable rencontre. Il avait fait parvenir aux troupes impériales un ordre du jour qui se terminait par ces mots : « Pour sauver le bien-être et l'honneur de l'Allemagne, j'attends de chaque officier et de chaque soldat, malgré les combats durs et héroïques de ces derniers jours, qu'il accomplisse son devoir entièrement et jusqu'à son dernier souffle. *Tout dépend du résultat de la journée de demain.* »

C'était précisément l'avis du général Joffre.

*
* *

Le 6 septembre, dès le lever du jour, la bataille fut engagée sur toute l'étendue du front.

Elle dura les 6, 7, 8, 9 et 10 septembre pour l'armée britannique et pour les armées des généraux Maunoury, Franchet d'Espérey et Foch. Les armées des généraux de Langle de Cary et Sarrail eurent à la continuer jusqu'à la journée du 13 septembre.

L'exécution de cette bataille fut une admirable réalisation des vues du général en chef; ses ordres furent scrupuleusement exécutés, et l'unité merveilleuse de commandement se traduisit par une non moins merveilleuse unité dans l'action. Chacune des armées en ligne suivait les prescriptions qui lui étaient données, mais restait en rapports constants avec les armées voisines. Les efforts des différents éléments de nos troupes furent ainsi parfaitement coordonnés, absolument concordants, et aboutirent finalement à la victoire définitive.

La première armée dont nous avons à retracer l'action est l'armée du général Maunoury, que nous avons vu détacher du camp retranché de Paris pour aller attaquer la droite de l'armée allemande du général Von Kluck.

Le général Maunoury.

Cette armée avait commencé son mouvement dès le 5 septembre. Sa droite était commandée par le général de Lamaze; elle comprenait, en particulier, la division des troupes du Maroc.

La gauche, qui comprenait la 14e division active, était sous les ordres du général de Villaret.

Le 5 septembre, les troupes du général de Lamaze attaquèrent furieusement le IVe corps allemand de réserve, qui formait la protection du plan de l'armée de Von Klück. Les villages de Penchard et de Monthyon furent enlevés brillamment, et, au premier d'entre eux, la division marocaine se couvrit de gloire en exécutant une charge furieuse qui culbuta les Allemands.

De son côté, le général de Villaret partait de Dammartin-en-Goële, s'avançait avec rapidité sur Bouillancy et forçait les Allemands à se retirer.

Le mouvement qui consistait à envelopper l'armée allemande commençait donc à se manifester sur le terrain.

Le 6, le IVe corps allemand fut attaqué de nouveau par le général de Lamaze. Celui-ci, dans la soirée du 6, avait atteint la ligne allant de Marcilly à Chambry. Le général de Villaret, avec la 14e division active, avait atteint la ligne de Puiseux à Etavigny, quand il se trouva tout à coup engagé contre de nouvelles et très importantes forces ennemies.

En effet, le général Von Kluck s'était, lui aussi, aperçu de la manœuvre tendant à l'envelopper, et il avait rappelé immédiatement en arrière son IIe corps, déjà parvenu au sud de la Marne. Les Anglais ne purent pas l'arrêter à temps, de sorte que, le 7, le général de Villaret se trouva, avec la 14e division active, avoir à combattre le IIe corps allemand et le IXe, qui n'avait pas tardé à le rejoindre sur la ligne de bataille.

La situation était donc grave pour notre 14e division, qui se trouvait, à son tour, sous la menace d'un enveloppement.

Nous étions ainsi rejetés sur Bouillancy et Villiers-Saint-Genest, et la disproportion de nos forces avec celles de l'ennemi, beaucoup plus considérables, rendait impossible notre tentative d'encerclement de l'armée de Von Kluck, qui, au contraire, nous en menaçait à son tour.

Le général Joffre, prévenu aussitôt de ce danger, y fait face en envoyant au général Maunoury le 4e corps d'armée, commandé par le général Boëlle, qu'il a distrait de l'armée du général Sarrail. Une partie de ce 4e corps est laissée comme soutien au maréchal French, pour l'aider à lutter contre des forces très supérieures de l'ennemi ; l'autre partie arrive à l'aide de la 14e division.

Le front de combat de l'armée du général Maunoury s'étendait de Villers-Saint-Genest à Etavigny. Celle-ci se trouvait aux prises avec des effectifs au moins doubles des nôtres.

C'est alors que le général Maunoury, d'accord avec le général Galliéni, eut une idée heureuse. On réquisitionna à Paris tous les fiacres automobiles (autos-taxis) ; on entassa dans chacun d'eux sept soldats, et l'on put transporter ainsi rapidement sur la ligne de combat environ douze mille hommes. En même temps, le reste de l'armée de Paris était envoyé par chemin de fer à Nanteuil-le-Haudouin, sur le champ de bataille même, et des régiments de cavalerie, constituant une force commandée par le général Bridoux, arrivèrent également sur le théâtre de la lutte.

Rien ne peut donner une idée de l'aspect de Paris à ce moment. Dès le matin, des files d'autos-taxis, se succédant en chapelet continu, transportaient des soldats. Aux fenêtres, tous les curieux se penchaient, avides d'apprendre ce que signifiait cette étrange mobilisation. On savait que l'on se battait assez près de la capitale, mais on ignorait exactement dans quelle direction. Les uns (les plus émus) prétendaient que le combat avait lieu aux portes mêmes de Paris et que l'ennemi était à Champigny. D'autres, au contraire, affirmaient que la lutte se livrait entre Meaux et Épernay.

A ce moment, se produisit un incident qui faillit un instant compromettre l'issue de la bataille. Tout à coup, sur l'arrière de notre armée, on signale l'arrivée d'une masse de troupes de la landwehr, formant sensiblement la valeur d'une division, et qui s'avancent pour nous attaquer.

Devant ce danger il faut reculer, et deux divisions du 4e et 7e corps se replient vers le sud-est de Nanteuil-le-Haudouin.

Mais à ce moment parvient à l'état-major de la 6e armée une communication du général Joffre. Le généralissime annonçait au général Maunoury que, sur tout le reste de la ligne de bataille, nos armées ont fait subir à l'ennemi des pertes terribles, et lui indiquait en même temps la nécessité absolue de continuer les tentatives d'encerclement de l'armée de Von Kluck.

Le général Maunoury donna alors au général Boëlle l'ordre de tenir coûte que coûte jusqu'au bout, jusqu'à son dernier homme et son dernier canon.

Le général Boëlle n'hésite pas. Il suspend aussitôt le mouvement de repliement de sa division du 4e corps, et s'élance sur les colonnes ennemies, en une série de contre-attaques héroïques qui leur infligent de grosses pertes et arrêtent tout net leurs progrès. On ne peut trop admirer l'audace de nos soldats, qui attaquèrent ainsi les Allemands en plaine complètement découverte, sans aucun obstacle, sans aucun accident de terrain derrière lesquels elles eussent pu se couvrir ou auquel elles eussent pu s'accrocher.

Mais rien ne résiste à l'intrépidité de l'infanterie française, secondée par le tir implacablement juste de notre admirable 75.

Cependant la nuit était arrivée. Les troupes étaient harassées par cinq journées de combat sans interruption contre un ennemi auquel ses effectifs, constamment renforcés, avaient assuré à chaque instant la supériorité du nombre. Le général Maunoury pouvait justement se demander s'il lui serait possible de reprendre, le lendemain, l'offensive que prescrivait le général Joffre.

Malgré les fatigues de l'armée, l'ordre d'offensive générale est pourtant donné dans la nuit du 9 au 10. Le 10 septembre, au petit jour, nos troupes se mettent en mouvement.

Mais Von Kluck a « flairé le coup ».

Comprenant le danger de sa position, averti des échecs terribles qu'avaient subis les autres armées allemandes, qui ne pouvaient, par conséquent, lui apporter aucun concours, il s'était décidé à une retraite prudente, et il reculait, avec autant de rapidité qu'il était venu, dans la direction de Betz et de Villers-Cotterets.

L'armée française se lançait aussitôt à sa poursuite et chassait devant

Prise de tranchée. (Tableau de M. Alph. Lalauze. — Cliché Vizzavona.)

elle, la baïonnette dans les reins, ce troupeau de barbares qui n'avaient de courage que quand ils se sentaient trois contre un !

C'était la victoire de la 6e armée contre l'armée de Von Kluck.

Et le 10 septembre, de son quartier général de Claye, le général

Maunoury pouvait adresser à ses troupes victorieuses l'ordre du jour suivant :

« Officiers, sous-officiers, caporaux et soldats,

« La sixième armée vient de soutenir, pendant cinq jours entiers, sans interruption ni accalmie, la lutte contre un adversaire nombreux, dont le succès avait, jusqu'à présent, exalté le moral.

« La lutte a été dure. Les pertes par le feu, les fatigues dues à la privation de sommeil, et parfois de nourriture, ont dépassé tout ce que l'on pouvait imaginer. Vous avez tout supporté avec une vaillance, une fermeté, une endurance que les mots sont impuissants à glorifier comme elles le méritent.

« Camarades, le général en chef vous avait demandé, au nom de la Patrie, de faire plus que votre devoir ; vous avez répondu au delà même de ce qui paraissait possible.

« Grâce à vous, la victoire est venue couronner nos drapeaux. Maintenant que vous en connaissez la glorieuse satisfaction, vous ne la laisserez plus échapper.

« Quant à moi, si j'ai fait quelque bien, j'en ai été récompensé par le plus grand honneur qui m'ait été décerné dans ma longue carrière : celui de commander des hommes tels que vous. C'est avec une vive émotion que je vous remercie de ce que vous avez fait, car je vous dois ce vers quoi étaient tendus, depuis quarante-quatre ans, tous nos efforts : la revanche de 1870 !

« Merci à vous, et honneur à tous les combattants de la 6e armée !

« Général MAUNOURY. »

La bataille de l'Ourcq, livrée par la 6e armée à l'armée allemande du général Von Kluck, se terminait donc par une victoire, et l'on peut dire que l'action du général Maunoury, qui amena l'intervention de l'armée de Paris, fut l'une des surprises géniales de cette guerre gigantesque.

*
* *

A la suite de la 6e armée commandée par le général Maunoury, était placée, ainsi que nous l'avons dit en commençant ce récit de bataille, l'armée britannique sous les ordres du maréchal French.

Nous allons voir que cette armée ne fut pas moins heureuse dans ses opérations.

Le 6 septembre, à midi, les troupes anglaises, fortes de trois corps d'armée et d'une importante cavalerie, occupaient la ligne allant de Villeneuve-le-Comte à Jouy-le-Châtel, en passant par Maupertuis.

C'est à ce moment que le général Maunoury remportait, on s'en souvient, un premier succès sur le 4e corps de réserve allemand, et où le général Von Kluck, flairant le danger, faisait remonter vers le nord-ouest ses 2e et 9e corps d'armée.

C'est à ce moment que le maréchal French, croyant avoir devant lui des forces supérieures, fit demander du renfort au général Joffre. Celui-ci

Batterie de 75 en pleine action.

lui envoya, prélevée sur la 6e armée, une division du 4e corps d'armée français.

Le 7, les Allemands, fortement poussés par nos 5e et 6e armées, durent reculer devant l'attaque énergique des troupes anglaises. Ils étaient protégés, dans ce mouvement de retraite, par les 2e et 9e corps d'armée et par la cavalerie de la Garde prussienne.

Mais celle-ci fut alors vigoureusement attaquée, dans une charge irrésistible, par la cavalerie anglaise, qui montra, une fois de plus, ses qualités incomparables. La brigade de cavalerie, comprenant le 9e lanciers et le 18e hussards, commandée par le général de l'Isle, culbuta littéralement la cavalerie prussienne et lui infligea des pertes terribles.

Le 8, la retraite de Von Kluck continuait, les Anglais harcelaient ses arrière-gardes d'attaques incessantes, le long de la rive sud du Petit-Morin. A la Trétoire, les Allemands s'étaient fortifiés sur la rive nord de la rivière, dans une position très solide, qu'ils défendaient par une nombreuse infanterie et par une artillerie importante. Mais ils ne purent résister à l'assaut victorieux des troupes britanniques, qui les chassèrent de leur position en leur faisant de nombreux prisonniers, en leur capturant des canons et des mitrailleuses, et en leur tuant beaucoup de monde.

A la fin de cette même journée du 8 septembre, le 1er corps anglais repoussa victorieusement une contre-attaque allemande. Les troupes ennemies en furent pour leur tentative, qui leur coûta encore plusieurs canons et des pertes sanglantes.

Le même jour, au centre du front anglais, le 2e corps britannique rejetait sur tous les points les arrière-gardes allemandes, auxquelles il faisait de nombreux prisonniers, et à gauche du front, le général Pulteney, à la tête du 3e corps, chassait également devant lui d'importantes troupes d'infanterie allemandes, capturant des prisonniers.

Pendant le cours de la journée du 9 septembre, le 1er et le 2e corps anglais passèrent la Marne à Nogent-l'Artaud, sous le feu de l'ennemi, et s'avancèrent au nord de la rivière en gagnant plusieurs kilomètres de terrain; l'ennemi perdit encore là de nombreux prisonniers et des mitrailleuses. A la gauche de la ligne anglaise, le 3e corps réussit, lui aussi, à traverser la Marne à la Ferté, et à lancer ses troupes sur la rive droite de la rivière.

A partir de ce moment, l'armée anglaise était certaine de son succès.

Attaquant de flanc l'armée de Von Kluck, déjà engagée contre celle du général Maunoury, elle la contraignait à battre en retraite dans la nuit du 9 au 10 août. Les Allemands étaient descendus sur Paris à marches forcées en faisant quarante kilomètres par jour. Cette nuit-là, ils se sauvèrent en faisant également un raid de quarante kilomètres.

Le 10 septembre, l'armée anglaise reprit son mouvement de poursuite.

Couverts par les 3e et 5e brigades de cavalerie, le 1er et le 2e corps d'armée britanniques chassèrent devant eux les arrière-gardes allemandes. Au cours de cette poursuite d'un ennemi dont la retraite ressemblait fort à une déroute, les Anglais lui tuèrent 5000 hommes, lui firent 2000 prisonniers et capturèrent treize canons, sept mitrailleuses et de très importants convois de matériel.

Le 11 septembre, les trois corps anglais traversaient l'Ourcq sans rencontrer de résistance, et la cavalerie britannique atteignait, le même jour, les rives de l'Aisne.

Comme pour la 6e armée française, la bataille se terminait par une brillante victoire pour les valeureuses troupes du maréchal French.

*
* *

Dans la disposition générale du front de bataille des forces alliées, la 5e armée, commandée par le général Franchet d'Espérey, qui avait succédé dans ce commandement au général Lanrezac, venait à la suite de l'armée britannique, avec qui elle était reliée par le corps de cavalerie sous les ordres du général Conneau. Elle étendait ses troupes de Courtacon à Esternay et à Sézanne.

Cette 5e armée avait comme tâche principale de tenir tête aux IIIe et VIIe corps allemands, formant la gauche de l'armée de Von Kluck, et aux troupes formant la droite de l'armée de Von Bülow.

Le général Franchet d'Espérey. à l'entrée de son quartier général.

Le 7 septembre, elle prit une énergique offensive et attaqua vigoureusement les corps allemands qu'elle avait en face d'elle; elle réussit à les repousser au delà du Petit-Morin, après leur avoir fait subir des pertes très dures. Nos troupes agirent avec tant de rapidité dans leur offensive, qu'elles ôtèrent aux ennemis la possibilité de se fortifier le long de la route d'Esternay à Sézanne.

Au cours de ces attaques, où notre infanterie déploya une fois de plus ses merveilleuses qualités de souplesse et d'audace irrésistible, le 73e et le 127e de ligne se couvrirent de gloire.

Le 9 septembre, aux environs de Montmirail, un nouveau et très violent combat fut livré contre les Allemands, qui commençaient déjà leur mouvement de recul. Ils furent, cette fois, repoussés de l'autre côté de la Marne et poursuivis avec acharnement par la 5e armée, qui atteignit les environs immédiats de Château-Thierry.

Le 10, la retraite des Allemands s'accentuait et prenait presque les apparences d'une fuite. Leur VIIe corps d'armée était déjà aux environs de la forêt de Compiègne.

C'était donc aussi la victoire complète pour la 5e armée, qui avait mis en déroute les corps allemands qui lui étaient opposés. C'était la récompense glorieuse des efforts généreux de nos soldats pendant ces quatre jours de dangers, de fatigues inouïes, de souffrances héroïquement supportées; c'était le triomphe sur le Prussien détesté, comme l'avaient été, cent ans auparavant, *sur les mêmes champs de bataille,* les succès de Napoléon au cours de sa célèbre campagne de France.

Aussi le général Franchet d'Espérey pouvait-il justement adresser à ses troupes son éloquent et patriotique ordre du jour :

« Soldats!

« Sur les mémorables champs de bataille de Montmirail, de Vauchamp, de Champaubert, qui, il y a un siècle, furent témoins des victoires de nos ancêtres sur les Prussiens de Blücher, notre vigoureuse offensive a triomphé de la résistance des Allemands.

« Poursuivi sur ses flancs, son centre rompu, l'ennemi bat en retraite vers l'est et le nord, par marches forcées. Les corps les plus redoutables de la vieille Prusse, les contingents de Westphalie, du Hanovre, du Brandebourg, se sont repliés en hâte devant nous.

« Le premier succès n'est qu'un prélude.

« L'ennemi est ébranlé, mais il n'est pas battu d'une façon définitive : vous aurez encore à supporter de dures fatigues, à faire de longues marches, à combattre de rudes batailles.

« Que l'image de notre Patrie souillée par les barbares reste toujours devant nos yeux. Jamais il n'a été plus nécessaire de tout lui sacrifier!

« En saluant les héros qui sont tombés dans le dernier combat du dernier jour, nos pensées se tournent vers vous, les vainqueurs de la prochaine bataille.

« En avant, soldats! pour la France!

« Général FRANCHET D'ESPÉREY. »

*
* *

Immédiatement après la 5e armée, on rencontrait sur notre front, au moment du début de l'offensive, le 6 septembre, la 9e armée sous les ordres du général Foch.

On se souvient que cette armée avait été constituée à la fin du mois d'août, après la bataille de Charleroi, à l'aide du 7e corps et de quatre divisions de réserve.

Cette 9e armée occupait la ligne allant du plateau au nord de Sézanne jusqu'à Lenharrée, en passant par Morains-le-Petit, et en longeant au sud les marais de Saint-Gond, qui allaient être le tombeau de la Garde prussienne.

Le général Foch, avec des effectifs représentant la valeur de trois corps d'armée, avait donc à lutter contre la presque totalité de l'armée du général Von Bülow, comprenant le Xe corps allemand et la Garde prussienne, et contre les trois corps de troupes saxonnes du général Von Hausen.

Le général Foch.

Le général Von Bülow était informé de l'échec de la droite de l'armée allemande ; il chercha à compenser cet échec par une victoire sur l'armée du général Foch. Cette victoire, si elle se produisait, avait pour l'ennemi l'immense avantage de percer notre centre. C'était donc la situation, menaçante pour lui, qui se serait trouvée retournée à son bénéfice.

Conformément aux instructions du grand quartier général, le général Foch prit l'offensive le 6 septembre dès le matin. Mais le 11e corps, commandé par le général Eydoux, placé sur la droite de son armée, fut aussitôt contre-attaqué par les Allemands avec une grande violence.

En présence de ces contre-attaques, le général Foch se replia lentement vers le sud, en reculant d'une dizaine de kilomètres; mais, malgré ce mouvement en arrière, il faisait informer le général Joffre que la situation lui paraissait bonne, la violence des efforts de l'ennemi semblant indiquer qu'il avait dû subir un échec important sur une autre partie du front.

Aussi, le 9 septembre, le commandant de la 9e armée reprend-il énergiquement l'offensive. Par une manœuvre hardie et décisive, il prélève sur les contingents de sa gauche la 42e division, qu'il fait marcher sur son centre, où s'exerce l'effort le plus acharné de l'ennemi, et le 10e corps de l'armée du général Franchet d'Espérey est mis à sa disposition.

Pendant que le 11e corps maintenait les trois corps d'armée saxons du général Von Hausen au sud-est de la Fère-Champenoise, le centre de l'armée Foch, renforcé comme il vient d'être dit, tombe sur l'ennemi en attaquant vigoureusement la Garde prussienne de l'armée Von Bülow, tandis que sa gauche attaque Maudement et Baye, où se trouvait l'état-major du Xe corps d'armée ennemi.

C'est ici que se place l'épisode qui amena la perte à peu près complète du contingent de la Garde prussienne faisant partie de l'armée de Von Bülow.

Aux environs des sources du Petit-Morin, se trouve une vaste étendue d'un terrain marécageux formé de tourbe recouverte de roseaux. Ces marais de Saint-Gond constituent une aire de dix à douze kilomètres de longueur sur trois de largeur environ.

Le sol de ces marais, desséché par les grandes chaleurs de juillet et d'août, était absolument compact et ferme; il semblait donc éminemment convenable à l'établissement d'une position militaire. La Garde prussienne s'y installa, dans l'après-midi du 9 septembre, avec ses deux divisions d'infanterie et toute son artillerie, qu'elle disposa aisément sur le terrain bien sec, bien dur, en la dissimulant en même temps dans les épais couverts de roseaux, afin de nous surprendre par une attaque de ce côté.

Mais les Allemands, qui se vantent d'être si « ferrés » sur toutes les sciences, qui sont si fiers de leur « kultur », qui sont si orgueilleux de leur savoir universel, commirent cependant là une de ces fautes d'ignorance impardonnables à des gens qui se prétendent, en particulier, géologues et météorologistes sans rivaux.

Comme géologues, ils auraient dû connaître la nature du sol des marais de Saint-Gond où ils allaient si imprudemment s'engager. Ils auraient dû savoir que ce sol est ordinairement mou et vaseux; que sa fermeté, tout occasionnelle, n'était due qu'aux grandes chaleurs des deux mois qui venaient de s'écouler, et que la moindre pluie viendrait faire perdre à ce sol toute sa consistance passagère, en lui rendant son caractère marécageux.

Comme météorologistes, ils auraient dû prévoir qu'en septembre se produisent souvent des pluies abondantes, assez fortes pour détremper le sol et lui rendre rapidement son inconsistance et sa viscosité primitives.

Ils ignorèrent ces deux choses-là, et ce fut leur perte.

Dans la nuit du 9 au 10, une pluie longue et abondante se mit à tomber. Le sol redevint marais, et marais à tel point que non seulement toute l'artillerie de la Garde prussienne y demeura enlisée, mais encore que sa nombreuse infanterie s'y trouva également embourbée et hors d'état de se mouvoir pour battre en retraite. Nos obus de 75 firent de ces embourbés une terrible hécatombe: plus de dix mille hommes trouvèrent, dans les vases des marais de Saint-Gond, à la fois une mort horrible et une sépulture définitive.

Cette catastrophe fut la conséquence de leur épaisse ignorance.

A gauche, sur la rive du Petit-Morin, une nombreuse infanterie allemande était massée, appuyée d'une quantité de batteries de 77. Cette artillerie, déjà très forte, était encore renforcée par des batteries d'artillerie lourde, établies dans des retranchements et dans des tranchées creusées sur la rive nord de la rivière.

Notre admirable armée d'Afrique trouva là l'occasion d'écrire un nom de plus en lettres d'or sur le blanc de ses drapeaux.

La 1re division du Maroc, en particulier, se fit remarquer par l'impétuosité de ses héroïques assauts. Le nœud principal de l'attaque fut le château de Maudement, qui, dans la journée du 9, fut pris et repris trois fois. La division marocaine fut citée à l'ordre de l'armée. Dans le château, un des fils du kaiser, le prince Eitel-Fritz, était venu, le 8 septembre, conférer avec le général Von Bülow. Le prince était arrivé en automobile. A cette occasion, un festin magnifique avait été organisé dans la superbe salle à manger du château, que décoraient de délicieux panneaux du XVIIIe siècle. Ce banquet se prolongea fort avant dans la nuit. Tout à coup un obus de 75 vint éclater dans l'office. Avec la peur qui les caractérise, le prince et les officiers de sa suite se hâtèrent de monter à cheval, de s'éloigner courageusement de ce lieu trop exposé aux obus français, et allèrent se cacher piteusement dans un petit bois voisin.

Le 10 septembre, dans la soirée, le général Foch avait la satisfaction, une fois la victoire assurée, d'installer son quartier général à la Fère-Champenoise, là même où, dans la matinée de ce jour, l'état-major de la Garde prussienne avait établi le sien.

Dans la nuit du 10 au 11 septembre, l'ennemi cessait de résister au nord des marais de Saint-Gond, où il abandonnait les cadavres et les canons de la Garde, pour se replier au nord-ouest de Vitry-le-François. Déjà, le 10, le 12e corps allemand avait reculé sur Châlons, où, le 11, le général

Foch faisait son entrée, après avoir fait traverser la Marne à ses armées, victorieuses comme les autres armées françaises.

Dans cette mémorable rencontre, nous prîmes de nombreuses mitrailleuses, plusieurs drapeaux, plus de cinquante canons et des milliers de prisonniers. Les pertes de l'ennemi, en hommes tués et blessés, furent considérables.

*
* *

Continuant notre revue des opérations effectuées par les armées françaises, dans l'ordre où elles étaient disposées sur le front de combat, nous arrivons à la 4e armée, commandée par le général de Langle de Cary, qui faisait suite à l'armée du général Foch.

Cette armée était formée de quatre corps d'armée : le 17e, le 12e, le 2e, et le corps des troupes coloniales, échelonnés d'Humbeauville à Sermaize.

Les ordres du général Joffre portaient que la 4e armée, arrêtant son mouvement vers le sud, devait tenir tête à l'ennemi, en liant son mouvement à celui de la 3e armée, qui, débouchant au nord de Révigny, devait prendre l'offensive en attaquant dans la direction de l'ouest.

Ainsi l'armée du général de Langle de Cary, forte de quatre corps, allait avoir à tenir tête aux cinq corps qui constituaient l'armée du duc de Wurtemberg.

Et cette lutte, il fallait la soutenir avec des troupes harassées de fatigue, avec des soldats qui, battant en retraite depuis deux semaines, *s'étaient battus dix jours sur quatorze !*

Mais qu'importe la fatigue à des soldats français, quand le salut de la Patrie est en jeu? Ils rassemblèrent leurs forces épuisées; ils luttèrent héroïquement, et ils triomphèrent, les braves de la 4e armée!

Le 2e corps était placé à la droite de celle-ci, le long du canal de la Marne au Rhin. Il ne perdit pas un mètre de terrain, et livra des combats, sans interruption aucune, jusqu'au 11 septembre.

Le 12e corps, commandé par le général Roques, était placé au centre du front de la 4e armée. Pendant les quinze jours qu'avait duré le mouvement de retraite auquel il venait de prendre part, il avait subi de telles pertes en hommes, qu'il ne put mettre en ligne, sur la Marne, que *six bataillons*. Et cependant, avec des effectifs aussi minimes, il fit tête, pendant cinq jours entiers, à tout un corps d'armée allemand. Mais c'étaient des Français contre des Boches! C'est tout dire.

Le 17e corps occupait la gauche de la ligne de la 4e armée. Dès le soir du 7 septembre, il gagnait nettement du terrain sur l'ennemi, qu'il forçait de reculer, aux environs de Vitry. Le général de Langle de Cary décida alors de porter son gros effort sur sa gauche.

A cet effet, il demanda du renfort au général Joffre. Celui-ci lui expédia le 21e corps, prélevé sur l'armée du général Dubail, qui opérait dans les Vosges. Le 21e corps arriva dans la matinée du 9. Le général de Langle de Cary lui adjoignit une division prélevée sur le centre et une brigade du 2e corps.

Il put, à l'aide de toutes ces forces, soutenues encore par la 9e division de cavalerie, au camp de Mailly, tomber sur la droite des troupes du duc de Wurtemberg.

Tirailleurs algériens passant une rivière à gué pour surprendre l'ennemi.

Le 10, dans la matinée, l'action fut conduite avec la plus grande intensité. Le centre de l'effort fut porté entre Vitry et le camp de Mailly. Là encore, pour vaincre une résistance désespérée de l'ennemi, nos braves soldats eurent à faire des prodiges de valeur et d'endurance.

Mais leurs efforts furent couronnés de succès. La gauche de l'armée du général de Langle de Cary gagnait visiblement du terrain, et, le 15, les Allemands étaient forcés de se retirer de Vitry, où ils s'étaient solidement établis, et où ils avaient même construit des ouvrages fortifiés.

Enfin, le 12 septembre, l'ennemi était en pleine retraite et cédait sur toute l'étendue du front. A Sermaize il dut abandonner, dans la précipitation de sa fuite, un nombreux matériel qui tomba entre nos mains. L'armée du général de Langle poursuivait alors son mouvement victorieux de marche en avant et traversait la Marne, en formant le prolongement de l'armée du général Foch.

Là aussi, c'était la victoire.

Le général Joffre adressait alors à toute l'armée l'ordre du jour suivant :

« Officiers, sous-officiers et soldats,

« La bataille qui se livre depuis cinq jours s'achève en une victoire incontestable. La retraite des 1re, 2e et 3e armées allemandes s'accentue devant notre gauche et notre centre. A son tour, la 4e armée ennemie commence à se replier au nord de Vitry et de Sermaize. Partout l'ennemi laisse sur place de nombreux blessés et des quantités de munitions.

« Partout on fait des prisonniers. En gagnant du terrain, nos troupes constatent la trace de l'intensité de la lutte et l'importance des moyens mis en œuvre par les Allemands pour essayer de résister à notre élan.

« La reprise vigoureuse de l'offensive a déterminé le succès. Tous, officiers, sous-officiers et soldats, avez répondu à mon appel. Tous, vous avez bien mérité de la Patrie.

« Le général en chef,

« JOFFRE. »

* * *

La ligne de bataille française se terminait, à droite, par la 3e armée, placée sous les ordres du général Sarrail. Cette armée avait comme mission de se porter vers l'ouest pour attaquer la gauche de l'ennemi qui descendait le long de l'Argonne, en se liant à la 4e armée, qui devait faire tête à l'armée allemande.

L'armée du général Sarrail se composait des 4e, 5e, 6e corps, de deux divisions de réserve et des troupes de la défense mobile de Verdun.

Elle était disposée sur une ligne à peu près perpendiculaire à celle du front des autres armées franco-anglaises. Elle faisait, de la sorte, face à la direction ouest-nord-ouest, à partir de Révigny jusqu'au nord de Verdun.

Le rôle de cette armée, placée à l'extrémité de la ligne du front allié, était à la fois très difficile et très important. En effet, en face d'elle, les forces allemandes n'étaient pas sollicitées, comme celles de Von Bülow, de se porter au secours de l'armée de Von Kluck ; elles conservaient toute leur puissance et pouvaient même, par l'appoint de forces nouvelles arrivant de Metz, recevoir d'importants renforts, dangereux, par conséquent, pour la 3e armée.

Le général Joffre.

La gauche de l'armée du général Sarrail était en liaison avec la droite de l'armée du général de Langle de Cary ; son centre s'appuyait sur les ouvrages fortifiés des Hauts-de-Meuse : les forts du Camp-des-Romains, de Troyon et de Génicourt. Quant à sa droite, elle arrivait jusqu'aux forts de Verdun, dont les canons la protégeaient.

Le 6 septembre, au moment où les armées françaises devaient prendre l'offensive, le général Sarrail était averti, par le grand quartier général, d'un plan d'attaque allemand, très savamment combiné, qui, en annihilant l'action de la 3e armée, pourrait aller charger de flanc l'armée du général de Langle de Cary et rompre ainsi les lignes françaises.

A cet effet, l'état-major allemand avait projeté de renforcer l'armée du kronprinz à l'aide de quatre corps d'armée nouveaux. Trois de ces corps, attaquant à l'est, devaient bloquer l'armée Sarrail contre le cours de la Meuse, tandis que le 5e corps, venu de Metz, la prendrait par derrière entre le fort de Troyon et Saint-Mihiel. Pendant ce temps, l'armée du kronprinz, avec toutes ses forces réunies, devait se jeter sur le flanc de l'armée du général de Langle de Cary.

L'ennemi avait, à l'aide de cette disposition, une supériorité numérique de quatre corps d'armée sur l'armée Sarrail, c'est-à-dire un excédant d'effectifs d'au moins cent soixante mille hommes.

La situation de la troisième armée française était donc des plus périlleuses et exigeait une tactique à la fois audacieuse et prudente.

Le général Sarrail garda la plus grande partie de ses troupes pour faire face à l'attaque des trois corps allemands; il n'opposa au Ve corps, venu de Metz, et par conséquent fatigué par de longues et dures étapes, que quelques troupes de réserve.

C'est alors que se produisit une série d'événements, à peine explicables, et qui eurent pour les Allemands des conséquences désastreuses.

Ainsi, le corps allemand qui avait pour mission d'encercler Verdun et d'en immobiliser les troupes de la défense mobile s'égara dans sa route. Les Allemands, qui se prétendent les plus forts en géographie, firent alors la plus énorme gaffe que des officiers puissent faire sur le terrain, et « manquèrent la place ! »

Un autre des corps allemands qui devaient attaquer l'armée Sarrail, s'égarant également (toujours la fameuse science géographique de la *kultur* allemande !), tomba sous le feu des forts et y éprouva des pertes considérables.

Enfin, les deux derniers des quatre corps ennemis qui avaient pour mission de renforcer l'armée du kronprinz furent surpris par le brouillard en pleine forêt de l'Argonne. Chacun d'eux crut que l'autre était une troupe française, et, dans la brume, ils se livrèrent entre eux une véritable bataille.

Le général Sarrail était ainsi débarrassé des troupes ennemies qui devaient former les excédents numériques sur ses effectifs, et l'égalité des forces en présence se trouvait à peu près rétablie. C'était, dès lors, la défaite certaine des Allemands, qui n'ont de chances de vaincre que grâce à une grande supériorité numérique.

Les combats n'en furent pas moins d'une extrême violence. La configu-

Étrepilly. — Vision de guerre.

ration géographique du pays, d'ailleurs, formé de défilés boisés et accidentés, se prêtait merveilleusement aux mille péripéties d'une bataille acharnée. Mais notre armée, animée d'un irrésistible élan, réussit à maintenir toutes ses positions, encore qu'elle fût affaiblie par le rappel du 4e corps, que le général Joffre en avait distrait pour l'envoyer en renfort à l'armée du général Maunoury.

Enfin, le 11 septembre, l'armée Sarrail put nettement se relever dans la direction du nord.

L'armée du kronprinz se tira d'un écrasement complet, moyennant des pertes terribles. Au cours de trois contre-attaques d'une extrême violence, en particulier à Beauzée et à Triancourt, où elle eut sept mille hommes tués, elle tâcha de protéger sa retraite. Cependant le XVIe corps allemand perdit soixante-six pièces de canon, qui furent entièrement détruites par le tir de notre 75.

L'attaque faite par le Ve corps d'armée allemand, accouru de Metz à étapes forcées, fut un vaste insuccès. Le général Sarrail, escomptant sa fatigue après sa longue randonnée, ne lui avait opposé, comme nous l'avons dit, que des formations de réserve. Les événements lui donnèrent pleinement raison.

L'état-major de ce corps ennemi crut avoir à faire à une armée à la fois fraîche et nombreuse; aussi n'accentua-t-il pas le mouvement d'attaque qu'il avait mission de prononcer. De plus, averti des erreurs de marche et de la bataille que s'étaient livrée entre eux les corps allemands qui venaient de l'Argonne, il craignit d'être enveloppé, cerné par les troupes de la défense mobile de Verdun; aussi se hâta-t-il d'ordonner la retraite.

Pendant toute cette bataille, la place de Verdun et les forts jouèrent un rôle des plus importants, en soutenant, par le feu de leurs canons, les mouvements de notre infanterie. Voyant cela, les Allemands tentèrent de réduire au silence l'artillerie des forts avancés, notamment de ceux de Donancourt, de Troyon et de Génicourt, qu'ils bombardèrent.

Le fort de Troyon, en particulier, dont la garnison ne comprenait qu'une compagnie d'infanterie, fut soumis à un terrible bombardement de pièces autrichiennes de siège, du calibre de 305 millimètres. Les énormes projectiles lancés par ces canons réduisirent en miettes quelques-uns des ouvrages du fort, mais ne réduisirent pas le courage de son héroïque petite garnison.

A demi asphyxiés par les gaz provenant de l'éclatement des obus, la moitié des leurs tués ou ensevelis sous les décombres, les défenseurs du fort laissèrent les Allemands s'approcher, suivant leur habitude, en colonnes serrées. Alors ils firent feu de tous leurs canons, démasquèrent leurs mitrailleuses et firent un véritable carnage dans les rangs ennemis, qui laissa, sur les crêtes du fort, plusieurs milliers de cadavres.

Enfin, le 14, le fort de Troyon fut dégagé. Il n'avait pas succombé, malgré le nombre de ses assaillants, plus de *vingt fois* supérieur à celui de ses défenseurs! Cette défense du fort de Troyon est une belle page à ajouter à celle de Mazagran et de Sidi-Brahim, dans l'histoire des actes héroïques accomplis par les soldats de France.

Le 12 septembre, l'armée du kronprinz accentua nettement son mouvement général de retraite. Le 13, elle tenait encore, par ses arrière-gardes, dans le sud de l'Argonne. Mais, le 14 au matin, les Allemands se retiraient précipitamment vers le nord, entre l'Argonne et la Meuse.

Ainsi fut mise en fuite cette armée conduite par le prince héritier de l'empire, par ce kronprinz que l'on représentait comme un foudre de guerre, et qui ne sut que battre en retraite piteusement, après avoir dévasté les châteaux où il avait établi son quartier général et qu'il avait dépouillés avec soin de tous les objets d'art et de valeur qui s'y trouvaient.

*
* *

Les victoires partielles que nous venons de raconter, remportées sur les Allemands par chacune des armées du front allié, constituent, dans leur ensemble, la « victoire de la Marne ». En même temps que nos généraux luttaient contre le front ennemi en Champagne, les armées des généraux de Castelnau et Dubail, qui opéraient en Lorraine, contribuaient, de leur côté, à cette éclatante et capitale victoire.

Leur offensive vigoureuse contre l'ennemi empêcha celui-ci de distraire des troupes de Lorraine pour les envoyer combattre sur la Marne contre nos armées. Nous parlerons plus en détail, dans un autre chapitre, des opérations militaires accomplies par nos armées en Lorraine et en Alsace.

Notre victoire de la Marne fut affirmée par la retraite des Allemands, retraite qui, en beaucoup de points, ressembla plutôt à une déroute complète ; elle fut affirmée aussi par l'importance de nos prises, tant en prisonniers qu'en matériel de guerre.

Nous fîmes, pendant ces cinq journées, des prisonniers par milliers ; nous prîmes une dizaine de drapeaux, cent soixante canons, une quantité de mitrailleuses, des parcs entiers d'obus, des millions de cartouches. Ceci sans préjudice du matériel allemand qui fut détruit par le tir de notre artillerie. A la Ferté-Milon, nous nous emparâmes de plusieurs batteries d'obusiers, de canons et de caissons tout approvisionnés.

La retraite générale des Allemands se fit dans la direction de l'Aisne.

Leur état-major, grâce à des services d'espionnage savants, grâce à des opérations d' « avant-guerre », y avait préparé une ligne de tranchées et de retranchements destinés à abriter ses troupes et à leur permettre de se terrer en cas de retraite. Précisément, au début même de la bataille de la Marne, la ville de Maubeuge, dont les forts avaient été détruits l'un après l'autre à la suite d'un bombardement écrasant, était dans l'obligation de capituler.

Cette capitulation de Maubeuge rendit libre l'armée allemande qui investissait la place, et lui permit de couvrir la retraite des armées ennemies qui, battues sur la Marne, se replièrent vers l'Aisne pour s'y accrocher à leurs positions retranchées préparées d'avance.

Mais la victoire de la Marne n'en était pas moins éclatante et utile. Elle déroutait complètement le plan de l'ennemi, elle anéantissait ses espérances d'enlever Paris, elle brisait son offensive et montrait une fois de plus l'absolue supériorité de nos troupes sur les troupes allemandes. En outre, elle refoulait l'ennemi de la Marne à l'Aisne et débarrassait une

Prise d'une batterie allemande, aux environs d'Arras, par un régiment de cuirassiers. (Tableau de M. Georges Busson. — Cliché Vizzavona.)

partie de nos départements de la terrible invasion des barbares, en particulier les départements de la Marne et de Seine-et-Marne.

On a pu dire justement que la bataille de la Marne n'avait pas de précédent dans l'histoire militaire, et que jamais un rétablissement stratégique d'une telle envergure ne fut exécuté avec autant de précision par des masses d'hommes aussi considérables.

On a pu dire aussi, et avec vérité, d'après les considérations que nous venons d'exposer, que la bataille de la Marne avait sauvé la France. L'expression est absolument juste, pour le fond et pour la forme : à partir

En Champagne. — Convoi de prisonniers allemands, escortés par des chasseurs à cheval.

de la bataille de la Marne, l'offensive allemande, si arrogante au début, s'est changée en défensive, comme nous le verrons plus loin ; d'assiégeante, l'armée ennemie est devenue assiégée derrière ses tranchées, où les attaques qu'elle subit incessamment l'épuisent petit à petit.

Cette victoire est d'autant plus belle, qu'elle a été remportée sur une armée plus entraînée, plus préparée, tant au point de vue des hommes que du matériel, par de longues années de préméditation. Elle est d'autant plus belle aussi, qu'elle a été remportée par des troupes qui venaient d'exécuter, après nos revers de Belgique, une longue et fatigante retraite, au cours de laquelle cependant l'ordre dans le mouvement de repli ne fut pas troublé une seule fois, et qui sera l'une des plus belles de l'histoire de nos fastes militaires.

On comprend donc bien que le général Joffre ait pu adresser, le

13 septembre, dans la matinée, le télégramme suivant au ministre de la Guerre :

« *Commandant en chef à ministre de la Guerre, Bordeaux.*

« Notre victoire s'affirme de plus en plus complète. Partout l'ennemi est en retraite; partout les Allemands abandonnent des blessés, des prisonniers, du matériel. Après les efforts héroïques dépensés par nos troupes pendant cette lutte formidable, qui a duré du 5 au 12 septembre, toutes nos armées, surexcitées par le succès, exécutent une poursuite sans exemple par son extension. A notre gauche, nous avons franchi l'Aisne en aval de Soissons, gagnant ainsi plus de cent kilomètres en six jours de lutte. Nos armées, au centre, sont déjà au nord de la Marne. Nos armées de Lorraine et des Vosges arrivent à la frontière. Nos troupes, comme celles de nos alliés, sont admirables de moral, d'endurance et d'ardeur. La poursuite sera continuée avec toute notre énergie. Le pays peut être fier de l'armée qu'il a préparée.

« Général JOFFRE. »

CHAPITRE XIII

LA GUERRE EN LORRAINE ET EN ALSACE

Les premières hostilités. — Un raid aérien sur Metz. — L'armée du général de Castelnau. — Le « Grand-Couronné » de Nancy. — Comment Nancy fut sauvé. — L'entrée en Alsace. — Les deux occupations de Mulhouse. — L'évacuation de la haute Alsace.

Nous allons, pour un moment, laisser les armées allemandes terrées dans leurs tranchées le long de l'Aisne, surveillées et sans cesse attaquées par nos vaillants soldats, et nous allons passer sur un autre théâtre de la guerre, suivre les opérations qui se sont déroulées, pendant le mois d'août et le commencement de septembre, en Lorraine et en Alsace.

Alsace-Lorraine! rien que ce mot a le don d'émouvoir les cœurs français. Ne résume-t-il pas, en effet, nos douleurs et nos deuils passés, nos efforts présents, nos espérances pour l'avenir? N'est-il pas le symbole de quarante-quatre années de persécutions et de souffrances endurées par les populations de ces vaillantes provinces, écrasées par la lourde botte de l'envahisseur, et n'est-il pas le symbole aussi de la joie de la mère patrie, qui retrouve ses enfants après une longue séparation?

C'était le long de la frontière de Lorraine et d'Alsace que la France s'était le plus fortifiée, craignant de ce côté l'agression des Allemands. C'est en Lorraine et en Alsace que nos troupes pénétrèrent dès le début des hostilités, et nous allons les suivre sur ces deux terrains d'action.

Rappelons que c'est en Lorraine que les Allemands avaient commencé leurs opérations en violant notre territoire, avant même que la guerre fût officiellement déclarée.

C'est ainsi que, le 2 août, une colonne venant du Luxembourg avait pénétré sur notre sol, au sud de Longwy. Traquée par le feu des canons de la place, elle dut rebrousser chemin.

Le même jour, un détachement allemand avait franchi la frontière à Cirey, à trente-cinq kilomètres de Lunéville, et avait occupé un instant le village de Bertrambois; mais il avait également été repoussé.

Enfin, le 3 août, un aéroplane allemand volait au-dessus de Lunéville, vers 6 heures du soir, et lançait trois bombes.

Nous avons vu, en exposant les préliminaires de la guerre, avec quel soin le Gouvernement français, pour éviter tout incident, avait maintenu nos troupes à huit kilomètres en arrière de la frontière. Les Allemands, au contraire, ne se gênaient pas pour la franchir avant l'ouverture des hostilités.

Le 4 août, à Jœuf-Homécourt, une compagnie d'infanterie allemande saccagea le bureau de poste et celui des douanes; deux escadrons de cavalerie poussèrent jusqu'à Mercy-le-Bas; un régiment de cavalerie s'avança jusqu'à Morfontaine, dans la région de Briey, mais fut vite refoulé par une simple compagnie d'infanterie française.

A partir de ce moment, la guerre était officiellement déclarée. Nos troupes n'avaient donc plus à se maintenir en arrière de la frontière; elles allaient, au contraire, tâcher de la traverser.

* * *

Le 6 août, au matin, nos soldats pénétraient sur le territoire de la Lorraine annexée. Ils occupèrent les deux localités de Vic et de Moyen-Vic, à huit kilomètres de Château-Salins. Dès lors nos troupes furent en contact permanent avec l'ennemi.

Dans la région de Château-Salins, une batterie et un bataillon allemands s'avancent vers nos avant-postes, venant de Vic; ils sont vigoureusement refoulés avec des pertes sérieuses. Entre Château-Salins et Avricourt, le 10 août, nos soldats enlèvent, dans une magnifique charge à la baïonnette, le village de la Garde; et à Maugiennes, où les forces allemandes ont attaqué nos avant-postes, elles doivent se replier après avoir essuyé de fortes pertes.

Mais, en même temps, les Allemands cherchaient, eux aussi, à pénétrer sur notre sol.

Dans le plan général de défense du territoire, Nancy n'avait pas été fortifié, non plus que Pont-à-Mousson. L'investissement et le bombardement de ces deux villes étaient escomptés pour les premiers jours de la guerre.

Mais, comme nous l'avons vu, les Allemands avaient modifié leur plan d'attaque. Au lieu d'assaillir la France par sa frontière de l'Est, qu'ils jugeaient trop bien défendue, ils l'attaquèrent par celle du Nord en violant la neutralité de la Belgique.

Ce ne fut donc que le dixième jour après la déclaration de guerre que Pont-à-Mousson fut bombardé.

Le 12 août, la petite citée recevait une centaine d'obus de gros calibre, lancés d'une dizaine de kilomètres par des pièces d'artillerie lourde, et qui firent, dans la population civile de cette *ville ouverte*, quelques victimes. Le 14 août, un second bombardement tua une petite fille.

Le 13 août, à Chambrey, deux compagnies d'infanterie bavaroise

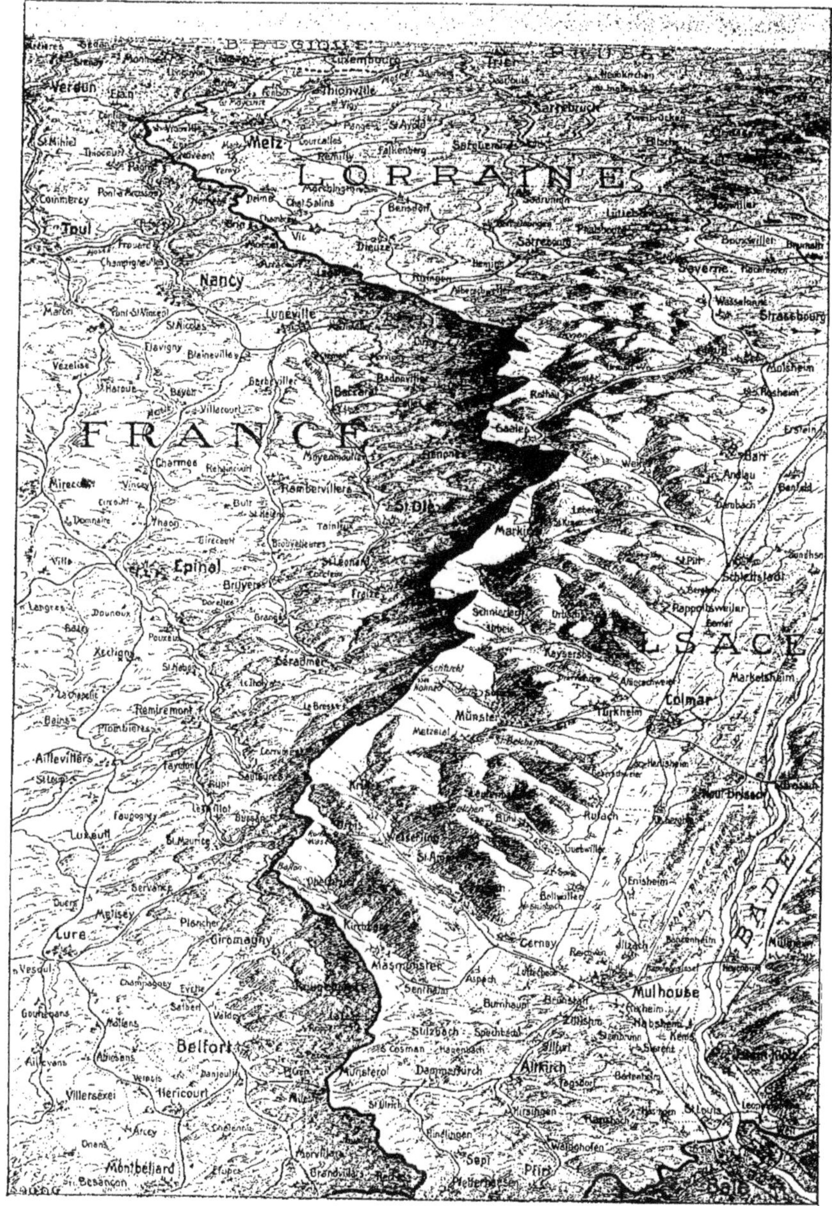

Carte du théâtre des opérations en Alsace-Lorraine.

avaient été surprises par nos troupes et repoussées vigoureusement en laissant sur le terrain un grand nombre de morts, et, le 14, un engagement assez important avait eu lieu dans la région entre Cirey et Avricourt, en avant de la frontière franco-allemande.

Une de nos divisions avait attaqué les forces ennemies, fortement retranchées en avant de Blamont. Le jour suivant, dans la matinée, notre infanterie enlevait brillamment Blamont et Cirey. Les forces allemandes, comprenant un corps d'armée bavarois, occupaient les hauteurs qui dominent ces deux villages. Mais les forces françaises, dessinant un mouvement enveloppant, forcèrent le corps bavarois à se replier dans la direction de Sarrebourg. Le lendemain, nos troupes le contraignirent à reculer encore et enlevèrent un convoi allemand de dix-neuf camions automobiles.

Les Allemands, en traversant le village de Blamont, s'y étaient naturellement signalés par de nombreuses atrocités, fusillant deux enfants de quinze ans, une jeune fille et un vieillard de quatre-vingt-dix ans, M. Barthélemy, ancien maire de cette commune.

* * *

Le 14 août, au cours d'une audacieuse randonnée aérienne, deux de nos avions, commandés par le lieutenant Cesari et le caporal Prudommeau, s'en allaient voler au-dessus de Metz. Ils ne lancèrent pas, comme le font les sauvages d'outre-Rhin, des bombes sur la population civile, mais sur les hangars de Frescati, où se trouvent des zeppelins.

Ils atteignirent leur but, un zeppelin fut détruit, et, malgré une violente canonnade qui les poursuivit longtemps, les deux avions rentrèrent indemnes dans le camp retranché de Verdun, après avoir heureusement accompli leur périlleuse mission.

Le 19, les opérations en Lorraine se continuaient heureusement. Sur tout le front nos troupes avaient progressé, et leur ligne s'étendait du Donon à Château-Salins. Notre armée occupait également Dieuze et avait fait, au delà de la Seille, de rapides progrès.

Mais la journée du 20 août fut moins heureuse pour nous.

Nos troupes d'avant-garde rencontrèrent une résistance très forte, qui se transforma bientôt en une offensive énergique de la part de l'ennemi.

Nos avant-gardes durent alors se replier sur le gros de nos forces, établi sur la Seille et sur le canal de la Marne au Rhin. En raison de la fatigue de nos troupes, qui se battaient sans interruption depuis plus de six jours, il fut nécessaire de les ramener en arrière.

Dans cette situation, notre gauche couvrait les ouvrages avancés établis en avant de Nancy, et notre droite était toujours fortement appuyée contre le massif du Donon. Au cours des combats successifs qui furent ainsi livrés, nos pertes furent assez sérieuses. Cependant notre armée put se maintenir au nord de Nancy, et aucune troupe ennemie ne réussit à franchir la Meurthe.

Le lendemain, une mauvaise nouvelle parvenait au quartier général : c'était celle de l'occupation de Lunéville par les Allemands.

Ainsi, après de premiers et brillants succès en Lorraine annexée, nous étions débordés par des forces trop considérables, obligés de nous replier en arrière, et Nancy se trouvait menacé.

Nous allons voir comment, par le magnifique effort du général de Curriéres de Castelnau, l'un des héros de cette guerre titanesque, Nancy fut sauvé de l'occupation allemande.

* * *

Ruines de Gerbéviller.

Les Allemands marchèrent sur Nancy par deux routes différentes : au nord, celle de Pont-à-Mousson ; au nort-est, celle de Château-Salins. En même temps, leurs colonnes se dirigeaient vers Cirey à l'est et vers Saint-Dié au sud-est.

Les troupes allemandes qui participèrent à l'invasion de la Lorraine, en y commettant des atrocités sans précédent, formaient deux corps d'armée entièrement composés de soldats *bavarois*, qui se conduisirent avec leur sauvagerie coutumière.

Déjà, en 1870, à Bazeilles, à Orléans, les Bavarois avaient donné la mesure de leur férocité. En Lorraine, en 1914, ils se montrèrent dignes de la confiance que Guillaume II mettait dans « ses braves soldats de Bavière »! Ils se conduisirent en brutes sanguinaires, assassinant, incendiant, et, — chose qu'ils n'oubliaient jamais, — volant partout où il y avait à voler.

Non, les Bavarois ne sont pas plus civilisés que les Prussiens : du nord ou du sud, ce sont des Allemands, et cela suffit à expliquer leur degré de sauvagerie.

Il y avait donc deux corps bavarois qui se dirigeaient vers Nancy.

Une partie de l'armée de Metz, qui avait commencé à effectuer un mouvement de progression dans la direction de Verdun, vers l'ouest, obliqua vers le sud. Sa droite s'appuyait à Saint-Michel, sur la Meuse ; sa gauche à Pont-à-Mousson, sur la Moselle. Cette force se joignit aux deux corps bavarois pour coopérer à l'attaque contre Nancy.

Les deux premiers corps étaient partis de Strasbourg et avaient passé par les défilés supérieurs des Vosges, entre Cirey et Baccarat.

Un troisième corps d'armée, également composé de Bavarois, était muni d'une nombreuse et forte artillerie, principalement de batteries d'artillerie lourde. Ce corps, qui comprenait une forte cavalerie, composée de uhlans et de cuirassiers blancs de la Garde prussienne, avait quitté Sarrebourg, et, en pénétrant en France par Château-Salins, il eut avec nos troupes des rencontres sanglantes, en particulier dans la région occupée par la forêt de Champenoux.

Nous avons vu, au commencement de ce chapitre, les mouvements en avant effectués par nos soldats, au début des hostilités, dans la région de Château-Salins à Cirey. Pendant ce temps, les Allemands se livraient au bombardement de Badonviller et de Baccarat, et ils occupèrent Cirey pendant cinq à six jours consécutifs.

Mais, à ce début de la campagne, la marche des armées françaises se poursuivait avec succès sur toute la ligne de frontière, de Pagny-sur-Moselle, près de Metz, au nord, jusqu'à Belfort, au sud. Au nord de cette ligne, les Allemands attaquaient en prenant une vigoureuse offensive ; ils bombardaient Pont-à-Mousson, comme nous l'avons vu plus haut, les 13, 14 et 15 août.

En revanche, au sud de Cirey, les troupes françaises, après une série de violents combats, occupaient, à la date du 10 août, les cols du Bonhomme et de Sainte-Marie-aux-Mines, et s'avançaient, par le val de Villé, dans la direction de Schlestadt, ville placée juste au centre de l'Alsace.

Ainsi, dix jours après la déclaration de la guerre, les armées françaises étaient en train d'exécuter, en territoire annexé, deux mouvements offensifs : l'un par le nord, en Lorraine ; l'autre, sur lequel nous reviendrons plus loin, par le sud, en haute Alsace.

De leur côté, les Allemands occupaient la partie supérieure des Vosges et se livraient à deux mouvements offensifs sur les ailes de l'armée française qui pénétrait en Lorraine, à Pont-à-Mousson et à Cirey.

Si l'on jette les yeux sur une carte géographique de cette région, on comprend aussitôt la raison d'être des deux manœuvres parallèles qu'effectuaient les deux armées adverses.

De chaque côté, en effet, l'offensive était couverte par une forteresse qui lui servait de point d'appui. Du côté allemand, c'étaient les deux camps retranchés de Strasbourg et surtout de Metz qui soutenaient la prise de possession des Vosges septentrionales. Du côté français, l'installation de nos troupes sur la crête et dans le défilé des Vosges était appuyée par la ligne des trois camps retranchés de Belfort, d'Epinal et de Toul.

C'est à Cirey que se produisit le premier changement important dans les positions des armées en présence. Les forces allemandes qui avaient occupé Cirey, Baccarat et Badonviller durent, sous l'effort des attaques françaises, se replier dans la direction de Strasbourg.

Ruines de Baccarat.

Mais, le 20 août, l'offensive jusque-là victorieuse de nos troupes fut arrêtée devant le grand camp militaire de Morhange, où les Allemands avaient concentré des forces considérables. Les troupes françaises se trouvèrent là en présence d'un adversaire numériquement bien supérieur, fortement retranché et muni d'une puissante artillerie.

* * *

En présence de ces forces supérieures, le général de Currières de Castelnau, commandant de l'armée française de Lorraine, ne jugea pas utile de risquer des pertes considérables d'hommes dans une attaque incertaine.

Il se retira en bon ordre et se replia d'abord sur un front dessiné par la Meurthe et passant par le sud de Lunéville, le canal de la Marne au Rhin et la Seille. Puis il rétrograda plus à l'ouest, sur la vallée de la Mortagne, pour occuper une ligne s'étendant, vers le nord, dans la même direction, jusque vers la forêt de Champenoux. Cette ligne coïncide presque avec les hauteurs qui couvrent Nancy et qui s'appellent « le Grand-Couronné ».

C'est contre cette ligne que fut dirigé l'effort inouï des Allemands, du 22 août au 12 septembre; mais jamais ils ne purent la forcer.

De Morhange, où ils avaient arrêté l'offensive française, à la forêt de Champenoux, la marche de l'ennemi fut très rapide. Trois jours après le succès des Allemands à Morhange, leur première armée avait réoccupé Cirey et Badonviller, bombardé Blamont et occupé Lunéville.

En même temps, leur seconde armée, celle qui avait franchi les Vosges plus au sud, occupait Saint-Dié et Raon-l'Étape, sur la Meurthe, Rambervillier et Badonviller, sur la Mortagne, et rejoignait la première armée à Lunéville, pendant que la troisième armée commençait, le 22 août, l'attaque de Champenoux et des villages environnants, avec l'appui de l'armée de Metz, qui s'efforçait d'atteindre Amance.

L'attaque allemande allait donc s'effectuer en venant des seules directions de Lunéville et de Champenoux. « Toutes les pièces de l'échiquier allemand se trouvaient rassemblées dans un coin. Lunéville avait été sacrifié par les Français comme on sacrifie une tour pour sauver une reine, et Nancy, la reine de la Lorraine, était serrée de près[1]. »

Mais, au cours de ces opérations, le général de Castelnau en Lorraine, le général Pau en Alsace, avaient continuellement eu la situation bien en main; et, à l'issue de cette première phase de la lutte, plus de 30000 cadavres allemands étaient couchés sur la terre de Lorraine : 11000 autour de Lunéville et plus de 20000 entre Nancy et Champenoux.

*
* *

C'est du 22 août au 12 septembre que se sont livrés, devant Nancy, les batailles dont l'ensemble porte le nom du Grand-Couronné, du nom de l'accident de terrain qui se trouve au voisinage de la capitale de la Lorraine.

De ces semaines de combats sanglants est sortie une grande victoire qui a sauvé Nancy et qui a couvert de gloire le général de Castelnau, commandant l'armée d'opération.

Son armée, reliée à l'ouest à celle du général Sarrail, comprenait, indépendamment des renforts envoyés de Toul pendant le cours de l'action, trois divisions de réserve : la 59e, le 68e et le 70e.

Ces troupes étaient disposées sur la ligne suivante : à gauche, un premier front allant de Loisy à Sainte-Geneviève, sur le flanc du Grand-

[1] Article du *Times*.

Couronné ; au centre, une ligne allant du sud au nord, faisant face à l'est, de la Rochette à Velaine ; enfin, à droite, le front se terminait dans la région de Lunéville. La ligne française, dans son ensemble, s'étendait donc au pied de cet immense fer-à-cheval de hauteurs et de plateaux à pentes raides qui constitue le Grand-Couronné et dont les extrémités s'appuient, l'une sur la Meurthe, l'autre sur la Moselle.

Sur le front de gauche, à Loisy et Sainte-Geneviève, eurent lieu, à partir du 4 septembre, des combats terribles. Notre artillerie appuyait Sainte-Geneviève ; mais nous n'avions à Loisy qu'une compagnie d'infanterie du 314e, qui fut si héroïque que, *à elle seule, elle put contenir* pendant une journée entière, retranchée dans le cimetière, *l'assaut de toute une division ennemie.* Ce fut encore là un magnifique fait d'armes.

La ferme de Léomont, en Lorraine, où se sont déroulés de terribles combats. Ce point stratégique de haute importance est resté entre nos mains, après de nombreuses tentatives françaises et contre-attaques allemandes.

Malheureusement l'ennemi avait progressé sur la rive gauche de la Moselle, et il avait pu, dans la matinée du 7 septembre, installer de l'artillerie sur une hauteur d'où il pouvait canonner Loisy et Sainte-Geneviève. Ordre fut donc donné aux défenseurs de se replier, ce que le brave commandant de Montlebert ne consentit à faire que sur la vue d'un ordre « écrit » : nos officiers seront toujours des héros !

Mais si nous abandonnions Sainte-Geneviève, ce n'était que temporairement ; car, le soir même, nous réoccupions le village avec deux compagnies.

Dans cette affaire, où, grâce aux merveilleuses dispositions prises par le commandement, nous n'eûmes que quatre-vingt-trois hommes tués ou blessés, les Allemands perdirent plus d'un millier de morts. Beaucoup de ceux-ci, quand on les enterra, furent reconnus frappés *par derrière,* ce qui donne à supposer qu'ils étaient tombés sous les revolvers de leurs officiers, qui tiraient sur eux en les voyant s'enfuir.

Cette première affaire était donc, pour nous, à la fois très glorieuse, puisqu'un bataillon français avait tenu tête à toute une division allemande, et très encourageante; car, outre le sentiment de leur force qu'elle donnait à nos soldats, elle avait brisé l'attaque allemande sur notre gauche. On voit donc que, même à dix contre un, les Boches ne sont pas toujours les plus forts.

* * *

Au centre de la ligne française, au centre également du Grand-Couronné, se dresse le plateau d'Amance, dominant la plaine et la forêt de Champenoux.

C'est autour d'Amance que se livrèrent, pendant près de trois semaines, les combats les plus acharnés. Le 23 août, nous avions, sur tout le front, fait tête à l'ennemi, qui se trouvait arrêté depuis son succès du camp de Morhange. Le 25, nous l'attaquions, en prenant l'offensive à notre tour, par un mouvement combiné des deux armées des généraux de Castelnau et Dubail, le premier opérant sur le Grand-Couronné, le second dans les Vosges françaises au sud de Lunéville.

Le 26 août, la 36e brigade, commandée par le général de Morderelle, attaquait vivement le village de Champenoux. Le 28 et le 30, cette offensive se continua par des escarmouches successives, quand, le 1er septembre, les Allemands s'avancèrent avec des forces considérables. Ils avaient placé leurs batteries d'artillerie lourde sur les bords de la Seille, en dehors de l'atteinte de notre artillerie de campagne; et, du 4 au 12 septembre, ils ne cessèrent de nous arroser d'un véritable ouragan de projectiles.

Malgré cette violente canonnade, nous tenions toujours à Champenoux et à Amance. Le 6, au soir, l'ennemi porta tout son effort vers Amance, et nous dûmes plier sur plusieurs points. Mais, le lendemain, ordre était donné de reprendre le terrain perdu la veille, et à l'appui de cet ordre on envoyait un régiment de renfort, le 206e, qui attaqua la forêt de Champenoux. Les Allemands s'y étaient fortifiés de telle façon, que le 206e perdit beaucoup de monde, ainsi que le 212e. Tous deux durent se replier, tandis que le 344e seul continuait à tenir sur ses positions.

Mais, le 8, l'ordre fut donné de reprendre l'offensive contre la forêt de Champenoux, d'autant plus que les Allemands, réussissant à y installer deux de leurs plus gros canons, purent envoyer de là, sur Nancy, une cinquantaine d'obus, qui firent croire à la population de la cité lorraine que la ville commençait à subir un véritable bombardement.

Le 9, l'attaque fut reprise contre la forêt. Elle fut encore repoussée. On la reprit à nouveau. Les troupes étaient harassées de fatigue ; cependant les hommes continuaient à se battre incessamment, sans sommeil et presque sans nourriture.

Le 11, enfin, nous parvenions à nous avancer jusqu'au milieu de la forêt de Champenoux. Malgré des pertes sanglantes, malgré l'anéantissement presque complet du régiment envoyé de Toul, nous avancions cependant petit à petit, en dépit de la supériorité numérique de l'ennemi, qui disposait d'effectifs au moins doubles des nôtres.

Nancy. - La place Stanislas. (Phot. Neurdein.)

Enfin, le 12 septembre, les Allemands, épuisés par la permanence et l'acharnement de nos attaques, battaient en retraite en colonnes profondes, que l'empereur, posté sur les hauteurs de la région d'Eply, pouvait voir s'enfuir devant les armées françaises.

C'était, d'ailleurs, le même jour que ses armées étaient taillées en pièces sur la Marne.

Déjà, le 8 septembre, le kaiser, voulant briser la résistance de nos soldats, avait donné l'ordre à ses troupes de monter à l'assaut du plateau d'Amance et aux cuirassiers blancs de la Garde celui de charger contre les lignes françaises.

Sortant des bois environnants, sous les yeux de leur souverain, les régiments allemands, musique, tambours et fifres en tête, s'avancèrent comme à la parade et commencèrent à escalader nos positions. Nos officiers avaient donné ordre aux hommes de ne pas tirer tant que l'ennemi ne serait pas à deux cents mètres du front. Notre artillerie de campagne, bien défilée, gardait également le silence.

Les Allemands, voyant cette immobilité sur nos lignes, s'imaginèrent, toujours dans leur incommensurable orgueil, qu'ils avaient détruit nos pièces et que nos troupes s'étaient repliées.

Mais à peine sont-ils arrivés à deux cents mètres de notre front, que nos soldats s'élancent hors de la tranchée et se précipitent à la baïonnette contre les assaillants.

Le choc fut terrible, le carnage épouvantable. Criblés par les balles des lebels et des mitrailleuses, les Boches tombaient comme des épis sous la faux des moissonneurs. A ce moment, nos terribles 75 entrèrent dans la danse et firent entendre leur effroyable musique. Tirant à une faible portée à raison de vingt coups à la minute, ils ravagèrent les colonnes allemandes, dans lesquelles leurs obus faisaient de profondes et sanglantes trouées.

Trois fois de nouvelles troupes allemandes furent envoyées pour recommencer l'assaut : trois fois elles furent repoussées avec les mêmes pertes.

C'est alors que les cuirassiers blancs de la Garde prussienne chargèrent, sur l'ordre de l'empereur. Mais nos obus à balles firent dans leurs rangs un carnage terrible, et le sol fut bientôt complètement recouvert de leurs cadavres cuirassés et de ceux de leurs chevaux. Des milliers de cavaliers trouvèrent la mort dans cette aventure, qui mettait un terme définitif à l'offensive allemande dans cette région.

Le lendemain, nos troupes attaquaient à leur tour, et, à 11 heures du matin, après une préparation d'artillerie, elles prenaient possession de la forêt de Champenoux, complètement abandonnée par l'ennemi.

L'empereur Guillaume, nous l'avons dit, assista de loin à ce désastre de ses soldats.

Il avait cependant, avec la manie des mises en scène théâtrales qui caractérise ce royal cabotin, préparé une entrée solennelle à Nancy ; il avait réuni autour de lui dix mille hommes de cavalerie de la Garde, à la tête desquels il comptait pénétrer en conquérant dans la capitale lorraine.

Il fut réduit à suivre la retraite de ses troupes, et le même jour les armées de Von Kluck, de Von Bülow, de Von Hausen, du duc de Wurtemberg et de l'inimitable kronprinz s'enfuyaient, après la défaite de la Marne, devant nos soldats vainqueurs.

Depuis le 12 septembre, nous n'avions pas cessé de progresser dans la région de Nancy. Le 13 septembre, nous avions réoccupé Saint-Dié et Lunéville, Raon-l'Étape et Baccarat, Reméréville et Pont-à-Mousson. Tout le territoire français compris entre les Vosges et Nancy était nettoyé d'Allemands.

Ainsi fut sauvé Nancy, grâce aux efforts du général de Castelnau et de ses héroïques soldats.

Et non seulement cette action fut glorieuse pour l'armée Castelnau, mais encore, en arrêtant le long des pentes du Grand-Couronné des forces allemandes considérables, elle empêcha celles-ci de descendre sur la Marne au secours de l'armée du kronprinz et des autres armées ennemies, et permit ainsi au général Joffre de remporter une victoire complète.

L'opinion publique a tout de suite montré qu'elle savait apprécier les services rendus; elle a fait au général de Castelnau la part de gloire qui lui revient légitimement, et le langage populaire a désigné ce chef éminent sous ce glorieux vocable : le « grand couronné de Nancy ».

*
* *

Nous venons de voir les opérations militaires faites au cours d'août et de septembre, en Lorraine, par nos armées. Disons maintenant un mot des opérations effectuées en Alsace.

C'est le 7 août, un vendredi, que nous posâmes, pour la première fois depuis 1870, le pied en Alsace. Ce jour-là, le commissaire de police française de Petit-Croix, station frontière française de la ligne de Belfort à Mulhouse, prenait possession du bureau du commissaire de police allemand de Montreux-Vieux (Alt-Münsterol), station frontière allemande de la même ligne, et s'y installait avec ses services.

En même temps, nos troupes franchissaient la frontière

Nous savions, par nos reconnaissances aériennes, que les Allemands n'avaient laissé, entre la frontière française et Mulhouse, que des forces relativement peu importantes, et que le gros de leurs troupes s'était replié sur la rive droite du Rhin.

Dans ces conditions, notre objectif était d'attaquer ces forces et de tâcher de les rejeter en arrière, afin de nous rendre maîtres des ponts du fleuve et de pouvoir y repousser une contre-attaque ennemie, si elle venait à se produire de ce côté.

C'est aux troupes formant la défense mobile de Belfort qu'échut cette mission.

Le 7 août, elles se mirent en marche : les unes par la trouée de Belfort, large dépression où coulent les affluents du Doubs, d'une part, du côté français, et de l'Ill, d'autre part, du côté alsacien; les autres par la vallée de la Thur, qui, descendant du Rheinkopf, passe à Thann, où elle se divise en deux branches qui vont toutes deux se jeter dans l'Ill.

Nos troupes se heurtèrent aux troupes allemandes à Thann et à Altkirch.

Thann s'étend en longueur sur les bords de la Thur, tandis qu'Altkirch est construit en amphithéâtre sur la rive droite de l'Ill. Sur les deux positions, les Allemands avaient élevé des fortifications de campagne, défendues par de l'artillerie lourde.

C'est le vendredi, à la tombée de la nuit, qu'une brigade française se présente devant Altkirch.

Nos troupes se lancent à l'assaut avec une invincible ardeur. Le sentiment de la reconquête de l'Alsace faisait bouillonner le sang dans les veines des soldats et centuplait leur courage. Un régiment d'infanterie notamment, dans une de ces irrésistibles charges à la baïonnette qui sont la terreur des Allemands, enleva les retranchements ennemis après un combat très vif livré en avant des lignes.

Affolés, les Boches s'enfuirent, abandonnant leurs ouvrages de seconde ligne, dans lesquels cependant ils eussent pu tenir encore longtemps, et évacuant complètement la ville. Pourchassés, le sabre dans les reins, par un régiment de dragons, ils se dispersèrent dans la direction d'Illfurth.

Nos troupes alors entrèrent dans Altkirch, aux acclamations d'une population enthousiaste. Les poteaux-frontières, que les habitants venaient d'arracher, sont portés en triomphe. Des vieux de 70, qui ont vu la guerre, dont quelques-uns portent le ruban de 1870 ou de la médaille militaire, embrassent nos soldats en pleurant. Des femmes et des jeunes filles jettent des fleurs sur nos hommes.

C'est l'Alsace, en un mot, l'Alsace orpheline de quarante-quatre ans, et qui retrouve sa mère, la France, après avoir souffert près d'un demi-siècle sous la domination féroce d'une odieuse marâtre, sous le talon brutal de la botte allemande.

Ce fut là une heure d'émotion indescriptible.

Le même jour, le général Joffre faisait afficher, dans les villages alsaciens occupés par nos troupes, la proclamation suivante :

« Enfants de l'Alsace !

« Après quarante-quatre années d'une douloureuse attente, des soldats français foulent à nouveau le sol de votre noble pays.

« Ils sont les premiers ouvriers de la grande œuvre de la revanche. Pour eux quelle émotion et quelle fierté !

« Pour parfaire cette œuvre, ils ont fait le sacrifice de leur vie : la nation française, unanimement, les pousse, et dans les plis de leurs drapeaux sont inscrits les noms magiques du Droit et de la Liberté.

« Vive l'Alsace !

« Vive la France !

« Le général en chef de l'armée française,

« JOFFRE. »

A la lecture de ces lignes émouvantes, nos Alsaciens sentaient leurs yeux se mouiller de larmes. L'espoir longtemps caressé était devenu une réalité, et ils avaient vu ce qu'ils n'entrevoyaient qu'en rêve : le retour des Français !

⁂

Nous avons dit que notre cavalerie avait poursuivi l'ennemi en déroute. Mais la nuit était venue, et, malgré l'active poursuite de nos dragons, il put s'échapper. Nous n'avions donc pas réussi à lui couper la retraite et à l'anéantir, ce qui était notre objectif initial.

Près de Thann.

Le lendemain matin 8 août, dès l'aube, notre marche en avant continuait, et, cette fois, nos soldats rencontraient devant eux une résistance sérieuse.

Les troupes allemandes, en effet, s'étaient massées dans la forêt de la Hardt, vaste massif boisé de trente kilomètres de longueur, où peut s'abriter aisément un corps d'armée tout entier.

Les Allemands, débouchant de cette forêt, firent tête à nos troupes. Celles-ci attaquèrent aussitôt et, malgré une assez vive résistance de l'ennemi, réussirent à le mettre en fuite.

A la nuit tombante du samedi 8 septembre, les Français entraient dans la ville de Mulhouse, aux acclamations frénétiques des Alsaciens.

Il y eut là quelques heures d'une allégresse inoubliable. La grande cité industrielle alsacienne, restée si foncièrement française malgré la dureté du joug allemand ou, peut-être, à cause même de cette dureté impitoyable, faisait fête à nos soldats, qui y trouvèrent un accueil sans précédent.

Mais on avait oublié un peu trop que, à côté des Alsaciens véritables qui se réjouissaient sincèrement, il y avait, à Mulhouse, beaucoup de familles allemandes immigrées depuis la guerre : familles de fonctionnaires prussiens, de commerçants d'outre-Rhin.

Ces gens-là retrouvèrent aussitôt leur vocation naturelle : celle d'espions. A peine nos troupes étaient-elles entrées à Mulhouse, que ces Allemands prenaient des notes sur l'importance des effectifs qui occupaient la ville. Quand ils virent que ceux-ci ne comportaient qu'une seule brigade, ils se hâtèrent de faire parvenir ce renseignement à l'arrière, au commandant de l'armée allemande.

Celui-ci comprit aussitôt qu'il lui était facile de réoccuper Mulhouse, en y mettant le prix toutefois, étant donné que la brigade française ne constituait guère qu'une reconnaissance.

Aussi les Allemands, débouchant à nouveau de la forêt de la Hardt d'une part, venant de Neuf-Brisach d'autre part, sur le Rhin, avancèrent-ils sur la ville par une attaque de nuit, en même temps qu'ils marchaient dans la direction de Cernay, dans l'espoir de nous couper la retraite. Cernay est situé sur la Thur, au sud-est de Thann.

Il était difficile de rester à Mulhouse avec des forces insuffisantes; nous risquions de perdre notre ligne de retour sur les hautes Vosges et sur Belfort. D'un autre côté, il n'y avait aucun intérêt à sacrifier des hommes pour la défense d'une ville ouverte et dépourvue de fortifications.

Ordre fut donc donné de revenir en arrière.

A dire vrai, une autre hypothèse aurait pu être conçue et réalisée.

Les éléments que nous avions laissés à Altkirch n'avaient pas été attaqués. Dans ces conditions, il eût été facile, en utilisant nos réserves, de contre-attaquer l'ennemi marchant vers Cernay. Pour des causes encore mal connues, cette conception n'a pas prévalu.

Notre gauche étant attaquée vers Cernay par des forces nettement supérieures, notre droite restant inactive, la bataille était mal engagée. La retraite était dès lors la solution la plus sage.

De cette opération brillante, mais éphémère, une conclusion pourtant se dégageait : c'est que les Allemands n'entendaient pas abandonner sans combat la haute Alsace, et qu'ils y disposaient de forces importantes. L'opération initiale était donc à reprendre sur des bases nouvelles. C'est au général Pau que le commandement en fut confié.

*
* *

Le 14 août, c'est sur le col et la ville de Saales que s'exerçait l'action offensive des forces françaises, le long de la crête des Vosges. Nous les occupions l'une après l'autre.

Dans Saales même, nos troupes avaient trouvé d'énormes quantités d'effets d'équipement qu'y avaient abandonnés les Allemands au cours de leur fuite, qui fut une vraie débandade.

Le même jour nous nous emparions du massif du Donon, montagne importante de plus de mille mètres d'altitude et qui, au nord de Saales, domine la vallée de la Bruche. La Bruche est une rivière qui descend des Vosges et va se jeter dans l'Ill, à vingt-cinq kilomètres de Strasbourg, à l'endroit où se trouve la ville de Mutzig. A ce point, les Allemands ont construit un fort redoutable, bétonné, armé de pièces tirant sous coupoles

Bussang. — Saint-Maurice et le ballon d'Alsace. (Phot. Neurdein.)

blindées, et qui commande par ses canons toute l'entrée de la vallée de la Bruche, dans la plaine d'Alsace.

C'est à huit kilomètres au-dessous de Saales, au village de Saint-Blaise, que fut livré, le 15 août, le combat au cours duquel le premier drapeau allemand fut capturé par nos troupes. Ce drapeau était celui du 132ᵉ d'infanterie allemande, en garnison à Strasbourg. Il fut pris par les chasseurs à pied du 10ᵉ bataillon. Envoyé aussitôt à Paris, il fut exposé au ministère de la Guerre, à une fenêtre donnant sur le boulevard Saint-Germain, et transporté aux Invalides, où, dans la suite, une douzaine d'autres drapeaux allemands ne devaient pas tarder à le rejoindre.

Au cours de ce combat de Saint-Blaise, notre artillerie de 75 détruisit complètement les batteries lourdes allemandes, dont les servants furent tués sur leurs pièces. L'action dura de 5 heures et demie du matin à la nuit;

et, quand arriva le soir, nos petits chasseurs à pied, nos braves « vitriers », se lancèrent contre les ouvrages allemands avec un entrain irrésistible ; ils en chassèrent l'ennemi et s'y installèrent à sa place.

Au cours de la journée du 16 août, notre mouvement en avant se développait sur tout le front alsacien. Nous enlevions Sainte-Marie-aux-Mines, au haut de la vallée de la Liepvrette, qui débouche dans la plaine et se jette dans l'Ill à Schlestadt. Dans la vallée de Schirmeck, nous faisions encore un millier de prisonniers, nous prenions douze canons, douze caissons, et nous nous emparions de huit mitrailleuses.

Le 18 et le 19 août, notre situation le long des Vosges était sans changement. Les Allemands nous avaient repris le village de Villé, non loin de Schlestadt ; mais, en revanche, nous avions occupé Guebwiller, chef-lieu de « cercle » (sous-préfecture), de treize mille habitants, situé à vingt-cinq kilomètres au sud-ouest de Colmar.

*
* *

Cependant le général Pau, qui avait pris le commandement des troupes de haute Alsace, ne restait pas inactif et préparait la reprise de l'offensive sur de nouvelles bases.

Les forces françaises avaient besoin de se refaire, de se remettre en main à l'abri des canons de Belfort. L'ennemi avait beaucoup souffert du feu de notre artillerie. De notre côté, nous avions été gênés par le tir des obusiers allemands, défilés dans des ravins où il était difficile de les repérer.

C'est en tenant compte de ces diverses circonstances que le général Pau arrêta son plan d'opération, après avoir reçu des renforts importants en vue d'une résistance énergique de l'ennemi.

Il ne s'agissait plus ici, comme la première fois à Mulhouse, d'effectuer une simple reconnaissance ; il s'agissait de faire un effort décisif.

Au début, nos forces s'engagèrent sur un front moins étendu que celui de la semaine précédente. Par un premier mouvement, elles se portèrent sur Thann et Dannemarie. Elles partaient de Belfort et des Vosges, menaçant, par conséquent, la ligne de retraite allemande. Quant à notre droite, elle s'appuyait sur le canal du Rhône au Rhin.

Notre action se portait donc en premier lieu sur les forces ennemies à l'ouest de Mulhouse. Liberté était ainsi laissée aux Allemands de s'engager entre nos troupes et la frontière suisse.

L'attaque sur Dannemarie et Thann, bien préparée et bien conduite, fut rapide et décisive. Les Allemands durent évacuer ces deux localités ; mais, avant d'évacuer Dannemarie, ils se conduisent en véritables sauvages et brûlèrent la plus grande partie de la ville.

Ce premier succès acquis, le général Pau donna l'ordre de prononcer l'attaque dans la direction de Mulhouse. Notre gauche s'élevait dans la direction Colmar-Neuf-Brisach ; notre droite commençait à se porter simultanément vers Altkirch. Notre gauche et notre droite menaçaient ainsi les lignes de retraite allemandes.

C'est dans ces conditions que le combat s'engagea devant Mulhouse. La résistance fut vive, et l'attaque fut menée, de notre côté, avec une grande vigueur. Malgré les efforts désespérés des Allemands, nous les for-

Gérardmer. — La Schlucht. Route de Munster, un tunnel. (Phot. Neurdein.)

çâmes à se retirer devant nos troupes, qui entrèrent dans la ville par le faubourg de Dornach.

Là, quatre batteries allemandes essayent, en se retirant, d'échapper à nos soldats ; mais ceux-ci déciment les conducteurs, tuent les chevaux à la baïonnette et s'emparent des vingt-quatre canons qui composaient ce convoi.

La lutte continua encore pendant quelque temps dans les rues de la ville ; mais l'ennemi se fatiguait visiblement. Il abandonna la cité, que nous occupâmes. Les Allemands, risquant d'être coupés des ponts du Rhin, se retirent en grand désordre, vivement poursuivis par nos troupes, qui restent maîtresses des débouchés des ponts et tiennent la partie supérieure de la haute Alsace.

Cette conquête des Vosges s'accomplit avec des effectifs très restreints au début, et qui ne se sont accrus que petit à petit.

Au ballon d'Alsace et au Hohneck, par exemple, nous avons engagé des forces allant d'un bataillon de chasseurs à un régiment d'infanterie. Les pertes ont été également très faibles : vingt hommes de notre côté et plus de cent du côté allemand.

Nos pertes au col du Bonhomme et à celui de Sainte-Marie-aux-Mines ont été de six cents tués ou blessés. Mais la canonnade dirigée par notre artillerie sur l'ennemi lui a infligé des pertes qui sont au moins cinq ou six fois plus élevées que les nôtres.

Au cours de ces opérations complètement victorieuses, nos fantassins, rivalisant avec les alpins, ont fait preuve, sans exception, de l'entrain et de la souplesse qu'exige la guerre de montagne. A diverses reprises, ils ont enlevé à l'ennemi des pièces d'artillerie de campagne et des pièces d'artillerie lourde. On a vu que nos troupes s'étaient également emparées d'un drapeau.

Sur tout le front vosgien, l'objectif que nous nous proposions a donc été atteint.

*
* *

Mais, pendant que ces opérations heureuses se poursuivaient dans les Vosges et dans la haute Alsace, d'autres événements, dont nous avons précédemment donné le récit, événements importants et graves d'ailleurs, se déroulaient en Belgique.

La bataille de Mons-Charleroi n'avait pas eu, pour nous, une issue heureuse. Le général Joffre avait jugé prudent d'organiser l'admirable retraite stratégique qui devait le conduire, quelques jours plus tard, à l'éclatante victoire de la Marne.

Cette succession d'événements nous obligea à modifier le plan de campagne adopté en Alsace. Le généralissime, dans la nécessité où il se voyait de faire face, le long de la Meuse, à l'ennemi avec toutes ses forces, donnait l'ordre d'évacuer progressivement tout le pays que nous occupions de l'autre côté des Vosges.

Par suite de cet ordre, nos troupes, qui occupaient le Donon et le col de Saales, furent ramenées en arrière, et Mulhouse, après avoir été occupé une seconde fois, se vit évacué de nouveau par nos troupes. Il fallait, en effet, réunir toutes les forces disponibles au gros des armées françaises sur le front principal, qui s'étendait de Maubeuge au Donon.

Nos soldats durent donc quitter momentanément l'Alsace.

Mais ce départ, que l'armée d'Alsace et son chef eurent peine à subir, ne devait être que temporaire. Au cours des mois suivants, nos troupes devaient réoccuper les cols des Vosges et les localités de la haute Alsace, solidement cette fois, s'y installer, s'y fortifier vigoureusement, et en affirmer ainsi la prise de possession définitive.

CHAPITRE XIV

LA GUERRE DE TRANCHÉES ET LA COURSE A LA MER

Après la bataille de la Marne. — Les Allemands se terrent dans des tranchées. — La guerre de tranchées. — Le bombardement de la cathédrale de Reims. — Deux nouvelles armées. — La « course à la mer ».

Laissons maintenant nos opérations de Lorraine et d'Alsace, puisque ces dernières furent interrompues par les événements de Belgique, et reprenons contact avec les armées françaises qui viennent de remporter sur la Marne la victoire éclatante qui, en brisant net l'offensive ennemie, a sauvé le pays de l'invasion et préservé Paris de l'occupation allemande.

Au milieu de septembre, nos armées et l'armée anglaise avaient donc pourchassé l'envahisseur, l'avaient forcé à remonter vers le Nord.

Mais là il cessa de reculer et fit tête.

Cette résistance provient d'une cause qui montre, d'ailleurs, combien les Allemands avaient prémédité cette guerre et combien ils en avaient, d'avance, prévu toutes les particularités.

Au cours de leur descente sur Paris, ils escomptaient certes un succès rapide et facile ; ils pensaient pouvoir s'emparer sans coup férir de la capitale de la France et, de là, dicter leurs conditions de paix.

Mais ils avaient cependant (quoiqu'ils la tinssent, dans leur orgueil, pour presque impossible) prévu l'éventualité d'une retraite, d'un mouvement de recul, d'un repli en arrière. Et, en prévision de ce mouvement de recul, ils avaient profité de leur passage à travers la région de l'Aisne pour y construire des lignes de tranchées très défendues, très profondes, armées d'artillerie lourde, précédées d'un réseau inextricable de fils de fer barbelés, et dont les approches étaient défendues par des trous-de-loup.

On raconte que, près de dix-huit mois avant la guerre, un étranger parlant très bien le français s'était installé dans un hôtel de Soissons et avait parcouru la région en automobile. Il avait, en particulier, été spécialement intéressé par d'anciennes carrières abandonnées, qu'il visita longuement ; on dit même qu'il s'en rendit acquéreur et y fit mettre une clôture.

« Cet étranger, » toujours d'après les mêmes récits, ne serait autre que le général Von Kluck lui-même, qui opérait ainsi, en personne, sur le terrain de l' « avant-guerre ».

Quoi qu'il en soit, au moment de leur retraite de la Marne, les Allemands ne marchaient pas à l'aveuglette. Ils avaient un but bien déterminé : c'était d'atteindre l'asile, soigneusement préparé, de leurs tranchées d'abris, de s'y terrer et d'arrêter ainsi, par une guerre purement défensive, l'attaque des armées françaises.

Une tranchée bien organisée.

On le voit, les rôles étaient dès lors renversés. Au lieu d'attaquer, les Allemands étaient attaqués. Leur plan initial était complètement annihilé; l'attaque brusquée avait échoué grâce à deux événements imprévus par eux : la résistance héroïque des Belges et la victoire inattendue de l'armée française sur la Marne.

A la guerre de mouvements va succéder la guerre de tranchées. C'est une réédition, à soixante ans d'intervalles, des opérations du siège de Sébastopol.

* * *

La tranchée est née, pourrait-on dire, en même temps que la guerre elle-même, et l'art de la fortification de campagne est fondamental dans la conduite des armées.

Cet art de la fortification de campagne, les Allemands le possédaient à fond. En temps de paix, leurs fantassins étaient toujours exercés fréquemment à des travaux de retranchement. On leur faisait très souvent remuer de la terre, et la rapidité de leur installation le long de l'Aisne, dans leurs tranchées, a bien montré leur virtuosité dans l'art de la guerre souterraine.

En France, au contraire, nous avions quelque peu négligé ce point de vue de l'art militaire. A peine, au cours des dernières années, a-t-on exercé quelques régiments d'infanterie, pendant les grandes manœuvres, à élever des retranchements; et nous paraissions avoir oublié les traditions du siège de Sébastopol, où cependant nos soldats étaient passés maîtres dans l'art de la guerre sous terre.

Et pourtant, les enseignements de la guerre récente entre la Russie et le Japon auraient dû nous servir d'avertissement. Dans les opérations qui se sont déroulées en Mandchourie, en particulier à la longue bataille de

Dans la vallée de la Schlucht.

Moukden, qui a duré plus de quinze jours, c'est la lutte de tranchées qui a été la caractéristique des opérations militaires.

Heureusement nos troupiers se sont rapidement mis au niveau de leurs ennemis et, grâce à leur esprit d'assimilation, à leur prodigieuse ingéniosité, grâce à l'initiative et à l'impulsion féconde du général Joffre, ancien officier du génie, se sont même rapidement montrés supérieurs aux Allemands dans la pratique de ce genre de guerre.

La tranchée peut revêtir deux caractères bien différents : elle peut être défensive ou offensive. L'une et l'autre exigent, de la part des sapeurs, des soins particuliers.

Pour la tranchée défensive, il faut d'abord tenir compte de la nature du sol dans lequel elle doit être creusée : plus ou moins argileux, plus ou moins friable, plus ou moins perméable à l'eau. Il ne faut pas oublier que la tranchée est appelée à durer, et que cependant, faite de matériaux essentiellement mobiles, c'est-à-dire de pelletées de terre rejetées les unes sur les autres, elle est appelée à voir ses parapets s'ébouler sous leur propre poids, à la suite de l'action prolongée de la pluie ou, simplement, sous l'action seule du temps.

En Argonne. — Tranchées allemandes que nos soldats ont fait sauter par une mine. Quand ils en prirent possession, ils trouvèrent un grand nombre de cadavres boches, déterrés par l'explosion.

Il faut donc consolider les bords de la tranchée. Il faut la revêtir de matériaux moins déformables, moins mobiles que la terre : des troncs d'arbres, des madriers, des rails de chemins de fer même, pour être certain que le trou creusé dans le sol conserve la profondeur nécessaire pour abriter le soldat, couché ou debout.

Mais il faut que la tranchée, destinée à des opérations susceptibles de se prolonger longtemps, soit habitable. Il faut donc y ménager des abris pour le logement des hommes ; il faut blinder ces abris, pour les mettre à couvert des éclats des projectiles ennemis qui viendront les « arroser » ; il faut assurer l'écoulement des eaux de pluie, pour empêcher que la tranchée ne se transforme en une mare stagnante ; il faut, dans le cas d'une campagne d'hiver, comme celle qu'ont eue à faire nos soldats, chauffer et éclairer leurs réduits souterrains. Tout cela, on le voit, exige de l'ingéniosité et de l'adresse. Nos hommes y sont vite passés maîtres.

Et, comme ce sont des soldats français ; comme, chez eux, la vieille gaieté nationale ne perd jamais ses droits, nos poilus ont manifesté leur bonne humeur dans leurs travaux. Ils ont, en maints endroits, décoré d'une façon plus ou moins fantaisiste les abris qui les protégeaient ; ils ont donné des noms aux principales tranchées et aux carrefours où elles se croisent.

C'est ainsi qu'on a vu, dans les tranchées de l'Aisne, une « rue de la Paix » [1], une « place de la Concorde ». Il y avait le « bois de Boulogne », il y avait le « pavillon d'Armenonville », et mille autres désignations rappelant des rues connues de la capitale ou de nos grandes villes de France. Il y avait également la « Côte d'azur », amère ironie sous le ciel gris du Nord ; il y avait la « place des Palmiers », sans doute nommée ainsi par un groupe de zouaves ou de tirailleurs !

Lance-bombe.

Telle est la tranchée défensive.

Quant à la tranchée offensive, c'est autre chose. Elle doit permettre à ceux qu'elle abrite d'avancer vers les retranchements ennemis, tout en étant protégée le mieux possible contre le tir des canons ou des fusils adverses. La tranchée proprement dite se transforme en sape.

Alors les talus sont couronnés de sacs de terre, eux-mêmes couronnés par des gabions. Ces gabions sont des paniers dont les armatures rigides, taillées en pointes, dépassent les bords, ce qui permet de les ficher dans le sol. Les gabions sont remplis de terre. Ils sont souvent complétés par des fascines, longs faisceaux de branches que l'on dispose au-dessus des gabions pour relier ceux-ci les uns avec les autres.

Nous ne parlons que pour mémoire des défenses que l'on organise en avant d'un système de tranchées : chausse-trapes, trous-de-loup, avec, dans le fond, un pieu aiguisé ; réseaux de fils de fer barbelés, destinés à empêtrer les jambes de l'adversaire qui monterait à l'assaut et à l'obliger ainsi à demeurer plus longtemps exposé au tir des défenseurs.

Et, ce qu'il y a de plus remarquable dans la guerre de tranchées, c'est qu'elle a ressuscité d'anciens procédés de combat que l'on croyait à jamais tombés dans l'oubli.

Ainsi, les vieux mortiers du siège de Sébastopol, qui ne tirent que sous grand angle et à faible distance, se sont trouvés précieux pour lancer des bombes d'une tranchée à la tranchée ennemie rapprochée. Les grenades, lancées à la main, ont revu le jour. On a même repris les catapultes des anciens, ou peu s'en faut, puisqu'on se sert d'appareils à ressorts très puissants pour lancer les grenades, les bombes et les obus à courte distance.

Minenwerfer (lance-bombes) pris aux Allemands à Mérérac.

Enfin la guerre de tranchées se complète par la guerre de mines. Les sapeurs creusent dans le sol une galerie, entièrement souterraine cette fois ; ils la poussent jusque sous les positions de l'ennemi. Arrivés là, ils l'élargissent en une chambre que l'on remplit d'explosifs. On ferme alors le boyau de communication, et on met le feu aux poudres à l'aide d'un courant électrique.

*
* *

Telle est, dans ses grandes lignes, la guerre de tranchées. Le but de chacun des adversaires est donc de conquérir un ou plusieurs éléments des tranchées de l'autre.

Après la bataille de la Marne, les Allemands avaient évacué Amiens, se repliant vers l'est entre Soissons et Reims, et n'avaient pas défendu la Marne au sud-est de cette ville. Nous avions réoccupé Raon-l'Étape, Baccarat, Reméréville, Nomény, Pont-à-Mousson, Lunéville et Saint-Dié.

La ligne défensive derrière laquelle les Allemands se fortifièrent constituait un front jalonné par la région de Noyon, les plateaux au nord de

Vic-sur-Aisne et de Soissons, le massif de Laon, les hauteurs au nord et à l'ouest de Reims, et une ligne qui traverse l'Argonne et qui vient aboutir à la Meuse vers le bois de Forges, au nord de Verdun.

Reims. — La cathédrale. (Phot. Neurdein.)

Dès le début de cette guerre de tranchées, on put constater un fait : c'est que toutes les tentatives du retour offensif des ennemis étaient enrayées aussitôt.

Mais alors les Allemands ont cherché une compensation dans une autre voie. Installés sur les hauteurs de Brimont, aux environs de Reims, ils ont, de là, avec leur artillerie lourde, tiré, sans aucune raison militaire, sur la cathédrale, ce chef-d'œuvre de l'art gothique, si riche en souvenirs historiques ; sur ce sanctuaire où Jeanne d'Arc avait prié, et où furent sacrés les rois de France. Cela se passait le 20 septembre.

Par une sorte de fatalité, les tours de la cathédrale étaient, au moment de la guerre, enveloppées d'un immense échafaudage élevé en vue des réparations à effectuer. Les bois de cet échafaudage offrirent à l'incendie un aliment abondant. Bientôt les tours étaient le centre d'un immense brasier, la cathédrale de Reims était en flammes.

Cet acte de vandalisme eut le don d'émouvoir profondément tout le monde civilisé. Même dans les pays neutres, en apparence les plus germanophiles, il y eut un mouvement unanime de protestation des milieux littéraires, scientifiques et artistiques. En Hollande, en Suisse, en Espagne, en Suède, en Norvège, aux États-Unis, au Brésil, dans l'Argentine, des articles violents flétrirent comme il convenait le sauvage esprit de destruction des barbares.

Ils rappelaient bien, par leurs exploits, ces Huns dont ils descendent, et qu'Attila conduisait à la dévastation de l'Europe. Et d'ailleurs, ne se vantent-ils pas de cette descendance? et l'empereur lui-même n'a-t-il pas donné à l'un de ses fils le prénom d'Eitel, ce qui est la forme allemande du nom d'Attila?

En présence de l'indignation soulevée dans le monde entier par cet acte de vandalisme inouï et sans précédent, les barbares ont naturellement cherché à l'excuser en produisant des explications et des arguments à l'allemande.

Ainsi, ils ont prétendu que des batteries lourdes françaises étaient installées dans le voisinage immédiat de la cathédrale, ce qui était faux. Ils ont prétendu également que des signaux lumineux avaient été faits du haut d'une des tours de l'antique basilique.

Or M. Landrieux, archiprêtre de la cathédrale, déclara formellement que jamais une batterie d'artillerie n'avait été mise en position sur le parvis de la cathédrale, et que jamais un poste d'observation n'avait été installé sur ou dans les tours.

De plus, le commandement français fit aux allégations allemandes une réponse bien péremptoire. C'est qu'il suffit de se rendre compte de la situation pour constater que nous n'avions aucun intérêt à placer des observateurs dans les tours de la cathédrale, et surtout à faire des signaux lumineux; car toute la plaine de Reims peut être surveillée aussi bien, et moins dangereusement, des hauteurs voisines.

En outre, si nous avions eu des observateurs sur les tours, il nous

La cathédrale de Reims, le 19 septembre 1914, à 4 heures 30 de l'après-midi.

aurait suffi de les munir du téléphone pour leur permettre de communiquer leurs renseignements, sans éveiller, par des signaux lumineux, l'attention de l'ennemi.

La destruction de la cathédrale de Reims reste donc un crime aussi odieux qu'inutile.

* * *

Dans les derniers jours de septembre et les premiers jours d'octobre, la guerre de tranchées se poursuivit ainsi, sans amener de grands changements de part et d'autre.

Cependant notre front progressait légèrement, peu à la fois, mais de façon continue. A notre aile gauche, entre la Somme et l'Oise, nos troupes s'avançaient dans la direction de Roye. Un détachement français occupa Péronne et réussit à s'y maintenir, malgré de vives attaques de l'ennemi.

Mais, en même temps, les Allemands parvenaient à progresser sur les Hauts-de-Meuse. Ils s'emparèrent du fort du Camp-des-Romains et réussirent à s'installer à Saint-Mihiel. Leurs positions, sur les Hauts-de-Meuse, forme un saillant sur leur front.

Dans cette guerre de tranchées, l'état-major allemand caressait l'espoir de tourner notre gauche, comme nous-mêmes avions l'espérance de tourner son aile droite.

Pour tenter cet enveloppement de l'ennemi, le général Joffre dut constituer de nouvelles armées. Il confia d'abord à l'armée du général Maunoury la mission de diriger des attaques permanentes contre la droite des Allemands.

Mais cette armée, à elle seule, ne pouvait suffire à cette tâche écrasante. Les forces des Allemands sur leur droite étaient, en effet, sans cesse accrues par des renforts continuels, précisément dans le but de nous faire subir, à notre gauche, un mouvement d'encerclement.

Alors une autre armée fut envoyée à la gauche de l'armée Maunoury, prolongeant ainsi la ligne occupée par celle-ci dans la direction du nord-ouest. Cette armée fut placée sous les ordres du général de Currières de Castelnau, le « grand couronné de Nancy », le héros de la Lorraine. Elle s'établit fortement dans la région Lassigny-Roye-Péronne, du 21 au 26 septembre, appuyée à sa gauche par les divisions territoriales du général Brugère.

Mais, pour atteindre notre but, ce n'était pas encore assez : une nouvelle armée fut formée, dont le commandement fut confié au général de Maud'huy, et qui s'installa plus haut encore que l'armée du général de Castelnau, occupant la région d'Arras et de Lens, et s'étendant vers le nord, pour donner la main aux divisions sorties de Dunkerque. Cette armée entrait en ligne le 30 septembre.

Au commencement d'octobre, le maréchal French exprima au généralissime le désir de rapprocher son armée de la côte, afin d'être plus à portée de ses ravitaillements en hommes et en matériel. Le général Joffre se rendit à ce désir, et l'armée anglaise transporta ses forces de l'Aisne vers la côte. Elle prit position à la suite de la nouvelle armée du général de Maud'huy.

Mais, pendant ce temps, les Allemands, comprenant bien quel était notre dessein, envoyaient également sur la côte des forces importantes, en nombre de plus en plus grand. C'était à qui, des deux adversaires, devancerait l'autre aux rivages de la mer du Nord ; aussi cette période de la campagne put-elle être justement caractérisée par le mot de « course à la mer ».

Le plan des Allemands, d'ailleurs, portait l'empreinte de leur manie du kolossal.

Après avoir raté leur coup sur Paris, ils tournèrent leurs efforts vers l'Angleterre, à qui ils avaient voué une haine plus forte peut-être qu'à la France, et ce n'est pas peu dire.

Ils avaient formé le projet de s'emparer de Dunkerque, de Boulogne et de Calais. De là, avec leurs énormes canons tirant sous grand angle, ils comptaient inonder de projectiles Douvres et la côte anglaise.

Mais surtout ils comptaient rendre, par le tir de leur artillerie et par les sous-marins, qui auraient ainsi pour centre d'opérations les ports de Calais et de Boulogne qu'ils convoitaient, le détroit intenable pour les bateaux anglais de ravitaillement. Ils espéraient de la sorte couper l'armée anglaise de ses approvisionnements.

Et, ne s'arrêtant pas en si beau chemin, ils avaient publié dans leurs journaux illustrés le programme d'une invasion de l'Angleterre.

Une flotte de *deux cents (!) zeppelins* devait commencer par semer la terreur, la mort et l'incendie, sur les villes anglaises du littoral et sur Londres. Puis une nuée de sous-marins devait anéantir la flotte anglaise. Alors, sous la protection de l'escadre allemande, qui sortirait enfin de ses repaires de Kiel, tous les transatlantiques allemands, immobilisés jusque-là dans les ports de Hambourg et de Brême, transformés en transports, jetteraient sur le sol anglais une formidable armée de débarquement,... et le tour serait joué.

Seulement, pour cela, il fallait être maître du détroit.

Aussi le cri de : « A Paris! » qui était, au début du mois d'août, le mot de ralliement des Boches, fut-il remplacé, au début d'octobre, par le cri de : « A Calais! »

Nous verrons bientôt comment se termina pour eux cette aventure.

En attendant, l'état-major envisageait encore la création d'une nouvelle armée. Celle-ci était formée et dirigée vers le Nord, avec mission de se mettre à la suite de l'armée anglaise, de secourir les Belges et d'étendre le front de bataille jusqu'à la mer du Nord. Cette armée fut placée sous les ordres du général de division d'Urbal.

Il importe de faire quelques remarques sur le choix si judicieux, fait par le généralissime, des généraux auxquels il confiait le commandement de ses grandes masses.

Il faut toujours s'attendre à des surprises de la part d'une armée qui est restée sans combattre pendant longtemps, sur laquelle deux ou trois générations ont passé sans faire la guerre. Les réputations de généraux se font et se défont alors avec la rapidité de l'éclair.

Ce n'est pas un des moindres talents du général Joffre que de rechercher et de savoir trouver toujours les meilleurs chefs, sans considération aucune pour la routine et pour les usages bureaucratiques. Jeunes ou vieux, il a su les placer, sans hésitation, à la place qu'ils devaient occuper, le mieux en vue de l'intérêt général.

Ainsi, les généraux Maunoury, de Langle de Cary, par exemple, avaient dépassé la limite d'âge. Le général Joffre leur confia cependant une armée, et l'expérience a montré combien il avait vu juste en plaçant sa confiance dans des chefs aussi éminents.

Inversement, les généraux Foch, Sarrail, Franchet d'Espérey, qui n'étaient que commandants de corps au début de la guerre, étaient nommés, en septembre, à des commandements d'armées.

Mais aucun avancement ne fut plus rapide que celui des généraux de Maud'huy et d'Urbal. Agé de cinquante-sept ans, le général de Maud'huy était simplement, comme colonel, professeur d'histoire militaire à l'École supérieure de guerre. A la fin d'août il passait général de brigade. Trois semaines après il était général de division, commandant de corps, et enfin chef d'armée.

Le général d'Urbal le suivait de près. Agé de cinquante-six ans, celui-ci se trouve ainsi être, avec le général anglais sir Douglas Haig, le plus jeune commandant d'armée en exercice sur le front occidental de la guerre germano-européenne.

* * *

Voilà donc réalisée la fameuse course à la mer.

Notre commandement avait, très heureusement, percé à jour les desseins de l'ennemi et déjouait ses tentatives au fur et à mesure qu'elles se produisaient. Non seulement les Allemands furent incapables de nous envelopper, mais ils n'arrivèrent même pas, dans leur ardeur à atteindre la côte, à prolonger directement leur front de bataille dans la direction de l'ouest. Sous la poussée de nos troupes, ils furent obligés de le relever vers le nord et de remonter dans cette direction, leur nouvelle ligne étant à peu près perpendiculaire à leur ligne de l'Aisne et de l'Argonne. Leur front prit alors la forme d'une équerre gigantesque, dont le sommet se trouve au confluent de l'Aisne et de l'Oise, au nord de Compiègne, et dont les deux branches, l'une verticale, l'autre horizontale, vont de la mer du Nord à la chaîne des Vosges.

Dans cette course à la mer, le chemin de fer et l'automobile jouèrent un rôle aussi actif que le canon. Les douze mille automobiles de l'armée

Dans une tranchée de première ligne, nos soldats se préparent à une attaque à la baïonnette.

ont transporté, ne l'oublions pas, des troupes à raison de 250000 hommes par mois; et, pendant les premiers six mois de guerre, les chemins de fer français ont transporté, d'un point à un autre du front, plus de cent divisions, au moyen de dix mille trains, ayant effectué des voyages variant de cent à six cents kilomètres.

Dès le début de la course à la mer, les Allemands durent comprendre qu'ils ne la gagneraient pas. Ils avaient été, en tout, devancés par les mesures admirablement prises par notre généralissime. Il leur fallait donc trouver autre chose pour venir à bout des forces franco-britanniques.

Parmi les nombreuses caractéristiques de l'esprit allemand, il en est une qui, avec la notion du kolossal, domine toutes les autres : c'est l'esprit de suite. Quand il s'exerce dans le succès, il s'appelle de la persévérance ; quand il s'exerce dans l'échec, c'est de l'entêtement.

Or le grand état-major prussien est, au premier chef, entêté. Les revers, les échecs, les insuccès, n'amoindrissent pas un instant ses résolutions. Ce qu'il a raté trois fois, il le reprendra une quatrième, une cinquième fois si c'est nécessaire, jusqu'à complet épuisement de ses forces.

Ainsi, son grand plan stratégique, qui consistait à écraser d'abord la France, pour ensuite se retourner contre les Russes, a échoué complètement. Les armées allemandes n'ont pu encercler les armées françaises, ni en Belgique, ni sur la Marne, ni sur l'Aisne, ni en Artois ni en Picardie. Leur tentative a échoué trois fois.

Eh bien! ils vont la recommencer une quatrième fois. De nouveau ils vont prendre l'offensive, et la reprendre à la fois en Pologne contre les Russes, et en Flandre contre les troupes franco-anglaises. Si cette dernière réussissait, elle leur livrerait les ports du littoral de la Manche et leur permettrait de menacer directement l'Angleterre.

*
* *

En attendant la réalisation de ce projet gigantesque, les Allemands poursuivaient, sur le front de l'Aisne et de l'Argonne, leur guerre de tranchées.

A notre aile gauche, une action très violente s'était engagée, dès le 25 septembre, entre celles de nos forces qui opèrent entre la Somme et l'Oise, et les corps d'armée que l'ennemi a groupés dans la région qui s'étend de Tergnier à Saint-Quentin.

Entre l'Oise et l'Argonne, les armées de Maunoury, de Langle de Cary, Franchet d'Espérey, trouvent en face d'elles des positions très fortes allant de l'Aisne à l'Argonne occidentale.

La bataille faisait rage le 26 et le 27 septembre, dans la région de Reims, dont les Allemands continuent à bombarder impitoyablement la cathédrale.

De très violentes attaques ennemies ont eu lieu sur plusieurs points. Quelques-unes furent même menées jusqu'à la baïonnette. Toutes furent repoussées. La Garde prussienne, au centre de nos lignes, de Reims à Souain, prononça une très vigoureuse offensive; elle fut rejetée, avec de grandes pertes d'hommes et de matériel, dans la région de Berry et de Nogent-l'Abbesse.

Nous avons fait là de nombreux prisonniers, capturé des canons et des mitrailleuses, enlevé de nombreuses munitions et pris un nouveau drapeau.

L'empereur assistait en personne à cet échec de ses troupes les plus réputées, du haut d'une colline d'où il pouvait suivre les péripéties de la bataille, comme il avait assisté à la déroute de ses régiments dans l'affaire du Grand-Couronné de Nancy, comme, quelques jours plus tard, il devait assister à la défaite des armées allemandes devant Ypres.

La situation des armées européennes, à la fin de septembre et au commencement du mois d'octobre, était donc la suivante :

Sur le front, des Vosges à l'Aisne et de l'Aisne à la Lys, une double ligne de tranchées opposées l'une à l'autre. Ces tranchées sont souvent à quelques centaines de mètres seulement des tranchées adverses. Là se livre, jour et nuit, avec une persévérance inlassable, une véritable guerre de siège qui va durer plus de quinze mois consécutifs.

A gauche de ce front, en regardant le nord, les lignes des armées en présence, se relevant vers le nord, aboutissent aux rives de la mer du Nord. Et là les Allemands, accumulant sans cesse des renforts, vont tenter leur effort suprême pour tâcher de réaliser le but de leurs convoitises : atteindre Calais.

CHAPITRE XV

LES BATAILLES DES FLANDRES

La retraite des Belges et la prise d'Anvers. — La concentration des armées dans le Nord. — La brigade des fusiliers marins. — Dixmude et la bataille de l'Yser. — Défaite des Allemands. — Les attaques sur le « saillant » d'Ypres. — Le général de Maud'huy à Arras. — La victoire des armées alliées à Ypres. — L'accalmie.

Ainsi, le plan des Allemands était de s'emparer de Dunkerque d'abord, de Calais ensuite, afin d'être maîtres du détroit et de menacer directement l'Angleterre.

Pour réaliser cette conception, il était indispensable aux armées de Guillaume II de commencer par conquérir entièrement le territoire belge, de le déblayer de tous ses défenseurs et, en particulier, de s'emparer du camp retranché d'Anvers.

Mais l'armée belge, commandée par son héroïque chef le roi Albert Ier, occupe ce camp; elle est en ville, elle est dans la double ceinture de forts qui entourent celle-ci. Et Anvers, c'est la place « la plus fortifiée d'Europe », disait-on volontiers dans les milieux militaires.

Anvers, en effet, était le chef-d'œuvre du général du génie belge Brialmont, qui fut le rénovateur de la fortification moderne. C'est lui qui imagina les ceintures de forts, non plus en maçonnerie, mais bétonnés et munis de grosse artillerie tirant dans des coupoles blindées.

Anvers était donc considéré comme le « réduit national » de l'armée belge. A l'appui de ses puissantes fortifications, le Gouvernement belge, les ministères, les légations étrangères, obligés de quitter Bruxelles envahi et occupé par les Allemands, s'étaient réfugiés et y avaient installé tous les services de leurs administrations. S. M. la reine des Belges et ses enfants s'étaient également retirés dans la vieille cité flamande.

L'armée belge ne tenait pas seulement la ville et les forts, elle tenait les positions avancées du camp retranché, ainsi que le passage du moyen Escaut et de la Lys.

Les Allemands avaient donc, dès le début du mois d'octobre, comme premier objectif, de s'emparer d'Anvers et d'anéantir l'armée belge.

La chute de Maubeuge, tombé le 7 septembre entre les mains des

Allemands, qui lui avaient fait subir un long bombardement de leurs énormes canons de 420 et de 305, rendait disponible cette formidable artillerie de siège. Nos ennemis s'en servirent pour attaquer les forts d'Anvers, dont le bombardement commença le 26 septembre, et les Allemands installèrent leurs batteries en position devant le secteur sud de la ville.

Le bombardement continua, les jours suivants, avec un acharnement terrible. Malgré la puissance de résistance des forts, rien ne put tenir

Anvers. — Vue générale, prise de la tête de Flandre. (Phot. Neurdein.)

contre les formidables explosions de ces obus gigantesques, lancés par les pièces de 420 et de 305 : là où tombaient et éclataient ces projectiles monstrueux, toutes les défenses étaient réduites à néant, et ceux des défenseurs qui n'étaient pas tués par les éclats des projectiles étaient asphyxiés par la masse de gaz délétères que dégageait leur explosion.

La canonnade continua de la sorte pendant les premiers jours d'octobre. L'un après l'autre, les forts avancés de la ville étaient détruits, diminuant ainsi la résistance que les Allemands avaient en face de leurs colonnes d'attaque.

Cependant une force anglaise importante, composée de huit mille fusiliers marins et soldats de marine, avait débarqué à Ostende et était allée renforcer la garnison d'Anvers. La ville même fut bombardée du haut des airs par un zeppelin, qui laissa tomber une bombe à quelques mètres du palais habité par la reine Élisabeth et ses trois jeunes enfants.

En même temps, le 2 octobre, l'ennemi s'emparait de la ville de

Termonde, important point d'appui devant Anvers. Les Allemands saccagèrent la ville, en massacrèrent les habitants et en incendièrent les maisons, montrant une fois de plus leurs instincts sanguinaires.

Le 6 octobre, le Gouvernement belge, jugeant la situation grave et envisageant la chute prochaine de la place par suite de la destruction successive des forts, quittait Anvers avec les légations des puissances alliées et se transportait à Ostende. Le cercle d'investissement de l'ennemi se rétrécissait de plus en plus; toute la première ligne de forts était tombée, et l'attaque se poursuivait contre les ouvrages de seconde ligne et contre la ville elle-même.

Anvers. - L'hôtel de ville et le bas Escaut. (Phot. Neurdein.)

Dès lors tous les efforts de la défense sont vains. Malgré l'héroïsme de la garnison belge, malgré le courage des détachements de marins anglais venus à son aide, la lutte n'est plus égale, la résistance est rendue impossible sous la pluie de fer et de feu dont les canons allemands arrosent la ville. Il faut l'abandonner.

Le 9 octobre 1914, la garnison évacuait Anvers. Une partie de la population, affolée par l'arrivée des Allemands, dont on connaissait d'avance la férocité, s'empila sur des navires qui descendaient l'Escaut et se réfugia, soit en Hollande, soit en Angleterre, pour de là passer en France. Quant aux défenseurs d'Anvers, ils effectuèrent leur retraite dans la direction d'Ostende, par la mince bande de terre comprise entre l'Escaut et le territoire hollandais. Trente mille hommes purent ainsi regagner les lignes des armées alliées. Seuls, deux mille ou trois mille soldats belges ou marins anglais, se trompant de chemin, pénétrèrent sur le territoire neutre de la Hollande : ils y furent désarmés et internés par les soins du Gouvernement de ce pays.

Le 9 octobre, les Allemands, commandés par le général Von Baselev, firent leur entrée à Anvers et, naturellement, firent main basse sur tout ce qu'ils purent trouver : bétail, charbon, lin, laine en grande quantité, cuivre, cigares en abondance et surtout *plus de six cent mille francs d'argent en numéraire!* Inutile de dire que tout cela fut chargé sur des fourgons et aussitôt expédié de l'autre côté du Rhin.

Mais les Allemands éprouvèrent une déception sérieuse au point de vue maritime. Le puissant port d'Anvers ne pouvait pas leur servir de « base » pour leurs sous-marins; car, pour atteindre la mer du Nord, les bateaux sont obligés de descendre l'Escaut, dont l'embouchure est entièrement située en territoire hollandais.

En outre, ils comptaient trouver à Anvers une grande quantité de navires immobilisés dans les bassins du port de commerce.

Or, contrairement à leur attente, il n'y avait plus un seul vaisseau anglais, belge ou français. Il s'y trouvait bien trente-quatre vapeurs et trois grands voiliers allemands, qui y avaient été retenus lors de la déclaration de guerre; mais les Belges en avaient rendu les machines absolument inutilisables, et ils avaient coulé le *Gneisenau*, un paquebot du *Norddeutscher Lloyd*. En outre, des chalands chargés de pierres avaient été coulés près de la grande écluse du port.

* * *

Les Allemands venaient donc, après un bombardement, — nous ne dirons pas un « siège », — de douze jours, de s'emparer de la puissante forteresse si laborieusement édifiée par le général Brialmont. Au premier abord, ce succès pouvait paraître un triomphe sans précédent et d'une importance considérable.

Mais, en examinant le fond des choses, le triomphe des armées de Guillaume perdait beaucoup de son ampleur et se trouvait réduit à de minimes proportions.

En effet, Anvers était fortifié, pourrait-on dire, à l'inverse du but des forteresses ordinaires. Celles-ci ont, en général, pour objet de barrer un défilé, de protéger une frontière, une ligne de chemin de fer, une route ou un croisement de routes. Anvers, au contraire, était placé loin de toute frontière et devait servir de lieu de refuge, de « réduit national » à l'armée belge pour le cas où celle-ci ne pourrait plus tenir la campagne.

Par conséquent, la prise d'Anvers et de son camp retranché n'avait de valeur que si elle était accompagnée de la capture des troupes qui les défendaient.

Les Allemands avaient donc commis une lourde faute en s'emparant des forts de la rive droite de l'Escaut avant de s'être assuré la possession de ceux de la rive gauche. Cette faute, qui indique, entre parenthèses, que la fameuse science militaire de nos ennemis est tout à fait problématique et ne repose, au fond, que sur le « nombre » de leurs soldats et sur la « force » de leur artillerie, permit à l'armée belge et au corps de secours anglais d'effectuer tranquillement leur mouvement de retraite et de se replier sur Ostende.

On se souvient que l'armée anglaise, sur la demande du maréchal French, avait été, au commencement d'octobre, ramenée du front de l'Aisne et transportée du côté de la mer du Nord. Sur ce nouveau terrain, en liaison constante avec les autres armées de notre front, l'armée britannique allait donc coopérer à la manœuvre générale, en attaquant l'ennemi aussi vite que possible et en cherchant, en même temps, à maintenir le contact avec l'armée belge.

Mais la mobilisation des troupes anglaises prit plus de temps que l'on ne pensait, et il ne fut pas possible d'attaquer les Allemands, qui venaient d'envoyer, dans la région de Lille, des troupes de cavalerie, précédant des éléments plus importants. On manqua ainsi l'occasion de se jeter sur les Allemands alors qu'ils n'avaient encore que des forces relativement faibles dans la région de Lille.

L'armée belge, il est vrai, était sortie d'Anvers heureusement et avait rejoint les forces alliées. Mais elle était fatiguée par trois mois de combats incessants et ne pouvait, du moins immédiatement, entrer en ligne dans l'action générale.

Il était dès lors évident que, pour contenir l'élan des armées allemandes sans cesse renforcées, un nouvel effort était nécessaire de notre côté.

C'est alors que fut décidée la création de la nouvelle armée du général d'Urbal, l'armée de Belgique.

Cette armée consistait, pour commencer, en deux divisions de territoriale, quatre divisions de cavalerie et une « brigade navale », formée de deux régiments de fusiliers marins, à trois bataillons chacun, sous le commandement du contre-amiral Ronarc'h.

Mais, aussitôt constituée, l'armée du général d'Urbal fut renforcée par de nombreux éléments dont l'arrivée sur le front dura du 27 octobre au 11 novembre. Ce renfort représentait cinq corps d'armée, une division territoriale, seize régiments de cavalerie et soixante pièces d'artillerie lourde.

La présence des fusiliers marins, organisés en régiments, avait été une innovation devant laquelle le ministre avait longtemps hésité. Fort heureusement il passa outre et décida la création des deux régiments en question.

Il eut grandement raison de ne pas hésiter. Les marins, « combattant à terre, » avaient déjà, en 1870, signé au Bourget une des pages les plus glorieuses de la défense de Paris. Ici ils allaient réaliser, à Dixmude, un exploit rappelant les antiques Thermopyles.

Ainsi fut complétée la manœuvre stratégique combinée par le général en chef dès le 11 septembre, à la fin de la bataille de la Marne, et qui projetait d'étendre notre front jusqu'à la mer du Nord. Désormais cette extension était chose faite, et les mouvements de troupes du rivage maritime allaient être méthodiquement coordonnés avec les opérations défensives et offensives de l'Oise, de l'Aisne et de la région même de l'Argonne.

Le 22 octobre, la gauche extrême du front des armées alliées, limitée un mois auparavant à la région de Noyon, au nord-ouest de Compiègne, s'étendait maintenant jusqu'à Nieuport, grâce aux trois nouvelles armées de Castelnau, de Maud'huy, d'Urbal, à l'armée anglaise et à l'armée belge.

La grande barrière était donc dressée contre la tentative des Allemands ayant pour but de s'emparer de Dunkerque et de Calais.

Mais ce n'est pas tout d'avoir dressé la barrière ; il fallait la maintenir solide contre les attaques de l'ennemi, la faire résister aux assauts incessamment répétés qui allaient lui être livrés par l'entêtement des Allemands dans la poursuite de leur objectif.

C'est cette défense qui constitua la bataille des Flandres, qui dura du 22 octobre au 15 novembre 1914.

*
* *

Dès le 4 octobre, le généralissime avait confié au général Foch la mission d'aller, dans le Nord, coordonner les mouvements et les opérations de nos trois armées, réunies à l'armée anglaise et à l'armée belge.

C'est contre ce front de cinq armées que fut dirigée la seconde grande offensive allemande de cette guerre gigantesque.

Après la retraite de l'armée belge et sa sortie d'Anvers, les Allemands avaient perdu quelque temps à organiser dans cette ville une entrée triomphale ; aussi ne poursuivirent-ils leurs adversaires que d'assez loin. Cependant, successivement Gand, Bruges, Ostende, tombèrent entre leurs mains. Le Gouvernement belge avait, précédemment, quitté cette ville et, sur l'initiative du Gouvernement français, qui lui offrait l'hospitalité de la cité normande, avait transporté tous ses services au Havre.

C'est donc le Havre qui, pendant toute la durée de l'occupation de la Belgique par les ennemis, va être la capitale officielle de ce valeureux royaume. Toutes les garanties d'indépendance ont été fournies au Gouvernement belge par le Gouvernement français, pour assurer le fonctionnement des divers ministères. Des camps spéciaux sont mis à la disposition du ministère de la Guerre belge pour l'instruction des recrues.

En s'établissant à Ostende, les Allemands comptaient faire de ce port une base pour leurs sous-marins dans la mer du Nord. Mais Ostende est trop exposé aux attaques venant du large et susceptibles d'être effectuées par la flotte anglaise. Aussi s'établirent-ils à Zeebrugghe, port artificiel créé par les Belges au débouché du canal de Bruges à la mer. C'est là qu'ils installèrent leur dépôt de sous-marins. Les pièces détachées de

Anglais construisant des tranchées dans les dunes.

ceux-ci arrivèrent par chemin de fer et furent assemblées dans des chantiers rapidement construits à Zeebrugghe même.

Après avoir occupé successivement Ostende, Gand, Bruges, les Allemands se trouvèrent enfin en présence des troupes de l'armée belge, qui défendaient le passage de l'Yser, petite rivière qui coule vers la mer, et parallèlement à laquelle un long canal a été creusé. C'est derrière cette double barrière liquide que les troupes de nos alliés font tête et arrêtent la marche de l'ennemi.

Notre état-major espérait pouvoir continuer l'offensive contre la droite allemande; mais une première surprise lui fut causée par l'extension de la pénétration allemande au nord-ouest. C'est ainsi que, précédés par une nombreuse cavalerie qui faisait le service d'éclaireurs et de reconnaissance, les Allemands parvinrent à la Bassée avant nous et s'étendirent jusqu'à Cassel. Le 13 octobre, un corps d'armée ennemi occupa la ville de Lille, qui n'était défendue que par un bataillon de territoriaux. Cette ville infortunée devait demeurer de longs mois sous le terrible régime de l'occupation allemande.

Le maréchal French, poursuivant la même tactique que le général Joffre, espérait, de son côté, pouvoir attaquer et envelopper la droite de l'armée allemande : il tenta donc, le 18 octobre, une offensive énergique, qui le conduisit jusqu'à Roulers, entre Ypres et Ostende. A la suite de cette offensive, il s'installa avec ses troupes dans le « saillant » d'Ypres, situation particulièrement dangereuse, car elle allait être en butte aux plus violentes attaques des troupes impériales.

*
* *

Dès le début de l'action générale tentée par les Allemands, le général de Maud'huy eut contre lui la totalité des troupes de Von Bulow, et là une autre surprise nous était réservée.

Elle fut occasionnée par le nombre inattendu des effectifs ennemis en notre présence, et ce fut surtout l'armée britannique qui eut à souffrir de cette prédominance numérique de l'adversaire. Ce ne fut que le 18 octobre que l'on s'aperçut qu'il n'y avait pas d'issue possible vers Menin, mais qu'au contraire quatre nouveaux corps d'armée allemands étaient dirigés sur Ypres.

De pareilles surprises sont la pierre de touche qui permet d'apprécier, sans erreur, la valeur du haut commandement.

En effet, en présence d'événements aussi imprévus, les plans les mieux établis se trouvent renversés. Tous les pronostics tombent en présence d'un fait nouveau. Une nouvelle stratégie doit être improvisée sur des bases entièrement renouvelées. Des troupes, cantonnées au loin, se voient rappelées à la hâte; il faut décider rapidement et sans hésitation sur quelles positions il faut les diriger, sur quel point de la ligne de feu il faut les jeter. De plus, on demande à ces troupes ainsi déplacées un effort presque surhumain : il faut que, sans s'être reposées une heure, sans même connaître le terrain sur lequel elles vont opérer, elles entrent de suite en action et participent à la bataille générale.

C'est dans une situation aussi critique que le général en chef eut à se battre à sa gauche, étant constamment menacé sur ses flancs, jusqu'au moment où l'extrémité des lignes alliées, en se développant jusqu'à la mer, put atteindre le rivage de la mer du Nord et bénéficier ainsi de la protection que lui assurait l'artillerie puissante des navires de l'escadre franco-britannique.

Mais la dernière surprise fut celle qui arriva au général de Maud'huy, à l'armée de qui était confiée la mission de couvrir Arras et la région environnant cette ville.

On ne saurait trop reconnaître le service immense rendu par ce chef éminent au cours de la bataille d'Arras, et on ne peut le comparer qu'à celui rendu à l'armée française par le général de Castelnau lors de l'affaire du Grand-Couronné de Nancy.

Arras. — L'hôtel de ville, avant sa destruction par les barbares.

Le général de Maud'huy occupait, avec son armée, ces positions mêmes que, déjà, les généraux de Louis XIV considéraient comme « les véritables portes de Paris ».

Ses troupes se rencontrèrent avec celles du général Von Bülow dans les faubourgs situés à l'est de la ville, tandis que les Bavarois, qui avaient eu tout le temps de consolider leurs positions premières, tentaient une attaque dans la direction du nord. Au cours des combats acharnés qui se livraient ainsi dans les faubourgs, le général de Maud'huy fut, un moment, repoussé jusque dans la ville même, dont les édifices historiques, et en particulier l'hôtel de ville, son beffroi et sa pittoresque place, furent sauvagement détruits par le bombardement acharné de l'artillerie allemande.

Les troupes du général de Maud'huy purent pourtant prendre quelque repos dans les marais qui entourent la ville. Le 6 octobre, les Allemands reprirent le bombardement; le 8, ils étaient à Lens, qu'ils occupaient, et leurs effectifs allaient en augmentant de jour en jour.

Le général de Maud'huy tint ferme jusqu'au 20 octobre, et refoula l'ennemi hors des vieux remparts dont Arras avait été entourée par Vauban.

Le grand choc des deux armées eut lieu entre le 20 et le 26. Voulant en finir avec la résistance française, le général Von Bülow résolut de « faire donner la Garde ». Il lança donc contre nos troupes les divisions de la fameuse Garde prussienne, ou du moins ce qu'il en restait après le désastre subi par elle dans les marais de Saint-Gond, au cours de la bataille de la Marne.

Mais la Garde ne réussit pas, là non plus. Elle fut repoussée avec de lourdes pertes.

Il importe de remarquer que trois passages donnaient aux Allemands

Arras. — Hôtel-de-ville; détail de la façade de la rue de la Vacquerie, avant sa destruction par les barbares.

le moyen d'atteindre les rivages de la Manche, si convoités par eux. Ces trois passages étaient l'Yser, la Bassée et Arras.

Le dernier était le meilleur, parce que, en même temps que l'accès du littoral de la Manche, il leur ouvrait également la route sur Paris. Cette attaque d'Arras fut, sans aucun doute, le moment le plus critique de cette phase de la guerre qui se déroula dans le Nord-Ouest.

Sans la défense opiniâtre et heureuse du général de Maud'huy, les « portes du Nord » eussent été forcées, et l'ennemi aurait pu reprendre son mouvement offensif contre notre capitale. Mais la ligne française ne put pas être brisée par lui, et, le 26 octobre, nos troupes commencèrent une contre-offensive. La situation était donc sauvée; car, maintenant, la « vague » allemande allait se briser contre la défense du « saillant » d'Ypres.

*
* *

La porte d'Arras étant ainsi fermée aux Allemands, ils allaient se rejeter sur celle de l'Yser et tâcher de la forcer en passant à travers nos lignes.

C'est le long de cette rivière aux rives plates, qui coule ses eaux lentes à travers un pays bas, tout coupé par un réseau serré de digues et de canaux, que va s'engager la grande partie qui marquera la troisième phase

Sur l'Yser. — Coin de bataille.

de cette guerre, dont les deux premières se sont déroulées à Charleroi et sur les champs de bataille de la Marne.

C'est là que va se décider le sort de Dunkerque, de Calais et de Boulogne, et, par suite, la liberté de la Manche pour les alliés.

C'est là que, comme une avalanche humaine, vont se précipiter à l'assaut de nos armées les hordes des Allemands, assoiffés de conquêtes et rendus furieux par l'insuccès de leur agression manquée. C'est là que se concentre l'attaque ennemie sur la gauche du front anglo-franco-belge.

Les Allemands ont désigné depuis longtemps les troupes qui doivent être employées à cette offensive. On ne l'a pas confiée à des hommes déjà harassés par deux mois de guerre. Non ; on y a envoyé des troupes formées d'éléments jeunes, des troupes fraîches, de formation récente, composées de jeunes gens ignorant encore tous les sanglants incidents de la guerre.

Ces régiments se composent de la jeunesse de Berlin, tout à fait novice dans l'art de la guerre et dans le maniement des armes, mais surexcitée par un chauvinisme aigu, éblouie par l'appât des récompenses, nourrie de promesses extraordinaires. Ce sont ces jeunes contingents qui seront lancés en masses compactes contre les troupes des alliés retranchées derrière le double fossé de l'Yser et de son canal latéral, et qui devront se frayer à tout prix le passage qui ouvrira aux armées impériales le chemin si convoité de Calais.

C'est l'ordre donné par l'empereur.

Tout ce qu'il était possible de faire avait été mis en œuvre par les Allemands, au commencement du mois d'octobre, pour relever et fortifier le moral de leurs troupes.

Le prince héritier de Bavière avait déclaré, dans un ordre du jour à son armée, que « le sort de la grande bataille allait se décider... C'est notre affaire maintenant, ajoutait-il, de ne pas abandonner la lutte contre nos ennemis les plus détestés. *Le coup décisif va être frappé* ».

Pour bien comprendre l'importance que nos ennemis attachaient à l'issue de cette « bataille des Flandres », il n'est pas inutile de remarquer que l'empereur Guillaume II s'était rendu en personne à Thielt et à Courtrai pour enflammer, par sa présence, les troupes qui allaient livrer cette bataille si capitale, dont toute la presse allemande, à la fin du mois d'octobre, escomptait d'avance l'heureuse issue en en soulignant l'importance.

Les troupes allemandes arrivèrent donc sur l'Yser. En face d'elles, les régiments belges formant la garnison sortie d'Anvers attendaient avec calme leur attaque. Ils étaient appuyés par de la cavalerie française, accompagnée de territoriaux qui se reliaient, dans le sud, à l'armée anglaise. A gauche, les troupes belges, appuyées à la côte, pouvaient compter sur l'appui précieux qu'allait leur apporter l'artillerie de l'escadre légère anglo-française croisant le long du rivage. Les gros navires, à cause de la faible profondeur de l'eau sur ces côtes basses, ne pouvaient pas participer à l'action, et seuls les monitors et les contre-torpilleurs pouvaient se rapprocher assez de la terre pour prendre part utilement à la bataille par le tir de leurs canons.

Mais l'armée belge était fatiguée. Malgré tout son courage, elle avait une rude tâche à remplir, en ayant à résister au choc de troupes jeunes et fraîches, en nombre très supérieur. Pendant un moment, la position fut en danger terrible.

Le point critique de la ligne était la petite ville de Dixmude, où une grande route et une ligne de chemin de fer traversent l'Yser.

Dixmude était défendue par les deux régiments de fusiliers marins formant la brigade navale, sous les ordres de l'amiral Ronarc'h. La plupart de ces héros étaient des Bretons, les uns tout jeunes, les autres anciens au service ; c'était un mélange de figures d'adolescents et de barbes grises. On y voyait même deux Pères jésuites, les Pères de Blic et Poisson, qui furent tous deux décorés de la Légion d'honneur et qui servaient en qualité d'enseignes de vaisseau. Le premier fut tué, le second blessé. Les deux capitaines de vaisseau qui commandaient ces héroïques régiments étaient les commandants Delage et Varney. Les commandants des six bataillons étaient les capitaines de frégate Rabot, Marcotte de Sainte-Marie et de Kerros pour le 1er régiment ; Jeanniot, Pugliesi-Conti et Mauros

Le roi Albert Ier dans les tranchées.

pour le 2e. Le contre-amiral Ronarc'h, un Breton « bretonnant », était bien le chef qu'il fallait à cette phalange de héros. Né à Quimper, âgé de cinquante ans, il avait fait déjà ses preuves dans les expéditions des Grandes-Comores et dans les guerres de Chine. Les hommes qu'il avait sous ses ordres étaient, sous l'impulsion de leur amiral, prêts à tous les sacrifices.

Telle était cette brigade navale qui allait accomplir un des plus beaux exploits militaires qui soient dans l'histoire de tous les temps.

La position de Dixmude était d'importance vitale ; car sa prise par les Allemands avant qu'on eût eu le temps d'inonder le pays plat de l'Yser leur aurait permis de tourner la droite de cette partie de notre front et d'acculer ainsi à la mer une partie de nos troupes, qui eussent été en péril.

L'amiral Ronarc'h plaça, avec une grande habileté, ses batteries derrière la ville, et il fut capable de tenir, jusqu'au milieu d'octobre, l'ennemi en dehors de la place. L'amiral avait dit à ses hommes : « Le rôle qu'on vous donne est dangereux et solennel. On a besoin de tous vos courages. Pour sauver tout à fait notre aile gauche jusqu'à l'arrivée des renforts, sacrifiez-vous : *tâchez de tenir au moins quatre jours.* »

Au bout de quinze jours, ils tenaient encore, les valeureux fusiliers marins! Ils tenaient, six mille marins et cinq mille Belges et une centaine de Sénégalais, contre trois corps d'armée allemands! Les Sénégalais étaient sous les ordres du commandant Frèrejean, et les Belges sous les ordres du colonel (depuis général) Meiser. Cette résistance stupéfia les Allemands, qui croyaient leurs adversaires plus nombreux, au point qu'un major, fait prisonnier, estimait le nombre des Français de Dixmude à cinquante mille hommes au moins. Quand il sut combien faible était le nombre des défenseurs de la ville, il ne put retenir un cri de rage et s'écria : « Ah! si nous avions su! »

Mais alors survint un terrible bombardement : l'ennemi faisait feu de toute sa grosse artillerie et inondait d'énormes projectiles l'infortunée petite ville, qui bientôt ne fut plus qu'un amas de décombres fumants. Pendant une seule nuit, les défenseurs eurent à faire face à *quatorze assauts* différents. Mais les marins tinrent ferme et défendirent Dixmude *jusqu'au 10 novembre.*

***

D'ailleurs, à la fin d'octobre, un nouvel allié vint à notre secours; allié bien inattendu, et contre lequel nos braves marins, les pieds dans la boue, grelottant sous les froides averses du Nord, avaient bien des fois maugréé. Cet allié, c'était l'EAU.

Une grande partie de ces plaines basses qui forment la région de l'Yser est située au-dessous du niveau de la mer. Les eaux de celle-ci sont retenues par des digues dans lesquelles, de place en place, sont percées des écluses gardées par des employés appelés *gardes-wateringues.*

C'est à Nieuport, sur le littoral belge de la mer du Nord, que sont les écluses principales, celles dont l'ouverture peut amener, en peu de temps, l'inondation de toute la plaine.

Dans la soirée du 25 octobre, le grand quartier général belge prévenait l'amiral Ronarc'h qu'il venait de prendre « toutes les mesures nécessaires pour inonder la rive gauche de l'Yser, entre ce fleuve et la chaussée du chemin de fer ».

En effet, le 25 octobre, le chef wateringue Louis Kogge, au nord de Furnes, qui fut, pour son idée géniale, nommé chevalier de l'ordre royal de Léopold, pensa à inonder la plaine en ouvrant les écluses au moment du flot et en les refermant au moment où la mer baissait. Dans ces conditions, la mer entre derrière les digues, forçant les eaux douces des canaux et des rivières à refluer dans les terres. Désormais toutes les eaux douces arrivant dans le bassin de l'Yser seront sans écoulement vers la mer : elles accumuleront leurs eaux, qu'elles ajouteront à celles qu'apporte la marée deux fois par jour.

Et c'est, en effet, ce qui arriva : l'inondation fut réalisée par le jeu des écluses de Nieuport. Sur une longueur de trente kilomètres et sur une largeur de trois, toute la plaine fut transformée en un immense

Tranchées belges à Ramscapelle, la ligne de chemin de fer servant de digue.

lac, profond de un mètre à un mètre et demi, et qui constituait le plus efficace des moyens de défense.

Les Allemands comprirent alors l'importance qu'il y avait à être maîtres des écluses de Nieuport, et ils cherchèrent à s'en emparer en se glissant le long du rivage, par les dunes de Lambaertzide et de Middelkerque. Mais, grâce aux terribles canons des monitors de la flotte anglo-française, qui faisait bonne garde au large, cette tentative subreptice fut enrayée, et l'inondation continua à tendre autour de Dixmude le réseau protecteur de ses eaux.

Telle fut, résumée trop rapidement, cette lutte épique de Dixmude, cette résistance des 6 000 fusiliers marins contre plus de 60 000 Allemands !

C'est une réédition, moderne cette fois, de l'épisode épique des Thermopyles.

*
* *

Pendant que nos marins et les Belges défendaient héroïquement Dixmude, une lutte tout aussi acharnée se livrait le long de l'Yser et le long de la ligne du chemin de fer allant de Nieuport à Dixmude parallèlement à la rivière et au canal.

Les contingents belges chargés de la défense de cette ligne avaient été renforcés par des forces françaises. Ces forces, empruntées à la nouvelle armée du général d'Urbal, comprenaient la 42e division d'infanterie du 16e corps, qui était précédemment à Reims.

A Furnes. — Le 3e régiment de ligne belge défilant devant Albert Ier, George V et le prince de Galles.

Jusqu'au 28 octobre, les combats ne cessèrent pas le long de la ligne. Jusqu'au 28 octobre, les Allemands recommencèrent, avec cet entêtement qui les caractérise, l'attaque contre les lignes alliées. Cette attaque, ils l'avaient préparée par un bombardement terrible, effectué par leur artillerie lourde. Quand ils estimèrent que les défenseurs devaient être suffisamment éprouvés par l'éclatement de leurs énormes obus, ils lancèrent contre les lignes alliées leurs colonnes d'attaque.

Mais ces colonnes, formées, comme nous l'avons dit, de troupes jeunes et sans expérience de la guerre, ne savent pas engager le combat en tirailleurs. C'est en colonnes compactes que, pour être plus sûrs de leur cohésion, leurs officiers les envoient à l'assaut des retranchements belges et français.

C'est alors qu'intervinrent nos terribles 75. Dans cette masse épaisse des bataillons allemands, nos obus ouvrent des brèches sanglantes, de longs sillons jalonnés par des cadavres. Tel est cependant le nombre des assaillants, que ces sillons se referment aussitôt par l'arrivée de nouveaux combattants. L'ennemi avance encore. Alors la fusillade intervient, puis les mitrailleuses entrent en jeu. Leur tir remarquablement précis jette à

Le roi Albert Ier et M. Poincaré en auto, sur la grande place de Furnes.

terre, par files entières, d'innombrables quantités d'Allemands. Sur le point d'atteindre les tranchées des alliés, en arrivant au réseau de fils de fer qui les protège, l'attaque s'arrête, est forcée de plier et de s'en retourner, brisée, vers l'arrière.

En vain les ennemis, montrant un acharnement stoïque, se reforment en colonne après chaque assaut et reviennent à la charge : toujours leurs régiments fondent sous le feu de nos lignes, comme fond la cire dans le brasier d'un feu de forge.

Cependant un régiment wurtembergeois, le 30 octobre, dans un effort suprême, avançant à travers les champs couverts d'une boue à demi fluide et traversant les fossés au moyen de madriers et de planches, réussit à atteindre la ligne de chemin de fer et à s'emparer de Ramscapelle, obligeant la ligne de défense à se reporter jusqu'à la voie ferrée, à quelques centaines de mètres sur l'arrière. La ligne des alliés va-t-elle donc être percée par cet effort inattendu?

Non pas; les tirailleurs algériens sont là. Le régiment de turcos de la 42e division française est envoyé contre Ramscapelle.

Chargeant à la baïonnette, enlevés par les sonneries de leurs clairons, nos courageux Africains s'élancent sur les Wurtembergeois dans une contre-attaque d'une violence irrésistible. Les Belges arrivent alors à la rescousse; avec nos turcos, ils chassent l'ennemi du village qu'il avait

Le roi Albert Ier assistant au défilé des turcos, après les avoir félicités pour leur conduite héroïque à Ramscapelle.

occupé un moment, et reprennent à l'arme blanche le point d'appui si péniblement conquis.

Cette action mit fin aux tentatives désespérées des Allemands, qui, après quinze jours d'efforts sans résultats, durent renoncer à forcer le passage.

La bataille de l'Yser leur coûtait près de deux cent mille hommes!

Et quand les Belges tendent sur les plaines basses le réseau liquide de leur seconde inondation, le 29 octobre, les eaux n'ont même plus à jouer le rôle de bouclier; elles se bornent à celui de linceul, et elles n'ont plus rien à faire qu'à recouvrir des milliers et des milliers de cadavres allemands et des centaines de canons enlisés dans la boue.

*
* *

Ainsi la bataille de l'Yser se terminait par un échec sanglant pour les armées de nos ennemis. Malgré cela, ils persistèrent dans leurs tentatives pour atteindre Calais. Ils ont remarqué que, tout autour d'Ypres, notre ligne s'incurve, en formant un saillant convexe très difficile à défendre. Ils comptent, en attaquant ce saillant avec des troupes plus aguerries, prendre là une revanche éclatante de leur terrible défaite.

A la fin d'octobre, ils avaient concentré autour d'Ypres des forces

Ypres. — Les Halles aux draps, avant l'incendie. (Phot. Neurdein.)

imposantes, au nombre desquelles figuraient deux corps d'armée de troupes d'élite : l'un était le 15e corps, en garnison à Strasbourg, et que sa position près de la frontière avait fait tenir constamment en haleine et dans un état d'entraînement magnifique; l'autre était formé par les éléments restants de la Garde prussienne, échappés à la terrible hécatombe des marais de Saint-Gond.

Deux divisions territoriales françaises, sous les ordres du général Bidon, avaient occupé et organisé à Ypres une position défensive. Le 23 octobre, deux corps d'armée français et deux corps d'armée anglais occupaient cette position, qui allait devenir notre base d'opérations. Ypres était ainsi solidement couverte, et la communication de toutes les forces des alliés parfaitement assurée.

C'est contre cette position que les Allemands, du 25 octobre au 13 novembre, prononcèrent des attaques persistantes, renouvelées chaque jour, pendant toute cette période, avec une violence extraordinaire, nous obligeant à déplacer incessamment des troupes pour envoyer des renforts aux points les plus menacés.

Cette bataille d'Ypres fut l'une des plus importantes de cette guerre. L'armée britannique eut à en supporter une grande partie : elle s'y couvrit d'une gloire justement méritée. Elle défendait les points les plus cri-

Ypres. — Les Halles et l'église Saint-Martin, après le bombardement et l'incendie.

tiques : le front du saillant à Gheluvet et le rentrant sud sur l'arête du petit Zillebeke. Nos alliés eurent à supporter ainsi un effort considérable de la part de l'ennemi.

Entre le 30 octobre et le 6 novembre, Ypres fut plusieurs fois en danger. Les Anglais durent fléchir à plus d'une reprise ; mais, grâce aux renforts que nous leur envoyâmes, la ville fut conservée aux alliés, et les Allemands n'y purent pas pénétrer.

En dehors du fait que les généraux Grossetti et de Maud'huy empêchèrent les ailes de l'armée anglaise d'être tournées, les renforts envoyés par l'armée du général d'Urbal jouèrent un rôle précieux dans la défense du saillant. Nous en citerons deux exemples caractéristiques.

Le 30 octobre, sir Douglas Haig emprunta au corps français trois bataillons et une brigade de cavalerie. Les trois bataillons, sous les ordres du général Moussy, qui trouva dans la bataille une mort glorieuse, prirent position sur le petit Zillebeke, entre le détachement du général Balfin et la cavalerie du général Allenby. Les Français étaient arrivés au secours des Anglais juste au moment voulu, comme, soixante ans auparavant, pendant les combats qui se livraient sous les murs de Sébastopol, ils étaient accourus à leur secours dans les mêmes conditions à la bataille d'Inkermann.

Dans cette terrible matinée du 21, le général Moussy conserva sa ligne intacte, grâce à un effort désespéré. Des renforts étaient nécessaires; il réunit tous les hommes qui lui tombèrent sous la main, cuisiniers,

Ypres. — Intérieur des Halles, après le bombardement.

ordonnances, cuirassiers démontés, soldats du train ; il les envoya combattre avec leurs camarades. La ligne fut ainsi conservée, et quand, le soir, la charge du régiment de Worcester sauva Gheludet, la position de l'armée anglaise était demeurée intacte.

Un deuxième exemple est la superbe lutte soutenue par le 9e corps d'armée, sous les ordres du général Dubois, qui tenait la ligne de Zonnebeke à Bixschoote, avec l'aide des deux divisions territoriales du général Bidon et une partie du 2e corps de cavalerie du général de Mitry.

Ce corps d'armée avait à tenir tête à quatre nouvelles formations allemandes, qui avaient d'abord été lancées, ainsi que l'aile gauche de l'armée wurtembergeoise, sur l'Yser. La position à défendre était le rentrant nord du saillant d'Ypres, et, si les Allemands avaient réussi à traverser le canal, ils auraient tourné les défenseurs d'Ypres du côté du nord.

La bataille fit rage autour du petit village de Bixschoote, qui fut transformé en un véritable charnier. Des monceaux de cadavres s'accumulaient dans les rues, où le sang coulait en ruisseaux. Là, les zouaves firent des prodiges de valeur et se montrèrent dignes de leurs aînés de Malakoff, de Magenta et de Solférino. Sur aucun point du front l'ennemi ne fit de pertes plus lourdes. Pendant près d'un mois le général Dubois défendit le passage, jusqu'à ce que l'offensive ennemie fût complètement brisée.

Le 11 novembre, une charge particulièrement énergique, menée par la Garde prussienne avec une extrême violence, perça un instant le front britannique et gagna la lisière méridionale d'Ypres. Mais elle ne put s'y maintenir, et les baïonnettes anglaises lui firent subir des pertes terribles, en même temps qu'elles la mirent en complète déroute.

Ce fut le point culminant de la bataille. Après l'échec de la Garde, l'intensité de l'attaque générale diminua rapidement, et, le 14 novembre, nos troupes avaient recommencé à progresser, barrant la route d'Ypres aux attaques allemandes et infligeant aux masses profondes de l'ennemi des pertes terribles. Ces pertes furent d'autant plus lourdes, que les artilleries française et anglaise avaient réuni, sur un petit nombre de kilomètres, près de *trois cents pièces de canon!*

Ainsi, la masse principale des Allemands subit la même défaite que les détachements qui opéraient, plus au nord, le long de la côte. Le soutien que, dans l'esprit de l'état-major allemand, l'attaque d'Ypres devait apporter à l'attaque de la côte fut absolument nul et sans plus d'effet utile que cette attaque elle-même.

* * *

L'importance stratégique de la bataille d'Ypres est considérable.

L'ennemi, en effet, épuisé par les pertes énormes qu'il y avait subies, se décida enfin à ne plus renouveler son effort, désormais stérile, et se borna à des canonnades intermittentes.

Les armées alliées, au contraire, avaient réalisé des progrès sérieux au nord et au sud d'Ypres, et purent définitivement assurer l'inviolabilité de leur front par une puissante organisation défensive.

Indépendamment de son importance stratégique, la bataille d'Ypres occupera toujours une place particulière dans les opérations de la guerre contre l'Allemagne.

En effet, dans la retraite de Mons jusqu'à la Marne et à l'Aisne, chacun des alliés manœuvra pour son compte. Mais, à la bataille d'Ypres, ils confondirent leurs unités de combat et apprirent à mieux s'apprécier mutuellement. On vit là le 75 français alterner avec le 18 *pounders* anglais, mêler leurs fortes voix dans la symphonie de la bataille; on vit les maigres et noirs tirailleurs sénégalais coudoyer les solides fantassins anglais. A Ypres, leur admiration les uns pour les autres s'étayait sur des exploits qui se produisaient chaque jour et qui étaient connus de tous, officiers aussi bien que simples soldats.

Cette bataille de trois semaines eut, en somme, une portée au moins aussi grande que celle de la Marne. Elle marquait l'échec de la deuxième grande offensive allemande.

Elle coûta aux ennemis plus de cent cinquante mille hommes; elle inaugura cette campagne d'hiver, qui fut autrement rude pour les Allemands que pour les alliés, et qui donna aux armées françaises le temps de reformer leurs unités et de réorganiser leur ravitaillement en matériel et en munitions.

Enfin, elle mit définitivement en relief les grands talents militaires du généralissime Joffre et du général Foch. Les réserves françaises n'étaient pas prêtes; mais le général Joffre sut, malgré cela, se ménager des renforts pour les cas urgents. Outre les nouvelles armées installées sur le front, il n'envoya pas moins de cinq armées, expédiées par chemin de fer ou par automobiles.

Entre temps, le général Foch s'appliquait à manœuvrer ses faibles réserves aussi rapidement que possible, déplaçant les divisions d'un point à un autre selon les circonstances.

Seul, un général d'une valeur militaire hors ligne pouvait réussir à battre, avec cinq cent mille hommes, les quinze cent mille adversaires que lui opposait l'assaillant.

*
* *

Dans cette bataille des Flandres, comme dans l'ensemble de l'agression contre la France à l'aide de la fameuse attaque brusquée, l'Allemagne, dans sa longue et méthodique préparation, avait « tout prévu, excepté ce qui est arrivé ».

Elle avait prévu le passage de l'Yser par ses troupes; elle avait prévu l'occupation d'Ypres, lui ouvrant toute grande la route de Calais. L'empereur était là, en personne, pour exciter ses soldats par son auguste présence. De plus, il caressait un autre rêve. Ypres était la métropole du petit morceau de Belgique demeuré aux mains des Belges. Tant que ceux-ci possédaient encore un lambeau de leur territoire, il n'y avait pas moyen de proclamer l'annexion du pays. Mais, une fois Ypres pris, la Belgique entière était au pouvoir des Allemands, et le kaiser Guillaume pouvait se faire couronner roi de Belgique.

Oui, il avait conçu ce rêve de mégalomane, ce fol espoir. Il comptait que la prise d'Ypres, qu'il croyait facile, lui permettrait de le réaliser sans coup férir.

L'expérience lui a durement démontré son erreur, et, comme cortège triomphal, il n'a eu que celui de ses soldats battant en retraite, dans la déroute de ses troupes décimées.

A partir de la fin de novembre jusqu'à la fin de janvier, il n'y a plus eu de grandes offensives allemandes contre nos armées. A la période des attaques violentes menées par des armées nombreuses a succédé une

Prisonniers allemands, sous la conduite de goumiers marocains qui les ont capturés, quittant Furnes pour se rendre à Dunkerque.

sorte d'accalmie qui se traduit uniquement, sur toute l'étendue du front, par les opérations caractéristiques de la guerre de siège.

Ainsi, de la frontière suisse à la mer du Nord, on ne relève que des actions de détail, que des attaques localisées, de portée réduite, effectuées le plus souvent avec des troupes peu nombreuses, et qui, en somme, se ramènent le plus souvent à des duels d'artillerie.

En résumé, sur le front occidental défendu par les armées françaises, anglaises et belges, les Allemands ont été contraints de passer de l'offensive à la défensive : ils sont de véritables assiégés, et leurs armées ne montrent d'activité qu'en Pologne, sur le front russe.

De sorte que, après quatre mois de guerre, après quatre tentatives risquées, non seulement sans succès, mais suivies de pertes fabuleuses, ils sont forcés d'abandonner leur plan de campagne, si soigneusement élaboré, si méticuleusement préparé avec méthode et persistance pendant plus de vingt ans. Ils en prennent même la contre-partie absolue.

Toutes leurs formations armées disponibles prennent la route de leur frontière de l'Est et sont envoyées en Pologne pour renforcer les moyens d'attaque du maréchal de Hindenbourg, qui est devenu l'homme de confiance, le chef populaire en Allemagne. C'est lui qui, croit-on, remportera la victoire sur l'ennemi russe ; c'est lui qui devra envahir le territoire de la Pologne, anéantir les puissantes armées du tsar, et s'avancer au besoin jusqu'à Moscou et jusqu'à Saint-Pétersbourg, que les Russes, bien inspirés, ont débaptisé de son nom allemand pour lui donner le nom russe de *Pétrograd*.

Mais qu'il fasse bien attention, le maréchal de Hindenbourg.

Avant lui, un homme qui était le génie de la guerre, Napoléon, voulut, lui aussi, envahir la Russie. Les Russes se retirèrent peu à peu devant lui. Non seulement ils abandonnèrent Varsovie, mais ils lui laissèrent Moscou. Et quand il fut ainsi au cœur de l'empire russe, il lui fallut rentrer, en traversant un pays glacé, dévasté, désert ; il était loin de ses approvisionnements, et tout le monde sait quel désastre fut cette terrible retraite de Russie.

Et Napoléon était un autre homme de guerre que Hindenbourg. Il avait un autre génie, une autre envergure que le feld-maréchal prussien. C'était un génie « latin », en un mot.

Il se pourrait que la Pologne fût, à son tour, le « tombeau des Allemands », et on ne peut que s'applaudir de les voir s'engager dans cette aventure.

Mais, pour en arriver à ce renversement complet de la doctrine stratégique devenue classique chez elle, il a fallu qu'un coup sérieux fût porté à la puissance militaire de l'Allemagne. Ce coup, les défaites successives de la Marne, de l'Yser et d'Ypres, le lui ont porté.

Son prestige est atteint; ses effectifs sont diminués, ses ressources en hommes réduites, ses approvisionnements menacés.

Sur les théâtres d'opérations secondaires, d'ailleurs, la fortune est loin de lui sourire.

En Serbie, son alliée l'Autriche-Hongrie a essuyé un véritable désastre, juste châtiment d'une grande nation qui voulait écraser un petit peuple, et dont les armées ont été battues et décimées par lui. Dans le Caucase, les Turcs, qu'elle a ralliés à sa cause en les faisant entrer dans l'alliance austro-allemande, sont réduits à l'impuissance en face des forces russes. Les armées anglo-françaises menacent les Dardanelles, et Constantinople peut déjà entrevoir le moment où, cessant d'être « Stamboul », elle retombera au pouvoir des nations chrétiennes de l'Europe, réalisant après plusieurs siècles le rêve qui fit partir les Croisés pour la Terre sainte.

Le Japon, qui, à la fin d'août, a déclaré la guerre à l'Allemagne, a aidé l'Angleterre à lui enlever sa colonie d'Asie, Kiaou-Tchéou. En Afrique, en Océanie, les possessions coloniales qu'elle avait conquises à grand'peine et au prix de mille efforts tombent l'une après l'autre aux mains des alliés. Les croiseurs corsaires, ou plutôt pirates, qui écumaient la mer sous le pavillon allemand, sont tous détruits ou réduits à l'impuissance par leur internement dans des ports neutres, et ses fameuses flottes de guerre, qui devaient débarquer sur le littoral de la Bretagne les armées destinées à envahir la France, bloquées dans les ports allemands, n'osent même pas en sortir pour affronter, avec la flotte anglo-française, un combat qui marquerait leur destruction finale.

On voit donc que, à la fin de 1914, la campagne s'ouvre pleine d'espérance pour les alliés. Ceux-ci sont forts de leur bon droit : ils sont assurés de la victoire

---

CHAPITRE XVI

LA GUERRE D'USURE

Ce qu'est la « guerre d'usure ». — Le « grignotage » du général Joffre. — La coopération de la nation entière à la défense nationale. — Le rôle des alliés. — L'armée française et ses chefs. — Le bilan de cinq mois de guerre.

Depuis les trois victoires remportées par les troupes alliées sur la Marne, sur l'Yser et à Ypres, les opérations militaires n'ont plus comporté de grandes actions. Mais le général Joffre a adopté une tactique très particulière et qui, étant données les conditions respectives où se trouvent les alliés d'une part et les Allemands de l'autre, nous achemine au triomphe final, moins rapidement, mais d'une manière aussi sûre que nous y conduirait un succès éclatant.

Cette tactique a été caractérisée par le mot de « guerre d'usure ».

Ce mot désigne cette sorte de guerre dans laquelle l'ennemi est retenu devant des positions qui s'étendent sur une ligne très longue, et soumis incessamment à une série d'attaques continuelles qui le fatiguent et lui font perdre plus de monde qu'à ses assaillants.

Le général Joffre comprit admirablement que la première préoccupation des alliés devait être de diminuer le nombre des soldats allemands, tant pour en avoir moins devant nous que pour qu'il fût possible d'en envoyer un moins grand nombre combattre, dans l'Est, contre les Russes.

Une guerre d'usure est profitable à l'un des adversaires de deux façons : ou bien si ses pertes sont beaucoup moins fortes que celles de l'ennemi, ou bien si l'offensive de l'ennemi est arrêtée pendant qu'il reçoit lui-même des renforts.

C'était là le double but que poursuivait le généralissime des armées françaises.

Les lignes ennemies, à la fin de novembre, s'étendaient de l'embouchure de l'Yser aux pentes du Jura, sur une longueur de huit cents kilomètres, en suivant toutes les sinuosités de cette ligne. Sur ce front immense, les Belges occupaient vingt-cinq kilomètres, les Anglais soixante-quinze, et les Français sept cents.

Tout ce front était garni de tranchées; mais toutes ces tranchées n'étaient pas défendues aussi fortement les unes que les autres. En certains points de la ligne des Vosges, par exemple, la ligne pouvait être protégée efficacement par l'occupation de certains points stratégiques, tandis qu'il y en avait d'autres où la guerre s'était transformée en une véritable partie d'échecs, à cause de la façon dont les deux fronts étaient défendus.

En Argonne. — Officier réglant le tir d'artillerie, par téléphone, devant Vauquois.

On peut l'affirmer sans crainte d'être démenti : c'était une tâche extraordinaire, pour une armée d'un million d'hommes, de tenir un front de huit cents kilomètres. Elle exigeait une vigilance de tous les instants et imposait une terrible tension d'esprit aussi bien aux officiers qu'aux simples soldats.

D'ailleurs, la fermeté la plus grande présida à la conduite des opérations. Au cours de ces mois décisifs, aucune permission ne fut accordée aux hommes, et ce ne fut qu'à partir du mois de février que, dans certaines conditions, des hommes mariés furent autorisés à aller passer quelques jours dans leur famille.

L'armée française eut à fournir là un effort presque surhumain. Cet effort, elle le fournit sans le moindre fléchissement, malgré la dureté de la vie dans les tranchées pendant les mois d'hiver, au cours desquels, les pieds dans une eau glacée, les « poilus » offraient souvent l'aspect de véritables blocs de boue !

* * *

Heureusement, une grande partie du terrain, sur le territoire français, se prêtait à merveille à la guerre de tranchées. Évidemment, dans le pays plat à travers lequel coule l'Yser, le sol est marécageux et humide. Évidemment le sol crayeux de la région de l'Aisne y rend peu confortable l'existence dans les tranchées ; mais dans la terre légère de la vallée de l'Oise, au nord de la Champagne, les conditions sont déjà meilleures ; et les forêts de l'Argonne et des Vosges permettaient un confortable relatif dans l'installation, encore augmenté par la prodigieuse ingéniosité de nos soldats. De véritables villages se sont ainsi établis dans les bois de ces régions forestières.

Quant à l'alimentation de l'armée, elle a été de tous points remar-

En Argonne. — Aspect des tranchées sous la neige.

quable. Sans doute les vivres de nos hommes n'offraient pas la variété de ceux de leurs camarades les soldats anglais ; mais ce qu'ils avaient était excellent comme qualité. Le pain et le café, en particulier, étaient parfaits.

Dans ces conditions, non seulement le front français fut maintenu intact et ne put être percé par les efforts des Allemands, mais encore nos troupes exécutèrent de longues séries d'attaques qui ébranlèrent fortement la résistance de l'ennemi.

Ainsi il y eut des mouvements de progression effectués sur l'Yser ; il y eut l'avance au nord de Lens, avance qui se termina par la prise de Vermelles ; il y eut surtout, dans le nord de la Champagne, le grand mouvement effectué par l'armée du général de Langle de Cary. Cette avance amena l'artillerie française presque à portée de la ligne de chemin de fer établie derrière le front allemand. Au cours de ces combats, les Allemands eurent dix mille tués, deux mille hommes furent faits prisonniers; deux régiments entiers de la Garde prussienne furent anéantis. Même au cours d'un combat livré, en janvier, aux environs de Soissons, combat durant lequel une contre-attaque allemande réussit, les pertes des ennemis furent beaucoup plus considérables que les nôtres.

En dehors de ces actions, dont le but principal fut d'épuiser l'ennemi, de l'user, en un mot, en le harcelant sans cesse, certains autres mouvements furent entrepris, presque tous, d'ailleurs, avec un plein succès, afin de s'emparer de positions présentant de l'intérêt au point de vue d'une offensive ultérieure. De ce nombre furent le combat des Éparges, dans la Woëvre, et le mouvement sur la rive gauche de la Moselle, à travers le bois le Prêtre. Ces deux opérations eurent comme résultat effectif de rétrécir la région saillante occupée par les Allemands à Saint-Mihiel et de menacer gravement les communications de l'ennemi avec ses réserves d'arrière. Telle fut encore l'avance que nos troupes des Vosges effectuèrent en rentrant en Alsace, d'une façon définitive cette fois, et qui les amena à vingt-cinq kilomètres de Mulhouse.

Cette usure de l'ennemi, ne l'oublions pas, s'est poursuivie depuis le mois de novembre et sur toute l'étendue d'un front de huit cents kilomètres! C'est là une preuve de la vitalité, de la résistance prodigieuse de notre armée; c'est une preuve, également, de la haute valeur de ceux qui la commandent.

Et, à ce sujet, on prête au général Joffre un mot bien typique.

Quelqu'un demandait au généralissime ce qu'il allait tenter pour faire équilibre aux manifestations offensives que l'armée allemande renouvelle de temps en temps.

« Oh! moi, répondit le général, *je les grignote.* »

Ce grignotage est, en effet, la meilleure manière de les dévorer.

*
* *

Quelque important que fût le rôle joué sur le front même par les officiers et les soldats qui exposaient journellement leur vie au service de la France, il faut cependant reconnaître que la tâche la plus importante de toutes était accomplie en silence, en arrière du front, au grand quartier général et dans beaucoup d'autres centres répartis sur toute la surface de notre pays.

Le général Joffre s'appliquait, en effet, en chef vraiment digne de ce nom, à remédier aux défauts d'organisation que l'usage avait mis en évidence, à préparer ses nouvelles armées et à organiser, en vue de la lutte à soutenir, toutes les ressources dont disposait la nation.

Une première opération d'épurement avait eu lieu dès le début de la campagne. Dès ce moment, le généralissime avait éloigné des commandements les officiers insuffisamment compétents. Chaque chef était maintenant un général ayant fait largement ses preuves, et, de plus, ces généraux étaient jeunes. L'âge moyen des généraux avait été réduit d'au moins dix ans.

Dès le début de la guerre, le général Joffre avait refusé de suivre servilement les règles de la stratégie allemande, à laquelle quelques-uns de nos officiers attribuaient trop volontiers une sorte d'infaillibilité, qui les

Dans la neige. — En tirailleurs.

transformait, à leurs yeux, en véritables articles de foi. Il s'attacha, au contraire, à créer une stratégie « nationale », pourrait-on dire; stratégie adaptée aux circonstances et appropriée au génie spécial du peuple français, qui aime la clarté et la simplicité.

Au mois de novembre, notre généralissime possédait une armée entièrement aguerrie, et que les combats du début avaient amenée à un grand degré de solidité et d'entraînement.

Mais les luttes des premiers mois avaient creusé de nombreux vides, aussi bien dans les rangs des hommes que dans les cadres d'officiers et de sous-officiers. Ces vides, il fallait les combler et maintenir les effectifs et les cadres à leur chiffre normal.

Il fallait, en outre, improviser des armées nouvelles, dont le besoin se faisait sentir par suite des nécessités de la stratégie sur le front même.

Il était également indispensable d'assurer, et cela dans des proportions colossales, l'approvisionnement en munitions de l'infanterie et surtout de l'artillerie ; car la consommation de celle-ci atteignait plus de *cent mille obus par jour*. Il fallait donc organiser une fabrication, non seulement qui atteignît ce chiffre, mais encore qui le dépassât fortement, afin d'être à même de constituer des réserves de projectiles permettant, à un moment donné, d'en déverser sur l'ennemi un véritable arrosage, pour employer l'expression familière des artilleurs.

L'histoire des temps qui se sont écoulés jusqu'à nos jours ne fournit pas d'exemple d'un aussi grand problème à résoudre, surtout d'un problème comportant d'aussi nombreux développements, nouveaux et compliqués; problème qu'il fallait résoudre, non pas dans le calme de la paix, mais au contraire au milieu d'une lutte terrible et sans merci.

Pour résoudre ce problème, capital pour la réussite de la guerre, il ne s'agissait pas, bien entendu, d'utiliser des ressources déjà existantes, disponibles et organisées. La tâche du général Joffre était une réforme fondamentale de l'armée et une transformation nationale tout entière.

Cette tâche, il faut le dire bien haut, il lui a été possible de la mener à bonne fin grâce au peuple admirable de France, à ce peuple animé d'un patriotique esprit de sacrifice, et qui s'est plié aussitôt à toutes les exigences posées par les nécessités de la défense nationale.

Il n'y eut pas, cette fois, de politiciens pour faire de l'obstruction : tous comprirent que les obstacles qu'ils pourraient élever seraient aussitôt réprouvés par le pays ; et s'il y eut des tendances à la réintrusion de la politique dans le gouvernement général des opérations, ces tendances furent bien vite réprimées par le reste de la Chambre, qui flairait la désapprobation de l'opinion publique.

Le généralissime fut un véritable dictateur national, dont les hommes politiques furent les collègues et les collaborateurs volontaires.

Il est impossible, dans un espace aussi réduit que le cadre de cet ouvrage, d'exposer dans le détail toutes les mesures qui furent prises pour accroître la puissance de l'armée française. Qu'il nous suffise de rappeler que des contingents importants, jusqu'alors exempts de service, furent convoqués, que tous les réservistes furent incorporés, et que la classe 1915 était déjà sous les drapeaux avant la fin de 1914. En même temps, des mesures étaient adoptées en vue d'assurer l'appel des classes plus jeunes.

Le résultat fut celui-ci : c'est qu'avant le printemps de 1915, les forces actives de l'armée française étaient largement augmentées et que, au cours de l'été et de l'automne de la même année, elle aura pu disposer de réserves abondantes.

Le problème de l'équipement, de l'approvisionnement et des munitions était beaucoup plus difficile à résoudre ; il le fut cependant.

Dès le début de la guerre, on se rendit compte, en France, de la nécessité d'un véritable effort national. A cet effet, on utilisa pour la fabrication des obus et des munitions toutes les usines, toutes les fabriques, tous les ateliers dont l'outillage pouvait être employé à fabriquer le matériel de guerre. Les usines d'automobiles, les ateliers de construction mécanique, dans toute l'étendue du territoire français, se transformèrent en vastes fabriques de projectiles.

Le résultat fut que, dès le mois de mars, l'approvisionnement était de six cent pour cent ce qu'il était au commencement de la guerre, et que, au bout d'une année, il doit atteindre mille pour cent de ce chiffre. Non seulement la quantité du matériel à fabriquer était recherchée, mais aussi sa qualité. Ainsi, avec une rapidité que seul le génie improvisateur de la nation française pouvait réaliser, on créa de nouveaux types de canons lourds, de grenades à main, de bombes, et tout le matériel nécessité par la guerre imprévue des tranchées. Dans le domaine de l'aviation, de nouveaux types d'avions blindés, plus rapides et plus puissants, furent également construits.

Ce qu'il y a de remarquable dans cette activité, c'est qu'elle ne fut pas le résultat d'un effort officiel, mais bien celui d'un effort général. Partout se sont formés des comités d'industriels et de personnalités notoires, et toutes les ressources, toutes les activités, toutes les intelligences du pays ont été mises à contribution et utilisées pour la grande œuvre de la défense nationale.

L'organisation et l'esprit qui animait le pays furent, pour la réalisation de ce plan, de très puissants auxiliaires. La gravité de la situation causée par la guerre et par l'invasion d'une partie de notre territoire fut vivement ressentie par la majorité de la population. Les classes ouvrières, comme les classes bourgeoises, en furent fortement émues; et, dans les milieux travailleurs, il n'y avait aucune velléité de grève, même si l'on en avait eu les moyens.

Ensuite, grâce à l'obligation du service militaire égal pour tous, la crise des munitions fut résolue très simplement. Il ne fut pas besoin, pour l'État, de reprendre la direction des usines privées, ou de voter des lois spéciales, comme cela dut être fait en Angleterre, où la conscription n'existe pas. La plupart des ouvriers étaient des soldats, soumis, par conséquent, de ce chef, à la discipline militaire. Beaucoup de ceux qui avaient été mobilisés furent simplement rappelés dans leurs usines, de sorte que, de cette façon, il y eut le moins possible de gaspillage de compétences.

Les services accessoires des transports, de l'intendance, des ambulances ont, de leur côté, fonctionné à merveille. Nous avons dit précédemment les quantités de trains qui avaient circulé sur le réseau français, les effectifs totaux transportés par les automobiles, qui furent au nombre de plus de douze mille. En ce qui concerne le service médical, qu'il nous suffise de dire que, malgré les conditions très dures de la vie dans les tranchées, la mortalité a été moindre qu'en temps de paix; exception faite, bien entendu, des cas de mort par suite d'accidents de guerre ou par suite de blessures.

*
* *

On a pu dire justement que « la guerre révèle la nation à elle même ».

Rien n'est plus juste que cette réflexion. Il a fallu la guerre pour que la France fût en mesure de s'apprécier à sa juste valeur. Elle semblait se donner à tâche de paraître légère, frivole, inconstante: elle s'est montrée grave, persévérante et sérieuse.

Et si la guerre fait connaître la nation à elle-même, combien parfaitement aussi en révèle-t-elle le caractère à ses alliés!

Plusieurs générations de transactions commerciales, des visites officielles, des tentatives de rapprochement entre deux peuples font moins, pour amener leur compréhension et leur estime réciproques, qu'un mois de combats livrés coude à coude.

Chaque armée a ses méthodes propres de combattre. Chez nous, par exemple, on ne garnit que légèrement les tranchées, et on se repose surtout sur les qualités exceptionnelles de notre canon de campagne de 75, qui peut tirer depuis des distances voisines de six kilomètres jusqu'à quarante mètres seulement. Ainsi, très souvent, quand les Allemands attaquaient, les troupes françaises ne défendaient pas leurs tranchées de première ligne et laissaient les Allemands s'en emparer; mais, un instant après, ils les en chassaient avec leur artillerie, après leur avoir infligé de lourdes pertes. Et ainsi s'expliquent les phrases, si fréquentes, que l'on trouve dans les communiqués officiels: « Le ... décembre, à X..., les Allemands ont réussi à prendre pied dans un de nos éléments de tranchée; ils en ont été chassés quelque temps après par une contre-attaque vigoureuse de nos troupes. »

Quoi qu'il en soit, la guerre aura eu pour résultat heureux de nous révéler à nos alliés, et de nous révéler à nous-mêmes.

Et ce résultat n'aura pas été le moindre; car, jusqu'à présent, la France ne semblait prendre plaisir à contempler que ses défauts, et à dissimuler, comme à dessein, ses qualités fondamentales, pourtant si nombreuses et si solides.

Parmi ces dernières se trouve l'esprit d'économie, si fortement ancré dans notre population, et qui est la base de son épargne.

C'est là une des forces vives de la nation. On l'a bien vu quand il s'est agi de lui faire appel pour souscrire aux bons et aux obligations de la Défense nationale, destinés à fournir au Trésor public l'argent nécessaire

Noël dans l'Argonne.

à la continuation de la guerre. C'est par milliards que l'épargne française a donné son argent.

Et quand, plus tard, le Gouvernement a eu recours au peuple pour lui faire apporter à la Banque de France ses réserves d'or, là encore notre admirable population française s'est montrée à la hauteur des circonstances. L'or a afflué de toutes parts, depuis les riches coffres-forts jusqu'aux plus modestes bas de laine.

Non, un peuple qui a de telles qualités ne peut, ne doit pas être vaincu. Il doit vaincre, car il combat au nom du droit, de la justice et de la liberté.

*
* *

L'effort qui a été fait et continué, pour maintenir la guerre d'usure, a donc été, en France, un effort unanime, auquel tous, suivant leurs moyens et leur situation, ont participé plus ou moins.

Il ne pouvait en être autrement chez une nation qui a la foi dans ses destinées suprêmes et la conviction ferme que la France mérite que l'on donne sa vie pour la défendre.

Dans les rangs de notre armée, toutes les classes sociales, tous les degrés de richesses sont étroitement confondus. Le prêtre y coudoie l'instituteur ; le riche propriétaire y voisine avec l'ouvrier des champs ; le banquier est à côté de l'ouvrier.

De cette fraternelle promiscuité dans les armes est résultée la cessation de toute prévention politique, de tout esprit de caste, au moins parmi les combattants héroïques du front. Là chacun rend justice à son voisin, chacun admire le courage et l'abnégation partout où il les rencontre, c'est-à-dire chez tous ses camarades et chez tous ses chefs.

Un Français, actuellement, n'a plus d'opinion politique. Sa seule pensée est de contribuer à délivrer sa patrie de la menace de son ennemi héréditaire, dont le but avoué était non seulement l'abaissement, mais la destruction de la France.

La discipline de notre armée est tout à fait particulière. Elle n'est pas basée, comme en Allemagne, sur la force brutale ; elle est faite toute d'affection de l'officier pour le soldat, et de confiance du soldat dans l'officier. Ils se sont vus respectivement à l'œuvre. Chacun des deux sait qu'il peut compter absolument sur l'autre, et de cette double conviction résulte une armée prodigieuse.

Dans cette troupe démocratique, l'officier sera quelquefois le fils d'un ouvrier, le soldat sera souvent l'héritier d'une riche famille ou d'un grand nom : peu importe. Ils servent le même idéal, se dévouent à la même noble cause.

Il y a très peu de protocole dans l'armée française. Une sorte de familiarité respectueuse, d'ailleurs, règne entre les soldats et leurs officiers ; ce qui n'empêche pas la discipline réelle d'y être très forte, surtout en temps de guerre.

C'est que cette discipline, qui est la force des armées, s'impose par son essence même. On peut dire que si elle ne venait pas des rangs supérieurs de la hiérarchie, elle viendrait spontanément des rangs inférieurs ; et de la discipline ainsi conçue et ainsi réalisée résulte une affection réciproque et une passion de dévouement, une propension à l'héroïsme qui n'a son égale dans aucune autre armée de l'Europe ou même du monde.

Avant la guerre, des tendancieux, agents, heureusement inconscients, de l'influence allemande, prêchaient chez nous le pacifisme. Le Français ne voulait plus se battre, du moins le proclamait-on dans les réunions électorales et les banquets politiques.

Mais il a suffi d'un geste de l'Allemagne menaçant nos frontières pour que le mouvement militaire se déclanchât tout d'un coup. Et le Français, qui croyait être ennemi de la guerre à la suite des discours qu'on lui avait tenus, s'est révélé un soldat admirable, plein de patriotique ardeur. Il est parti pour la frontière avec cette résolution calme mais énergique qu'avait le chevalier du moyen âge quand, quittant son château, sa femme et ses enfants, il prenait la croix pour aller délivrer les Lieux saints et combattre l'infidèle.

La France n'a pas besoin d'uniformes pompeux pour que ses armées soient splendides. Aujourd'hui les généraux sont souvent, dans leurs vêtements, difficiles à reconnaître d'un simple soldat. Mais, malgré cela, l'autorité de tous les chefs s'impose par leur valeur même, et elle est faite de l'admiration, de l'estime et de la reconnaissance profonde que les soldats ont pour lui [1].

*
* *

Dans cette guerre d'usure, la nation, avons-nous dit, prend sa part de l'effort commun. Il en est de même des nations alliées et, en particulier, de l'Angleterre.

Celle-ci nous a assuré, par ses flottes, la maîtrise de la mer, c'est-à-dire la porte ouverte à tous nos ravitaillements. Grâce à ses escadres, nous avons pu transporter sans risques nos troupes d'Afrique sur la frontière ; grâce à la puissance de ses vaisseaux, les navires allemands, bloqués dans la mer Baltique, n'osent pas affronter la haute mer et ne peuvent inquiéter nos transports. Et si les sous-marins de nos ennemis, agissant en pirates et contre le droit des gens, coulent d'inoffensifs bateaux de commerce et tuent des femmes et des enfants, du moins, dans son ensemble, la mer reste-t-elle libre, et le transport de toutes les matières importées nécessaires à la nation est-il assuré.

De plus, l'Angleterre a fait un effort militaire énorme.

Pays libre, où le service militaire n'existe pas et où l'armée se recrute par engagements volontaires, elle a réussi à mettre sur pied, en y compre-

[1] Le *Times*.

nant les puissants contingents des Indes, de l'Australie et du Canada, une armée de près de deux millions d'hommes, tous accourus volontairement sous les drapeaux du Royaume-Uni pour combattre à nos côtés l'ennemi abhorré de toute l'Europe civilisée.

Comme nous, les Anglais sont décidés à ne déposer les armes qu'après l'extinction absolue du barbarisme allemand. Comme nous, ils crient : « Jusqu'au bout ! »

Il en est de même de nos héroïques alliés les Russes, qui soutiennent, sur les frontières de Pologne, le choc formidable de soixante-dix corps d'armée. Le cadre de cet ouvrage, limité au récit des opérations des six premiers mois de la guerre en France et en Belgique, ne nous permet pas de nous étendre sur leurs opérations militaires ; mais eux aussi sont décidés à « aller jusqu'au bout ».

Il en est de même également des pays martyrs, la Belgique et la Serbie, qui, les premiers à la peine, devront être, au grand jour du règlement de comptes, les premiers à l'honneur.

C'est dans cet esprit qu'un traité fut signé, quelque temps après l'ouverture des hostilités, entre les plénipotentiaires des nations alliées. D'après ce traité, celles-ci s'engageaient à ne pas conclure de paix séparée, mais seulement une paix dont les conditions seraient dictées par toutes les nations alliées, réunies dans une victoire commune.

Et depuis lors, ce concert des nations s'est augmenté par la collaboration de l'Italie à la lutte contre les barbares. Bientôt peut-être d'autres nations de l'Europe se joindront à nous dans le combat pour la Justice et pour le Droit méconnu.

La conduite heureuse de la guerre dépend d'une entente complète entre les alliés, et il en sera de même pour l'établissement d'une paix durable. Il n'y a pas de meilleur ciment, pour rassembler entre elles les pierres de cet édifice, que le sang versé en commun sur les champs de bataille.

*
* *

Si l'on résume rapidement le résultat des cinq premiers mois de la guerre en France et en Belgique, voici à quelles constatations on arrive :

L'armée française est encore égale numériquement à ce qu'elle était le 2 août 1914, car toutes les unités ont été complétées, et tous les vides comblés.

La qualité des troupes s'est fort améliorée. Nos hommes font aujourd'hui la guerre comme de vieux soldats. Ils sont tous profondément imbus du sentiment de leur supériorité individuelle on collective sur leur adversaire, et ils sont soutenus par la certitude de remporter la victoire.

Le commandement, renouvelé par des sanctions nécessaires, n'a commis, au cours des derniers mois, aucune des erreurs relevées et frappées dans le courant du mois d'août.

Notre approvisionnement en munitions d'infanterie et d'artillerie s'est largement développé ; et l'artillerie lourde, qui nous manquait au début de la campagne, a été constituée et jugée à l'œuvre. Quant à notre aviation, elle est et demeure la première du monde.

L'armée anglaise reçoit, depuis le mois de novembre, de très nombreux renforts. Elle est beaucoup plus forte numériquement qu'au moment de son entrée en campagne. Les divisions des troupes de l'Inde ont achevé leur apprentissage de la guerre européenne.

L'armée belge est reconstituée à l'effectif de six divisions. Toujours pleine d'héroïsme, sous la conduite de son roi, elle est prête à tous les efforts pour reconquérir le sol natal.

Le plan allemand a enregistré *huit échecs* de haute portée. Ce sont :

L'échec de l'attaque brusquée projetée sur Nancy ;

L'échec de la marche rapide sur Paris ;

L'échec de l'enveloppement de la gauche de nos armées en août ;

L'échec de la bataille sur la Marne en septembre, terminé par la retraite sur l'Aisne ;

L'échec de l'enveloppement de notre gauche en novembre ;

L'échec de la percée de nos lignes sur l'Yser ;

L'échec de l'attaque par la côte sur Dunkerque et Calais ;

L'échec de l'attaque sur Ypres.

Dans cet effort stérile, l'Allemagne a épuisé ses réserves, et les troupes qu'elle a pu former, depuis, sont à la fois mal encadrées et mal instruites. Elle a perdu la plus grosse partie de ce corps de sous-officiers qui faisait la force principale de son armée, laquelle ne vaut que par le bloc des combattants et non par leur valeur individuelle.

L'arrêt des armées allemandes est donc fatalement condamné à se changer en une retraite définitive. Alors ce sera la libération de nos départements envahis, celle du territoire belge.

Et cette libération éclairera l'aurore de la victoire.

CHAPITRE XVII

L'HÉROÏSME

L'atmosphère héroïque. — Les généraux : Le général de Castelnau. — Le général Pau. — Les enfants héroïques : Emile Desprez. — Le père remplaçant. — Les modernes d'Assas. — Le highlander sublime. — Les civils sont aussi des héros. — Lettres de combattants. — Lettre du tirailleur. — L'âme française et l'âme allemande.

L'histoire de cette guerre, l'histoire même réduite à celle de ses premiers mois, ne serait pas complète si l'on n'y joignait le récit des traits d'héroïsme qu'ont déployés nos soldats.

Et non seulement cet héroïsme s'est manifesté devant l'ennemi et sous le feu, mais encore il a pris les formes les plus diverses. Il y a eu l'héroïsme des civils ; il y a eu l'héroïsme de ceux et de celles qui étaient demeurés au foyer, loin des êtres chers que la guerre leur avait pris ; il y a eu l'héroïsme des prêtres et des religieux qui combattaient dans le rang, trouvant moyen d'accomplir avec un zèle égal leur double fonction de ministres de Dieu et de soldats de la France.

Cet héroïsme, d'ailleurs, ne fut pas un fait exceptionnel. La caractéristique de cette guerre fut de provoquer, dans notre pays, une manifestation générale.

La France entière a vécu dans une véritable « atmosphère d'héroïsme ». Tout le monde se sentait, plus ou moins, capable des plus grandes actions. Et nous avons connu des gens, de profession tranquille, de caractère calme, que rien n'avait préparés à des actions d'éclat, et qui, au moment où l'ennemi s'approchait de la capitale, tenaient des propos d'une noblesse et d'un courage admirables.

C'est qu'en effet, de même que, dans la nature, la fonction perfectionne souvent l'organe, de même, dans l'histoire d'un peuple, les circonstances font les caractères et trempent les âmes.

Les actes d'héroïsme qu'il faudrait citer sont innombrables. Il n'est pas un corps d'armée, pas une division, pas une brigade, pas un régiment, pas un bataillon, pas une compagnie qui ne compte un ou plusieurs hommes, soldats ou officiers, cités à l'ordre du jour, soit à l'ordre du régiment, soit à l'ordre de la division, soit à l'ordre de l'armée.

Il y a eu tant et tant de ces actions glorieuses, que les citations à l'ordre de l'armée forment un énorme volume dont la lecture devra être, plus tard, l'école du courage et du patriotisme dans nos collèges et dans nos écoles. Nos enfants y apprendront comment on aime son pays, comment on le sert, comment on vit et comment on meurt pour la France.

Le nombre de ces citations a été tellement grand, que le Gouvernement a décidé la création d'un insigne spécial, destiné à récompenser les cités. Il a créé la *Croix de guerre*. C'est une *croix*, une vraie *croix* à quatre branches, la croix du Christ. Les branches sont séparées par deux épées croisées, et elle est suspendue à un ruban vert et rouge, identique à celui de la médaille de Sainte-Hélène que portaient les « vieux de la vieille », ceux qui avaient fait les guerres du premier Empire. Le ruban est chargé d'un insigne spécial : étoile ou palme, suivant que la croix est décernée à un homme cité à l'ordre de la brigade, de la division ou de l'armée.

La Croix de guerre.

Déjà de nombreux officiers, sous-officiers et soldats ont obtenu cette distinction, la plus enviée de toutes. Déjà des drapeaux de régiments ont été décorés de la croix de guerre, et le président de la République est allé la remettre lui-même à S. M. Albert Ier, l'héroïque roi des Belges.

Nous allons, dans ce chapitre, relater quelques-uns des faits et des mots les plus glorieux accomplis ou prononcés par nos soldats. Nous ne pourrons malheureusement pas tout citer : nous ne relaterons que quelques-uns de ces exploits, dont nous avons emprunté le récit aux journaux qui les publiaient au fur et à mesure qu'ils étaient accomplis[1].

* * *

Commençons par les généraux, et, à tout seigneur tout honneur, par le général en chef. Voici, d'après l'*Information*, le récit d'une de ses paroles :

Au cours d'un combat, il eut besoin de faire appel au dévouement des

[1] Ces citations sont empruntées à des journaux *de toutes nuances*, aussi bien la *Croix*, l'*Écho de Paris*, le *Figaro*, le *Gaulois*, que le *Matin*, l'*Intransigeant*, le *Petit Parisien*, etc. L'unité de la note héroïque que ces citations éclectiques nous donnent ainsi, est une preuve matérielle de l'esprit patriotique qui animait la nation tout entière.

aviateurs. Il en demanda trois pour une mission importante, exigeant des hommes prêts à sacrifier leur vie. Toutes les mains se levèrent, et il fallut tirer au sort.

Les trois aviateurs désignés par le hasard sortirent du rang et restèrent seuls avec le général, qui leur expliqua ce qu'ils avaient à faire, en ne leur dissimulant pas le danger de leur mission. Les trois aviateurs saluèrent et se retiraient, quand le général en chef les rappela :

« Eh quoi ! leur dit-il, depuis quand des enfants qui vont peut-être à la mort n'embrassent-ils plus leur père ? »

Et les trois aviateurs se précipitèrent tour à tour dans les bras que le général, très ému, leur tendait. Puis, l'ayant embrassé, ils partirent, « heureux et fiers de cette sublime récompense. »

Nous avons reproduit en son temps l'ordre du jour d'une éloquente simplicité qu'il adressait aux troupes après la victoire de la Marne. Cet ordre du jour, succédant à celui qu'il avait adressé à l'armée avant la bataille, peint l'homme qu'est le général Joffre.

L'*Illustration*, d'ailleurs, a recueilli de lui, par la bouche d'un de ses rédacteurs, un mot qui le définit tout entier.

Comme, faisant allusion à une victoire remportée par les Russes, le journaliste exprimait l'idée que la nécessité de se renforcer sur le front polonais contraindrait sans doute l'Allemagne de s'affaiblir sur le nôtre, le généralissime répondit simplement :

« Je ne tiens pas à ce qu'ils dégarnissent leur ligne ici. Les Russes avanceront plus vite. Ce que j'ai devant moi, *je m'en charge !* »

Forfanterie, dira-t-on ? Non ; conscience profonde d'une situation qu'on domine. Cet homme est bien celui qui, au lendemain de la victoire de la Marne, répondait aux félicitations de ses amis un mot empreint d'une grandeur romaine.

« Vous doutez-vous, mon général, lui disait un officier, que vous venez de gagner la plus grande bataille de toute l'histoire ? »

Et le général Joffre répondit, après un moment de réflexion, de sa voix tranquille :

« Ce que j'ai gagné, j'espère, c'est le prochain repos dans ma petite maison des Pyrénées-Orientales ! »

*
* *

Après le général en chef, ses collaborateurs immédiats.

Voilà, d'après les *Annales*, un mot bien remarquable du général Pau.

On sait que le glorieux soldat est amputé d'un bras, qu'il a perdu en 1870, à la bataille de Wœrth : « la première manche aux Allemands, » comme il dit dans l'intimité.

C'était pendant les actions du début, en Alsace, à la fin d'août.

Un zeppelin lance trois bombes dont l'une éclate près du général Pau, qui allait monter en automobile, et des éclats viennent traverser la manche vide de son bras coupé.

« Les maladroits! s'écria le général: ils reviennent sur du travail déjà fait ! »

Le général Pau.

N'est-ce pas à la fois admirable et bien Français, ce mot-là ?

Voici maintenant, d'après le *Temps*, le récit de la mort du général Bridoux, qui commandait un corps de cavalerie.

Le général venait de monter dans une auto, pour mieux se rendre compte des opérations par lui-même, quand éclata une fusillade d'Allemands embusqués à cinquante mètres de là. Deux officiers, deux chauffeurs, sont tués net. Le général, grièvement atteint, est transporté dans une masure proche, et le médecin-major, accouru, s'aperçoit qu'il n'y a rien à faire.

Arrive le général Buisson. Alors le général Bridoux lui dit :

« Mon cher Buisson, mon brave ami, je meurs pour mon pays et j'en suis presque content, puisque cela va vous permettre d'exercer le commandement dont vous êtes si digne.

« N'oubliez pas que notre rôle est d'aller en avant, *toujours en avant*, et qu'il nous faut faire le plus de mal possible aux barbares qui veulent anéantir notre beau pays.

« J'ai confiance dans la victoire finale; je regrette d'y avoir si peu contribué. Mais je suis content, car mon pays triomphera! »

Le général Buisson lui répondit, et les deux hommes s'embrassèrent. Puis l'agonie commença. Cependant, au bout de dix minutes, le général Bridoux, mourant, rassembla ses dernières forces et prononça les paroles suivantes, qui furent les dernières :

« Je meurs avec joie pour mon pays. Dites au corps de cavalerie que le sacrifice de ma vie doit lui servir d'exemple ! »

Il expira ainsi, en consacrant à la France et à ses cavaliers sa dernière pensée.

Et que dire du stoïcisme antique dont fit preuve, par deux fois, l'un de nos plus glorieux chefs, l'un des plus beaux ouvriers de la victoire, le général de Currières de Castelnau, le sauveur de Nancy, le héros du Grand-Couronné ?

Le général Currières de Castelnau.

C'était le 20 août. Le général de Castelnau était entouré de son état-major, auquel il était en train de donner ses instructions minutieuses. Tout à coup entre un officier qui, la voix étranglée par l'émotion, dit au général :

« Mon général, votre fils, le sous-lieutenant Xavier de Castelnau, vient d'être tué d'une balle au front en repoussant l'ennemi. »

Le général eut une légère secousse. Il resta silencieux une seconde ; puis, se tournant vers ses officiers :

« Continuons, messieurs. »

Ce trait, digne des Spartiates, est rapporté par le *Matin*. En voici un second, rapporté par le *Figaro*, et relatif encore au général de Castelnau :

Le 8 septembre, le fils aîné du général, le lieutenant Gérald de Castelnau, était grièvement blessé sur le champ de bataille. On le transporta auprès de son père. Sa blessure était extrêmement grave, et trois heures après avoir été atteint, malgré tous les soins qui lui furent prodigués, le jeune officier rendit le dernier soupir.

Le général de Castelnau se pencha alors sur son enfant, l'embrassa, et, au milieu d'un douloureux et solennel silence, il dit ces mots :

« Va, mon fils ! Tu as la plus belle mort que l'on puisse souhaiter. Je te jure que nos armées te vengeront en vengeant toutes les familles françaises! »

Et, ayant recouvert d'un mouchoir le visage de son enfant, il fit le salut militaire et se retira.

*
* *

Voici maintenant l'histoire d'un héros de seize ans, racontée par le *Matin*.

Ce jeune héros s'appelle Talhouët. On parlait de la guerre, chez lui; on ne parlait même que de cela. Un jour, sans rien dire, il partit. Un régiment passait; il le suivit et alla sur le front. L'étape fut longue, le petit la fit comme un vieux. Il dit alors aux soldats :

« Je veux aller avec vous. Je m'appelle Talhouët et je suis de Paris. J'ai seize ans. »

Le capitaine arriva. On adopta Talhouët et on l'habilla.

Vint la bataille de la Marne. Une nuit, on dormait de son mieux quand parut le capitaine :

« Un homme de bonne volonté, demanda-t-il. C'est pour faire une reconnaissance dans les tranchées ennemies. »

Le petit Talhouët se présente aussitôt :

« Choisissez-moi, mon capitaine. Je ne suis pas grand, je passerai mieux! »

Et l'enfant passa, en effet. Trois Boches successivement le mirent en joue ; il les tua tous les trois. Mais, comme il regagnait son poste, il tomba dans un trou d'obus et se brisa le bras. Voilà pourquoi ce héros de seize ans était à l'ambulance du château de Chenonceaux.

Et voici, d'après le *Figaro*, un trait d'héroïsme véritablement admirable. C'est l'histoire d'un enfant de quatorze ans, Émile Desprez, racontée par M. Pauliat, sénateur du Cher.

A Lourches, village des plaines du Nord, les Allemands étaient entrés. Dans une maison, les barbares, ivres de genièvre, menaient grand tapage. Un lieutenant insultait la maîtresse du logis. Dans un coin sombre gisait un sergent français, blessé par un éclat d'obus. Excédé par les injures que cet officier adressait à une femme sans défense, le sergent saisit son revolver, visa et abattit l'odieuse brute, comme on abat un chien dangereux.

A coups de crosse, à coups de pieds, le malheureux sergent fut traîné dehors et conduit dans un groupe de quinze mineurs qui, accusés par les Prussiens d'avoir tiré sur eux, allaient être mis à mort.

Deux par deux, les mineurs étaient conduits devant le peloton d'exécution et fusillés aussitôt. Le sergent, tremblant de fièvre, vit passer le jeune Desprez et lui demanda de lui apporter de l'eau pour calmer sa soif.

Le gamin s'empressa et rapporta l'eau; mais le capitaine allemand l'aperçut. Cramoisi de fureur, il se précipita sur l'infortuné garçon, l'assomma à coups de plat de sabre, le piétina à coups de botte.

« Tu seras fusillé! » hurla-t-il.

Et l'enfant fut jeté, d'un poing impitoyable, sur le sergent agonisant.

Drapeaux allemands aux Invalides.

Le tour du gamin arriva. On lui banda les yeux, et on le fit agenouiller devant les fusils. Mais le capitaine allemand, bourreau raffiné, eut un sourire cruel. Il n'ordonna pas le feu; il dénoua le bandeau du petit et lui dit :

« Tu peux avoir la vie sauve à une condition : prends ce fusil, couche en joue le sergent et tue-le. Il te demandait à boire, tu vas lui envoyer du plomb. »

Crânement le gamin prend le fusil sans trembler, épaule l'arme, la dirige contre la poitrine du sergent. Mais soudain il fait volte-face, sans abaisser son arme. Le coup part, et, foudroyé, le capitaine barbare s'effondre, tué à bout portant.

L'héroïque enfant fut aussitôt lardé de coups de baïonnette et criblé de balles.

*
* *

Voici quelques traits d'héroïsme accomplis par des soldats.

Le premier fait penser au dévouement du chevalier d'Assas. Le sergent Jacobini, d'un régiment d'infanterie, était placé, pendant la nuit, aux avant-postes, quand il aperçut des ombres qui s'avançaient dans sa direction. Il s'avança seul, pour ne pas exposer ses hommes, et se trouva soudain entouré et désarmé par des Allemands. Un officier le menaça de mort s'il ouvrait la bouche.

Mais Jacobini, sans hésiter, cria : « Feu, mes enfants! Ce sont les Allemands! »

En même temps il se jeta sur le sol.

Une salve des avant-postes français tua l'officier allemand et la plupart des hommes qui étaient avec lui; et le brave sergent, indemne, put s'échapper et rejoindre son détachement.

Et cet autre héros, ce zouave fait prisonnier par des Allemands en Belgique! Il faisait partie d'une troupe de prisonniers français que les Allemands poussaient devant eux pour s'en faire une couverture. Nos hommes, voyant des uniformes français, ne tiraient pas. Alors le zouave s'écria :

« Mais tirez donc, nom de nom! Ce sont des Boches! »

Les Français firent alors un feu de salve, couchant tous les Allemands; mais, hélas! parmi eux leur héroïque camarade, dont le dévouement leur avait permis de déjouer le piège de l'ennemi.

Ce fait est à rapprocher de l'exploit accompli par le sous-lieutenant de Nompré de Champagny, du 14e régiment de hussards. En reconnaissance avec huit cavaliers, le 14 août 1914, et rencontrant un peloton de cavaliers allemands qui tentait de s'opposer à sa mission, il n'hésita pas à charger. Atteint de trois coups de lance, dont un le privait de l'usage de sa main gauche, il n'en réussit pas moins à repousser les ennemis et à poursuivre sa mission, grâce au dévouement du trompette Martin, qui vint courageusement à son aide en dirigeant le cheval de son officier et en tuant de sa propre main l'officier commandant le peloton ennemi, qui menaçait son chef.

Voici un admirable exemple de dévouement d'un tirailleur tunisien.

Le 30 août 1914, le soldat Merzouk ben Embarek, du 4e tirailleurs, voit son lieutenant blessé tomber à cent cinquante mètres des lignes ennemies. Abandonnant un blessé qu'il transportait et qui venait d'être tué dans ses bras, il s'élance vers son officier, l'enlève et le porte, sous une pluie de balles, sur une distance de deux cents mètres. Resté tout seul avec son lieutenant blessé, il réussit à le conduire à l'ambulance, après six heures de marche à travers un pays occupé et déjà parcouru par l'ennemi.

Et le cavalier Mazille, du 3e hussards! Chargé d'apporter un renseignement de la plus haute importance, il s'est lancé hardiment à travers les troupes allemandes qui occupaient le pays, a essuyé une volée de mitraille, a eu son cheval grièvement blessé sous lui. Malgré cela, imperturbablement, il continue sa route au milieu des projectiles et arrive jusqu'à ses officiers, où son cheval meurt en même temps qu'il remettait ses renseignements.

Le général Joffre décore des officiers et soldats dans la vallée de Thann.

Le marsouin Falches, lui, a fait autre chose. Le 23 octobre 1914, il ramène quatre prisonniers allemands qu'il a faits à lui seul et qu'il pousse devant lui, les mains liées derrière le dos. On lui décerne, pour ce fait, la médaille militaire. Et, le 28, on lui donne la croix de la Légion d'honneur pour avoir pris, puis enroulé autour de son corps un drapeau bavarois, et, malgré des blessures graves, l'avoir gardé pour le remettre à ses chefs.

*
* *

Roger Gsell, âgé de dix-sept ans à peine, fils d'Alsacien, se battit successivement en Belgique, sur la Marne, et enfin à la bataille de l'Yser. Blessé à Dixmude à la jambe, au bras et sur différentes parties du corps, il a succombé à l'hôpital de Saint-Nazaire, malgré tous les soins dont il fut entouré. Sa mère était accourue. Désespérée, elle craignait que son fils ne lui reprochât d'avoir consenti à son engagement. Elle lui demanda : « Voyons, mon enfant, si c'était à refaire, t'engagerais-tu encore? » Et l'enfant héroïque répondit : « N'en doute pas, mère! »

Quelques instants avant sa mort, il fit, en pleine connaissance, ses adieux à ses camarades de salle, remercia ceux qui l'avaient soigné, et chanta la *Marseillaise* jusqu'à son dernier souffle.

A Lombartzyde, les zouaves, on le sait, furent héroïques.

L'un d'eux, agent de liaison, sort avec un ordre à porter et tombe foudroyé. Un de ses camarades a un geste spontané ; il s'élance, saisit l'ordre et le porte.

Un autre, un cycliste du colonel, a une jambe broyée par un obus. Il se traîne pourtant jusqu'au poste de commandement et dit, en mourant : « Je suis f...ichu ; *je vous demande seulement de dire chez moi que je suis mort proprement!* »

Voici, d'après l'*Écho de Paris*, un acte de dévouement admirable :

Dans la ville de B..., à l'hôpital installé au Grand-Hôtel, un blessé doit être amputé. Mais il est si faible, que le chirurgien hésite :

« Si seulement on pouvait lui rendre du sang? »

Un autre blessé, un Breton, a entendu.

« S'il ne faut que cela, me voilà, dit-il, je suis prêt. »

La transfusion se fait. Le personnel de l'hôpital, ému par le dévouement de ce blessé qu'on sait très pauvre, se cotise, quête discrètement ici et là et recueille cinq cents francs, qu'on se réjouit de lui offrir. Quelqu'un arrive un jour près du lit, parle du service rendu, remercie et offre l'argent. Le Breton refuse :

« Allons donc! *je donne mon sang, je ne le vends pas!* »

Nous trouvons dans la *Presse* le récit touchant que voici, fait par un médecin militaire :

Il s'agit d'un nommé Meunier, qui n'était plus de la première jeunesse et qui avait été soigné pour une blessure au pied. Ce ne fut que quand il quitta l'hôpital, qu'on sut qu'il avait cinquante-quatre ans. Et voici ce que dit cet homme :

« Ils m'ont tué mon gosse, un beau garçon qui était parti pour la guerre, pour le *front,* comme on dit dans les dépêches. Il m'avait dit qu'il reviendrait sergent. Le sergent Meunier! ma foi, cela sonne bien, et peut-être qu'il aurait gagné la médaille militaire. Il était si heureux de partir! Il ne devait pas revenir, mon grand gosse!

« Alors, puisqu'il était tombé, j'ai demandé à le remplacer. Je me suis engagé. A cinquante-quatre ans, j'avais bon pied, bon œil. Les Boches m'ont laissé bon œil; quant au bon pied, les majors se sont chargés de me le rendre.

« Et maintenant j'espère qu'on ne va pas me faire mourir dans un dépôt : j'ai à venger le petiot *et à répondre pour lui à l'appel!* »

N'est-ce pas simplement admirable?

* * *

Le journal *Excelsior* nous raconte le fait suivant :

Un colonel, un vieil Alsacien, dans la forêt de Bolante, en Argonne, tombe avec deux officiers. Il est atteint d'une balle en pleine poitrine.

Sous le feu, on réussit à emporter les trois blessés. Le colonel est très affaibli, il souffre beaucoup. La balle a fait un petit trou insignifiant dans la poitrine et est ressortie par le dos : mais, sur son chemin, elle a fait de grands ravages. Le blessé ne sent pas sa plaie antérieure et s'imagine avoir été touché dans le dos. Triste, presque honteux, il dit à voix basse au médecin-major :

« Comment ai-je fait mon compte pour être blessé dans le dos?

— Comment! dans le dos, mon colonel? Mais vous avez bel et bien été touché en pleine poitrine. La balle est ressortie par derrière. »

Immédiatement, l'énergique figure du vieux colonel alsacien se décontracte, et il dit, en poussant un soupir de satisfaction :

« Ah! *j'aime mieux cela!* »

Voici un autre mot admirable, que nous trouvons rapporté dans les *Annales :*

M. de X... appartient à une famille illustre, qui lui a donné une belle fortune et un beau nom. Il part. Des éclats d'obus lui fracassent l'épaule, et le chirurgien juge nécessaire l'amputation du bras. A vingt-cinq ans, martyrisé, mutilé, le malheureux infirme se plaint-il de son sort? Non; il conserve la sérénité la plus touchante. Et, comme il lisait dans le regard de son infirmière une pitié infinie, alors qu'elle essayait de le consoler, il dit avec une adorable simplicité :

« Il vaut mieux que cet accident soit arrivé à moi qu'à un pauvre homme qui aurait eu besoin de son bras pour travailler! »

Cette réponse est à rapprocher de celle, si crânement française, d'un capitaine d'artillerie, réponse que nous trouvons dans le *Journal.*

Un éclat de shrapnell avait atteint le capitaine à la tête et lui avait crevé l'œil gauche.

« Un œil crevé! la belle affaire! J'en serai quitte pour porter monocle! »

Et, dans la même feuille, nous relevons encore l'histoire du caporal Clavier, du 152e. Frappé d'une balle qui lui a coupé l'index de la main droite, son commandant lui fait remarquer qu'il ne pourra plus tirer. Mais il répond aussitôt :

« Mais si, mon commandant; je tirerai avec un autre doigt ! »

Le *Gaulois* nous raconte une mort vraiment héroïque, celle d'un petit fantassin. Gravement blessé, il était dévoré par la fièvre.

« J'ai soif, » dit-il.

Un camarade lui tend une gourde, à laquelle il boit avidement. Il lui dit alors :

Exposition, aux Invalides, de canons pris aux Allemands.

« Mets-moi au pied de ce grand chêne... Donne-moi une baïonnette... Merci !... »

Les yeux levés vers le ciel, tenant la baïonnette comme une croix, tel le chevalier Bayard, il balbutie une dernière prière.

Tout à coup un bref soubresaut l'agite : c'est la fin. Il s'incline sur le côté et, dans un dernier râle, laisse tomber ces paroles :

« Je meurs bien... *Guillaume saurait pas... mourir comme ça !* »

*
* *

Nos tirailleurs sénégalais aussi font de l'héroïsme. Témoin le fait suivant, raconté par le *Journal* :

Le brave en question s'appelle Moussa. Il sert comme ordonnance d'un général dont tout le monde connaît la svelte et élégante silhouette, et qui, dernièrement encore, commandait avec succès au Maroc.

Ces jours derniers, Moussa avait reçu l'ordre de se trouver avec l'automobile de son chef, et avant la nuit, dans un village occupé par nos avant-postes.

« Et surtout, sois exact! lui dit son général qui l'avait ramené d'Afrique.

— Moi, lui répondit-il, y a pas moyen être retard! »

Effectivement il se trouva au rendez-vous, le général aussi. Celui-ci arrivait, lorsque son auto stoppa. Moussa vivement descendit de voiture, et, tout joyeux, s'écria :

« Mon général, ti vois, moi y en a fait guerre tout seul! »

L'officier jeta un coup d'œil sur sa limousine; elle était bondée de capotes, de sabres, de lances.

« Mais où as-tu pris tout ça? » demanda-t-il étonné.

Alors Moussa, toujours riant et montrant ses dents blanches, raconta que, pendant qu'il se dirigeait sur le village où on lui avait prescrit de se trouver, il avait tout à coup aperçu quatre uhlans qui barraient la route. Ils étaient à quatre ou cinq cents mètres.

« Moi, dit-il, y avais promis mon général pas être retard. Y avait pas moyen rester derrière! »

Moussa avait donc arrêté l'auto, pris son fusil et, sans se presser, tranquillement, il avait visé. En quelques secondes les quatre uhlans et leurs montures furent à terre.

« Y en a bon! » s'écria Moussa.

Il remit l'auto en marche; mais, en passant près des Allemands qu'il avait si proprement descendus, il quitta son volant pour un instant, et, en bon nègre, prit les capotes des uhlans, leurs armes, leurs harnachements, et empila le tout dans la voiture.

« Toi y a content, mon général? » questionna Moussa radieux.

L'officier ne répondit pas, mais il serra énergiquement la main du brave Sénégalais.

Voici une autre histoire racontée par l'*Intransigeant* :

Il s'agit encore d'un Sénégalais, cuisinier, qui tranquillement, sous une pluie d'obus, s'avançait pour ravitailler ses camarades dans la tranchée. Sur la tête la marmite à soupe, dans une main la casserole à rata, dans l'autre le café, il marche. Les soldats lui crient : « Couche-toi donc, abruti! » Rien n'y fait. Il marche toujours, et, quand il arrive près de ses camarades, il dit tout simplement :

« Moi y a pas peur! obus pas entrer dans peau noire! »

***

Nos alliés les Anglais ont, eux aussi, fait leurs preuves d'héroïsme. Voici une anecdote rapportée par le *Times* et qui relate la belle mort d'un soldat indien.

Wariam Singh était en permission quand son régiment fut mobilisé. Par une nuit très chaude il était assis près de la fontaine, quand arriva l'ordre du départ. On allait, en Europe, se battre contre une certaine race

Marins anglais en Belgique. — Défense du drapeau.

d'hommes blancs. Il fit alors spontanément le serment que, quoi qu'il pût arriver au cours de cette guerre, il ne reculerait jamais.

Posté, un jour, en première ligne et ayant à faire manœuvrer une mitrailleuse, il dut, ainsi que son bataillon, résister à une vigoureuse attaque. A un certain moment, les Allemands ayant envahi les tranchées de gauche et celles de droite, la ligne anglaise fléchit; deux officiers venaient d'être tués, quand arriva l'ordre formel de battre en retraite. Pressé de suivre le mouvement, Wariam Singh déclara :

« Je ne peux pas, j'ai *juré.* »

Et, stoïquement, il demeura seul à côté de sa mitrailleuse, qu'il continuait à manœuvrer.

Bientôt, dit le blessé qui a raconté cet exploit, les corps des Allemands jonchaient le sol autour de lui « comme les cailloux dans le lit d'un torrent ».

Mais l'ennemi revint en force, et l'Indien fut tué. On retrouva son corps allongé au pied de sa mitrailleuse, au milieu des cadavres ennemis.

Wariam Singh avait tenu son serment.

Le *Mémorial de la Loire* raconte le trait d'héroïsme suivant, dont un highlander fut le héros.

Cent cinquante soldats écossais étaient chargés de tenir le passage d'un pont. Soudain les Allemands, embusqués derrière un bois, ouvrent le feu, et une force ennemie, beaucoup plus considérable que celle des Écossais, se précipite vers le pont.

Au camp indien, sur le front.

Malgré une défense énergique, tous les soldats succombèrent sous le nombre ; tous furent tués, à l'exception d'un seul qui, chargeant sur ses épaules le seul canon Maxim dont disposât la petite troupe, le transporta à l'extrémité du pont et, bravement, fit face à l'attaque allemande. Tranquillement assis sur la crosse de sa pièce, il tira, tira,... jusqu'à ce qu'à son tour il tombât mort.

Mais son magnifique dévouement n'avait pas été inutile. Les Allemands avaient été retardés suffisamment pour que des renforts vinssent leur donner la chasse avec succès.

Le corps de l'héroïque highlander, relevé après le combat, ne portait pas moins de trente blessures ! N'est-il pas admirable de voir se renouveler l'exploit classique d'Horatius Coclès?

Enfin, nos alliés, s'ils ont toujours le courage à toute épreuve, y joignent souvent l'humour. Témoin cette anecdote, rapportée par le *Daily Mail*.

Un calme relatif régnait dans les lignes anglaises. On tiraillait de temps en temps sur les têtes allemandes qui apparaissaient au-dessus des terriers ennemis ; mais, rendus prudents par l'expérience acquise, les Boches demeuraient presque invisibles.

C'est alors qu'un officier anglais eut recours au stratagème suivant. Se servant de ses mains comme d'un porte-voix, il s'écria d'un ton formidable :

« Garçon ! »

Le résultat ne se fit pas attendre. Deux cents têtes de Boches apparurent au-dessus des tranchées et furent immédiatement saluées par une grêle de balles, qui privèrent l'empire d'Allemagne de quelques douzaines d'estimables garçons de café ou de restaurant.

* * *

A côté des traits d'héroïsme, il y a les manifestations, bien françaises, d'audace et d'audace gauloise. En voici un que nous empruntons au *Larousse mensuel :*

Le capitaine de Radowitz, fils de l'ancien ambassadeur d'Allemagne à Madrid et délégué à la conférence d'Algésiras, a été fait prisonnier dans des circonstances vraiment peu glorieuses pour lui.

L'escadron du capitaine de Radowitz s'était, au cours d'une reconnaissance, aventuré si près des lignes françaises, que son effectif avait été fort réduit. Les survivants, errants et affamés, s'étaient réfugiés dans un bois.

Un brigadier de cuirassiers français, avec deux hommes, suivait la lisière de ce bois, quand il en vit sortir un capitaine, deux officiers et une dizaine d'hommes qui, tous, levaient les bras en l'air pour se rendre. C'étaient le capitaine de Radowitz et ses soldats.

Le brigadier, justement méfiant, les fit coucher en joue par ses deux hommes et mit lui-même revolver au poing ; puis il exigea que les ennemis jetassent leurs armes. Et l'officier allemand, imité par ses compagnons, envoya loin de lui sabre et revolver.

« Voulez-vous, proposa le capitaine, qui parlait un excellent français, que je descende de cheval et que je me couche par terre ?

— C'est cela. Couchez-vous par terre. »

Et, leur capitaine en tête, tous les cavaliers allemands, abandonnant leurs chevaux, se mirent dans cette humble posture.

Les trois cuirassiers s'approchaient pour capturer ce groupe d'ennemis, quand ils virent sortir du bois d'autres cavaliers allemands, démontés et déjà sans armes, qui vinrent rejoindre leurs camarades.

C'est ainsi que trois cuirassiers français ramenèrent à leur lieutenant ravi un capitaine, deux officiers et une cinquantaine de uhlans, sur lesquels on trouva de huit à neuf cents cartouches.

Enfin, voici deux aventures racontées par le *Temps* :

Dans la région de Reims, les tranchées françaises et allemandes sont si rapprochées en certains points, que, entre deux attaques, on s'invective de part et d'autre, à la façon des héros d'Homère. Cette accalmie permet à nos troupes de se reposer. Les nuits sont fraîches, mais les hommes ont reçu des lainages et des couvertures.

Pendant ces longs repos, il est des hommes, — de notre côté comme du côté ennemi, — qui trompent l'ennui de l'attente par des bordées. Ces jours derniers, trois de nos lascars, désireux de varier l'ordinaire, sortent de la tranchée et vont rendre visite à une ferme voisine, où ils s'attablent. Surviennent sept soldats allemands, poussés par la même envie.

Les deux groupes se restaurent, tout en se surveillant.

L'appétit satisfait, les trois Français annoncent aux sept Allemands qu'ils les font prisonniers. Protestation énergique des Boches, qui disent : « Nous sommes les plus nombreux ; c'est vous qui serez nos prisonniers. »

Mais les Français n'entendent pas de cette oreille et menacent d' « en découdre ». Sur quoi les Boches, bien repus et en mauvais état de se défendre, consentent à se laisser emmener. Et nos trois lascars font, dans leur tranchée, une rentrée triomphale.

La seconde anecdote est celle-ci :

Un de nos jeunes officiers, qui adore la fumisterie, se présente d'un air sérieux devant un officier allemand qui avait été fait prisonnier dans un important détachement. Il lui raconte que la France et l'Allemagne se sont mises d'accord pour échanger un certain nombre de prisonniers, et qu'en conséquence l'officier allemand est invité à désigner vingt hommes, outre lui-même, en vue d'un échange. L'Allemand va consulter ses hommes, et quelques instants après il revient avec cette simple réponse :

« Ils aiment mieux rester! »

*
* *

Pendant que, sur le front, les militaires redoublent d'héroïsme, les civils ne restent pas en retard. Eux aussi ont, en maintes circonstances, fait preuve d'une grandeur d'âme admirable.

Rappelons d'abord la mort du compositeur de musique Albéric Magnard. Il vivait, très retiré, dans son domaine de Baron, dans l'Oise, quand les Allemands occupèrent le pays. Deux d'entre eux voulurent envahir sa propriété ; il s'y opposa. Et devant l'insistance des Allemands qui le menaçaient, Albéric Magnard saisit un revolver et tua les deux soldats ennemis. Inutile de dire qu'il fut massacré aussitôt.

Quelle plus tragique fin, également, que celle du maire de Senlis, M. Odent !

Les Allemands avaient envahi la coquette petite ville. Sous le prétexte mensonger que des civils avaient tiré sur leurs troupes, le maire de Senlis est arrêté à l'hôtel de ville et emmené par les soldats. Pendant qu'on l'entraîne, le secrétaire de la mairie le rejoint auprès de l'hôtel du *Grand-Cerf* et lui propose d'aller chercher les adjoints.

« C'est inutile, répond M. Odent ; ce sera assez d'une victime ! »

Conduit à Chamant, le magistrat, pendant le trajet, est l'objet de brutalités odieuses. On lui arrache ses gants, pour les lui jeter au visage ; on lui prend sa canne, et on l'en frappe violemment à la tête. Enfin, vers 11 heures, on le fait comparaître devant trois officiers. L'un d'eux l'interroge et persiste à l'accuser d'avoir tiré ou fait tirer sur les Allemands ; il lui annonce finalement qu'il va mourir.

M. Odent s'approche alors de ses compagnons de captivité, leur remet ses papiers, son argent, leur serre les mains et, très dignement, leur fait ses adieux. Il revient ensuite près des officiers. Sur l'ordre de ceux-ci, deux soldats l'entraînent à une dizaine de mètres et le tuent de deux balles dans la tête. Les meurtriers creusent ensuite légèrement le sol et jettent sur le cadavre une couche de terre si mince, que les pieds n'en sont pas recouverts. Quelques heures auparavant, à deux cents mètres de là, six autres habitants de Senlis avaient déjà été fusillés et enterrés.

Et quel plus bel exemple de courage civique que celui qu'a donné, à Soissons, Mme Macherez !

Veuve d'un sénateur, Mme Macherez a soixante-trois ans. Quand les hordes allemandes parurent au début de septembre, Mme Macherez n'hésita pas à prendre en mains la direction des affaires municipales de la ville de Soissons.

En cette qualité, grâce à son énergie et à sa présence d'esprit, le sac et l'incendie de la ville purent être évités. Pendant les douze jours que dura l'occupation ennemie, elle organisa les réquisitions, traitant, discutant avec le gouverneur allemand, obligeant celui-ci à se contenter d'exigences modérées et à respecter les besoins de la population civile. En dépit des exactions de l'ennemi, elle assura l'alimentation des petits enfants à l'aide du lait et continua, comme auparavant, à diriger la Croix-Rouge.

Quand les troupes anglaises eurent chassé les Allemands de la ville, Mme Macherez demeura « mairesse » de Soissons, restant à son poste malgré le bombardement, qui depuis lors n'a pas été interrompu un seul jour. Trois fois sa maison particulière fut touchée par des projectiles allemands. Un jour, un obus tomba pendant le déjeuner, démolissant une aile de la maison. Mme Macherez, posant sa serviette, sortit pour aller voir ce qui se passait. En revenant au bout d'un instant, elle dit ces simples mots : « Il y a peu de dégâts, » et elle continua tranquillement son déjeuner.

A l'occasion des visites des avions allemands sur Paris, la population de la capitale a été admirable. On cite, entre autres, ce mot d'une petite fille du peuple qui avait vu l'avion s'éloigner, puis revenir sur sa route, et qui s'écria :

« Chouette ! il revient ! »

On sait que, au cours d'un de ces criminels attentats, parmi les

Soissons pendant le bombardement.

victimes qui furent faites par les aviateurs allemands se trouva une petite fille, Denise Cartier, qui eut la jambe broyée et dut subir l'amputation. Son premier cri, quand on la transporta à l'hôpital, fut celui-ci :

« Surtout, ne dites pas à maman que c'est grave ! »

Plus tard, elle reçut un grand nombre de lettres et même le montant d'une petite souscription qui fut organisée pour elle par l'*Écho de Paris*. Elle répondit : « Si j'ai été courageuse, je sais bien qu'à ma place toutes les petites filles de France en auraient fait autant. Mais je suis encore contente, dans mon malheur, d'avoir donné ma jambe à la France ! »

Enfin, l'étranger lui-même s'est montré héroïque, en servant sous les plis de notre drapeau. Qu'il suffise de rappeler la mort glorieuse de deux des cinq petits-fils de Garibaldi, le lieutenant Bruno Garibaldi et l'adjudant Constantin Garibaldi, tombés dans les Vosges en défendant la cause française, véritables précurseurs de l'alliance italienne.

*
* *

Ces sentiments d'héroïsme, qui se manifestent, au front, par des actes glorieux, éclatent dans les correspondances admirables que les combattants envoient à leurs familles et en reçoivent.

Voici une lettre, publiée par la *Liberté*, et qui est adressée au lieutenant-colonel Rousset, professeur à l'École de guerre et auteur de l'*Histoire de la guerre de 1870*.

« Mon colonel,

« Il y a dix ans, j'étais élève chez les Oratoriens, au collège de Saint-Lô. On nous avait lu votre belle *Histoire de la guerre de 1870*. Cette lecture s'était tellement emparée de notre esprit, que nous vivions en imagination toutes les phases de la douloureuse aventure. Mais en même temps germait en nos cœurs plus que l'espoir, la certitude que la revanche était proche et que nous aurions l'honneur d'y prendre part. Nous nous y entraînions déjà. Si l'un de nous, en promenade, se disait fatigué, on le plaignait quelque peu : « Tu en verras d'autre, lui disait-on, quand nous serons outre-Rhin ! » L'heure a sonné. Nous n'en avons nullement été surpris, nous l'attendions.

« Engagé volontaire, j'ai été versé au 136e d'infanterie, en garnison à Saint-Lô, précisément. Dix ans plus tard, j'ai parcouru les mêmes routes, escaladé les mêmes pentes boisées, mais cette fois sac au dos, le fusil sur l'épaule et pour le bon motif. Il me semble qu'entre hier et aujourd'hui il n'y a aucune solution de continuité. Et, de fait, il n'y en a pas. Je sens bien que je n'ai vécu que pour cette minute-là, et c'est votre *Histoire de la guerre*, mon colonel, qui me hante toujours.

« Mon instruction militaire est achevée. Je pars lundi pour le front. J'ai tenu, mon colonel, à vous adresser auparavant l'hommage de ma reconnaissance. C'est une dette que je paye. Et maintenant, nous allons tâcher de mettre à profit les leçons que nous reçûmes de vous. Nous allons tâcher d'être dignes de la France.

« L. G. »

Nous trouvons dans *Excelsior* le joli récit que voici :

Écrivant à son mari qui est au front, une jeune femme, un soir, ne peut se retenir de verser quelques pleurs sur la lettre. Bien vite ressaisie, elle les épongea avec un carré de papier buvard. Au moment de fermer son pli, elle a l'idée d'ajouter un *post-scriptum* ainsi libellé :

« Je t'envoie ce petit buvard. Embrasse-le bien, *il a bu mes larmes!* »

Deux mois elle n'eut pas de réponse. Enfin elle reçut une enveloppe où elle reconnut l'écriture de l'époux. Dedans, elle trouva un court billet, rédigé sur un lit d'hôpital. Blessé très grièvement, son mari était maintenant sauvé. Bientôt il adresserait d'autres détails. Mais il se hâtait de donner signe de vie, et, faisant allusion au morceau de buvard qu'il renvoyait tout maculé de taches sombres, il concluait par ces mots :

« Embrasse-le bien, *il a bu mon sang !* »

*
* *

Mais est-il rien de plus émouvant que les lettres trouvées sur les *morts* pour être envoyées à leur famille après le sacrifice de leur vie ? En voici une, publiée par le *Petit Parisien :*

« Mes chers parents,

« Je vous écris ces mots en pleine connaissance, avant d'avoir encore vu le feu.

« Quand ils vous parviendront, chers parents, j'aurai peut-être payé de ma vie la défense du sol de la patrie, comme tant d'autres, d'ailleurs !

« Cette mort vaut bien l'agonie d'un fils dans un lit de douleur. Qu'elle vous console, au lieu de vous affliger !

« Puisse cette terrible guerre vous assurer à tous, cher père et chère mère, une longue et tranquille vieillesse, dans un pays rajeuni et meilleur, parmi ma chère Jeanne, mon cher René et ma petite Marguerite !

« Dans le cas où cette lettre devrait vous arriver après ma mort, je vous prie, chers père et mère, de me pardonner les petites peines que j'ai pu vous causer jadis.

« Au moment où je vous dis ces mots, je vois un chasseur à pied qui revient blessé au bras. Tout le monde l'entoure et le félicite.

« Et maintenant, chers parents, adieu du fond de mon cœur. J'emporte votre portrait dans ma pensée en partant au combat. Encore une fois merci (*ici, deux lignes effacées*) de tout ce que vous avez fait pour moi, dans mon enfance et ma jeunesse. Et vive la France !

« ALBERT DOUET. »

Quant à la lettre suivante, publiée par la *Liberté*, trouvée dans le carnet d'un lieutenant tué à Vermelles, le 15 octobre 1914, elle est un modèle de noblesse et de tous les sentiments qui honorent le cœur humain.

L'auteur, dans la vie civile, était agrégé de l'Université. La lettre est adressée par le lieutenant à sa jeune femme :

« Ma chérie,

« J'écris à tout hasard cette lettre, car on ne sait pas... Si elle t'arrive, c'est que la France aura eu besoin de moi jusqu'au bout! Il ne faudra pas pleurer; car, je te le jure, je mourrai heureux s'il me faut donner ma vie pour elle.

« Mon seul souci, c'est la situation difficile où tu te trouveras, toi et les enfants. Comment pourras-tu assurer le sort des bébés et le tien? Tu peux heureusement compter sur ton ancienne situation de professeur et sur l'entier concours de tous les miens. Que je voudrais donc être sûr que l'on pourra trouver un arrangement possible!

« De l'éducation des petites, je ne suis pas inquiet: tu sauras la diriger comme je l'aurais fait moi-même. J'espère qu'elles pourront se créer la situation indépendante que je comptais leur assurer si j'avais vécu. La seule grosse difficulté sera Zette, car il te sera difficile, sinon impossible, de vivre à Paris. Je voudrais que tu discutasses la situation avec Mme L..., et je suis sûr d'avance que tu feras pour le mieux. Tu embrasseras pour leur papa les chères petites; tu leur diras qu'il est parti pour un long, très long voyage, sans cesser de les aimer, de penser à elles, et de les protéger de loin. Je voudrais que Cotte au moins se souvînt de moi... Il y aura aussi un petit bébé, tout petit, que je n'aurai pas connu. Si c'est un fils, mon vœu est qu'il soit un jour médecin, à moins cependant qu'après cette guerre la France n'ait encore besoin d'officiers. Tu lui diras, quand il sera en âge de comprendre, que son papa a donné sa vie pour un grand idéal : celui de notre Patrie reconstituée et forte.

« Je crois que j'ai dit l'essentiel. Au revoir, ma chérie, mon amour. Promets-moi de n'en pas vouloir à la France, si elle m'a voulu tout entier. Promets-moi aussi de consoler maman et papa, et dis bien aux petites filles que leur père, si loin soit-il, ne cessera jamais de veiller sur elles et de les aimer.

« Nous nous trouverons un jour réunis, je l'espère, auprès de Celui qui guide nos existences et qui m'a donné auprès de toi et par toi un tel bonheur.

« Au revoir, au grand revoir, le vrai. Sois forte.

« Ton Jean. »

Nous ne croyons pas qu'il soit possible de trouver plus belle expression de sentiments plus élevés. Comme c'est Français, du commencement à la fin! Quelle noblesse, quelle délicatesse, quelle pureté de pensée et d'expression! C'est bien la lettre d'un héros.

Voici, telle que la reproduit l'*Écho de Paris*, une lettre d'adieu d'un père de famille qui écrit à ses enfants en prévision de sa mort :

« Mes chers enfants,

« Je suis, depuis le début de la guerre, à cette date, 11 novembre 1914, en parfaite santé. Voyant la partie que nous avons engagée assez périlleuse, je profite d'un moment de répit pour tracer ces quelques lignes qui ne sont pas destinées à vous effrayer; car, soyez-en certains, votre bon papa, qui a déjà tant dû souffrir, sera mort quand vous aurez l'occasion de lire ce papier. Mais, mort en vrai Français, en bon Français, en sauvant l'honneur de la patrie, votre honneur à vous aussi, celui de tous les nôtres, et en même temps pour le pays; mort comme tout bon Français doit mourir lorsque, comme en ce moment, la patrie est dangereusement envahie et souillée par des misérables qui nous bombardent et nous massacrent journellement.

« Priez, chères petites! Vous savez combien je vous aime. Quoique absent, je ne vous abandonne pas, je serai toujours avec vous.

« Ce que je vous recommande surtout, mes chères enfants, c'est d'être gentilles avec tout le monde, bonnes pour vos parents, et surtout, ce que je vous recommande particulièrement, c'est de veiller à ce qu'on ne fasse pas de misère à votre Mémé, la vraie maman de votre père. qui, comme lui, a beaucoup souffert. Aussi, s'il le fallait, chères petites, sachez souffrir aussi et porter fièrement et glorieusement le nom de votre bon papa, mort en défendant son pays.

« Fait en Belgique, le 11 novembre 1914, dans une tranchée à Bœsinghe. Votre papa qui cependant vous aime beaucoup, mais qui, s'il le faut, donnera vaillamment sa vie.

« X...

« Priez pour moi. »

Ce héros a été tué le même jour.

Nous ne pouvons pas résister au désir de reproduire la lettre suivante, publiée par le *Matin* :

« Chers parrain et marraine,

« Je vous écris à vous pour ne pas tuer maman, qu'un pareil coup surprendrait trop. J'ai été blessé le 29 septembre, devant Saint-Hilaire-le-

Grand. J'ai deux blessures hideuses, et les majors ne me le cachent même pas.

« Prévenez donc mes parents le mieux que vous pourrez ; qu'ils ne cherchent pas à venir à Suippes, ils n'en auraient sûrement pas le temps. Adieu, cher parrain, chère marraine, chers parents, chers cousins, vous tous que j'aimais. Vive la France !

« L. B.

« *Ambulance de Suippes.* »

La note gaie, humoristique même, se rencontre souvent dans les lettres de nos « poilus ». En voici une, publiée par la *Liberté*, et qui respire la bonne humeur, la gaieté quand même, sous les obus et sous les balles.

« Hier, j'étais parti avec cinq hommes, — des costauds, — pour aller dans un petit village abandonné chercher des tuiles pour recouvrir une cabane. C'est moi qui dois m'occuper de l'installation, et j'ai pensé que des tuiles, par-dessus une couche de rondins d'arbres recouverts de terre, nous feraient une couverture excellente.

« Quand je vous aurai dit, en passant, que notre cabane est creusée de un mètre cinquante en terre, sur sept mètres cinquante de long et deux mètres de large, vous saurez comment sont faites nos tranchées. Nous partons au petit jour. Jusqu'au village, tout va bien. Nous trouvons des tuiles facilement, car il est complètement en ruines. Mais, pour revenir, il fait grand jour. Nous nous défilons le mieux possible quand, tout à coup, au moment où nous abordons une crête, paff ! une balle siffle au-dessus de ma tête. A genoux ! Piff ! une autre balle ! A plat ventre !... Celle-là frôle ma joue.

« Me voici donc à plat ventre, en plein champ, tenant dans une main un tuyau de poêle et une poêle à marrons. Je crie à mes hommes qui sont en arrière de moi, de vingt-cinq en vingt-cinq mètres, de lâcher leurs sacs de tuiles et d'avancer par bonds jusqu'à un petit ravin où nous serons hors de vue. On se décide. A peine debout, paff ! une troisième balle. Manqué ! Trente mètres de course et plat ventre. Un deuxième homme se dresse : piff ! quatrième balle. Raté !... Vingt-cinq mètres de course, plat ventre. Les trois autres hommes se dressent : piff ! paff ! A côté... Course de cinquante mètres jusqu'au ravin, et enfin je me relève et gagne le ravin en vitesse, toujours avec mon tuyau de poêle et ma poêle à marrons. Piff ! paff ! pouff ! encore trois balles me saluent et passent bien près, mais sans me toucher, et j'arrive au ravin, où mes hommes rigolent en voyant mes ustensiles. Nous fumons une pipe bien gagnée, et nous rentrons dans nos tranchées, où nos officiers nous interrogent sur la direction des coups de fusil.

« Cette escapade nous a rendu un grand service; car, pendant que mes hommes exécutaient les bonds que je leur avais prescrits, je regardais en avant et j'ai pu repérer un petit poste ennemi. On va leur servir quelque chose ! »

Et l'homme qui écrivait ces lignes était, dans le civil, titulaire d'une fonction qui le préparait bien peu au métier militaire : il était ténor dans un théâtre d'opérette.

Voici maintenant la note pittoresque donnée par une lettre que publie le *Bulletin des Armées*. Nous en respectons scrupuleusement les tournures et l'orthographe. Elle est écrite à son père par le tirailleur algérien Kerbouche, qui bataille au nord d'Arras. La voici dans toute sa saveur :

« En guirre, le houit jouin.

« *Elhemdoulah !*

« Mon chire baba,

« Ji vos assure qui tos les journal zami quand même qu'cest oune grande blaguer, y pourra vos dire xactement les sozes comment y sont passé dans la ferme de m'sieu Quannefrèce et le moulin de m'sieu Soutouvent.

« Ci quéque soze di plous fort que le plous fort!

« Vos autres, mon chire pire, que tu es une vio tiraillor di soixantediss, vous avez jamais pu entendre oune bataille comme cila. Fouguirez-vous que nous sont tos, avic Brahim, Sidi, l'cabral Bouchtita, l'sergean Kesera et tos les camarades itcitira itcitira, i avec nos autres la loitnan Kourchef; nous sont tos couchi dans le tranchi avancé, quand tôt à coup sidi cap'taine il vient en nos disant :

« — Domain l'matin, fire entention, li zandizènes, fire bien entention! Ouvrez les zios et la bone, parce que nos sommes d'attaque. A dix hores y faudra que tu me foutras ton baionite dans totes les ventres de citte grande salopries di Boches! »

« Tos nos sont bien contents, parceque y en a assi qu'ti riste dans la tranchyète. Ji souis pas oune chacal ou bien oune fourmi por qui ji riste dans la tirre.

« Et pouis, m'sieu Boche y faire trop d'zistoires. Tojors y mettre di bout di papier ousqu'y a écrit qu'eite saleti d'Guillaume à loui l'Soltane di Zarabes, qui faut, nos autres tiraillors allez chez li Boches! *N'al oualdk!*

« Eh bien, mon chire baba, nous sommes tos foute le camp chez li Boches, mais pas comme li Boche y z'auront voulu. Tu verra tôt à l'hore.

« Douc, tôte la nuit, li canon y commence à fire boum! boum! et y tombe *guedgued* chez li Boches. A quand y vient dix hore, l'sergean y crie :

« — Baionite dan l'canon! »

« Mon baba, j'vos assore que ji souis bien content. Mais quand mime mon cor y fire toc, toc, toc. Ji pense à vos, à ta fame qu'il est la mire de ma pitite sor Fatma, à totes li moutons, li chivres, li borriquots qui sont avic vos autres. Ji pensi que bitêtre j'vas fire *guelbou* et qui ji voar plous tout ça.

Tirailleurs marocains ramenant leur camarade blessé.

« Tot a coup m'sieu canon il la fermé son gueule. Alors, kif-kif la gazelle, nou sont sorti d'la tranchée. Nos sommes couru *fiça-fiça* et d'un cop nous sont sauti dans la doziene ligne di Boches. Ia baba! Ti voar votre fils! Ti voar li Zarabes! Y en a pas come tiraillors por travailli avic l'baionite! L'zouave y sont bons; m'siou soldats grand capote y sont bon; l'sasseur d'Afrique il est bon; mais ci l'tiraillor qu'il est l'meillor. Tote la jornée j'enfonce ma baionite dans tos les ventres de Boches. Ji pas tiré un cop d'la fousil. Un cop d'guernade, un cop d'baionite : tojors comme ça.

« Li zouave, li grands cabotes y zont bien travaillé aussi. L'sabor d'Ugéni[1] y zont vite fabriqué oune tranchée dans li boyaux di Boches, ça fi ça quand li Boches y sont v'nus por prendre place, y sont pris. *Asbah!*

[1] Les sapeurs du génie.

« Houit fois y sont vinus, li Boches, houit fois y sont partis. Pas tos encore! Si vo voyi à prisant citte champ d'bittrave! Ci trop de trop! Plous que cent mille ou biène oune million di Boches y sont crivi par tirre. Mais citte viande là y sente mauvais kif-kif l'*chichma*[1].

« Li zoufflci françi y sont bien corageux aussi. Ti voar, mon bire, j'en ai bien travailli. Ji croa qu'sidi générar y va mi fire cado d'la médaille malatire. Cofiance, cofiance! Ci tout por citte fois. Ti rendre la riponse tite d'souite avec l'*baban*[2] d'Marsille.

« Ton fils,

« KERBOUCHE,

« Soldat tiraillor en France sur le front.

« Madame Croix-Roge y m'envoie tojors di tabac, di bonbon. Y sont biene gentilles! »

* * *

Terminons par quelques lettres de civils.

Le *Temps* publie la lettre suivante, qu'un soldat mécanicien du parc d'aviation de l'armée a reçu de ses sœurs :

« Moyen, 4 septembre.

« Mon cher Édouard,

« Nous apprenons la nouvelle que Charles et Lucien sont morts dans la journée du 28 août. Eugène est blessé grièvement. Quant à Louis et Jean, ils sont morts aussi.

« Rose est disparue.

« Maman pleure. Elle dit que tu sois fort et que tu ailles les venger.

« J'espère que tes chefs ne te refuseront pas ça. Jean avait eu la Légion d'honneur; toi, succède-lui. Ils nous ont tout pris; sur onze qui faisaient la guerre, huit sont morts. Mon cher frère, fais ton devoir, l'on ne demande que ça.

« Dieu t'a donné la vie, il a le droit de te la reprendre. C'est maman qui le dit.

« Nous t'embrassons de tout cœur, quoique nous voudrions bien te revoir avant. Les Prussiens sont ici. Le fils Jandon est mort, ils ont tout pillé. Je reviens de Gerbeviller qui est détruit. Les lâches!

[1] Cabinets d'aisance.

[2] Le paquebot.

« Pars, mon frère, fais le sacrifice de ta vie. Nous avons l'espoir de te revoir; car quelque chose comme un pressentiment nous dit d'espérer.

« Nous t'embrassons de tout cœur. Adieu et au revoir, si Dieu le permet.

« Tes sœurs.

« C'est pour nous et pour la France !

« Songe à tes frères et au grand-père en 70 ! »

Une telle lettre, qui parle d'une mère de *onze* enfants dont *huit* sont morts, se passe de tous commentaires.

Et est-il rien de plus touchant que ce billet, publié par le *Matin*, écrit par un enfant de neuf ans et placé dans un paquet de tabac envoyé au front ?

« Cher soldat,

« Je vais tâcher d'avoir beaucoup de bons points pour avoir d'autres sous pour vous acheter un autre paquet.

« Je vous embrasse bien fort, de tout mon cœur, et je prie bien pour tous les soldats ! »

Et cette lettre, publiée par le *Cri de Paris*, où une petite fille met tout son cœur d'enfant, est vraiment une page délicieuse.

La voici dans toute sa touchante simplicité :

« Messieurs de l'armée française,

« Sur le front (surtout ne pas le porter aux Allemands).

« Mes chers soldats,

« Vous combattez pour nous, vous souffrez pour nous, vous êtes tués pour nous. Je ne suis qu'une petite fille de sept ans. Je vous aime beaucoup. Je vous remercie d'être si brave. Ma maman est infirmière. Si vous êtes blessé, vous serez bien soigné. Au lycée, je donne un sou par semaine pour vous, je vous souhaite d'être vainqueur à Noël. Je vous embrasse. *Les ronds c'est des baisers.*

« GEORGETTE. »

Pour finir, citons celle-ci, publiée par la librairie Berger-Levrault :

« Cher petit Jésus,

« Pour le petit Noël, je ne puis demander grand'chose. Ce que je te demande avant tout, c'est de rendre la France victorieuse, et pour nos bons petits soldats, je leur donnerai comme Noël mes vingt-quatre sous. Et pour le Noël de ma chère maman, je la ferai heureuse, et pour cela je serai sage.

« Cher petit Jésus, tu sais que je t'aime bien.

« GERTRUDE PACAU. »

Ces différentes anecdotes, ces différentes lettres révèlent l'*âme française* dans tous ses aspects. Quant à l'*âme allemande*, elle se montre dans la lettre d'une femme d'outre-Rhin, que l'on a trouvée dans la poche d'un blessé allemand. Cette lettre contenait la phrase suivante :

« *J'espère que tu n'épargneras ni les femmes ni les enfants!* »

Cela, c'est l'Allemagne.

Le médecin militaire qui avait trouvé cette lettre la renvoya à cette harpie à l'adresse indiquée, en ajoutant ces mots :

« Madame, nous avons trouvé cette lettre dans la poche de votre mari. Il est blessé et soigné humainement. »

Cela, *c'est la France!*

CHAPITRE XVIII

LE CLERGÉ ET LA GUERRE

Les aumôniers. — Les aumôniers volontaires. — Les infirmiers et les brancardiers. — Les prêtres-soldats. — Le départ des prêtres pour la guerre. — La messe au front. — Les « curés sac au dos ».

La guerre de 1914 aura eu un caractère spécial : elle a amené, pour la première fois, les prêtres sur le champ de bataille, non pas simplement comme aumôniers des troupes, ainsi que cela s'était fait au cours des guerres précédentes, mais comme soldats combattants.

Cette adduction des prêtres dans les rangs de l'armée fut le résultat des lois qui ont été votées au cours des dernières années, et qui supprimèrent toute exemption du service militaire pour les ecclésiastiques. C'était la loi appelée vulgairement, par les ennemis de la religion, la loi des « curés sac au dos ».

Nous verrons, au cours de ce chapitre, que l'effet produit a été le contraire de celui qu'en attendaient ses auteurs, et que la présence des prêtres dans le rang a été le point de départ d'une véritable renaissance du sentiment religieux dans notre pays.

Nous allons examiner rapidement les conditions dans lesquelles se sont trouvés les prêtres appelés aux armées.

Les prêtres peuvent prendre part à la guerre de quatre façons différentes :

Comme *aumôniers titulaires ;*

Comme *aumôniers auxiliaires :*

Comme *prêtres non-combattants* (infirmiers, brancardiers) ;

Comme *prêtres combattants.*

On sait que, dans un accès d'anticléricalisme, la Chambre, par une loi votée en 1880, avait décrété la suppression de l'aumônerie militaire en temps de paix. Toutefois, sur la protestation des députés de la droite, elle a consenti à ce que, « en cas de mobilisation, des ministres des différents cultes fussent attachés aux armées, corps d'armée et divisions de campagne. »

D'après cette concession, un décret, paru en 1913, a réglé, pour le cas de guerre, le service de l'aumônerie militaire. Pour un corps d'armée à deux divisions, il prévoit quatre aumôniers catholiques, un aumônier protestant et un aumônier israélite. Les aumôniers titulaires sont assimilés, pour la solde et les prestations en nature, aux capitaines ayant quatre ans de grade. Ils ont droit à une ordonnance et à une caisse à bagages du modèle réglementaire. Mais ces prérogatives ne leur sont concédées que *pour la durée de la campagne* et ne peuvent conférer aucun privilège pour le temps de paix.

Les aumôniers titulaires sont nommés par le ministre de la Guerre. Et ici se présentait une difficulté. L'État, ayant rompu toutes relations avec Rome et affectant d'ignorer la hiérarchie catholique, ne pouvait demander aux évêques de faire les propositions en faveur des candidats aux fonctions d'aumônier. D'autre part, il ne pouvait désigner des prêtres n'étant pas en règle avec les pouvoirs ecclésiastiques. Il s'en tira en décidant que les candidats feraient leur demande eux-mêmes, en fournissant des pièces établissant qu'ils étaient munis de pouvoirs réguliers.

* * *

D'après le décret qui fixe le nombre des aumôniers titulaires, ceux-ci seraient au nombre d'une centaine au maximum *pour toute l'armée française!* Aujourd'hui, avec les effectifs formidables des armées modernes, avec l'étendue gigantesque des fronts d'opérations, l'insuffisance matérielle de ce nombre saute aux yeux. Dans ces conditions, l'aumônerie militaire eût été une apparence et non une réalité ; certains soldats auraient pu obtenir les secours de la religion; la plupart auraient été dans l'impossibilité absolue d'en bénéficier.

Aussi, dès l'ouverture des hostilités, l'éminent député catholique[1], le comte de Mun, de l'Académie française, se préoccupa-t-il de cette question importante. Il acquit vite la certitude que l'on trouverait en abondance, parmi les prêtres disponibles, des *aumôniers volontaires* disposés à se rendre sur le front et à y exercer leur pieux ministère.

Si, en effet, l'on peut compter en partie sur les prêtres-brancardiers et infirmiers et même sur les prêtres-soldats pour soulager dans leur tâche les aumôniers titulaires, on n'y peut pas compter en tout temps, et surtout en cas de bataille. Au fort de l'action, le prêtre-infirmier est retenu à son ambulance, le prêtre-soldat est à son poste de combat, et nul ne peut remplacer le prêtre-aumônier, n'ayant absolument à s'occuper que de son ministère.

M. de Mun, grâce à la haute autorité qu'il avait, même auprès de ses adversaires politiques, obtint de M. Viviani que des aumôniers volontaires seraient agréés par le ministère de la Guerre et munis d'un sauf-conduit qui leur permettrait de se rendre sur le front, sous la condition expresse que *ces aumôniers volontaires ne toucheraient aucune solde.*

Le comte de Mun accepta cette condition. Il résolut la question qu'elle soulevait à l'aide d'une souscription publique ouverte par l'*Écho de Paris;* souscription qui, en quelques jours, produisit plus de cent mille francs. Grâce à ces fonds, on put allouer une petite solde aux aumôniers volontaires et leur procurer les objets nécessaires à l'exercice du culte.

Et, comme rien ne vaut mieux que l'exemple et la pratique, le Gouvernement, se rendant compte *de visu* des services immenses rendus par les aumôniers volontaires, décidait de leur allouer une solde quotidienne de dix francs, assurant ainsi leur vie matérielle.

De sorte que, au printemps de 1915, il y avait environ trois cents aumôniers catholiques dans l'armée française, au lieu des cent que la loi avait à peine prévus.

*
* *

Une question assez grave était celle des pouvoirs des prêtres combattants.

Pour les prêtres-soldats, mais non-combattants, brancardiers, infirmiers, soldats de l'administration, qui constituent la catégorie la plus nombreuse, leur situation, au point de vue canonique, n'est pas, à proprement parler, irrégulière. Elle leur facilite, au contraire, dans le service de santé, leur ministère auprès des blessés et des mourants dans des conditions souvent plus favorables que celles des aumôniers mêmes.

Il n'en est pas de même, au moins à première vue, pour ce qui concerne les prêtres qui, officiers, sous-officiers ou soldats, font le coup de feu et combattent dans le rang.

La question a été tranchée par une décision importante de Rome.

Si, en effet, ces prêtres sont vraiment des combattants au sens propre du mot, on ne peut pas dire, du moins, que ce soit de leur plein gré. Le service milititaire est, en France, obligatoire pour tous les citoyens. Le prêtre, incorporé dans le service armé, subit une nécessité de fait, indépendante de sa volonté, et, si la guerre l'expose à encourir ainsi une irrégularité, ce ne peut être que le résultat d'une contrainte que les circonstances lui imposent.

Afin de remédier aux conséquences de cette situation anormale, la Sacrée Pénitencerie, consultée par des évêques français au sujet de la situation canonique des prêtres-soldats, a répondu :

Que, dans le cas où les prêtres auraient encouru l'irrégularité en combattant, les effets de cette irrégularité seraient momentanément suspendus; qu'en conséquence, les prêtres combattants peuvent agir, pendant la durée des hostilités, comme si l'irrégularité n'existait pas, c'est-à-dire administrer et recevoir les sacrements; que cette permission d'agir provisoirement, tant que dure la guerre et comme si l'irrégularité n'existait pas, ne supprime cependant pas cette irrégularité; que, par suite, le prêtre combattant, une fois la paix signée, est tenu de recourir à l'autorité compétente pour s'en faire relever, s'il y a lieu.

Cette décision a eu pour conséquence de mettre à l'abri de toute inquiétude la conscience des prêtres obligés, par les circonstances, à prendre une part active aux batailles, en régularisant provisoirement leur situation canonique.

D'ailleurs, pour donner aux prêtres-soldats ce qui peut leur faire défaut et pour leur permettre surtout d'exercer auprès de leurs camarades leur ministère et leur influence, des concours nombreux se sont organisés d'une manière efficace.

Dans tous les diocèses, les évêques sont en correspondance avec ceux de leurs prêtres qui sont au front. Ils leur envoient les objets qui leur manquent, en particulier les objets du culte, des livres pieux, des médailles. Le *Bureau des aumôniers,* dont le siège est à Paris, offre aux groupements de prêtres des autels portatifs, ce qui est précieux pour les prêtres-infirmiers. Pour les prêtres-soldats, c'est plus difficile, à cause de l'impossibilité où ils se trouvent de surcharger leur sac déjà si lourd. Mais quand plusieurs prêtres sont dans la même unité, ils peuvent se partager le fardeau. Quant aux prêtres-officiers, la question est résolue, puisqu'ils ont droit au transport de leur cantine dans les voitures régimentaires.

* * *

La mobilisation française a appelé sous les drapeaux *plus de vingt-trois mille prêtres.* Dès le début des hostilités, tous furent à leur poste, montrant, par la promptitude avec laquelle ils répondaient à l'appel du pays, l'ardeur de leur patriotisme.

Une conséquence de cette mobilisation d'une grande partie de notre clergé national fut de dégarnir les paroisses. Nos églises eurent à se ressentir de cet appel aux armes de leurs curés et de leurs vicaires. Dans les églises catholiques, dans les villes en particulier, à la fin d'août 1914, il ne restait plus que deux prêtres là où, d'ordinaire, on en comptait cinq. Les communautés religieuses d'hommes perdaient cinquante pour cent de leurs membres; les séminaires en perdaient quatre-vingt pour cent. Dans une quantité de paroisses de campagne qui ne comportaient qu'un seul prêtre, ce prêtre unique manquait, et les ecclésiastiques se trouvaient dans l'obligation de desservir deux, trois, quatre paroisses, et même davantage parfois.

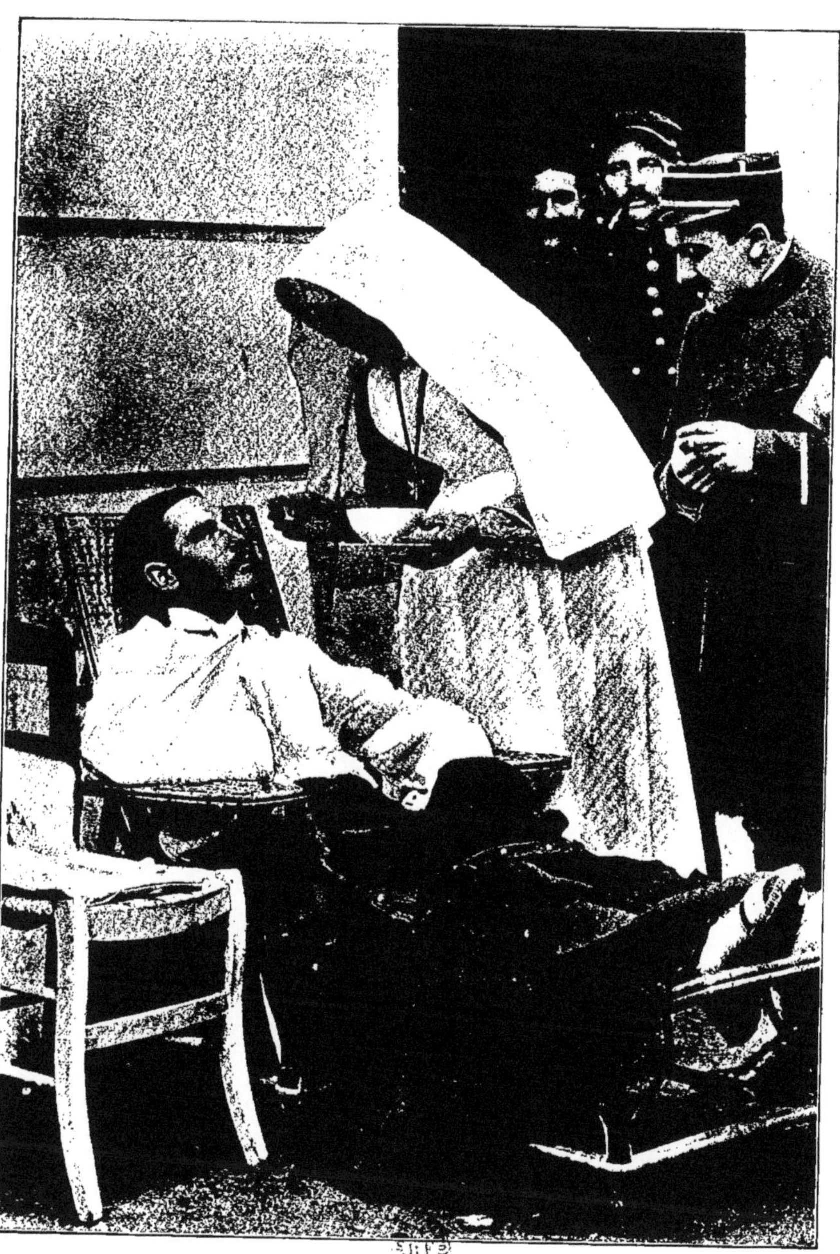

Religieuse soignant un blessé, amputé de la main droite.

Les ecclésiastiques habitant la France ne furent pas les seuls à accourir sous les drapeaux. Des contrées les plus lointaines, du Levant, de Chine, d'Afrique, d'Océanie, les missionnaires s'empressèrent, aussi vite qu'il leur fut possible, de répondre à l'appel du pays. A Marseille et à Bordeaux, chaque paquebot ramenait des quantités de religieux qui se rendaient à l'armée.

Parmi ces défenseurs revenus de si loin, se trouvaient même *deux évêques*. L'évêque de Siam, Mgr Perros, a repris, à Besançon, ses galons de sous-lieutenant de réserve, et Mgr Moury, évêque de la Côte d'Ivoire, est devenu soldat de 2e classe, ramenant avec lui onze de ses missionnaires.

Mais parmi les « revenants » du clergé catholique, qui rentraient ainsi des pays lointains, il y en eut dont le retour fut empreint d'une véritable grandeur : ce furent les religieux appartenant à des congrégations non reconnues et qui, en vertu d'une loi d'exception, avaient été dissoutes. Ces religieux s'étaient vus contraints d'aller à l'étranger pour pouvoir continuer de suivre leur existence monastique. Dès que la guerre fut déclarée, ils accoururent : d'Amérique, d'Angleterre, de Belgique, d'Espagne; ils vinrent en foule défendre la patrie, qui faisait appel à leur courage.

Le peuple de France, si largement ouvert aux sentiments nobles quand il est soustrait à la néfaste influence des rhéteurs politiques et qu'il est abandonné à ses instincts généreux, comprit et apprécia comme il le fallait ce geste admirable des congréganistes exilés, qui revenaient au secours de la patrie envahie. A Lille, le 3 août, un cortège spontané d'ouvriers s'organisa à la gare pour faire, jusqu'aux casernes, une escorte d'honneur à plus de deux cents religieux qui arrivaient des couvents et des collèges de Belgique.

Les Bénédictins de Besalu, réfugiés en Espagne lors du vote de la loi sur les congrégations, revinrent également en France aussitôt la guerre déclarée : sur trente-deux religieux, seize étaient mobilisés. Quand, à la gare frontière de Cerbère, ils descendirent du train espagnol, ils furent, de la part de la foule, l'objet d'une ovation spontanée et chaleureuse. Il en fut de même, à Grenoble, des Pères Chartreux qui avaient dû, spoliés de leur résidence de la Grande-Chartreuse, se réfugier en Espagne, à Tarragone. Ils furent reçus en triomphe dans la capitale du Dauphiné quand ils y revinrent pour rejoindre leurs régiments. Tous ces religieux, il ne faut pas l'oublier, avaient préféré l'exil à l'abandon de leur robe. Et pourtant, cette fois, ils la quittaient avec joie pour endosser l'uniforme.

C'est que ce n'était plus une politique sectaire qui les persécutait : c'était la France menacée qu'il s'agissait de défendre, et ils accouraient pour lui faire un rempart de leurs poitrines.

D'ailleurs, en dehors des ecclésiastiques que leur âge appelait sous les drapeaux, beaucoup s'engagèrent comme volontaires. Des prêtres âgés de plus de cinquante ans s'engagent comme simples soldats; d'autres, ayant dépassé la soixantaine, qu'on refuse comme trop vieux, insistent et obtiennent de partir au front en qualité d'infirmiers ou de brancardiers.

Cet élan, est-il besoin de le dire? ne se borna pas aux membres du clergé et aux religieux hommes. Nos admirables religieuses se sont montrées ce qu'on pouvait attendre d'elles. Sur le champ de bataille, dans les hôpitaux, elles se sont multipliées, soignant les blessés sous le feu de l'ennemi, gardant leur sourire angélique et consolateur, même sous la pluie d'obus que la férocité sauvage des Allemands faisait tomber sur les ambulances, choisies par eux comme cibles préférées.

Peut-on oublier l'héroïsme de la sœur Julie, récompensée en Lorraine par la croix de la Légion d'honneur? Et ces six religieuses de Saint-Charles de Nancy, Mmes Rigarel, Collet, Remy, Mavillard, Ricklew et Gartener, qui « ont, depuis le 24 août, sous un feu incessant et meurtrier, donné, dans leur établissement, asile à plus de mille blessés, en leur assurant la subsistance et les soins les plus dévoués, alors que la population avait abandonné le village. Ce personnel a, en outre, accueilli chaque jour de très nombreux soldats de passage, auxquels il a servi tous les aliments nécessaires ». (Ordre du jour de l'armée, du 7 septembre 1914.)

On pourrait multiplier à l'infini les citations de ces femmes héroïques; l'étendue de ce volume tout entier n'y suffirait pas.

***

La présence des prêtres au milieu des soldats a eu une conséquence heureuse et première : elle a rapproché du clergé la masse de la nation française, que des politiciens sectaires en avaient éloignée.

Parmi les prêtres-soldats, on rencontre tous les degrés de la hiérarchie ecclésiastique. Des sous-diacres et des diacres y coudoient des curés-doyens. Des vicaires y sont côte à côte avec des chanoines, des curés de campagne avec des docteurs en théologie et des professeurs de droit canon. Nous avons vu qu'il y avait même deux évêques qui servaient dans les rangs. Et, par cet heureux mélange de l'élément sacerdotal avec le peuple, notre armée française ne rappelle-t-elle pas un peu ces armées des Croisades, parties à l'appel de Pierre l'Ermite, leurs évêques en tête, pour combattre l'infidèle?

Seulement, en 1914-1915, au lieu d'être les entraîneurs des armées marchant à l'appel de leur parole enflammée, les prêtres sont dans le rang comme leurs camarades. Citoyens français, ils font simplement, complètement, sans ostentation, leur devoir de citoyens français. Quand ils sont pourvus d'un grade, quand ils sont sergents, lieutenants, capitaines, ce n'est pas à leur qualité de ministres de Dieu qu'ils doivent leurs galons, mais uniquement à leur mérite au point de vue militaire, mérite reconnu et consacré par leurs supérieurs.

On les trouve partout, depuis la tranchée avancée sur la première ligne du front jusqu'aux bureaux de l'intendance. Voici un officier d'état-major, par exemple, qui fait l'admiration de ses collègues par ses connaissances militaires et qui s'attire l'estime de son général par son infatigable ardeur dans son service : c'est un curé de la principale paroisse d'une de nos grandes cités du midi de la France. Et voici un vicaire d'une paroisse de Paris qui est automobiliste d'un général commandant des corps d'armée. Un capucin est commissaire des étapes dans une importante gare de bifurcation. Dans son livre sur *l'Aumônerie militaire,* M. Franc-Nohain rappelle que, à sa connaissance, deux prêtres au moins sont porte-drapeau : l'abbé Dolyénart, sous-lieutenant de réserve du 12e de ligne, et le R. P. de Bellaing, religieux franciscain revenu du Canada, au 18e de ligne.

Le prêtre-soldat a tout de suite « pris » dans l'armée, aussi bien auprès de ses supérieurs qu'auprès de ses camarades.

Auprès de ses supérieurs, parce que, imbu de l'esprit d'obéissance et du sentiment du devoir, il est un soldat discipliné et modèle, esclave de sa consigne, et que l'indifférence à la mort, qui, pour lui, n'est qu'un passage, le rend particulièrement capable de tous les dévouements et de tous les héroïsmes qui exigent une complète abnégation de soi-même. De plus, le prêtre est instruit, non pas de la demi-science des orateurs de réunion publique, mais d'une culture classique générale beaucoup plus solide, et qui, si elle ne lui a pas tout appris, l'a rendu, tout au moins, apte à apprendre facilement ce qui lui reste à connaître. C'est donc, par excellence, un soldat intelligent, à qui l'on pourra confier des missions délicates.

Auprès de ses camarades, il a « pris » également très bien. Sa franchise, sans laisser-aller; sa parfaite obligeance, basée sur la charité, l'ont vite fait apprécier des autres « poilus ». De plus, le prêtre-soldat, ne craignant pas la mort, n'est pas un poltron; il est courageux sans fausse crânerie, toujours à son poste de devoir. En un mot, il « prêche d'exemple ».

Et cette prédication-là est la meilleure de toutes; c'est celle qui fait le plus d'effet. Aussi l'on ne voit plus de loustics de chambrée lancer des quolibets en voyant un camarade ecclésiastique, tout en tenant son fusil, égrener son chapelet en attendant le moment de l'assaut. Le prêtre-soldat a su inspirer aux autres le respect de sa fonction et, tout en restant bon camarade, conserver intacte toute sa dignité sacerdotale.

Mais il est une qualité pratique qui a vite fait apprécier nos ecclésiastiques parmi les soldats : c'est leur qualité de « débrouillards ».

Nos prêtres, nos jeunes prêtres surtout, ceux qui so

breux dans l'active et la réserve, ont en effet, aujourd'hui, un acquis que n'avaient pas leurs aînés. Cet acquis leur est donné par leur fonction d'organisateurs de patronages.

Tous ou presque tous nos curés de campagne ou nos vicaires de villes plus importantes sont à la tête, soit d'un patronage catholique d'ouvriers, soit d'un patronage de jeunes gens. Ils sont habitués à faire marcher ces œuvres avec de faibles ressources, à s'ingénier pour trouver des engins de sports, des jeux, des distractions pour leurs ouailles. Cet entraînement acquis dans la paix devient précieux sur le front et fait d'eux, dans l'escouade, dans la section, dans la compagnie, des gaillards essentiellement utiles. Ils savent comme personne améliorer l'ordinaire, tirer parti de tous es objets qui leur tombent sous la main pour augmenter le confort de la tranchée. Toujours de bonne humeur, d'ailleurs, car ils sont soutenus par un idéal supérieur.

*
* *

Toutes ces raisons ont fait au prêtre-soldat l'auréole de respect dont il est entouré naturellement. Et, naturellement aussi, comme ils savent que cela ne nuira en rien aux exigences du service, toujours respectés par ce soldat modèle, les officiers lui laissent toute latitude pour exercer son ministère dans la mesure du possible.

Il est, d'ailleurs, bien rare que les soldats-prêtres arrivent à pouvoir célébrer la messe chaque jour; mais ils la célèbrent toutes les fois que c'est en leur pouvoir, dussent-ils pour cela interrompre leur sommeil deux heures avant celui de leurs camarades.

Et que de prodiges d'ingéniosité pour arriver à installer matériellement la célébration de cette messe! Il faut d'abord trouver un local, puis y organiser un embryon d'autel. C'est dans une église démolie par les obus, dans une grange, souvent dans un recoin même de la tranchée, que le saint sacrifice est célébré. Comme enfants de chœur, d'autres prêtres, souvent des soldats ou même des officiers.

Et alors on voit ce miracle de la religion : le prêtre qui est à l'autel n'est souvent qu'un soldat de 2e classe; mais sa fonction lui donne une auréole : il devient, pendant la célébration de l'office, le ministre de Dieu. Et le colonel, le général, s'inclineront avec respect devant la main de ce simple soldat levée pour laisser retomber sur eux, avec le signe de la croix, le geste auguste de la bénédiction.

L'assistance à ces offices est toujours très nombreuse. Beaucoup de « poilus », qui sont d'abord venus en simples curieux, ne tardent pas à être « empoignés » à leur tour par la douce tiédeur du mystère célébré. Ils reviennent alors; ils écoutent les exhortations familières du curé, qui sait les émouvoir en leur parlant de leurs parents, de leurs femmes, de leurs enfants, du drapeau sous les plis duquel ils combattent, et au besoin pour lequel ils donneront leur vie. Souvent, d'eux-mêmes, ils demandent à se confesser et à communier.

Quelquefois le prêtre n'est pas un simple soldat : c'est un officier. Et nous ne pouvons résister au désir de reproduire cet épisode, cité par M. Franc-Nohain.

« C'était hier matin. Partis à 8 heures, nous arrivons à 9 heures à C...

« Route épouvantable. A notre droite, les coloniaux en tirailleurs

L'adieu au camarade. — Les dernières prières sont dites sur la tombe par un prêtre-soldat.

essayent d'avancer sous la rafale de mitraille. Ils faisaient des bonds de vingt mètres, ne se relevaient, hélas! pas tous, et recommençaient. Il s'agissait de reprendre un point que nous ne pouvions pas voir, mais qui avait, paraît-il, une grande importance. Ça marchait mal!

« Tout d'un coup, une batterie de 75 arrive à toute allure, commandée par un grand diable de capitaine, un colosse mal équarri, rasé à l'américaine et qui n'a pas l'air commode.

« Il grimpe sur un arbre, y reste trois minutes et redescend. « Pointeurs!... » Il indique le point de repère et donne la dérive : « Par trois fauchées, correcteur 22, 2500, 2550, 2600!... » et s'écrie : « Ça y est! ils vont nous f...icher la paix maintenant! »

« Et, de fait, les deux batteries allemandes se sont tues. Les paquets d'obus n'arrivent plus, et les coloniaux, maintenant au loin sur la droite, avancent toujours; mais on n'en voit plus tomber. Cette fois, on tient les Allemands!

« Et nous voyons alors cette chose fantastique :

« La batterie, réattelée, est revenue sur la route. Nous la suivons au milieu du village ou, du moins, de ce qu'il en reste. Les chevaux sont dételés. Les artilleurs se brossent et s'engouffrent dans une grange en ruines. Que vont-ils y faire?

« Nous les suivons, et qu'est-ce que nous voyons? Sur quelques caisses de cartouches vides on a mis une pierre, et le capitaine de tout à l'heure va dire sa messe. Ce capitaine est un curé. Il s'habille en cinq sec et commence.

« Et rien n'y manque, à la messe! Il y a même un sermon, et quel sermon! Ce n'est pas un curé, c'est un poilu qui parle à d'autres poilus.

« Il leur dit de prier pour tous ceux pour qui il va dire la messe.

« — Je recommande particulièrement à nos prières les artilleurs allemands que nous venons de descendre. »

« Et il récite le *De profundis!*

« Et il y a aussi du pain bénit : c'est une boule de son qu'on a coupée par morceaux et qui circule dans une musette. Et tout autour du village on entend éclater les marmites, pendant que le curé-capitaine se retourne pour dire : *Benedicat vos.*

« Vous dire l'impression de cette messe sous la mitraille, l'effet de ce *Credo* chanté par des soldats sous le feu du canon, la vue de ce curé qui bénit, alors qu'une demi-heure avant, sur son ordre de capitaine, sous la mitraille de nos 75, plus d'une centaine d'artilleurs allemands sont partis *ad patres*. Là, je ne peux pas! »

Souvent même, des soldats d'un autre culte, protestants ou israélites, loin de l'aumônier de leur religion, viennent assister à ces messes et y recueillir la parole de Dieu. Ce ne sont ni les moins respectueux ni les moins attentifs.

*
* *

Ainsi le prêtre-soldat est devenu un des éléments de notre armée, disons même qu'il en constitue une force morale.

Et pour terminer ce chapitre, reproduisons, sans en changer un mot, un remarquable article paru, au mois d'août 1915, dans le *Journal des Débats :*

« Les curés sac au dos! Ce cri de malveillance et de sottise semble, aujourd'hui, venir de temps très lointains. Les choses que nous avons vues et apprises depuis la guerre nous ont fait oublier, heureusement, un certain nombre de celles qui l'ont précédée.

« Les curés ont pris le sac, et ils l'ont porté. Ils y ont mis leur bréviaire; et ce livre, qui était leur viatique, leur livre de chevet à la caserne

Sur le front. — Une messe en plein air.

et dans les tranchées, n'a pas servi qu'à eux seuls. Ces calotins, ces tonsurés, ces ensoutanés (on les appelait encore ainsi), ont été, à leur manière, des instructeurs admirables. Ils ont donné autour d'eux de beaux exemples et de belles leçons. On serait tenté de dire à M. Homais, s'il est encore de ce monde : *Juste retour, monsieur, des choses d'ici-bas*,... surtout quand celles de là-haut se mettent à retourner les autres.

« Ces curés sont partis pour la guerre comme des braves, comme des enfants de la patrie. Ces pacifiques ont manié militairement le fusil, la grenade et la mitrailleuse. Ce n'étaient pas des hommes de massacre et de rapine ; mais leur âme évangélique s'est révélée tout de suite française, patriote et guerrière. Ceux qui montaient lentement à l'autel ont couru au combat d'un pas qui n'avait plus rien de sacerdotal ; ils ont versé leur sang et donné leur vie pour la défense du sol sacré.

« Tous sans exception, prêtres, séminaristes, novices, religieux, ils ont rivalisé de patriotisme et de bravoure. Ils se sont battus comme des héros. Il serait inutile et déplacé de les couronner ici de vaines louanges ; ils ne demandaient pas, ils n'attendaient pas de compliments humains. La foi qu'ils avaient en eux, le crucifix de cuivre, les médailles, le scapulaire qu'ils portaient sur eux, animaient et soutenaient leur courage ; ils se sentaient récompensés de leur sacrifice par sa beauté même.

« Ceux qui sont tombés sur le champ de bataille ont fermé les yeux à la douce lumière, avec l'espoir de les rouvrir aux clartés éternelles, et de voir là-haut le bon archevêque Turpin, le compagnon de Roland, les attendre sur le seuil du paradis.

« Ceux qui n'étaient pas à la bataille se sont faits infirmiers, brancardiers, et ont rendu d'autres services. Leur dévouement de jour et de nuit a été et est encore infatigable.

« Brancardiers héroïques, ils sont allés relever les morts et les blessés sous le feu de l'ennemi, et quelques-uns sont tombés, victimes de leur charité chrétienne, à côté de ceux qu'ils venaient emporter ou secourir. Ils ont rendu aux mourants les derniers devoirs, récité sur eux les dernières prières ; ils ont donné aux agonisants qui croyaient comme eux la joie suprême de mourir chrétiennement.

« Infirmiers, ils se sont prodigués avec zèle dans les ambulances et dans les hôpitaux : ils ont pansé d'affreuses blessures ; ils ont consolé, soigné, guéri et quelquefois égayé de pauvres malades. Tous les chirurgiens vous diront qu'ils n'ont jamais eu d'infirmiers plus utiles, plus patients, plus exemplaires, plus modestes. Là encore on pourrait citer les noms : ces pages n'y suffiraient pas.

« Ces prêtres-soldats ont été les amis de leurs camarades. Dès le premier jour, toute prévention contre eux a disparu, toutes les méfiances anticléricales se sont dissipées. En voici une preuve entre cent autres ; rien ne vaut une preuve anecdotique, les meilleures de toutes parce qu'elles sont les plus vivantes et qu'elles dispensent de longues phrases.

« Un jeune curé arrive sur le front. Il est d'abord l'objet de quelques plaisanteries un peu grosses et de quolibets d'ailleurs faciles : il y a des loustics partout. Lui ne s'émeut pas. Un des malins de l'escouade le traite sans façon de tonsuré.

« On se bat le lendemain, et ce tonsuré se bat très bien, aussi bien que les autres, peut-être mieux que quelques-uns de ceux qui l'avaient blagué. On revient à la tranchée. Le loustic, l'air penaud et repentant, s'approche du prêtre et lui dit :

« — Monsieur le curé, excusez-moi : je me suis conduit envers vous comme un grossier personnage ; je vous demande pardon. »

« — Mon vieux, lui dit le curé bon enfant, tu ne sais pas ce que tu dis, et moi je ne sais plus ce que tu m'as dit. Il n'y a plus de tonsuré ici, il n'y a que des poilus. *On est tous de la même paroisse!* »

« Tous de la même paroisse! Ne trouvez-vous pas que le mot est joli et profond? Il mériterait de faire le tour des chambrées... et même de la Chambre.

« N'en doutez pas, il y a là un état d'esprit, d' « esprit nouveau », qui doit survivre à la guerre et qui lui survivra. Ce sera même un des bienfaits de cette guerre abominable, si l'on ose parler de bienfaits après tant d'incendies, de massacres et de ruines.

« Ces camarades qui se sont battus côte à côte, qui ont vécu fraternellement, coude à coude, sur le champ de bataille ou dans la tranchée, qui se sont regardés dans les yeux à l'heure du danger, sous la rafale de fer, qui ont appris à se connaître et à s'estimer mutuellement, ne peuvent plus être des étrangers, et, à plus forte raison, des ennemis les uns pour les autres.

« Le prêtre-citoyen, le prêtre-soldat rentrera dans sa case et dans son église avec des idées sur l'homme, que le confessionnal lui-même ne lui avait peut-être pas fournies. Le poilu, de son côté, reviendra de la vie des tranchées à la vie civile en rapportant d'autres idées sur le prêtre et la foi, très différentes de celles que ses préjugés et son journal lui avaient données. »

Oui, la vie du prêtre aux armées aura été un prélude à un renouveau de la mentalité française, et elle aura rapproché de la masse de la nation le prêtre, qui en était ignoré.

XIX

LA BIENFAISANCE ET LA GUERRE

L'assistance « officielle » : Les allocations. — Le Comité de Secours national. — Les ouvroirs. — Les cantines et les repas populaires. — Les réfugiés belges et français. — Le « Noël du soldat ». — Les « journées ».

On conçoit aisément que la guerre ait dû causer bien des misères et faire naître de nombreuses infortunes. Pendant toute la durée des hostilités, la vie de la nation est suspendue ; les ateliers sont, pour la plupart, fermés, retirant ainsi le travail à ceux qu'ils employaient. Et quand ils restent ouverts, le chef d'une famille ouvrière, appelé sous les drapeaux, laisse sans ressources la femme et les enfants dont le travail du mari assurait au jour le jour l'existence.

C'est donc un côté essentiel de la vie nationale que celui de l'établissement et de la répartition des secours aux personnes touchées par la guerre.

De plus, il y a eu d'autres infortunes à soulager : la Belgique, le nord de la France, ont été envahis, dévastés, incendiés par les sauvages soldats de Guillaume II. Les populations de ces malheureuses régions sont chez nous, dans les départements non envahis, et il a fallu organiser des secours pour assurer la vie matérielle de ces réfugiés, Belges et Français.

Pour arriver à ces résultats, il y a eu deux voies bien distinctes : l'assistance officielle et la bienfaisance privée.

Parlons d'abord de l'assistance officielle. Celle-ci s'est traduite, au début, par le vote et l'attribution des allocations aux familles nécessiteuses. Dans sa séance historique du 4 août, la Chambre vota une loi attribuant une allocation journalière de 1 fr. 25 centimes par jour aux familles que la mobilisation, en les privant de leur chef ou de plusieurs membres, laissait sans ressources. Cette allocation était augmentée de 50 centimes par enfant, âgé de moins de seize ans, à la charge du soutien de famille.

Mais la distribution de ces allocations, l'examen des demandes de ceux qui les sollicitaient, exigeaient une organisation matérielle considérable et qui prenait du temps; et, pendant ce temps, les familles nécessiteuses se seraient trouvées sans ressources.

Aussi, le 5 août, M. Delanney, préfet de la Seine, unanimement approuvé par le conseil municipal de Paris, décidait d'accorder aux familles nécessiteuses le montant *immédiat* de l'allocation, en attendant que l'État pût leur distribuer celle-ci. Le service de ces distributions de secours immédiats commença dès le 7 août, et le conseil municipal, dans un élan de générosité, décida que les sommes ainsi payées ne seraient pas retenues à leurs bénéficiaires lorsque ceux-ci seraient appelés à toucher les allocations que l'État leur avait promises. La ville de Paris déboursa ainsi plus de deux millions de francs.

L'État étendit l'attribution de ces secours aux familles des volontaires étrangers engagés au service de la France, et, à titre de réciprocité pour nos compatriotes, les familles des soldats des nations alliées qui demeuraient chez nous eurent également droit au payement de l'allocation.

Pour la France entière, il y eut ainsi 2 800 000 demandes de secours, sur lesquelles 2 400 000 avaient été acceptées par les commissions d'examen.

De plus, outre les secours aux familles des mobilisés, il fallait organiser les secours aux familles atteintes par le chômage, conséquence forcée de la guerre. Rien que dans les sept premiers mois de la guerre, la ville de Paris, seule, a versé, en secours de chômage, plus de soixante-cinq millions.

L'Assistance publique se trouvait avoir à faire face à une double situation : d'une part, son personnel diminuait par suite de la mobilisation, et, d'autre part, ses « clients » augmentaient par suite des infortunes consécutives à la guerre.

Malgré cela, grâce à des dévouements admirables de médecins et de chirurgiens du camp retranché de Paris, qui acceptèrent ce surcroît de fatigues, les services hospitaliers ne furent pas arrêtés.

En outre, la marche foudroyante des Allemands sur Paris avait forcé l'Assistance publique à faire évacuer un certain nombre de ses établissements. Par exemple, les pensionnaires de l'hospice des Enfants-Assistés furent envoyés en province ; plusieurs milliers de pensionnaires de maisons de retraite, de convalescence ou d'asile, furent ainsi répartis en Bretagne et en Anjou. Quand la menace sur Paris fut passée, tous réintégrèrent leurs hospices primitifs. Et tous ces déménagements et ces réemménagements se sont effectués dans l'ordre le plus parfait.

Telles furent les principales mesures officielles prises pour venir en aide aux infortunes les plus urgentes.

* * *

Mais ces secours officiels n'étaient pas suffisants.

D'abord, pour beaucoup de familles nécessiteuses, l'allocation n'arrivait pas à permettre de faire face aux besoins : la somme de 1 franc 25 centimes par jour ne s'augmente de 50 centimes que par tête d'enfant âgé de moins de seize ans. Tous les autres membres de la famille constituent donc une charge supplémentaire.

De plus, beaucoup d'infortunés n'auraient pas osé recourir à l'allocation, qu'on leur aurait refusée sous le prétexte d'un logement trop luxueux, par exemple, bien que souvent, dans de tels cas, le départ du chef de la famille laissât les autres membres sans aucune ressource.

C'est alors que la charité privée est intervenue, comme elle sait intervenir en France : d'une façon à la fois large et discrète, prévoyant tous les cas et ménageant toutes les susceptibilités.

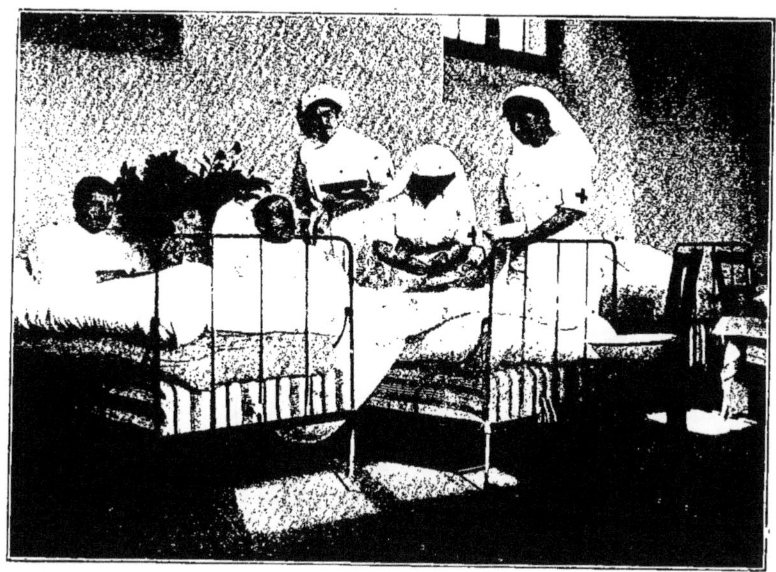

Dans nos hôpitaux.
Les pansements sont l'objet d'une attention sérieuse, et rien n'est négligé pour que nos blessés soient promptement guéris.

Tout d'abord, et avant toutes les œuvres, il importe de citer la *Croix-Rouge française.*

Cette œuvre générale, réunion de trois autres, qui sont la *Société de secours aux blessés,* l'*Association des Dames françaises* et l'*Union des femmes de France,* a été, pour le soin de nos blessés, d'une utilité et d'une importance telles, que sans elle le service hospitalier complet n'aurait certainement pas pu être assuré.

Des femmes du monde, des jeunes filles, des ouvrières, se firent inscrire comme infirmières volontaires. Beaucoup d'entre elles, et non des moins fortunées, dès le temps de paix s'étaient préparées à remplir leur humanitaire et charitable mission ; elles avaient assisté à des conférences faites par des chirurgiens célèbres; elles avaient suivi, dans les hôpitaux, des cours d'enseignement pratique sur les soins à donner aux blessés, et elles avaient ainsi obtenu leur diplôme d'infirmière. Les plus instruites, les plus expertes dans l'art de soigner les blessures de guerre, avaient même obtenu le brevet d'infirmière-major.

Admirablement secondée par des religieuses dont le dévouement, inspiré par le sentiment de la charité chrétienne, ne connaît vraiment pas de limites humaines, la Croix-Rouge française, à l'aide de son personnel et

Nos infirmières de la Croix-Rouge entourent nos blessés et, par leurs soins attentifs, atténuent les souffrances endurées pour la patrie.

de ses ressources, a pu organiser *par centaines* des hôpitaux auxiliaires. Les grands hôtels, les pensions des villes d'eaux et du bord de la mer furent bien vite transformés, les uns en hôpitaux complets, avec salle d'opération, personnel chirurgical, etc., les autres en *sanatoria* pour les blessés convalescents.

Des personnes riches organisèrent, à leurs frais, des hôpitaux entiers dans leurs châteaux ou leurs propriétés. Les Américains du Nord se montrèrent d'une générosité et d'une sympathie au delà de toute attente; ils organisèrent des hôpitaux entiers, qui arrivèrent d'Amérique avec tout leur personnel et tout leur matériel. L'illustre chirurgien, le docteur Carrel, directeur de l'Institut Rockefeller, l'auteur des expériences si admirables sur la « greffe humaine », est venu lui-même diriger un hôpital où Mme Carrel, à la tête d'une troupe d'infirmières dévouées, prodigue ses soins aux blessés que son mari a sauvés par sa science. D'Angleterre arrivèrent également des ambulances entières; il en vint même du Japon, avec tout un personnel de chirurgiens et de dames japonaises infirmières. Il semblait que l'univers entier voulût témoigner sa sympathie pour la France et affirmer sa haine pour l'Allemand détesté.

Dans tous les établissements scientifiques, dans tous les laboratoires, on fabriquait, soit du sérum, soit des ampoules de verre pour contenir de l'iode. Dans d'autres, on avait installé des services de vaccination gratuite contre la variole, comme, par exemple, à l'Institut océanographique fondé par S. A. S. le prince de Monaco. Dans la principauté de Monaco même, plus de mille blessés recevaient des soins éclairés et bénéficiaient, pour leur rétablissement, du climat exceptionnel de la Côte d'azur, dont toutes les stations d'hiver étaient, du reste, devenues des hôpitaux de convalescents.

Nous nous bornerons, en ce qui concerne le service des blessés, à ces trop courtes indications. Il faudrait un livre entier pour décrire, avec les détails qu'elle mérite, l'admirable organisation de la Croix-Rouge et les services qu'elle a rendus.

*
* *

Nous allons maintenant parler des œuvres de bienfaisance proprement dites.

Dès le début de la guerre, les bonnes volontés surgirent de toutes parts : c'était à qui offrirait son temps ou son argent pour venir en aide aux nombreuses infortunes à soulager.

Mais il fallait centraliser ces bonnes volontés, canaliser ces efforts individuels, qui, sans lien entre eux, fussent demeurés isolés et, par conséquent, stériles.

C'est à ce but qu'a répondu l'institution du *Comité de secours national.*

Ce Comité, fondé par une initiative privée avec l'approbation entière des pouvoirs publics, comprit les représentants de tous les groupements nationaux, de toutes les grandes institutions du pays. Ceux qui l'ont fondé ont voulu ainsi que chaque Français, quelles que fussent ses opinions ou ses croyances, pût y trouver un nom garantissant la confiance qu'il devait placer dans ce comité.

Le Comité comprenait les personnalités suivantes :

S. Ém. le cardinal Amette, archevêque de Paris; MM. Maurice Barrès, député, de l'Académie française; Barthou, ancien ministre; Baudouin, premier président de la Cour de cassation; Bizot, inspecteur des finances; Bled, secrétaire de l'Union des syndicats de la Seine; Brard, ancien député; Ferdinand Busson, secrétaire général de la Ligue des droits de l'homme;

Bloch, procureur général près la Cour des comptes; Léon Bourgeois, ancien ministre; Chérest, président du conseil général de la Seine; Dausset, conseiller municipal de Paris; David-Mennet, président de la Chambre de commerce de Paris; Devin, président de l'Office central des œuvres de bienfaisance; Mlle Déroulède; MM. Dubreuilh, secrétaire du parti socialiste; Jean Dupuy, ancien ministre; vicomte de Heudecourt, président des sociétés de Saint-Vincent-de-Paul; Henri Robert, bâtonnier de l'ordre des avocats; Jaray, directeur du comité France-Amérique; Jouhaux, secrétaire de la Confédération générale du travail; Kahn; Lépine, ancien préfet de police; Lévy, grand rabbin de France; Marguerie, du Conseil d'État; Charles Maurras, vice-président de la Ligue d'*Action française;* Mill, ancien député; Mirabaud, banquier; Mithouard, président du conseil municipal de Paris; Pallain, gouverneur de la Banque de France; Poisson, secrétaire de la Fédération des coopératives de consommation; Ribot, de l'Académie française; de Verneuil, syndic des agents de change; le pasteur Wagner.

Les vice-présidents étaient :

MM. Denys Cochin, député, de l'Académie française; Hanotaux, ancien ministre, de l'Académie française; Lavisse, de l'Académie française; Payelle, président de la Cour des comptes.

Enfin le président était M. Paul Appell, membre de l'Académie des sciences, doyen de la Faculté des sciences de Paris.

La composition de ce comité, on le voit, était de nature à inspirer la plus entière confiance. Elle était faite également pour matérialiser, aux yeux du monde entier, l'*Union sacrée* qui était, chez nous, née de la guerre même.

Quoi de plus beau, en effet, que de voir réunis, dans un même organisme, le cardinal-archevêque de Paris, le grand rabbin de France, le pasteur Wagner? Quoi de plus frappant que de voir M. Charles Maurras, le grand militant de l'*Action française,* siéger à côté de M. Buisson, le protagoniste de la *Ligue des droits de l'homme?*

Enfin, la personnalité même du président était, à elle seule, tout un programme de patriotisme et d'absolue impartialité.

M. Appell, en effet, outre qu'il est un des savants qui honorent le plus, par les magnifiques travaux qui ont illustré son nom, les mathématiques françaises, est en même temps un ardent patriote. Il est, peut-on dire, deux fois Français, car il est Alsacien : c'est un enfant de Strasbourg.

Ainsi était créé un organisme central, où la bienfaisance ne serait plus laïque ou religieuse, républicaine ou monarchiste, mais où elle allait être tout simplement française.

Ce symbole de l'union des partis est l'œuvre inconsciente mais réelle de l'agression allemande contre la France pacifique.

*
* *

Le *Comité de secours national*, par son autonomie et son indépendance, évitait dans la distribution des secours les lenteurs administratives. Dégagé de tout lien officiel avec les services publics, il put subvenir *immédiatement* aux besoins les plus urgents. Ainsi, au début de janvier 1915, il avait distribué plus de cent mille francs en secours individuels. Il a organisé des vestiaires et subventionné des repas et des soupes populaires, auxquels, pendant les cinq premiers mois de la guerre seulement, il avait alloué une subvention dépassant neuf cent mille francs. Et l'on peut estimer que les dépenses du comité se montent, en moyenne, à *un million par mois*.

Au cours de l'hiver 1914-1915, il se préoccupa de la question du chauffage. Par ses soins, huit mille tonnes de charbon, représentant une valeur de trois cent mille francs, furent mises à la disposition des mairies de Paris, qui les distribuaient par sac de cinquante kilos aux personnes munies de bons.

En présence de ces dépenses considérables, une question se posa naturellement : D'où le *Comité de secours national* tire-t-il ses ressources?

La réponse est bien simple : de partout.

Les souscriptions volontaires affluèrent, dès le début, de tous côtés, depuis la pièce blanche de l'ouvrière jusqu'aux billets de mille francs des citoyens plus fortunés.

Mais les grandes ressources du comité proviennent des souscriptions que font les fonctionnaires de l'État et de la ville de Paris. Ils ont volontairement consenti une retenue mensuelle de leurs appointements, et ces retenues représentent des sommes considérables.

Ainsi, pour en donner une idée, au 15 avril, l'Union nationale des cheminots des divers réseaux des chemins de fer français avait réuni une souscription dont le montant atteignait, à cette date, deux millions et demi, sur lesquels douze cent mille francs avaient été envoyés au *Comité de secours national*. Toutes les administrations civiles ont agi de même.

L'étranger, d'ailleurs, ne reste pas en arrière. Comme il l'avait fait pour les ambulances, il l'a fait pour le *Secours national*. L'Amérique, le Canada, ont adressé au Comité des dons magnifiques, en les accompagnant de lettres qui en doublent la valeur.

Le Secours national a étendu son action salutaire aux territoires des départements envahis. Dans les Vosges et en Alsace, notamment, il y avait à procéder sans retard à des allocations de secours à la suite des dévastations commises pendant l'occupation des troupes allemandes. Le Comité y envoya des délégués des nuances politiques les plus diverses, et qui répartirent les secours avec cette impartialité qui a présidé à sa formation même. Et, dès le mois de janvier 1915, le Comité avait pris les mesures nécessaires pour secourir les habitants des régions encore envahies, aussitôt que l'occupation allemande aurait cessé. Des comités locaux ont été créés, constitués avec un éclectisme parfait, et sont chargés d'appliquer, dans leur région, le programme général que s'est proposé le Comité pour l'ensemble du pays.

*
* *

D'ailleurs, le *Comité de secours national* ne borne pas ses actions à des assistances accordées dans le présent : il pense à l'avenir, et cet avenir, il y pense en s'occupant des orphelins de la guerre. Avec les subventions qu'il pourra obtenir de l'État, des départements et des communes, il compte venir en aide aux orphelins élevés dans leur famille et à ceux qui, n'ayant plus de famille du tout, seraient élevés en pension chez des parents adoptifs. L'éducation religieuse sera laissée au choix des parents ou des familles d'adoption, et les enfants seront envoyés à l'école libre ou à l'école laïque, suivant les désirs exprimés par ces familles elles-mêmes.

*
* *

Le sort des enfants de mobilisés a vivement préoccupé tous les esprits charitables, et tous se sont efforcés de trouver le moyen de leur venir en aide.

D'abord, il fallait assurer la surveillance de l'enfant dont le père est à l'armée et dont la mère est obligée, pour gagner sa vie, de travailler dans un atelier qui l'éloigne de son intérieur. A cet effet, des garderies d'enfants ont été organisées, les unes pour les bébés, les autres pour les enfants d'un âge plus avancé.

L'Université populaire du faubourg Saint-Antoine a pris l'initiative d'une association des orphelins de la guerre qui a pour but de placer les enfants dans des villas, au bord de la mer, mises gracieusement par leurs propriétaires à la disposition de l'œuvre. Les enfants, par groupes de douze ou quinze, sont installés dans ces villas, et chaque groupe a à sa tête une « mère ». Cette mère est une femme d'ouvrier du faubourg Saint-Antoine, qui a charge de gouverner sa petite troupe et d'en assurer la subsistance. Et il est admirable, le dévouement que l'on a trouvé chez des femmes du peuple ! Les enfants ainsi hospitalisés sont au nombre de plus de quatre cents. Grâce au *Secours national* qui les subventionne, grâce au concours d'artistes généreux qui se dépensent sans compter pour elle, l'œuvre subsiste et trouve toujours les ressources, sans cesse croissantes, qui lui sont nécessaires.

A ces œuvres diverses se rattachent les « vestiaires », qui ont pour but de procurer des vêtements aux personnes victimes de la guerre. Il y en a dans chaque arrondissement de Paris, dans chaque ville de province. Les mairies, les paroisses, ont rivalisé de zèle ; beaucoup d'initiatives privées se sont mises de la partie, et de nombreux vestiaires sont nés de la sorte, qui fournissent à leurs assistés des vêtements, des chaussures, du linge. Tantôt ce sont des vêtements neufs qui sont ainsi fournis, tantôt ce sont des vêtements simplement démodés, mais encore en parfait état de solidité.

Parmi ces vestiaires, celui qui, sous le titre de Vestiaire parisien, a été fondé en faveur des réfugiés belges et français, et qui fonctionne à Paris rue Monsieur-le-Prince, est un des plus importants. A la fin de mars 1915, il avait habillé à lui seul plus de *quarante mille personnes !*

Disons enfin qu'il existe un Vestiaire mondain, destiné à soulager certaines infortunes qui sont d'autant plus cruelles, qu'elles atteignent des gens dont la condition, en temps ordinaire, était plus élevée, et que la guerre a réduites parfois à la plus complète indigence. Là, la charité s'exerce avec une qualité de plus, la discrétion ; et, ainsi pratiquée, elle est efficace sans froisser les susceptibilités de ceux à qui elle s'adresse.

C'est là une forme bien française de l'assistance, et ce n'est pas la moins intéressante.

* * *

Mais, de toutes les œuvres d'assistance nées de la guerre, l'une des plus utiles et des mieux conduites a été celle des repas gratuits et des soupes populaires.

Pour donner de quoi se nourrir à la multitude de ceux que la guerre a laissés sans ressources ou avec des ressources extrêmement réduites, des œuvres nombreuses se sont créées. D'autres, qui existaient déjà avant la guerre, comme les soupes populaires, ont reçu une extension considérable. Le Comité de *Secours national* subventionne beaucoup de ces œuvres, dans lesquelles un repas substantiel est servi aux consommateurs en échange des prix de cinquante, vingt et quelquefois dix centimes !

Naturellement, les œuvres qui organisent ces cantines n'y gagnent pas ; il faut, au contraire, qu'elles fassent, sans se lasser, appel à la charité publique pour pouvoir subsister. Leur personnel est entièrement bénévole, et, dans beaucoup de ces restaurants pour réfugiés, ce sont des femmes ou des jeunes filles de familles aisées qui viennent faire, à table, le service des dîneurs, donnant ainsi un touchant exemple de confraternité, en payant de leur personne. Le *Secours national* a pu de la sorte subventionner un nombre de repas qui, au milieu de l'hiver, se montait, pour Paris seulement, à près de quatre-vingt mille.

Parmi ces restaurants d'assistance, il faut faire une mention spéciale à ceux qui ont été créés pour venir en aide à une catégorie bien intéressante de besogneux : nous voulons parler des artistes.

Ceux-là, en effet, se sont trouvés tout à coup dans une détresse profonde. Les artistes des théâtres et des concerts se sont vus brusquement privés de leur gagne-pain; car, le lendemain de la déclaration de guerre, tous les théâtres, tous les music-halls étaient fermés. Les cinématographes eux-mêmes ne représentaient plus que des films documentaires ayant trait à la guerre.

Ainsi les artistes dramatiques et lyriques se trouvés subitement sans ressources et dans une situation d'autant plus précaire que, comme la cigale de la fable, ils sont, par tempérament, peu enclins à l'économie.

Les artistes peintres et sculpteurs, également, ont été très atteints : les commandes ont cessé, les acheteurs ont disparu, les Salons ont fermé leurs portes. Et dans leur catégorie, comme dans celle des artistes de théâtre, s'il y en a quelques-uns qui ont réussi, qui sont arrivés à la fortune, combien plus nombreux sont ceux qui vivaient au jour le jour et qui se sont trouvés brusquement dans une détresse affreuse!

Mais les arts ont de nombreux amis, et ces amis sont généreux. Ceux des artistes qui sont arrivés sont largement venus en aide à leurs camarades moins fortunés, et l'on a vu ainsi surgir des œuvres d'assistance tout à fait remarquable.

Au « Jardin de Paris », à l'entrée des Champs-Élysées, fonctionne une cantine gratuite, fondée par l'association des directeurs de théâtre à l'usage des artistes et du personnel. Là, tous les degrés de la petite hiérarchie théâtrale sont confondus; l'acteur s'assied à côté des machinistes, l'ouvreuse à côté de l'artiste et du figurant. Le menu comprend un potage, un plat de viande aux légumes, un fromage, du pain et du vin. Au début du mois de mars, on y avait servi près de cinquante mille repas.

Boulevard de Strasbourg, est installé un restaurant où, pour trente centimes, les artistes des concerts et des cinémas peuvent avoir un repas copieux et sain. Rue Fontaine, se trouve une cantine pour les artistes de toute catégorie se trouvant dans la gêne : les peintres, les sculpteurs, les acteurs habitant Montmartre y trouvent, pour cinquante centimes, un repas confortable. Et, chose touchante, le service à table y est fait par des artistes dont la gloire est universelle : Mlle Zambelli, la danseuse-étoile de l'Opéra; Mlle Cerny, de la Comédie-Française, par exemple, y servent les repas à leurs camarades moins fortunés; et la collaboration de ces grands artistes à une œuvre de bienfaisance mutuelle est certainement une des choses les plus touchantes qui se puissent voir.

*
* *

Une des formes de la bienfaisance les plus heureuses, parce qu'elle ménage la susceptibilité de celles qui en sont l'objet, c'est la forme de l'ouvroir.

L'ouvroir, en effet, ne fait pas l'aumône; il donne à l'ouvrière qu'il emploie une rémunération qui est le prix de son travail, de sorte que l'ouvrière qui en bénéficie n'a pas, en somme, reçu la charité. L'ouvroir, de plus, offre aux bienfaiteurs fortunés le moyen de faire confectionner du linge et des habits pour les blessés, pour les malades, pour les réfugiés. A tous les points de vue, il est donc la fondation la plus heureuse de la bienfaisance nationale.

Rien qu'à Paris on comptait, au milieu du mois de mars 1915, près de sept cents ouvroirs. Dans les vingt arrondissements de la capitale, il y en avait au moins un par mairie, souvent un par quartier. Les soixante-dix-neuf paroisses de Paris en avaient établi chacune un. Beaucoup d'établissements privés, le Cercle catholique du Luxembourg, la maison Larousse, les établissements Panhard et Levassor et une foule d'autres maisons en avaient organisé à leurs frais. L'Intendance militaire leur a fait des commandes de linge pour l'armée. Les salaires payés aux ouvrières sont établis d'après un tarif qui a fixé un *minimum*, de sorte que, dans aucun cas, il n'y a d'exploitation de la main-d'œuvre.

Le mouvement général qui s'est créé pour trouver du travail aux femmes a, d'ailleurs, été aidé par les circonstances. Beaucoup d'emplois, tenus par des hommes, se trouvaient sans titulaires par suite de la mobilisation, et cependant beaucoup de ces emplois étaient nécessaires.

Ainsi, les conducteurs de tramways, les contrôleurs du métropolitain, laissaient, par leur départ sous les drapeaux, leurs services dans un grand embarras.

On a sauvé la situation en faisant appel à des femmes, qui ont, d'ailleurs, admirablement rempli les fonctions qui leur étaient confiées. Le service du contrôle dans le chemin de fer métropolitain était assuré par des femmes, qui perforaient les tickets des voyageurs à leur entrée sur le quai. Dans les tramways, la perception des places était faite par des conductrices qui, le bonnet de police crânement posé sur la tête, faisaient leur service à la satisfaction générale.

Un Office central de placement pour les femmes a été organisé par les soins du ministère de l'Intérieur, avec l'appui des grandes compagnies de chemins de fer et d'autres groupements. Au mois de mars 1915, cet office avait effectué plus de trente mille placements.

Et non seulement on a pensé aux femmes, mais on a pensé aux

enfants, surtout aux enfants adultes à qui le chômage, mal compensé par les allocations, pouvait faire prendre des habitudes fâcheuses d'oisiveté, de vagabondage et, par conséquent, de vice. Des ateliers d'apprentissage ont été organisés en plusieurs localités, tant à Paris qu'en province, et des centaines de jeunes gens s'y initient à la théorie et à la pratique de divers métiers et de professions variées. Cet enseignement se complète par des cours préparatoires au service militaire, et donne ainsi à l'œuvre un double caractère de philanthropie et de patriotisme.

* * *

Parmi tous les besoins auxquels la charité privée a dû faire face, l'un des plus urgents a été le secours à apporter aux réfugiés belges et français, chassés de leur pays d'origine par l'invasion allemande.

Surtout pendant les mois d'août et de septembre, au moment de l'entrée des Allemands en Belgique et de la marche sur Paris à travers nos départements du Nord et de l'Est, il y eut une fuite éperdue des habitants de ces malheureuses contrées. Et, comme tous nos chemins de fer ont Paris comme point central, on peut affirmer que la presque totalité des réfugiés a commencé par débarquer à Paris.

Le nombre total des personnes qu'il a fallu ainsi hospitaliser sur le sol français s'élève environ à un million deux cent mille, dont six cent mille Belges et six cent mille Français; et certainement, sur ce million et deux cent mille réfugiés, plus d'un million ont passé par la capitale.

Il s'agissait de pouvoir les secourir de la façon la plus urgente.

Il fallait, pour cela, à leur débarquement à la gare, leur fournir les aliments dont ils avaient un besoin immédiat, ainsi que les vêtements dont plusieurs d'entre eux n'avaient que des lambeaux; il fallait les héberger le temps nécessaire; il fallait, autant que possible, réunir sous un même toit les membres des mêmes familles et leur procurer du travail, afin d'assurer leur existence autonome.

Mais alors on vit ce que peut faire la charité privée.

Par pleines voitures arrivèrent, à la gare du Nord, des aliments, des vêtements, des médicaments. A la gare du Nord et à celle de l'Est, des cantines furent installées où les malheureux fugitifs trouvaient les aliments indispensables à la suite d'un jeûne ayant, pour beaucoup d'entre eux, duré plus de vingt-quatre heures. Une pharmacie était également installée, et on distribuait du lait aux petits enfants. Rien qu'en deux mois, la seule cantine de la gare du Nord a ainsi alimenté et secouru près de cent vingt mille réfugiés.

Mais, une fois restaurés par un indispensable repas et pourvus des vêtements les plus nécessaires, il fallait loger ces réfugiés, leur donner un abri provisoire, en attendant qu'on pût les envoyer en province dans les résidences désignées pour eux.

Pour cela, de grandes voitures les emmenaient par fournées dans le local d'une des œuvres de secours organisées à leur intention. Et parmi ces œuvres, l'une des plus admirables est celle du Secours de guerre, fondée par les gardiens de la paix des VIe et XVIe arrondissements, de Paris, installée dans les locaux de l'ancien séminaire de Saint-Sulpice et soutenue par les retenues que les braves sergents de ville opèrent sur leur solde, pourtant bien minime. Dans les locaux du séminaire et dans ceux de ses trois annexes, l'œuvre dispose de près de seize cents lits, et des réfectoires ont alimenté quotidiennement jusqu'à quinze cents personnes.

Mais, ces réfugiés, on ne peut pas les garder indéfiniment à Paris : il faut les répartir entre les divers départements de la France. Au début, il y eut des erreurs fâcheuses, et plusieurs familles, refusées faute de place dans un département où on les avait indûment dirigées, ont eu une véritable odyssée et sont revenues à Paris après avoir fait le tour de la France dans des trains toujours bondés. Mais les choses se mirent bien vite en ordre, et les réfugiés furent répartis dans les diverses régions.

Ici, aussi, la charité privée fut admirable. Nombre de personnes offrirent spontanément l'hospitalité complète, pour la durée de la guerre, à une famille de réfugiés. Beaucoup de propriétaires de villas tout installées, situées au bord de la mer ou dans des stations balnéaires, mirent leurs immeubles à la disposition des familles belges ou françaises. L'office départemental a traité avec des hôtels, de façon à obtenir pour beaucoup de familles des prix très réduits de pension comprenant logement et nourriture.

*
* *

A côté de ces secours, organisés pour parer aux besoins les plus urgents, des cœurs délicats, — des cœurs de Français et de Françaises, — ont pensé qu'à ces déshérités de la fortune il serait beau non seulement de donner le nécessaire, mais encore de procurer un peu de ce superflu qui constitue la joie de vivre. Par une touchante pensée, les promoteurs de cette idée voulurent la réaliser pour le jour de la fête de l'Enfant-Jésus, et ils organisèrent le Noël des petits réfugiés.

Il s'agissait de donner aux enfants des familles qui avaient trouvé un asile sur la terre de France, à l'occasion de la Noël, ce petit cadeau, ce jouet que leurs moyens ne leur permettaient pas d'avoir, et qui amènerait, en même temps qu'un sourire sur les lèvres des enfants, un réconfort au cœur de leurs parents.

Des dons en nature furent sollicités et apportés avec un empressement admirable. Et ce qu'il y avait de plus touchant, c'était de voir, tantôt des enfants apporter des jouets dont ils se privaient pour les petits réfugiés, tantôt des parents apportant des souvenirs d'un « petit » qu'ils avaient perdu ! Deux mille enfants à Paris et quinze cents en province reçurent ainsi chacun un petit cadeau de Noël.

Les cœurs délicats de l'Amérique du Nord ne restèrent pas en arrière et songèrent, eux aussi, à la fête du *Christmas*. Un comité américain avait envoyé, à l'ambassade des États-Unis à Paris, l'argent nécessaire pour acheter des joujoux et des objets utiles à trois mille cinq cents enfants de réfugiés, qui reçurent ainsi, au nom de leurs petits frères d'Amérique, un souvenir le jour du 25 décembre. Et, à l'heure où tous les enfants se réjouissent, eux aussi connurent la grande joie que procure l'arrivée si attendue du petit Noël.

Mais, ce cadeau de Noël si cher aux petits enfants, allait-on le refuser à nos grands enfants, aux enfants de la Patrie qui combattaient sur le front? Non, certainement. Et une pensée généreuse secoua Paris et la France entière, celle d'envoyer à chaque combattant, à l'occasion de la Noël, un petit cadeau, tabac, friandises, lainages, pipes, etc., qui constituerait le Noël du soldat.

Bien vite, l'idée fut populaire dans notre généreux pays. Tous les commerçants mirent en montre, dans leur magasin, des paquets tout préparés pour le Noël du soldat, contenant de la charcuterie, des biscuits, voire même, quand le paquet était d'un certain prix, une bouteille de champagne. Le prix des paquets variait de deux et trois francs jusqu'à vingt et vingt-cinq francs; tous furent achetés et tous furent expédiés à des soldats sur le front, qui purent, eux aussi, fêter la nuit sainte du 25 décembre.

Le nombre des objets et des colis qui furent ainsi expédiés au front a dépassé plusieurs centaines de mille.

Indépendamment des cadeaux de Noël, des comités s'étaient formés, dès l'approche de la saison froide, pour envoyer à nos soldats des tricots de laine, des caleçons, des chaussettes, des pipes et du tabac. Ce fut S. G. Mgr Marbeau, évêque de Meaux, qui eut le premier l'idée de faire ces envois, idée qu'il réalisa par l'intermédiaire du journal *l'Écho de Paris*. Cette idée fut vite étendue et devint l'œuvre du Tricot du combattant. Le *Figaro,* de son côté, créait l'œuvre « Pour nos soldats ». D'autres journaux, d'autres groupements organisèrent des collectes d'objets utiles à envoyer aux hommes qui combattaient dans les tranchées, et le *Touring-Club* de France organisait l'œuvre du Soldat au front.

Ces différentes œuvres envoyèrent ainsi à nos soldats pour plusieurs millions d'objets divers : tricots, chandails, chaussettes, cache-nez, passe-montagnes, gilets de flanelle, tabac, cigarettes, pipes, briquets, livres et brochures.

Le tricot du combattant.

Dans toutes les familles françaises, grand'mères, jeunes filles, petites filles, tricotent la laine tout le jour en pensant à ces vaillants, parmi lesquels elles ont un fils, un frère ou un père, et qui vont avoir si froid bientôt dans leurs tranchées.

Composition de L. Simont. (D'après l'*Illustration*.)

Tout cela fut transporté sur le front dans des automobiles pour lesquelles l'autorité militaire voulut bien relâcher l'impitoyable consigne qui interdisait l'accès de la zone des armées aux véhicules purement civils, et tout cela parvint ainsi exactement à destination, faisant parmi nos soldats une quantité d'heureux.

Et le bien-être, matériel et moral, de nos poilus, fut encore accru par l'institution des « marraines ». Toutes les femmes de France tinrent à honneur d'adopter un « filleul », soldat au front, qu'elles ne connaissaient pas, mais à qui elles écrivaient périodiquement et à qui elles envoyaient quelques objets utiles. De cette façon, les soldats se sentaient soutenus par une affection lointaine et vigilante, et, surtout ceux qui n'avaient pas de famille, trouvaient ainsi la joie d'une correspondance sympathique.

*
* *

Tous ces envois nécessitaient beaucoup d'argent.

Sans doute beaucoup d'entre eux étaient offerts en nature par de généreux donateurs. Mais il fallait pouvoir acheter bien des choses, et pour cela il fallait de l'argent, encore de l'argent.

C'est alors que des hommes généreux eurent l'idée des « journées ».

Une « journée » consiste dans le choix d'un jour déterminé, dimanche ou jour férié, pendant lequel, dans toute la France, on vend un insigne modeste, n'ayant pas de valeur par lui-même, mais que les acheteurs payent le prix qu'ils veulent aux aimables vendeuses qui les offrent aux passants. Les acheteurs portent, pendant toute la journée, cet insigne sur leur vêtement, montrant ainsi qu'ils ont voulu participer à l'œuvre à laquelle la journée était consacrée.

La première journée fut celle du « petit drapeau belge », qui eut lieu en décembre.

Ce jour-là, dans toutes les villes et même dans tous les villages de France, de charmantes vendeuses offrirent dans toutes les rues, sur toutes les places, à tous les carrefours, un petit drapeau belge fixé à une épingle.

Le produit de toutes ces ventes devait être versé aux œuvres de secours des réfugiés belges.

Le résultat fut prodigieux : la journée produisit, en France, plusieurs millions.

Ce succès encouragea à organiser d'autres journées. Il y eut, entre autres, la « journée du 75 », destinée à subvenir à l'œuvre du Soldat au front, organisée par le Touring-Club ; elle produisit plus de cinq millions.

L'insigne que l'on vendait était une petite médaille, portant frappée la silhouette de notre glorieux canon de 75 ; elle était suspendue à un petit bout de ruban tricolore. Les vendeuses avaient également de petits drapeaux fixés à des épingles et portant l'effigie du célèbre canon.

Le succès fut inouï. A tous les coins de rue, d'aimables jeunes filles, de gracieuses fillettes, portant en sautoir un coussin sur lequel était fixé leur petit étalage, tenant à la main une tirelire de fer-blanc qu'elles agitaient en en faisant résonner le contenu, accostaient les passants avec les plus engageants sourires ; et ceux-ci achetaient les médailles et les petits drapeaux. Les plus pauvres les payaient d'un gros sou, les plus riches d'une pièce blanche, quelquefois d'un billet, d'un louis ou de cent francs ! On voyait des promeneurs arborer une véritable brochette de tous les emblèmes qu'ils avaient achetés au cours de la journée.

Le résultat en fut magnifique ; la recette dépassa cinq millions.

D'autres « journées » furent également organisées, notamment celles des orphelins de la guerre. Et on en fera de nouvelles encore, si c'est nécessaire.

La charité de la France ne se lassera jamais. Pendant que ses fils donnent leur sang aux armées, le peuple de notre pays donne son or pour les aider de son mieux. Et de cette façon tous les Français concourent à la grande œuvre de la défense nationale.

CHAPITRE XX

LA GUERRE MARITIME ET AÉRIENNE

Les flottes en présence. — Dans la Méditerranée. — Le rôle de nos escadres. — La maîtrise de la mer. — L'inaction des flottes ennemies. — La bataille de Coromel. — La bataille des Falkland. — Les sous-marins allemands. — L'aviation. — Les aviateurs français.

Pour terminer cet aperçu jeté sur les premiers mois de la guerre contre l'Allemagne, il nous faut encore dire un mot des opérations militaires qui ont eu comme théâtre la mer et l'amosphère, c'est-à-dire consacrer quelques pages à la guerre maritime et à la guerre aérienne.

Dès la déclaration de guerre, nos escadres se sont mises en mesure d'assurer le succès des armes françaises avec la coopération des escadres britanniques. Dans la mer du Nord, la Manche et l'Atlantique, c'était l'amiral anglais, sir John Jellicoe, qui avait le commandement des forces navales alliées; dans la mer Méditerranée, c'était l'amiral Boué de Lapeyrère.

Au début des hostilités, l'Angleterre avait 60 cuirassés, 10 croisseurs de combat, 34 croiseurs cuirassés; la France, 25 cuirassés et 19 croiseurs cuirassés; la Russie, 4 cuirassés, 6 croiseurs cuirassés. L'Allemagne possédait 36 cuirassés, 5 croiseurs de combat, 9 croiseurs cuirassés; l'Autriche, 15 cuirassés et 2 croiseurs cuirassés. L'Angleterre avait 79 sous-marins, la France 72, l'Allemagne environ 50. En outre, l'Angleterre avait 222 contre-torpilleurs, la France 83, la Russie 60, l'Allemagne 140, et l'Autriche 10.

Comme sur terre, les Allemands tinrent à porter les premiers coups. Le 4 août, leurs croiseurs *Gœben* et *Breslau* sont venus s'embosser devant Bône et Philippeville, villes d'Algérie *non fortifiées*. En violation flagrante du droit des gens, ils ont bombardé ces deux villes en y lançant une soixantaine d'obus, qui ont fait, dans la population civile, six victimes, dont un mort et cinq blessés. Après quoi, ayant accompli sans risque aucun cet acte de sauvagerie, le *Gœben* et le *Breslau* se retirèrent, franchirent le détroit des Dardanelles et, contrairement aux conventions internationales, passèrent sous le pavillon turc, avec leurs officiers et leurs équipages. Mais,

25

en tout état de cause, ils sont maintenant hors de jeu, et la Méditerranée est libre de toute force navale allemande.

Pendant ce temps, grâce à la protection des escadres franco-anglaises, le débarquement des troupes britanniques sur le continent commençait et continuait dans l'ordre le plus entier. Il s'est opéré sous la direction de missions d'officiers français parlant couramment l'anglais.

Et, dans les premiers jours d'août, nos croiseurs capturaient et amenaient à Brest un grand quâtre-mâts allemand, *Barmbek*, de Hambourg, et un grand vapeur autrichien, *Gradac*, de Raguse. Quelques jours après, ils capturaient également le trois-mâts allemands *Martha-Bockahn*, de Rostock.

Le rôle de la marine de guerre, dans cet immense conflit mondial, s'il a été un peu effacé, n'aura pas été, pour cela, peu important. On va voir, au contraire, que ce rôle a été capital.

Il s'agissait d'abord d'assurer, contre toutes les attaques possibles de l'ennemi, le passage des transports qui amenaient en France les corps d'armée de nos troupes d'Afrique, avec leurs effectifs si nombreux, avec leur matériel, leur artillerie, leurs chevaux. Ces transports constituaient une véritable flotte de nombreux navires.

Le passage de tous ces bâtiments s'est effectué sans encombre et dans les meilleures conditions possibles. Il en a été de même du transport, en sens inverse, des troupes territoriales envoyées de France en Algérie pour y remplacer les troupes d'Afrique qui combattaient au front.

Dans le nord, la 2ᵉ escadre légère a, pareillement, coopéré efficacement à la protection du passage et du débarquement de l'armée anglaise du maréchal French.

Ces opérations ne pouvaient être menées à bien que grâce à la maîtrise absolue de la mer. Avec l'appui de la flotte britannique, cette maîtrise a été acquise dès le premier jour des hostilités, dans la Manche et la mer du Nord. D'autre part, l'amiral Boué de Lapeyrère et l'escadre anglaise de Malte ont assuré, après la fuite du *Gœben* et du *Breslau*, la sécurité dans la Méditerranée.

Dans le nord, comme au midi, l'ennemi n'a pas paru. La fameuse flotte allemande dite de haute mer, cette flotte sur laquelle Guillaume II fondait de si magnifiques espoirs, cette flotte en parlant de laquelle il avait prononcé la parole célèbre : « Notre avenir est sur l'eau ! » cette flotte restait tapie dans son repaire de Kiel et n'en sortait pas, ou n'en sortait que fort peu.

Si peu qu'elle en fût sortie, cela a suffi cependant pour que quelques croiseurs légers de la flotte anglaise livrassent, dans les eaux d'Héligoland, une bataille navale, qui fut une victoire pour nos alliés. Ils coulèrent deux croiseurs, le *Mainz* et le *Köln*, deux contre-torpilleurs, et incendièrent un troisième croiseur. Cette belle victoire navale fut remportée le 28 août.

Quant à l'escadre autrichienne, elle demeure invisible. Une sage prudence la tient dans ses abris, comme l'escadre allemande dans les siens, et elle se garde bien de s'aventurer au large, où elle risquerait, en rencontrant les navires anglais et français, d'être forcée d'accepter une bataille que sa réserve lui conseille d'éviter.

En tous cas, cette escadre semble jusqu'à présent inexistante.

La situation se modifiera-t-elle? Les flottes ennemies finiront-elles par être assez courageuses pour accepter franchement le combat? On ne sait.

Quoi qu'il en soit, les escadres britannique et française, maîtresses de la mer, bloquent en fait les côtes allemandes et l'Adriatique. Les territoires ennemis sont encerclés; aucun navire marchand ne peut y pénétrer ni en sortir. L'Allemagne et l'Autriche sont ainsi forcées de vivre sur elles-mêmes, de ne compter que sur leurs propres ressources, et le peu de ravitaillemen qu'elles reçoivent du dehors est celui qui, par l'intermédiaire de la Hollande, qui semble d'ailleurs y mettre une certaine complicité, pénètre chez elles par voie de contrebande de guerre.

Malgré cela, l'Allemagne manque de blé; elle en est réduite à imposer à ses habitants un pain de farine de pomme de terre, à pâte noire et gluante, le pain K K (*Kriegs-Kartoffelbrod*); elle manque de nitrate pour ses explosifs; elle manque de pétrole; elle manque de cuivre et de plomb.

Cette pénurie de matières premières indispensables à la continuation de la guerre constitue pour les alliés un gage certain du succès final, dans le cas d'une guerre prolongée; car notre commerce maritime, au contraire, conserve son libre essor, grâce à la maîtrise de la mer exercée par nos escadres.

Et cette maîtrise s'exerce dans toutes les mers. Partout des prises de navires de commerce sont effectuées, et le pavillon allemand a disparu complètement à la surface des mers du globe.

Indépendamment de ce rôle de police des mers, la flotte en a exercé un autre : elle a fourni à l'armée de terre l'admirable brigade de fusiliers marins dont nous avons conté, en son temps, l'héroïque conduite à Dixmude, sur les bords de l'Yser; elle a fourni de précieux contingents de canonniers, ainsi que leurs canons de gros calibre qui ont été envoyés, dans nos camps retranchés, en particulier à Verdun. Partout la marine donne, de la sorte, l'effort maximum pour le triomphe de la cause française.

Certes, les états-majors et les équipages préféreraient aux fatigues de la mer et aux veilles d'un continuel branle-bas les joies glorieuses d'une bataille rangée. Ces joies se trouveront peut-être dans la suite. Mais, dès aujourd'hui, les marines alliées ont rempli leur rôle, et les résultats en sont tels qu'ils suffiraient à prouver, si l'histoire ne s'était déjà chargée de le faire, qu'un État n'est réellement grand que s'il peut disposer de très puissantes forces navales.

* * *

L'attitude passive des marines ennemies, qui restent, depuis le début de la guerre, enfermées dans leurs ports, à l'abri de leurs forteresses, a assuré à nos flottes l'usage à peu près libre des mers.

Seuls, quelques bâtiments isolés de la marine allemande, armés plutôt en corsaires qu'en croiseurs, écumaient l'Atlantique et le Pacifique et trouvaient moyen d'y faire quelques prises.

Ces bâtiments étaient : dans le Pacifique, le *Scharnhorst*, le *Gneisenau*, le *Leipzig*, le *Nürnberg* et l'*Emden*; dans l'océan Indien, le *Kœnigsberg*; dans l'Atlantique et la mer des Antilles, le *Dresden*, le *Karlsruhe*, le *Strassburg*, et enfin le *Kaiser-Wilhelm der Grosse*.

Ce dernier a été coulé, le 24 août, devant la côte d'Afrique, à la hauteur des Canaries.

Au commencement de novembre, une escadre de croiseurs allemands tenta un raid dans la mer du Nord et bombarda des villes ouvertes de la côte anglaise. Poursuivie par des croiseurs anglais, cette escadre allemande aussitôt prit la fuite ; cependant, au cours de cette débâcle, l'un de ses navires, le *York*, a été coulé en heurtant une de leurs propres mines sous-marines.

Mais, dans le courant de novembre, les croiseurs allemands *Scharnhorst* et *Gneisenau* ont fait leur jonction avec le *Leipzig*, le *Nürnberg* et le *Dresden*. Ravitaillés en charbon grâce à la complicité tacite du Chili, ils ont constitué une véritable escadre, qui a attaqué, au large de la côte chilienne, à la hauteur de Coromel, une escadre anglaise de quatre petits croiseurs, commandée par l'amiral Craddock. Le combat fut à l'avantage des Allemands, et le vaisseau le *Good-Hope* fut coulé. Les Allemands se conduisirent en sauvages, laissèrent les marins anglais se noyer sous leurs yeux, riant aux éclats, sans leur envoyer une embarcation.

Mais, le 30 octobre, un croiseur anglais découvrait le *Kœnigsberg*, caché dans une île de l'Afrique orientale, et l'embouteillait en coulant des bateaux en travers de son unique passage de sortie. Le 10 novembre, le croiseur allemand l'*Emden* était détruit par le croiseur australien *Sydney*. Cela mit fin à la carrière de pirate de ce navire, qui avait surtout travaillé dans le Pacifique.

Enfin, le 8 décembre, à 8 heures et demie du matin, l'escadre des cinq croiseurs allemands qui avaient réussi à opérer leur jonction, comme nous l'avons dit plus haut, était rencontrée, par une escadre anglaise sous les ordres de l'amiral Sturdee, au large des îles Falkland, près de l'extrémité sud du continent américain.

Les Allemands, malgré leur désir de s'enfuir à toute vitesse devant un adversaire résolu à livrer bataille, ne purent cependant éviter le combat, qui se termina par la destruction de quatre sur cinq de leurs navires. Le *Scharnhorst*, le *Gneisenau*, le *Leipzig*, le *Nürnberg*, furent coulés. Ainsi se termina la carrière de ces navires-pirates, dont les matelots et les officiers étaient vraiment indignes du nom de marins.

Enfin, le 30 janvier, dans la mer du Nord, une escadre anglaise, composée de croiseurs cuirassés et de croiseurs légers, sous le commandement du vice-amiral sir D. Beatty, et escortée par une flottille de destroyers, aperçut quatre croiseurs allemands cuirassés, plusieurs croiseurs légers et des destroyers qui se dirigeaient vers l'ouest, vers la côte anglaise probablement.

Dès que les Allemands aperçurent les Anglais, suivant leur procédé ordinaire, qui caractérise leur bravoure sur mer, ils virèrent de bord et cherchèrent à prendre la fuite pour se réfugier dans leur repaire de Kiel.

Si vite qu'ils se fussent enfuis, ils n'empêchèrent pas un de leurs navires, le croiseur *Blücher*, d'être coulé par les canons de la flotte anglaise, qui avarièrent également dans de larges proportions deux autres croiseurs ennemis.

Cette dure leçon mit fin aux tentatives de randonnée des pirates allemands sur la côte anglaise, et, à partir de ce moment, ils restèrent à l'abri dans leurs ports retirés.

*
* *

Mais une nouvelle forme de la piraterie allait apparaître dans la marine allemande : c'est la guerre faite par les sous-marins, non plus aux navires de guerre, ce qui serait légitime, mais aux navires portant des passagers, aux navires-hôpitaux et même aux navires des nations neutres.

Cette intervention du sous-marin dans la guerre navale caractérisera la guerre actuelle, au même titre que le rôle important joué par les appareils d'aviation.

Au cours de la dernière guerre russo-japonaise, qui fut marquée par des batailles navales célèbres, entre autres celle de Tsoushima, le sous-marin n'avait joué aucun rôle. Ce n'était encore qu'un navire d'expériences, et il apparaissait dénué de toute utilisation militaire pratique en haute mer.

Depuis lors, tous les problèmes de la navigation sous-marine ont été résolus, pendant que les qualités nautiques du navire submersible s'amélioraient en même temps que sa valeur militaire.

Au cours de cette période d'essais, le sous-marin avait vécu au milieu de l'indifférence générale ; et, dans le monde maritime même, beaucoup d'officiers lui refusaient le titre de « navire de guerre ». Le commandement d'une canonnière de quatre cents tonneaux était préféré à celui d'un submersible de huit cents tonnes.

Malgré tout, le submersible a fait son chemin, et il a passé directement de l'état d'enfant à l'état de « grande personne ».

Aujourd'hui il règne en maître dans la mer du Nord et dans l'Atlantique; son action astreint les escadres à la plus grande prudence. Il a une endurance que ne soupçonnaient pas la plupart des marins. Il peut tenir la mer par presque tous les temps et peut, sans difficultés, quitter sa base d'opérations pour cinq ou six jours. On le voit partout. Pendant que les sous-marins allemands sillonnent la Manche et les eaux territoriales anglaises, les sous-marins anglais, de leur côté, menacent les escadres adverses jusque devant leurs ports de la mer du Nord et surveillent les détroits de sortie de la Baltique.

Cette endurance, les sous-marins la doivent à leurs conditions d'habitabilité et à la robustesse de leurs moteurs, qui sont des moteurs à pétrole de puissance modérée, mais sûre, et d'un fonctionnement à l'abri des aléas.

Le but principal du sous-marin est d'attaquer, à l'aide de ses torpilles, les navires de guerre de la flotte ennemie. Il est admirablement adapté à cette fonction, et des exemples récents ont montré, pendant la guerre, qu'il les remplissait à merveille. C'est ainsi que plusieurs navires de guerre allemands et autrichiens, et aussi, malheureusement, plusieurs unités des flottes anglo-française ont été coulés par les torpilles lancées par les sous-marins.

La guerre actuelle a fait ressortir un autre rôle des sous-marins : c'est celui de « corsaire » attaché à la destruction des navires de commerce. Et, dans ce dernier cas, sauf des circonstances exceptionnelles, comme la sauvage destruction du paquebot *Lusitania*, qui fut coulé par les torpilles d'un sous-marin allemand, bien qu'il ne fût pas armé, entraînant ainsi quinze cents victimes dans les flots, le sous-marin se sert du canon pour détruire les navires de commerce ennemis. Il économise ainsi ses torpilles, qu'il réserve pour l'attaque des navires de guerre.

Les sous-marins allemands ont exercé ce mode de combat contrairement aux règles du droit international; ils ont même coulé des navires neutres, et annoncé qu'ils continueraient cette guerre sans merci. Mais leurs sous-marins sont traqués sur toutes les mers et ne peuvent se ravitailler que par des complicités heureusement très rares.

La lutte contre les sous-marins allemands est, d'ailleurs, très difficile. Le sous-marin n'est visible que par son périscope, but difficile à atteindre à l'aide du canon. Quant à user du même procédé vis-à-vis des navires allemands, ce n'est pas possible, toute la flotte de guerre allemande étant

Torpillage du *Lusitania*. D'après les indications d'un naufragé.

« terrée » et toute la flotte de commerce disparue, ayant été capturée par les alliés ou étant immobilisée dans les ports.

Heureusement leurs attentats sont relativement rares, surtout eu égard à l'énormité du trafic avec les ports alliés. Beaucoup d'entre eux ont d'ailleurs été coulés, soit par des « accidents de mer », soit par l'éperonnage que leur ont fait subir les navires qu'ils attaquaient.

Quoi qu'il en soit, c'est là un aspect bien nouveau de la guerre navale actuelle, et que l'on n'aurait certes pas pu prévoir il y a seulement dix ans.

*
* *

Il en est de même de la *guerre aérienne*.

En 1908, lors des premières expériences de Blériot, qui réussit pour la première fois un voyage au-dessus de la campagne, de Toury à Arthenay et retour, dans le Loiret, c'est-à-dire il y a sept ans, on n'aurait jamais osé soupçonner l'avenir réservé à l'aéroplane. On voyait dans le nouvel engin tout au plus un instrument de sport, particulièrement dangereux et nécessitant, de la part de son conducteur, autant d'audace que de sang-froid.

Mais, petit à petit, l'aéroplane se montrait pratique. De grandes randonnées de ville à ville, de capitale à capitale; des records impressionnants de durée et d'altitude, portant à vingt-quatre heures la durée d'un voyage et à six mille mètres la hauteur atteinte, vinrent éveiller l'attention des milieux militaires. On comprit vite quel admirable instrument de guerre était l'aéroplane, et le corps de l'aviation militaire fut créé, annexe de celui de l'aéronautique.

La guerre aérienne peut, en effet, être pratiquée à l'aide de deux engins bien différents : le ballon *dirigeable* et l'aéroplane ou *avion*.

Le premier est basé sur le principe d'Archimède, c'est-à-dire sur la flottabilité, dans l'air, d'un appareil plus léger que l'air qu'il déplace. D'immenses enveloppes gonflées d'hydrogène, gaz treize fois et demie plus léger que l'air atmosphérique, remplissent cette condition; elles peuvent enlever des moteurs, des passagers, des projectiles. Les Allemands (nous en avons déjà dit un mot au cours du chapitre VII) ont marché activement dans la voie du dirigeable; ils en ont construit qui flattaient leur manie du « kolossal » : ce sont les fameux *zeppelins* de trente mille mètres cubes.

Mais les dirigeables ont un grand défaut : c'est leur vulnérabilité. Par leurs grandes dimensions ils offrent une cible à l'adversaire, et, remplis de gaz inflammable, ils sont très exposés à la destruction par le contact avec un obus incendiaire.

L'expérience a, d'ailleurs, montré le peu d'efficacité des zeppelins. Coûtant fort cher de construction, nécessitant des hangars immenses, des compagnies entières d'hommes pour accomplir les manœuvres nécessaires à leur départ et à leur atterrissage, ils sont dangereux même en dehors de toute attaque ennemie ; et, avant la guerre, sur vingt-un zeppelins construits, onze avaient été détruits par accident. Depuis la guerre, le nombre des zeppelins détruits par les alliés, tant par leur artillerie que par leurs avions, est considérable et dépasse certainement vingt unités.

L'engin par excellence de la guerre aérienne, c'est l'*aéroplane*.

L'aéroplane, basé sur le principe du cerf-volant, utilise la pression exercée par le mouvement de l'air sur la surface oblique de ses ailes. C'est l'inverse du cerf-volant, maintenu en place par son fil et soulevé par le vent, qui est de l' « air qui marche ».

L'aéroplane est un cerf-volant qui fait son vent lui-même. Au lieu d'être soutenu par de l' « air qui marche », c'est lui qui « marche contre l'air » et qui crée, par cette marche rapide due à son moteur et à son hélice, le vent nécessaire à sa sustentation.

L'aéroplane n'a été possible que grâce au moteur à essence, au moteur d'automobile, perfectionné et allégé encore pour ce service aérien. On fait aujourd'hui des moteurs qui arrivent à ne peser que deux kilos par cheval-vapeur de puissance. Grâce à cette légèreté spécifique, l'avion peut enlever un moteur qui lui imprime dans l'air une vitesse suffisante pour donner ainsi, par sa marche, naissance à ce « vent artificiel », nécessaire à la fois à sa sustentation et à sa propulsion. Disons que l'on est arrivé à réaliser la vitesse de deux cents kilomètres à l'heure par vent favorable.

Un avion, pour être un instrument de guerre, doit pouvoir enlever deux personnes : un *pilote*, uniquement chargé de la manœuvre et de la conduite de l'appareil, et un *observateur*, officier ou soldat chargé d'examiner les positions de l'ennemi et d'en avertir le quartier général, soit par des signaux, soit par la télégraphie sans fil.

Comme on peut prévoir que l'avion sera en butte au tir des mitrailleuses ennemies, on munit sa nacelle (ou son fuselage) d'un blindage qui le met à l'épreuve de la balle. On a ainsi les avions *blindés*. Comme ce blindage augmente le poids de l'appareil, il a fallu naturellement en accroître la force portante, c'est-à-dire augmenter la puissance de son moteur.

Mais l'avion ne se borne pas à être un précieux instrument de reconnaissance et d'observation, il est aussi un engin de guerre. Pouvant planer au-dessus des lignes ennemies, il peut y laisser tomber des obus dont l'explosion causera des ravages énormes ; il peut même laisser tomber des *fléchettes* d'acier, qui, à cause de leur vitesse de chute, vitesse considérable si la chute se fait d'une hauteur un peu grande, deviennent de redoutables projectiles. De plus, l'avion est armé d'une mitrailleuse ou même d'un petit canon pour tirer sur les avions ennemis. De là une nouvelle « fonction » dans l'aviation. Indépendamment des pilotes et des observateurs, il y a les *mitrailleurs* et les *bombardiers*.

*
* *

Comme instrument d'observation, indépendamment des renseignements précieux qu'il rapporte sur les positions de l'ennemi, surtout à cette époque où la portée de l'artillerie dépasse toutes les prévisions, l'avion rend des services inappréciables comme régleur du tir de l'artillerie.

Un avion français, muni d'une mitrailleuse, donne la chasse à un « taube ».

Avec les énormes portées de nos canons actuels, le commandant d'une batterie est dans l'impossibilité de voir si ses projectiles touchent le but visé. L'avion remplit ainsi un double objet : il recherche et découvre l'objectif que doit atteindre l'artillerie, et il rectifie le tir de celle-ci.

Les Allemands se servent, pour ce dernier usage, de fusées de différentes couleurs, qui indiquent par leur combinaison, au commandant de la batterie, si son tir est trop long ou trop court, ou bien trop à droite ou trop à gauche, ou enfin si son tir est bien réglé.

Nos avions français ont des moyens plus sûrs et plus précis d'avertir les artilleurs. On comprendra aisément que nous ne donnions pas de détails sur ces moyens; toujours est-il qu'ils nous assurent une écrasante supériorité sur les Allemands.

Ceux-ci, d'ailleurs, le savent bien. Toutes les fois qu'ils voient planer nos avions au-dessus de leurs lignes, ils tâchent de les détruire en lançant sur eux, à l'aide de canons spéciaux, des obus qui éclatent jusqu'à trois mille cinq cents mètres en l'air. Mais, fort heureusement, ces obus n'ont presque jamais atteint leur but.

Le rôle des avions est très important comme destructeur d'avions ennemis. Et ici il faut reconnaître, avec un légitime orgueil, la supériorité absolue de nos aviateurs sur ceux des Boches. Dès que ceux-ci aperçoivent un avion français, ils commencent à prendre la fuite de toute la vitesse de leur moteur. C'est bien la bravoure allemande, qui consiste à n'accepter le combat qu'avec une supériorité numérique qui lui assure la victoire. Dès qu'il sent qu'on approche de l'égalité, il reconnaît sa non-valeur et se sauve. L'aviateur Roland Garros, qui fut malheureusement fait prisonnier, avait à lui seul descendu trois avions allemands en quinze jours.

Dans ces combats aériens, où l'audace et l'intrépidité seules assurent le succès, la supériorité de nos aviateurs n'est pas contestable. Tantôt ils emploient la mitrailleuse, tantôt la carabine, le fusil d'infanterie ou même simplement le revolver ; et presque toujours ils sortent vainqueurs de ces tournois effrayants, livrés parfois à trois mille mètres de hauteur. Chaque jour, d'ailleurs, une moyenne de trente chasses aériennes est effectuée par nos pilotes, qui mettent toujours en fuite les avions de l'ennemi.

Indépendamment des armes portatives, on a réalisé, au cours de cette guerre, l'*avion-canon*. Un petit canon de 37 millimètres, du calibre des « Hochtkiss » de la marine, est installé sur un avion blindé et constitue, pour les zeppelins, l'adversaire le plus redoublable qui se puisse imaginer.

Comme instrument de bombardement, l'aéroplane est sans pareil, surtout eu égard à l'adresse de nos bombardiers et à la puissance exceptionnelle de nos projectiles. Il peut laisser ainsi tomber des bombes dont quelques-unes contiennent dix kilos de mélinite, des obus de 90, de 120 et même de 150. Nos projectiles aériens, à l'inverse de ceux des Allemands, qui souvent n'éclatent pas, sont au contraire très efficaces ét produisent toujours des effets terribles.

En outre, nos opérations se font maintenant par « escadres d'avions » : dix, quinze, vingt, trente et même quarante avions partent ensemble, effectuent le bombardement d'un camp, d'une gare, d'une ville, et s'en reviennent généralement tous indemnes, après avoir semé dans les rangs ennemis la terreur et la mort.

Le nombre des exploits accomplis, dans cet ordre d'idées, par nos aviateurs, est extraordinaire. La liste seule en remplirait plusieurs pages.

Citons seulement le bombardement du quartier général du kronprinz à Révigny, le 22 octobre : 15 morts, 22 blessés, 36 chevaux tués ; le bombardement du quartier général de l'empereur Guillaume, à Thielt, le 1er novembre 1914, au cours duquel deux de ses aides de camp furent tués et son automobile réduite en miettes ; le bombardement des usines Krupp à Essen, le 4 décembre ; le bombardement d'Essen, renouvelé le 20 décembre, et qui a détruit 400 automobiles. Depuis lors, de nombreuses expéditions ont été faites : par exemple, le bombardement de la poudrerie de Rottweil, de la ville de Fribourg-en-Brisgau, de la ville de Karlsruhe, de la gare de Strasbourg, des hangars à dirigeables de Friedrichshafen, etc... Toutes ces opérations ont été couronnées d'un plein succès, et elles se chiffrent aujourd'hui par centaines.

*
* *

Au début de la guerre, l'aviation militaire allemande avait, comme tout ce qui se passait chez nos ennemis, bénéficié d'une longue préparation. Tandis que c'était chez nous que l'aviation s'était formée et développée, les Allemands copiaient nos modèles, les perfectionnaient, et, tandis que nous nous contentions d'établir et de battre des records, eux organisaient leur aviation militaire avec un ordre admirable.

Aussi, dans les premiers jours des hostilités, parurent-ils avoir, à ce point de vue, une supériorité sur nous; mais cette supériorité était purement apparente et ne tenait qu'à leur avance « administrative », si l'on peut ainsi dire. Très vite nous nous sommes organisés à notre tour. Sous l'habile direction du général Hirschauer, l'aviation militaire française a vite repris la première place, et, si des avions allemands ont pu venir survoler Paris à la fin d'août et au commencement de septembre 1914, nous avons été très vite en mesure d'empêcher le retour de semblables incursions.

Nos aviateurs, d'ailleurs, sont les premiers du monde. Ils ont ce courage souriant qui ne connaît pas le danger et qui en triomphe avec élégance.

Malheureusement, s'ils ne connaissent pas le danger, du moins pour le craindre, le danger les connaît et les guette. L'aviation a eu non seulement ses héros, mais aussi ses martyrs.

Parmi ceux-ci, il convient de citer le docteur Reymond, sénateur de la Loire, le « sénateur-aviateur », qui mourut héroïquement le 21 octobre 1914. Médecin-major de 1re classe de réserve, il avait demandé à faire du service actif dans l'armée aérienne.

Désigné pour aller faire une reconnaissance dans les lignes ennemies, sur Mars-la-Tour, il partit comme observateur à bord d'un appareil piloté par l'adjudant Clamadieu. L'appareil, revu avec soin, marchait parfaitement. Bien que certains pilotes, présents sur le terrain, eussent émis l'avis que l'on ne pouvait, ce jour-là, naviguer à une altitude suffisante pour s'aventurer sur les lignes ennemies, le docteur Reymond et son pilote estimèrent devoir exécuter immédiatement leur reconnaissance, étant donnée l'importance qu'elle présentait. Ils partirent à 11 heures 40. Vers 4 heures de l'après-midi, on aperçut l'avion qui descendait et venait atterrir entre les lignes allemandes et françaises. Un feu nourri partit aussitôt des tranchées allemandes. L'adjudant Clamadieu fut tué sur le coup; le docteur Reymond eut l'abdomen traversé par une balle. La blessure était mortelle.

Une lutte acharnée se poursuivit autour de l'appareil, et ce ne fut qu'à la nuit que les Français purent se porter au secours des aviateurs. Le sénateur Reymond fut jugé inopérable, et mourut le 21 octobre. Ses premiers mots, quand il fut transporté à l'ambulance, furent pour rendre compte à ses chefs de la mission de reconnaissance qu'on lui avait confiée!

Et cet exploit héroïque accompli par le capitaine Mortureux! Cet officier était monté, comme observateur et bombardier, à bord d'un avion et avait laissé tomber des bombes sur les lignes ennemies. Mais une de ces bombes resta accrochée à un des haubans de l'engin. Cela constituait un danger terrible; car, en touchant le sol, la bombe allait sûrement éclater. Alors le capitaine Mortureux dit à son pilote : « C'est moi qui ai commis la maladresse de mal lancer cette bombe, c'est à moi qu'il appartient de la réparer. » Quand l'avion fut à huit cents mètres du sol, au-dessus d'une prairie, le capitaine Mortureux sortit du fuselage, et par une acrobatie héroïque, se retenant aux montants et aux haubans, maître de lui-même, avec un sang-froid merveilleux, parvint jusqu'à la bombe, la dégagea et la lança sur le sol, où elle éclata en tombant. Après quoi il vint, par le même chemin, reprendre sa place d'observateur. N'est-ce pas admirable?

Et les exploits de ce genre sont légion.

Avec de tels aviateurs, on peut dire que nous sommes les rois de l'air; nous en sommes les maîtres, comme les vaisseaux alliés sont les maîtres de la mer.

L'avion, planant au-dessus du champ de bataille où triomphent nos armes, est ainsi le symbole aérien de notre victoire suprême, victoire du droit sur l'injustice, victoire de la civilisation sur la barbarie, victoire de l'humanité sur des sauvages féroces. Cette victoire est certaine, et elle sera légitime, car il y a une « justice immanente ».

FIN

TABLE

Avant-Propos 7

Chapitre I. — Une page d'histoire 9

— II. — Les préludes de la guerre 29

— III. — La situation intérieure de la France 37

— IV. — L' « avant-guerre » 53

— V. — Les prétextes de la guerre 69

— VI. — La déclaration de guerre 89

— VII. — La guerre au xxe siècle 113

— VIII. — L'invasion de la Belgique 131

— IX. — Les atrocités allemandes en Belgique et en France 151

— X. — La bataille de Charleroi 179

— XI. — L'invasion 199

— XII. — La bataille de la Marne 215

— XIII. — La guerre en Lorraine et en Alsace 245

— XIV. — La guerre de tranchées et la course à la mer 265

— XV. — La bataille des Flandres 281

— XVI. — La « guerre d'usure » 307

— XVII. — L'héroïsme 321

— XVIII. — Le clergé et la guerre 351

— XIX. — La bienfaisance et la guerre 367

— XX. — La guerre maritime et aérienne 385

27288. — TOURS, IMPRIMERIE MAME

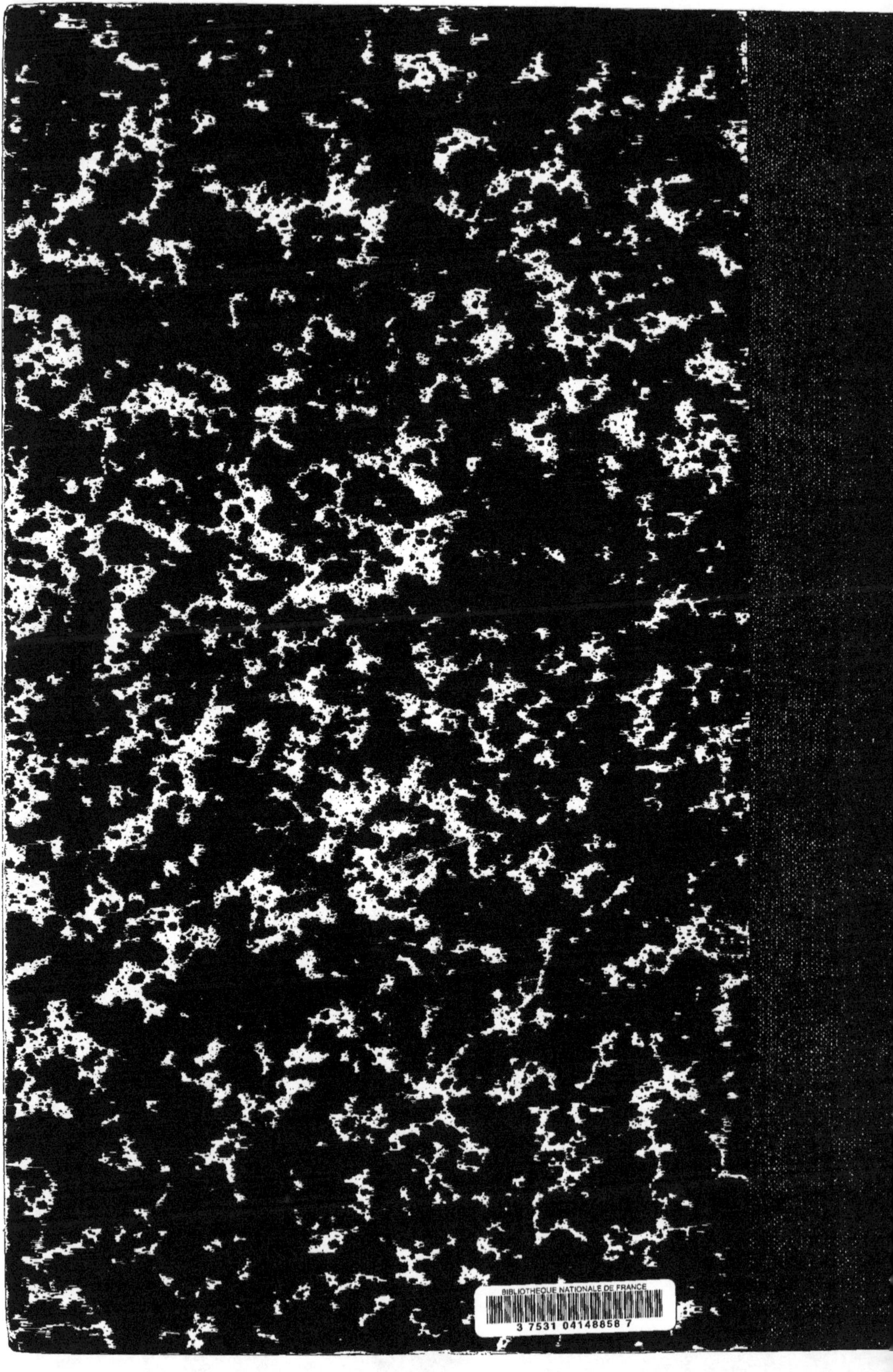

www.ingramcontent.com/pod-product-compliance
Ingram Content Group UK Ltd.
Pitfield, Milton Keynes, MK11 3LW, UK
UKHW012149240726
13966UKWH00001B/216